普通高等教育市场营销专业“十二五”规划教材

品　牌　管　理

主　编　黎建新
副主编　瞿民华　詹志方　崔文丹
参　编　李　丽　薛金福　王　璐　宋明菁

机械工业出版社

品牌管理是现代企业营销管理面临的一项重要工作。本教材既借鉴了其他同类教材的优点，又充分吸收了品牌管理方面诸多较新的理论研究成果和管理实践经验，并配有完整的导入案例、本章小结、思考题、案例分析讨论等。本教材共分十五章，内容包括：品牌概述、品牌管理概述、品牌形象、品牌个性、品牌定位、品牌设计、品牌沟通、品牌组合和品牌战略、品牌延伸、品牌国际化、品牌老化与更新、品牌保护、品牌危机管理、品牌资产、品牌价值评估。本教材体系完整、内容新颖、实用性强，适合市场营销及其他管理类专业本科生和相关读者阅读。

图书在版编目（CIP）数据

品牌管理/黎建新主编. —北京：机械工业出版社，2012.1
（2019.7重印）
普通高等教育市场营销专业“十二五”规划教材
ISBN 978-7-111-36080-3

Ⅰ.①品… Ⅱ.①黎… Ⅲ.①品牌-企业管理：质量管理-高等学校-教材 Ⅳ.①F273.2

中国版本图书馆 CIP 数据核字（2011）第 207511 号

机械工业出版社（北京市百万庄大街 22 号 邮政编码 100037）
策划编辑：曹俊玲 责任编辑：曹俊玲 刘 静 常爱艳
版式设计：霍永明 责任校对：王 欣
封面设计：张 静 责任印制：郜 敏
涿州市京南印刷厂印刷
2019 年 7 月第 1 版第 6 次印刷
184mm×260mm · 17.75印张 · 437千字
标准书号：ISBN 978-7-111-36080-3
定价：36.00 元

凡购本书，如有缺页、倒页、脱页，由本社发行部调换
电话服务
社服务中心：（010）88361066
销售一部：（010）68326294
销售二部：（010）88379649
读者购书热线：（010）88379203

网络服务
门户网：http：//www.cmpbook.com
教材网：http：//www.cmpedu.com

前　言

在消费者选择日益丰富、市场竞争日趋激烈的环境下，品牌的作用越来越重要。对消费者而言，品牌不仅是区分产品或服务提供者的符号，还是一种消费文化和情感寄托；对品牌所有者而言，品牌不仅是对购买者的一种承诺，还是一种无形资产和差异化优势。在当今社会，品牌在资源整合和竞争力提升中的核心作用日益凸显，从这种意义上讲，现代市场经济就是品牌经济。

纵观诸多品牌的兴与衰，不难发现，一个品牌的建立往往需要几代人、几十年的努力，但要摧毁它可能只要几个人或几个错误、几天的时间。这就说明，品牌创立是艰辛的，品牌管理更是艰巨的。在一个品牌的发展历程中，对品牌的管理不容丝毫懈怠，品牌管理的重要性正与日俱增。在管理实践中，越来越多的企业不仅重视品牌创建，也开始更多地注重品牌管理。为适应这种需要，在大学市场营销及其他管理类专业教育中，越来越多的院校开始将品牌管理内容列为必修课程，有关品牌管理方面的著述和教材也逐渐增多。

但就目前的情况来看，国内出版的相关教材，主要以翻译教材为主，或者是在翻译教材基础上所作的修改，所涉及的国内企业案例较少，编写体例不太符合国内读者习惯等。因此，编写一本适应国内读者需求特别是市场营销及其他管理类专业本科教学需求的品牌管理教材，显得十分必要。

与同类其他教材相比，本教材体现了以下特点：

第一，体系完整。本教材既涵盖了品牌管理的主要工作，又体现了品牌管理的内在逻辑，便于读者系统和全面地掌握品牌管理的内容。

第二，内容新颖。在编写过程中，本教材既借鉴了同类其他教材的优点，又充分吸收了品牌管理方面诸多较新的理论研究成果和管理实践经验，使读者能够站在品牌管理的潮头和前沿。

第三，实用性强。本教材主要定位于市场营销及其他管理类本科生读者。根据这一定位，按照本科教学的一般规律，本教材在编写体例上，有完整的导入案例、本章小结、思考题、案例分析讨论等内容。导入案例和章末分析讨论的案例都是较新的或典型的，这些内容增强了本教材的亲和力和实用性。

本教材由长沙理工大学、中南大学、哈尔滨理工大学和江西师范大学等单位的专业教师联合编写，黎建新任主编，瞿民华、詹志方和崔文丹任副主编。

具体撰写分工如下：全书编写提纲由黎建新确定，第一、三、四章由崔文丹编写，第五、六、七章由詹志方、薛金福编写，第九、十章由黎建新、王璐编写，第十一、十二章由李丽编写，第二、十三章由瞿民华编写，第八、十四、十五章由黎建新、宋明菁编写。全书由黎建新、瞿民华完成统稿、校稿、修改和定稿工作。

对本教材的顺利付梓，编者所在单位长沙理工大学、中南大学、哈尔滨理工大学和江西师范大学给予了极大支持，编者在此一并致谢。此外，本教材在编写过程中参考了大量文献，对于这些文献的著作者，也表示衷心感谢。

本书配有电子课件，凡使用本书作为教材的教师，可登录机械工业出版社教材服务网 www. cmpedu. com 注册后下载。

囿于时间和能力，本教材可能存在诸多不足，恳请读者朋友批评、指正。

编　者

目　录

第一章　品牌概述

【本章要点】

(1) 品牌的形成与发展。
(2) 品牌的概念及分类。
(3) 品牌的特征与功能。

【导入案例】

让中国自主品牌成为世界的主角㊀

随着全球金融危机的蔓延，中国以制造业为代表的部分实体经济开始陷入困境。特别是在以出口为导向的中国制造业核心板块的长三角和珠三角地区，长期以来凭借高度专业化和价格竞争为利器的制造业集群目前已经进入低谷和调整期，部分企业开始外迁。

在目前的国际分工下，中国制造业需要解决的问题是如何通过嵌入全球生产网络来提高技术能力，进而提升在国际分工中的位置。基于此，中国参与"国际代工"的制造业在升级过程中，在提高和稳定承接 OEM（Original Equipment Manufacture，原始设备生产商，俗称"代工"或"贴牌生产"）订单的基础上，通过对隐含性知识的学习和吸收，逐渐积累起自身的研发能力，形成自己的知识产权，在此基础上进行自主创新和创建自主品牌，实现从 OEM 到自主品牌的升级。

面对近期外部环境的剧烈变动，那些被各种优惠政策"宠大"的企业活力渐失，而坚持自主研发创立品牌的企业出口却不降反增，拥有了更多的市场份额。2008 年 12 月 1 日，在纽约曼哈顿普林斯顿俱乐部举行的"2008 中美企业家（纽约）峰会暨 2008 中国最有价值品牌发布会"正恰恰说明了这一点。会议吸引了海尔集团、一汽集团、五粮液集团、长安汽车、TCL 集团、燕京啤酒、双汇集团、远东集团、奥康集团等知名企业，还包括浙江尔格科技、温州中亚电器、上海三问国际贸易、上海新业锅炉等中国行业"隐形"冠亚军，以及来自美国的 150 多名企业家及金融服务人员参会。美中国际合作交流促进会会长 George Wang 表示，在金融危机的背景下，美国这次参会人数比前几届都多，表明美国企业及投资者对与中国企业的合作比以往更充满期待。

主办机构发布了包括奥康、海尔、联想、五粮液等在内的中国 60 大知名品牌的品牌价值，这些品牌产品分布在体育用品、汽车、家电、鞋等 19 个行业、32 个产品类别中。这 60 大知名品牌的平均销售收入为 219.32 亿元，其中前 20 位平均销售收入为 531.41 亿元，比 2007 年度增长 15.6%。会议还发布了"2008 中国最有价值品牌排行榜"，海尔为 803 亿元，

㊀ 孙靓，中国自主品牌：全球经济寒流中逆风飞扬［N］，中国信息报，2008-12-24。

连续七年居首，联想为682亿元、国美为550亿元、五粮液为450.86亿元，一汽为450.6亿元，美的为412.08亿元，TCL为408.69亿元。中国60大知名品牌在拥有国际品牌数量最多的美国集体亮相，不仅集中展示了中国改革开放30年品牌创建的重要成果，也表明中国企业在国际上的影响力日益提高。

中国名牌战略最早倡导者、中国名牌战略推进委员会副主任、中国驰名商标保护组织主任委员艾丰表示：从世界角度看，目前中国虽然是一个"制造大国"，但还是一个"品牌小国"。中国品牌要实现国际化，应该采用"优势对接"的策略。所谓"优势对接"，不是用中国企业的优势和外国企业的优势对抗，而是把中国企业的优势和外国企业的优势衔接起来，这应当是中国品牌走向国际化的主要思路。他还表示："中国最有价值品牌"是中国实体经济的核心和优秀企业的代表，加强这些企业和外国企业的交流与合作，实现"优势对接"和"互利共赢"，既是中国品牌的国际化之路，又是世界经济能够走出困境的重要举措。

上述信息使得我们不得不考虑以下问题：究竟是什么原因使得坚持自主研发创立品牌的企业拥有了更多的市场份额？中国最有价值品牌与国际知名企业的差距如何？中国企业发展的努力方向是什么？

2008年的数据显示，凭借低人工、低投入的"国际代工"型企业没有足够的抗击风险的能力，在当今的市场竞争中，真正能够取得长期发展的企业一定是那些重视技术研发、致力于自主品牌建设的企业，也就是说，核心技术与品牌成为企业获取核心竞争力的法宝。

尽管海尔、联想、国美、五粮液、一汽和美的等品牌成为中国最有价值品牌前几位，但是，也必须看到，他们的品牌资产价值与国际知名企业之间的差距还很大，在Interbrand世界品牌资产价值排名100名榜单中，还是没有中国企业的身影。

第一节　品牌的概念及分类

在当今国际经济一体化发展趋势不断加强的时代背景下，品牌对于一个企业、一个地域、甚至一个国家的发展、壮大显得越来越重要。品牌决定产品，品牌更决胜于未来。可以这样说，谁拥有品牌，尤其是更多更好的名牌，谁就拥有更大的市场，谁就掌握了未来。

那么，什么是品牌呢？它是怎样形成与发展的？它又有哪些类别呢？下文将一一阐述。

一、品牌的形成与发展

"品牌"（Brand）一词源于古斯堪的纳维亚语"布兰多"，本意是"烙印"。人们用这种方式来标记家畜等需要与其他人相区别的私有财产。之后，除了符号之外，还出现了以手工艺人的签字作为识别标志的情况，它就是最原始的商品命名（即品牌化）。即使到了今天，也有商品仍沿用这种原始的命名方式。

到了中世纪，欧洲出现了很多的手工业协会，为了维持其声誉和产量，它们要求所属的工艺人在自己制作的器皿上打上一些标志，以便顾客识别产品的产地和生产者。这就产生了最初的商标，并以此为消费者提供担保，同时向生产者提供法律保护。英国1622年通过了一项法律，要求面包房在每个面包上打上标记，如果面包分量不足，就可以找到生产者并给予相应的处罚。16世纪早期，蒸馏威士忌酒的生产商将威士忌装入烙有生产者名字的木桶中，以防不法商人偷梁换柱。到了1835年，苏格兰的酿酒者使用了“Old Smuggler”这一品牌，以维护采用特殊蒸馏程序酿制的酒的质量声誉。

随着资本主义的发展，18世纪末商标在西方开始出现。由于产品种类与数量的增加，企业之间的竞争加剧，商标的使用逐渐推广起来，成为销售商品和打击竞争对手的重要工具。这时，商标的性质和作用也随之发生了变化，原来作为区别商品的商标，逐渐与商品的使用价值脱节，成为竞争的重要工具。许多经营者开始宣传自己的商标，刺激消费者购买自己的产品。西方各国的商标法也纷纷出台，使商标时期的品牌运作有了法律依据和保护，从而使品牌的发展变得日益规范、有序。

19世纪末20世纪初，资本主义进入垄断时期后，品牌作为竞争手段的作用凸显出来。科技革命的兴起，促使生产技术和生产力的快速发展，市场由卖方市场向买方市场转变，商品竞争也日渐白热化。随着社会财富日益富足，人们的消费能力也急剧增强，对产品品质的要求越来越高，不仅要求产品功效等实体质量，而且要求附加在产品功能基础上的服务，将品牌作为选择产品的依据，品牌的选择成为一种精神与信心的需求。在这一时期，出现了一批名牌，如可口可乐、强生、肯德基等。

第二次世界大战之后，计算机技术和生物技术的广泛使用使市场竞争到了一个全新的阶段，大型企业集团走向成熟，人们的消费开始出现高档化、多样化的特点，商战进入白热化，品牌逐渐成为企业经营的重心。企业对品牌的理解已不再仅仅是“标记”，而是一个含义更广、更抽象的概念，它存在于消费者的心目中，成为企业最重要的无形资产，由此出现了具有现代意义的品牌，如万宝路、耐克等。

近些年来，发达国家依靠其强大的品牌优势在国际市场竞争中依然占据主导地位，跨国公司的海外扩张也已经从原来的产品输出、资本输出过渡到了目前的品牌输出的新历史阶段，正如广告大师大卫·奥格威（David Ogilvy，1911—1999）于1955年在美国广告代理协会上的讲话中所说：“速卖、强卖的广告形式已成为过去，广告应该是为了构建品牌形象而进行的长期投资。”这一观点深刻地揭示出了品牌经营在现代企业发展战略中的重要地位，当今世界已进入了品牌时代。

二、品牌概念的界定

品牌的定义有很多种，不同的定义反映了学者们对品牌理解的倾向性不同。下面从国外专家、国内专家和权威组织三个方面介绍一些有一定影响力的品牌定义。

（一）国外专家对品牌的界定

广告大师大卫·奥格威曾给品牌下过定义：“品牌是一种错综复杂的象征，它是产品属性、名称、包装、价格、历史、声誉、广告方式的无形总和，品牌同时也因消费者对其使用的印象以及自身的经验而有所界定。”这一概念指出了品牌的无形资产的特性和品牌自身包含的相关属性，也强调了品牌与消费者之间的密不可分的关系。

大卫·阿诺（David Arnold，1992）在其名作《The Handbook of Brand Management》一书中认为：“品牌就是一种类似成见的偏见。而正如所有的偏见一样，对于较占下风的一方总是有些不公平。品牌化不仅仅是加强产品的特性而已，还和顾客如何看待与购买这个产品有关。”这一概念侧重于从思想意识范畴对品牌进行定义，也强调了品牌的加强产品特性的功能。

品牌专家大卫·阿克（David Aaker）认为："品牌是用来标志某个销售商或销售集团的产品和服务，并将之与竞争对手的产品或服务区分开来的特有的名称和标志（如标志语、商标或外形）。"这一概念首次表现出有关品牌归属的提法，重点强调品牌识别特性，这是目前比较通行的品牌概念。

品牌专家约翰·菲利普·琼斯（John Philip Jones）把品牌定义为："能为顾客提供其认为值得购买的功能利益或附加值的产品"。琼斯认为，附加值是品牌定义中最重要的部分。她从1万个人中进行抽样调查，90%的人都认为附加值在他们几乎所有的购买决策因素中起着最重要的作用。这一概念强调品牌蕴涵的情感功能和文化内涵等附加价值，是可以拉近与消费者距离的重要手段，在当今激烈的市场竞争中得到了很好的印证。

美国某公关公司总裁乔·马克尼（Joe Marconi）认为："品牌是个名字，而品牌资产则是这个名字的价值。"这一概念更多地强调品牌的溢价能力，单纯地作为名字的品牌不一定具有价值，而如果品牌被作为无形资产来运作就具有可以量化的价值。

营销学者麦克威廉（Mcwilliam）等人在关于论述品牌的著作中，认为："品牌是区分标志，用以识别。同时品牌是速记符号，是更有效沟通的代码。"这一概念从品牌标志的形象记忆功能凸显出来，因为消费者记忆的信息是有限的，那些将抽象化的品牌名称形象化的品牌标志在信息沟通中的作用往往是无法替代的。

学者霍威思（Hawes）认为："消费者视品牌为可凭消费经验减少购物时间的工具。消费者往往把某个品牌名称当做'信息标志'。通过一个品牌名称，消费者可以回忆起大量信息，如品质、可靠性、保证、广告等。"这一概念侧重强调品牌带给消费者的利益——让渡价值的特性，但是忽略了品牌对于其拥有者所具有的意义。

广告专家露丝（L. Rose）认为："品牌是品质以及信赖和忠诚的永久指南，并能给予那些对于购买决策结果持怀疑态度的顾客更多的信心。"这一概念从品牌维护顾客忠诚和促使品牌偏好产生的角度定义品牌，兼顾了品牌对于品牌所有者和品牌使用者双方的利益。

美国营销学者莱威（Sidney J. Levy）认为："品牌不仅是用以区别不同制造商品的标签，它还是一个复杂的符号，代表了不同的意义和特征，最后的结果是变成商品的公众形象、名声或个性。品牌中的这些特征比产品中的技术因素显得更为重要。"这一概念强调了从品牌衍生出来的品牌个性、品牌形象和品牌文化等内容对于增强产品的竞争能力所起到的作用。

美国营销学权威菲利普·科特勒（Philip Kotler，1994）指出，品牌至少可以反映六个方面的内容：属性（Attributes）、利益（Benefits）、价值（Values）、文化（Culture）、个性（Personality）、使用者（User）。他认为："品牌是一个名字、名词、符号或设计，或是上述的总和。其目的是要使自己的产品或服务有别于其他竞争者。"科特勒的品牌观集中代表了现代市场营销中的品牌概念。品牌不仅仅是一个简单的标志或符号，更主要的是表现为一种综合的象征，对生产者和消费者都具有重要的意义。对生产者而言，品牌是其谋求与消费者建立紧密关系的有效手段，是其开拓市场、开展竞争的强有力武器。对消费者来讲，品牌为消费者提供了质量、价值和产品满意方面的保证，是消费者选购商品的一个重要依据。在消费者心目中，品牌不仅代表着产品的品质，还可以是一个偶像，一种社会地位，或一位关怀自己的朋友。

因此，理论界对品牌的定义引用最多的是菲利普·科特勒的定义：品牌是用来识别一个企业的产品和服务，并与竞争者相区别的一个名称、专有名词、标记、标志和设计，或是这些要素的综合。

（二）国内专家对品牌的界定

“梅高国际”广告公司大中华区原董事长林俊明先生认为：“品牌是一个名称、名词、符号、象征、设计或其组合，其作用在于区别产品或服务。对一个消费者而言，品牌标志标出了产品的来源，并且它同时保护了厂商和消费者的利益，可以防止竞争对手模仿。”这一概念比较全面地阐明了品牌的属性、内涵，更重要的是强调了品牌的作用，品牌是促使品牌所有者在市场上与消费者实现双赢的纽带。

艾丰认为：“品牌的直接解释就是商品的牌子。但在实际运用中，品牌的内涵和外延都远远超出这个字面解释的范围。品牌包括五种牌子：第一种是商品的牌子，就是平常说的‘商标’；第二种是企业的名字，也就是‘商号’；第三种是公用品牌，是可以由许多企业共用的，如国际羊毛局颁发的“纯羊毛标志”、中国国家质量监督检验检疫总局授予的“中国名牌产品”等；第四种是借用品牌，即品牌本身并不是经济性质的品牌，但经过借用可以发挥重要的经济作用，如，2008 年奥运会是国际大型体育活动，是借用品牌；第五种是载体品牌，是指某品牌表示的是一个地区或一个范围，它们自身虽然并不完全具备品牌的全部要素，但仍然可以发挥重要的品牌作用，如北京的‘王府井’、‘中关村’、‘中央商务区’都属于这一类品牌。”这一提法扩展了品牌依存于产品的特性，从内涵、外延两方面诠释了对品牌的宏观和微观的不同理解。

创立品牌环模型的品牌专家梁中国先生首次从哲学高度和人性视角定义品牌。他认为：“品牌是凝聚着企业所有要素的载体，是受众在各种相关信息综合性的影响作用下，对某种事或物形成的概念与印象。它包含着产品质量、附加值、历史以及消费者的判断。在品牌消费时代，赢得消费者的心远比生产本身重要，品牌形象远比产品和服务本身重要。”这一概念强调了品牌的情感沟通能力，表明现有竞争已经从实体竞争转变为观念竞争的趋势。

学者韩光军在《打造名牌——卓越品牌的培育与提升》一书中指出：“品牌是一个复合概念。它由品牌名称、品牌认知、品牌联想、品牌标志、品牌色彩、品牌包装以及商标等要素构成。”这一概念不仅指出了品牌属性、特征，也列示了品牌评价的相关指标。

（三）权威组织对品牌的界定

美国市场营销学会（American Marketing Association，简称 AMA）在 1960 年《营销术语词典》（*Dictionary of Marketing Terms*）中的品牌定义是：“品牌是指用以识别一个（或一群）卖主的商品或劳务的名称、术语、记号、象征或设计及其组合，并用以区分一个（或一群）卖主或竞争者。”然而，随着市场竞争加剧，品牌功能增强，这一定义已不足以涵盖品牌所具有的属性和意义。

在《牛津大辞典》中，品牌被解释为：“用来证明所有权，作为质量的标志或其他用途，起到区别和证明的作用。在实际生活中，有人认为它是一种标志，或者是一种集视觉印象、效果可感知性、市场定位、附加价值、个性化消费等复杂符号为一体的主观反映，也有人认为它是一种名称、术语、标记、符号或设计，或是它们的组合运用，其目的是借以辨认某个销售者或某群销售者的产品及服务，并使之与其竞争对手的产品和服务区别开来。”随着时间的推移，商业竞争格局以及零售业形态不断变迁，品牌承载的含义也越来越丰富，甚至形成了专门的研究领域——品牌学。

2004年6月22日，根据加拿大市场营销协会公布的一个新研究成果，品牌的定义已经演进成为“顾客体验”，73%的加拿大公司将品牌定义为所在国顾客对产品、服务和公司的体验。这项研究调研样本来自于加拿大的130个营销业绩领导企业。加拿大市场营销协会主席兼首席执行官约翰·盖斯塔武森（John Gustavson）指出：“这项研究一个主要的结论就是品牌概念是一个变化过程，并且与加拿大的企业一起经历着重大的演进。”

综合这些专家学者的观点，可以认为，品牌是企业为了满足市场需求、适应市场竞争而将企业或商品的名字、符号、属性、品质、个性、价值、历史、文化等信息融汇于一体，以区别于其他企业或商品的信息组合。

【品牌视野】

品牌体验

品牌体验（Brand Experience）是指顾客个体对品牌的某些经历（包括经营者在顾客消费过程中以及品牌产品或服务购买前后所做的营销努力）产生回应的个别化感受。也就是说，品牌体验是顾客对品牌的具体经历和感受。

哥伦比亚大学商学院教授伯恩德H. 施密特（Bernd H. Schmitt）在其《体验式营销》中将体验分为感觉、情感、思维、行动、关系五个层面，即SEMs（战略体验模块）。他认为交流、信誉、产品、品牌、环境、网络和人员构成体验战术工具，每个战术工具的运用都可以和SEMs的五个层面进行组合。其中，品牌在表面上是企业产品和服务的标志，代表着一定的质量和功能，深层次上则是人们心理和精神层面诉求的诠释，可以作为一种独特的体验载体。体验营销者将体验这一全新的营销理念运用到品牌中，创造出个性化、互动的营销方式——品牌体验。

品牌体验是品牌与顾客之间的互动行为过程，是通过令人耳目一新的品牌标志、鲜明的品牌个性、丰富的品牌联想、充满激情的品牌活动来让顾客体验到“快乐”、“酷”、“爽”，从而与品牌建立起强有力的关系，达到高度的品牌忠诚。

品牌体验是在“全面体验消费模式”这一大背景下产生的。随着物质文明的进步和生活水平的提高，人们对功能利益的需求已经得到大大满足，按照马斯洛的需求层次理论，消费者将追求更高层次的满足，“快乐”、“酷”、“爽”正是这种需求的表达。中央电视台调查咨询中心结合多年来在消费者研究领域的成果提出的中国消费市场十大趋势之一就是“全面体验消费模式”，认为：进入21世纪，消费者对产品和服务的要求将不止于功能上的满足，品牌能否超越产品功能而给他们带来感官、情结或价值上的满足将变得越来越重要。简单说，就是品牌不但要具备“功能”上的效益，而且还要有“体验”或“情感”上的效益。

从心理的结构出发，以心理结构的分化与组合过程及人的精神追求的阶段的区分作为划分标准，可把与心理体验相关的体验系统分为五个方面：

（1）感官体验。感官体验是指人的感官，如眼、耳、口、鼻、身体等与外界进行信息交换过程中所体会到的愉悦感。例如，看好的色彩与形状、听悦耳的声音、吃可口的饭菜、闻香味、摸手感好的物体都会给人们带来愉悦感。当然，在感官与外界接触过程中形成的快感、痛感、质感都属于感官体验的范畴。

(2) 情感体验。人有七情六欲，人的感官体验会引起其他的反应，例如，看到红色的火焰或灰暗的天空，随之而感到的就是一种愉快的或阴沉的情绪，这是在感官体验基础上的情感体验。人的情感体验包括了人与物及人与人的情感过程。例如，花草树木、流水白云本身并没有什么情感，但由于特定的情感作用，人会把某种主体的联想赋予它们：树木的呻吟、花儿的飘零、水的低语、白云的来去匆匆；人的情感不仅仅表现为情与物的融合，还表现为追求关爱与被关爱，追求亲情、友情和爱情，这些都属于情感体验的范畴。

(3) 成就体验。按照马斯洛的需求层次理论，人除了基本的生理需要、安全需要和社会需要，还有追求自我尊重和自我实现的需要。人在满足情感生活需要的同时，还需要得到社会的认可，需要通过拼搏奋斗来获得社会成就。因此人在追求或享受成功的过程中，就会产生成就体验。对成就的追求常常表现为人的控制欲、权力欲、占有欲。

(4) 精神体验。现代心理学的研究表明，人的幸福感更大程度上在于精神的满足而不是物质的满足。在满足了物质和名利之后，精神需要更加凸显出来。精神不同于情感，它超越于物质名利。例如，人们沉浸于画的美感与意境中，通过吟诗作赋来言志，通过养花或读书来陶冶情操，都是精神生活的表现，这一过程中产生的体验则属于精神体验。它表现为人们对世俗名利的舍弃、对高雅情趣的追求。

(5) 心灵体验。精神体验超越了物质和普通情感的束缚，使人得到了精神的放松与满足，但精神满足并非人追求的最高境界。人对心灵归宿的追求是最深层最本质的追求，也是最难达到的追求。人在追求心灵归宿过程中产生的体验就是心灵体验，如宗教体验、心理学巨匠荣格所说的“超级体验”以及马斯洛所说的“高峰体验”。

三、品牌的内涵

关于品牌的内涵（Brand Connotation）有很多种说法，在《兰登书屋英语词典》（Random House English Dictionary）中是如此定义品牌的：一个词、名称或符号等，尤其是指制造商或商人为了在同类产品中区别出自己产品的特色而合法注册的商标，通常十分明显地展示于商品或广告中；品牌名称，广为人知的一种产品或产品生产线；（非正式）在某一领域的名人或重要任务。

品牌的内涵和人的内涵表现基本是一样的，都是由若干个要素共同组成，这些要素共同作用，共同体现出品牌的内涵，而不是单一的因素和独立的因素。品牌内涵就是能够充分体现品牌的核心本质的综合因素组合，包括属性、阶层、价值、角色感、利益、情感、文化、个性等，而这些因素一旦组合就能清晰、完整地传递出一个品牌的形象和整体状况。具体来说，品牌的内涵表现为品牌的知名度、美誉度、市场表现与信誉价值四个方面。

(1) 品牌的知名度。品牌的知名度是指某种品牌被社会公众认识和了解的程度，或者说，这个品牌在市场上有多少人知道，知道些什么。品牌知名度被分为三个明显不同的层次。品牌知名度的最低层次是品牌识别，是指品牌可以让消费者找到熟悉的感觉。人们喜欢熟悉的产品，尤其是对于香皂、洗衣粉和牙膏等低价值的日用品，有时不必评估产品的特点，熟悉这一产品就足以让人们作出购买决策。第二个层次是品牌回想，是指消费者在购买时能够回想到的品牌，品牌回想往往与品牌定位相关联，可以成为左右潜在购买者的采购决策的主要因素。品牌知名度的最高层次是第一提及知名度，是指某品牌在人们心目中的地位高于其他品牌，企业如果拥有这样的主导品牌，就有了强有力的竞争优势。品牌的知名度是一个“量”的衡量指标，经常作为评价企业品牌策略运用的成功与否的标准。通常情况下，品牌知名度高是被广大消费者接受和购买的前提，而知名度低或没有知名度的产品，就是不为消费者所认识和了解的产品，消费者当然不会选择它们。但有些高知名度的产品并不一定是消费者所喜爱的产品，有可能是某些负面新闻致使其成为众人关注的焦点。

（2）品牌的美誉度。品牌的美誉度是指某种品牌被社会公众信任和赞许的程度，或者说是社会公众对这个品牌是如何评价的。品牌的美誉度是一个“质”的衡量指标。对于品牌的知名度，企业往往可以通过广告宣传等途径来实现，而美誉度反映的则是消费者在综合自己的使用经验和所接触到的多种品牌信息后对品牌价值认定的程度，它不能靠广告宣传来实现，美誉度往往是消费者的心理感受，是形成消费者忠诚度的重要因素。高美誉度是赢得顾客信任、进行重复购买的重要条件，是维持高品牌忠诚度和高市场占有率的基础。因此，高知名度常常与高美誉度同时作为衡量品牌是否获得公众认可的标志，高美誉度的品牌是那些为顾客提供高品质的产品和优质服务的具有高让渡价值的品牌是消费者认为性价比高的产品。

（3）品牌的市场表现。品牌的市场表现是衡量企业经营状况和发展前景的量化指标。在通常情况下，衡量一个品牌在市场上的表现有两个指标：一是市场覆盖率，二是市场占有率。市场覆盖率是指品牌所辐射市场范围的大小，是一个绝对量指标，往往是表明企业在地理范围和空间范围的影响力指标，它是本企业产品的投放地区占应销售地区的百分比。市场覆盖率按照从低密度的覆盖到高密度的覆盖可以分为独家分销、选择分销和密集分销三种类别。市场占有率则是指品牌在全部同类商品销量中所占的比重，是一个相对量指标，往往是表明一个品牌在市场上的竞争能力和所处的竞争地位的指标。

（4）品牌的信誉价值。品牌的信誉价值是指某一品牌在某一时点（年度）上的市场竞争力，它反映了该品牌在该产品市场上所处的地位。品牌的信誉价值并不等同于交易价值，但它可以为交易价值的实现提供一个供社会认识和接受的基础，从而有助于交易价值的实现。在经济全球化条件下，品牌只是企业竞争的前提和基础。真正给企业带来实际市场价值的是建立在产品和品牌基础上的企业信誉。不论是企业的人力资源管理还是企业的创新能力，不论是产品服务的质量还是企业的社会责任，最终都将转化为企业信誉而被市场所认可，并且为企业产生巨大的市场价值。因此，品牌价值的核心是信誉，品牌管理的核心是对企业信誉的管理，企业最终的竞争是基于品牌基础上的信誉竞争。

四、品牌的分类

为了使企业能够更好地了解自己的品牌，并根据相应的条件制定切实可行的品牌战略，进行科学的品牌策划和品牌管理，有必要对品牌进行科学的分类，划分依据的标准不同，品牌划分的种类也就各异。

（一）根据品牌的知名度和辐射区域划分

根据品牌的知名度和辐射区域划分，可以将品牌分为地区品牌、国内品牌、国际品牌。

（1）地区品牌。地区品牌是指在一个较小的区域之内生产销售的品牌。这些品牌产品只在一定的地区范围内生产和销售，受产品特性、地理条件和文化特性等因素的影响，产品辐射范围不大，知名度也不是很高。例如，我国的啤酒品牌除了燕京、青岛和哈啤等大品牌之外，各个地区都有当地生产的啤酒，如牡丹江的花荷啤酒、海南的力加啤酒等。

（2）国内品牌。国内品牌是指在国内知名度较高、全国范围内进行销售的产品。在我国，大多数的中国名牌产品或者获得“驰名商标”称号的品牌，都是在全国范围内销售的高知名度品牌。

（3）国际品牌。国际品牌是指在国际市场上知名度、美誉度较高，产品辐射全球的品牌。跨国公司生产的产品都属于这一种。每年由《财富》杂志、《商业周刊》和 Interbrand 公司公布的品牌资产排名前 100 名的企业，都属于国际品牌。目前，我国的国际品牌是极其有限的。

（二）根据品牌产品生产经营所属的环节划分

根据产品生产经营所属的环节划分，可以将品牌分为制造商品牌和经营商品牌（中间商品牌）。

（1）制造商品牌。制造商品牌是指制造商为自己生产制造的产品设计的品牌。制造商品牌是制造商根据自身的需求，在对市场进行调查和了解的基础上，结合企业发展需要而创立的品牌。如果某制造商生产的产品在全国的市场范围内进行销售，那么该品牌就被称为公众品牌。

（2）经营商品牌。经营商品牌（中间商品牌）是指由中间商根据消费者对某类商品的需求信息，自行设计产品、自设生产基地或者选择合适的生产企业进行加工生产，最终使用自己的商标进行销售而创立的品牌；或者生产经营能力有限的小企业，缺少创立品牌的实力，为了尽快获得中间商的顾客资源而与中间商协商合作，使用中间商的品牌进行销售而创立的品牌。中间商品牌也被称为私有品牌（Private Brand）。20 世纪 80 年代以来，经营商品牌得到了迅速发展。欧美许多国家的大型超市、连锁商店、百货商店都出售具有自有品牌的商品。

（三）根据品牌来源划分

根据品牌的来源划分，可以将品牌分为自有品牌、外来品牌和嫁接品牌。

（1）自有品牌。自有品牌是指企业依据自身需要创立的品牌，如本田、东风、永久、摩托罗拉、全聚德等。

（2）外来品牌。外来品牌是指企业通过特许经营、兼并、收购或其他形式而取得的品牌。例如，欧莱雅收购的“羽西”和“小护士”，香港迪生集团收购的法国名牌商标 S. T. Dupont。

（3）嫁接品牌。嫁接品牌主要是指通过合资、合作方式形成的带有双方品牌的新产品，例如，“索爱”品牌就是索尼公司（Sony）和爱立信（Ericsson）公司共同出资创建的品牌。

（四）根据品牌的生命周期长短划分

根据品牌的生命周期长短划分，可以将品牌分为短期品牌和长期品牌。

（1）短期品牌。短期品牌是指品牌生命周期持续较短时间的品牌，是由于某种原因在市场竞争中昙花一现或持续一时的品牌，如秦池和爱多等品牌。

（2）长期品牌。长期品牌是指品牌生命周期随着产品生命周期的更替，仍能经久不衰、永葆青春的品牌，如全聚德、可口可乐、奔驰等。

（五）根据品牌的本体特征划分

根据品牌的本体特征划分，又可将品牌划分为个人品牌、企业品牌、城市品牌、国家品牌等。

（1）个人品牌。个人品牌是指单个自然人的品牌。一些电影明星、体育明星等由于事业的成功而获得很高的知名度，其名字就具有了商业价值，如姚明、张艺谋都属于个人品牌，但是当个人品牌进入商业性运营之后就可以发展成企业品牌，如李宁。

（2）企业品牌。企业品牌是指企业用以识别其他提供同类型产品或服务的商品名称和服务标志，外形上通常由文字、字母、标记、符号、图形、颜色等要素或这些要素的组合构成，实质上体现了企业的经营理念、价值取向、社会责任等企业文化的内涵。

（3）城市品牌。城市品牌是指由于自然风光、人文景观、当地的特产和特有事物而使该城市具有很高知名度而形成的品牌，如哈尔滨冰雪节、大连国际服装节等属于城市品牌。城市品牌随着旅游业——“无烟工业”的迅猛发展，越来越引起人们的重视，其蕴涵的商业价值和潜在价值难以估算。

（4）国家品牌。国家品牌是指某些具有象征一个国家的政治经济和社会文化特色的标志性事物。例如，金字塔、万里长城、埃菲尔铁塔、自由女神像等都属于国家品牌。

（六）其他划分方法

根据品牌所属的行业划分，可以将品牌分为家电业品牌、食用饮料业品牌、日用化工业品牌、汽车机械业品牌、商业品牌、服务业品牌、网络信息业品牌等几大类。

根据品牌的原创性与延伸性可以将品牌分为主品牌、副品牌、副副品牌。例如，“海尔”品牌，现在有海尔洗衣机、海尔彩电、海尔空调等，海尔洗衣机中又分海尔小神童、海尔节能王等。

根据产品品牌是针对国内市场还是国际市场，可以将品牌分为内销品牌和外销品牌。由于世界各国在法律、文化、科技等宏观环境方面存在巨大差异，一种产品在不同国家的市场上有不同的品牌，在国内市场上也有单独的品牌。品牌划分为内销品牌和外销品牌对企业形象整体传播不利，但由于历史、文化等原因，不得不采用，而命名新的品牌时应考虑国际化的影响。

此外，根据品牌强度不同，可以将品牌划分为顶级品牌（Top Brand）、强势品牌（Strong Brand）和弱势品牌（Weak Brand）等。

第二节 品牌的特征与功能

品牌千千万，特质各不同。品牌的特征是品牌所具有的与众不同的特质。品牌的特征在一定程度上决定了品牌的作用与功能。深入地理解品牌的特征和功能，有利于企业制定合理而有效的品牌策略，进行准确的品牌定位，塑造鲜明的品牌个性，从而树立起为消费者所认同的企业形象。

一、品牌的特征

品牌的特征主要表现在以下几个方面：

（一）品牌的专有性

品牌的专有性是指品牌是用以识别生产或销售者的产品或服务的手段。品牌拥有者经过法律程序的认定，享有品牌的专有权，有权要求其他企业或个人不能使用、仿冒和伪造自己的品牌。品牌的专有性也被称作品牌的排他性或品牌的唯一性，它体现了品牌对企业经营的保护作用。同时，品牌的专有性也为消费者维护自身的权利提供了保证。当然，经过法律程序认定的品牌又被称为商标，但是二者之间不能等同起来，具体的区别在本章第三节中会有详细的论述。

（二）品牌的价值性

品牌的价值性是指品牌作为企业的无形资产，可以令其拥有者凭借品牌的优势不断获取利益、不断开拓市场的特性。这种价值并不像物质资产那样用实物的形式表述，也不像物质资产随时间的流逝而逐渐被消磨掉，恰恰相反，只要企业的品牌运营策略得当，品牌的价值会随着时间的积累而不断增值，甚至会超越企业的物质资产的总额。例如，世界上知名企业的品牌价值都是非常可观的，可口可乐的品牌资产价值已经超过700亿美元。此外，品牌具有物质资产的商品特性，可以在市场上进行交易。

（三）品牌发展的风险性和不确定性

品牌发展的风险性和不确定性是指品牌创立后，在其成长的过程中，由于市场的需求不断提高，市场竞争越来越激烈，品牌在为企业带来利益的同时，会受到各种内外部环境因素的影响，出现销量下降、竞争不力，甚至被市场淘汰的可能性。品牌的风险有时产生于企业的产品质量不过关、产品的服务不到位，而有时是由于企业品牌资本盲目扩张或品牌运作不当而造成的。由于当今市场的瞬息万变，国内外总会出现很多昙花一现的品牌，例如，我国的春都、三株等曾经的知名品牌，都是由于企业品牌意识淡薄，对品牌的理解和认识不够而错误地实施了品牌运营策略，最终走向消亡。品牌发展的风险性和不确定性伴随着品牌成长的全过程，企业要不断地对其进行客观的评价和适时监控，以便企业能够根据评价与监控的信息及时调整品牌策略，实现品牌管理的科学化。

（四）品牌的表象性

品牌的表象性是指品牌作为企业的无形资产，不具有独立的实体，不占有空间，但它的目的就是让人们通过一个比较容易记忆的形式来记住某一产品或企业，因此，品牌必须有物质载体，需要通过一系列的物质载体来表现自己。品牌的物质载体主要有两方面：直接载体和间接载体。直接载体主要有文字、图案和符号；间接载体主要有产品质量、产品服务、知名度、美誉度、市场占有率。人们对于某一品牌的评价与认同就是通过这些载体得以实现。例如，海尔就是依靠其一流的服务，赢得了众多的品牌忠诚者。

（五）品牌的扩张性

品牌的扩张性是指品牌具有识别功能，代表一种产品、一个企业，企业可以利用已经成功的品牌对市场进行开发和拓展，通过品牌延伸策略，发展一体化战略或多元化战略，还可以利用企业的品牌资本进行融资、兼并和扩张。

在当今的商业运作环境中，品牌合作成为增加企业经济效益越来越重要的工具。除了削减成本（包括研发成本和营销成本）之外，品牌合作还可以迅速地将某个品牌的声望、形象和受大众认可的程度转移到另一个品牌。简而言之，它有助于迅速提升几乎所有市场营销环节（从留下品牌最初印象到建立品牌忠诚度）的效果。例如，划船鞋生产商 Sperry

Top-Sider调查发现，越来越多的年轻人在划船时穿着运动鞋，而不是公司生产的传统的划船鞋。Sperry Top-Sider 认识到，公司内部没有能力通过创新去满足消费者的需求，因此与运动鞋生产商 New Balance 实施品牌合作，结果他们合作生产的运动型划船鞋迅速占领了市场。

品牌并购是指企业通过并购其他品牌以获得其他品牌的市场地位和品牌资产，增强自己的实力，重构企业的竞争力范围。在品牌经营时代，并购往往带有品牌扩张的目的，品牌并购主要表现有以下几种情况：①被并购企业有较好的资源，有利于扩大原有品牌所涵盖产品的生产规模；②企业为避开贸易壁垒进入其他国家和地区；③企业为了加快进入市场的速度，实现品牌的快速区域扩张（特别是海外扩张）的需要；④企业为通过收购被并购企业的产品作为本企业品牌的延伸产品，以实现产品多元化的需要。

（六）品牌的领导性

品牌的领导性是指品牌在消费者心中无可替代的地位。由于市场上的强势品牌具有高质量、高价值和高信誉特征，因而在市场上可以引领潮流，影响消费者的价值观，不像刚刚进入市场的产品只是依靠广告、包装和促销来打动消费者。具有领导性的品牌称为领导品牌，它不仅是质量、管理、效率的综合体，还是企业先进的文化、理念、管理水平、生产能力的象征。

要想成为领导品牌，就要努力使自己的品牌成为该领域的代名词，因为消费者在有某方面购买需求的时候，首先想到的必然是那些行业代名词的品牌，如果没有特别原因，消费者在下次购买时通常还会选择这个曾经使用的品牌。这样，获取领导地位将是一个公司最为宝贵也是最具持续竞争力的战略。而且，一旦某一品牌成为行业代名词，就将具有不受生命周期约束的顽强生命力。例如，可乐类碳酸饮料的代名词是可口可乐，快餐的代名词是麦当劳；在中国，国产计算机的代名词是联想，国产家电的代名词是海尔，果冻的代名词是喜之郎……消费者在作最后的购买决策时，往往更偏爱行业代名词的品牌，因为它是消费者一致公认的第一品牌，消费者往往愿意溢价购买。

二、品牌的功能

品牌的重要性和价值日益为企业界所认识，越来越多的企业希望通过充分发挥品牌的作用和功能，使企业在激烈的竞争中获得优势。不同的学者对品牌功能的界定是有差别的，营销大师菲利普·科特勒认为，品牌具有识别、法律保护、培养忠诚顾客、市场细分和公司形象传播等功能。美国品牌专家凯勒（Kevin Lane Keller）认为，品牌具有识别、法律保护、质量承诺、保持产品特色、保持竞争优势和资产增值功能。英国品牌学家切纳托尼（L. Chernatony）指出，品牌具有识别、法律保护、公司管理、加速记忆、减少风险、市场定位、使产品人性化、体现价值、展望产品发展、提升附加值、提升公司形象和维系顾客关系等功能。我国的品牌专家李光斗先生认为，品牌的功能在于阐明产品属性、承诺产品价值、寄托消费者体验、承载消费者情感以及实现自我价值等。

分析以上这些观点，可以看到，不同时代、不同环境的不同品牌，其功能虽然表述各异，但万变不离其宗，在根本上，它们还是有一些相同的作用或共性，现总结归纳如下：

（一）品牌的识别功能

识别功能是品牌最基本最原始的功能。品牌是由于生产者为了将自己的产品与其他竞争对手区别开来而应运而生的，目的是不让自己的产品与竞争对手的产品混淆。品牌还可以让满意的顾客对公司的品牌产品保持忠诚，给公司带来源源不断的利益；同时，可以通过顾客对产品的意见和建议，改进产品和服务，以便更好地提高顾客的满意度。众多的跨国公司的品牌都具有很强的识别功能，如麦当劳的“金色拱门”标志、苹果电脑“被啃掉一块的苹果”等，中国古代的一些品牌，如张小泉剪刀、狗不理包子等也是典型例子。

（二）品牌的保护功能

品牌的保护功能不仅保护品牌所有者的利益不受侵害，也维护了消费者的利益。每年都会有众多的品牌因为市场的假冒伪劣产品蒙受重大损失，而品牌或品牌的一部分一旦进行商标注册，就具有了对品牌所有者的法律保护功能，品牌所有者可以利用法律武器防止和打击那些假冒和抄袭品牌的行为。但是也应该看到，每年也有很多消费者因为购买了不合格的产品受到财产损失甚至人身伤害，此时，消费者可以以品牌作为维权的依据，通过法律手段获得赔偿。

（三）品牌的情感功能

品牌的个性化和人格化的发展趋势使得品牌具有了强烈的情感功能。品牌的情感功能往往通过情感化的广告诉求、影响力巨大的形象代言人和品牌个性与消费者的契合度等几个方面得以实现。例如，著名打火机品牌 ZIPPO，命名之初是受拉链（Zipper）的启发。在早期，ZIPPO 就是“实用型打火机”的代名词，在任何气压、温度、湿度下都能正常打着。20 世纪 40 年代初期，ZIPPO 成为美国军队的军需品。有人因为 ZIPPO 挡住子弹而保住性命，有人用 ZIPPO 和一只空钢盔做了一顿热饭，ZIPPO 成为优质军用品的代言。第二次世界大战结束之后，ZIPPO 又逐渐成为了美国自由文化和男人硬汉情结的象征，给消费者完美的使用体验。如今，ZIPPO 简约而不失文化和时尚特色的外表、清脆悦耳的开盖声音、始终如一的优质功能，都成为了让消费者爱上它的理由，ZIPPO 已经升级成为“情感型品牌”。

再如，可口可乐的忠诚者，是因为可口可乐的配方的“神秘感”、悠久历史的“怀旧”情感，以及对美国文化的骄傲和持续不变的支持而选择它；百事可乐的支持者是因为它契合了年轻人追求自由和个性的特点，是“年轻一代的选择”。

（四）品牌的增值功能

品牌的增值功能是指品牌因为能够满足消费者特殊的心理需要而使消费者产生的愉悦的感觉，也称为品牌溢价或增值，这也是为什么当今市场上的奢侈品尽管价格不菲，也会拥有大量品牌忠诚顾客的原因。有人因为拥有了奔驰轿车而获得成就感；有人因为穿着万宝路的服装，而获得开拓未知世界能力的满足感……

此外，消费者在进行品牌消费过程中的亲身体验，也能提升品牌的价值。星巴克的高价咖啡之所以能够吸引众多的白领人士，原因在于它不仅能够提供美味的咖啡，还可以提供温暖而具有现代感的环境、轻松愉快的格调、高水平的服务，这些共同营造了一个“小资聚集地”的氛围，符合白领的品位。

（五）品牌的市场分隔功能

品牌的市场分隔功能也可以称为品牌的定位功能，随着社会的发展，竞争日趋激烈，消费者有了更多的选择，也变得更加挑剔，而产品的同质化现象也使得企业的竞争重点转向品牌竞争。品牌由于向外传递的品牌形象信息吸引着特定的顾客群体，使得消费者根据品牌宣传的形象给自己一个购买理由。品牌的市场分隔功能通常可以把消费者按照一定的社会阶层或者生活方式进行区隔，比市场细分更细致、更具体。例如，同属于快餐食品，必胜客与肯德基，在价位、产品种类、就餐环境、提供的服务等方面进行了市场区隔；而肯德基和麦当劳则在本土化策略方面实现了市场区隔。

第三节　品牌相关概念解析

一些名词或概念，如“产品”、“名牌”、“商标”等，与“品牌”如影随形，容易引起理解上的偏差，本节将详细阐述它们与“品牌”的关系。

一、品牌与产品

从市场营销的整体产品概念来看，品牌仅仅是产品整体的一个组成部分，因此，品牌总是与产品联系在一起的。从企业创办的历史看，起初产品与品牌处于高度黏合状态。但是随着企业长期使用这个品牌，品牌逐渐地和具体产品相分离，并产生独立的品牌形象和品牌文化。二者之间关系的演进过程具体表现为以下三个阶段：

（一）品牌从属于产品阶段

品牌从属于产品阶段往往是在品牌的初创阶段。当公司刚推出新产品，或是已有品牌不适合市场需求、公司欲推出新产品时，公司必须开发一个新的品牌。无论是什么原因，公司总要为新产品选择一个新的品牌。新产品与新品牌的关系是先有产品再有品牌。这时品牌总是与产品形影不离，由产品到品牌，由品牌到产品，两者的联系十分紧密。此时，品牌与产品处于高度黏合的状态，几乎是合二为一的。

从属于产品的品牌的生命力是不强的。因为，任何产品都有一个生命周期，一旦该产品处于衰退期，就面临退出市场的命运，从属于该产品的品牌也就失去了存在的意义。另外，当品牌从属于产品并缺乏品牌独立个性时，企业经营就会被局限于该产品，而无法向新的领域拓展，使企业的发展受到限制，当产品受到替代产品冲击时，企业可能随产品一起陷入衰退。因此，从属性品牌只起到识别作用，尚不具有多少营销功能，也未能为顾客创造额外的附加价值。因此这一阶段的品牌并不是真正意义上的品牌。

（二）品牌与产品平行阶段

品牌与产品的平行关系是指品牌不再从属于产品，品牌作为独立于产品之外的力量，与产品一起合力开拓市场。品牌产品不但因产品的优良品质赢得了顾客的信任和肯定，而且也以其独特的品牌形象和品牌个性赢得顾客的好感和认同。因此顾客购买的是品牌产品而不仅仅是产品，顾客同时也在购买品牌所具有的形象和个性。此时，品牌衬托产品的高质量，产品高质量的表现又强化了品牌高品质的形象，二者相辅相成，同时成为企业发展壮大的工具。

品牌与产品的平行关系实际上有利于企业在该品牌下推出新产品，也就是所谓的产品线延伸。由于消费者对于该品牌已经非常熟悉，而且对其产生了信赖感，同品牌的其他产品被接受的可能性大大加强，这无形中就提高了新产品投放市场的成功率，缩短了新产品开拓市场的时间，也节省了企业重新开拓市场的费用。

（三）产品从属于品牌阶段

品牌由初始阶段从属于产品，经品牌的定位和一定时间的使用后，品牌逐渐确立自己的个性和形象，这时品牌的地位和作用就会逐渐强化，成为公司的一面旗帜，发挥其市场的号召力。此时，品牌成为公司经营理念的集中体现，会产生无法被取代和模仿的品牌文化，这一阶段被称为产品从属于品牌阶段。

例如，李维斯（Levi's）是自由、冒险和独立精神的象征；万宝路（Marlboro）的西部牛仔形象，是男人粗犷、豪放、冒险的代名词。此时的品牌是具有深刻文化内涵的无形资产，其价值远高于产品本身所带来的功能性利益。这时产品必须服从于品牌，从属于品牌。因此，产品从属于品牌的关系是最高形式的品牌建设成果，意味着品牌文化的确立。

二、品牌与名牌

名牌是驰名品牌和著名品牌的简称。在我国，对名牌颇有误解，有不少人认为名牌就是知名度很高的品牌。这种理解只强调了品牌的认知性，而忽视了品牌的形象和权益。名牌应该是知名度和美誉度的完美统一，是优异品质和美好联想的代名词。

在欧美国家，较少用 Well-known Brand（驰名品牌）这个概念，更多的是用 Power Brand（强力品牌）或 Strong Brand（强势品牌）的概念。在国内有一份报纸，专门辟有一个名牌专刊，其英文名是“Top Brand”。但是，这些差异只是文字表述的差别，各个国家的名牌都具有区别于一般品牌的特征。

（一）名牌是高知名度的品牌

名牌之所以被称作名牌的一个重要衡量指标就是它的品牌知名度，也就是说，有多少人知道这个品牌，有多少人喜爱这个品牌。在某种程度上，名牌一定是高知名度的产品，但是高知名度的产品不一定是名牌。不能像某些企业一样，只是一味地追求高知名度，进行铺天盖地的广告轰炸，而忽略对品牌产品的内涵建设，结果很多人知道这一品牌，却不一定会喜爱这一品牌，更不一定会选择这一品牌。

（二）名牌是经得起时间考验的品牌

世界上很多知名品牌，如可口可乐、肯德基、强生等都是有着近百年，甚至更长时间的经营历史，我国的王致和、张小泉等品牌也是著名的百年老字号品牌。这些品牌都是在科学技术不断进步、竞争环境日趋激烈的社会发展中，不断调整自己的品牌运营策略，经受了时间的考验，始终保持活力的强势品牌。

（三）名牌是高市场占有率的品牌

名牌应该是在众多或若干品牌中市场占有率明显占优的品牌，但是应该强调的是，该品牌的市场占有率不是指在某类产品的全部市场上的占有率，而是在特定目标市场上的市场占有率。例如，可口可乐是世界级名牌，在可乐市场上，其市场占有率高达40%以上，但在饮料类（可乐、汽水、纯净水、果汁、茶、奶类等）综合市场上的占有率却十分有限。

（四）名牌是能获得溢价的品牌

一个品牌如果成为名牌，为消费者所偏爱，那么它就能获得溢价。例如，深受消费者喜爱的 Nike，其产品的实际产地集中在中国、越南等劳动力价格低廉的国家，但是其商品的售价要比生产国家的同类型产品高几倍甚至十几倍。其根本原因在于名牌可以获得顾客的信任，顾客也愿意为此支付相对高的价格。

（五）名牌是信誉卓越的品牌

名牌产品不仅要在产品的性能上让顾客满意，还要在售前、售中和售后服务等方面，为顾客尽可能多地提供便利，真正做到视顾客如“上帝”。例如，海尔多年来一直秉承服务至上的理念，让每位顾客在购买产品后都会感到心满意足，为顾客创造超额的顾客让渡价值，从而获得顾客的信任，不少顾客在购买海尔产品后成了海尔不支薪的促销员。

（六）名牌是消费者愿意拥有或渴望拥有的品牌

名牌有两大类：一类是大众名牌；另一类是贵族名牌，亦称奢侈品品牌。

大众名牌是普遍大众能够买得起，并且愿意购买的品牌（产品）。例如，饮料要喝可口可乐，运动服要穿李宁牌等。这些品牌都是大众名牌，一旦你想要购买某种满足你需要的产品，就会想到相应的品牌，并且会去购买这个品牌的产品。

贵族品牌不是人人都能买得起其产品的品牌。这些品牌产品只是一种象征，象征着某种地位、权力、成功或一种生活方式。贵族品牌的产品往往销售数量不多，但价格昂贵，利润丰厚。例如，阿玛尼、轩尼诗、爱马仕、兰博基尼等贵族品牌，遍及各个产品领域。目前，国际上主要的奢侈品品牌在中国都有销售。

三、品牌与商标

商标是指商品生产者或经营者为使自己的商品在市场上同其他商品生产者或经营者的商品相区别，而使用于商品或其包装上的，由文字、图案或文字与图案的组合所构成的一种标记。商标是商品经济发展到一定阶段的产物，是为了保护商品生产者、经营者的利益和消费者的权益，最终用法律形式确立了商标的法律地位和不可侵犯性。

（一）商标与品牌的联系

商标和品牌之间有十分密切的历史渊源，在古代社会，人口稀少，家养的牲畜放养于广袤的牧地，为了不至于混淆，牲畜的主人会在家畜上打上一个特别的记号。例如，在牛身上烙上一个火痕，不同的火痕表示牛为不同的主人所有。这种现象在我国一些比较落后的农村地区至今仍然存在。这就是品牌最早的起源，也是英文品牌“Brand”一词的最原始的解释：烙印。

随着社会生产力的进步，商品经济逐渐发达，一些手工业者和商人从自给自足的农牧业中分离出来，只进行专有产品的生产制造和经营销售活动，一些质量好、信誉好的产品，获得了很好的口碑，回头客频频光顾，认准标志（Mark）或商号购买的情形开始出现，与此同时，假冒现象也出现了。一些著名的企业要求国会或立法院制定反假冒的相关法律。法国、英国、美国几乎在同一时期制定并通过了类似《商标法》的法案。可口可乐、柯达等就是最早一批受法律保护的商标。

因此，商标是在品牌、标志基础上发展起来的，是经过法律程序和法律确认、受法律保护的品牌。从这个角度讲，现代意义上的品牌都是商标。商标和品牌从表现形式上看没有区别。所以，从大众使用角度看，品牌就是商标，商标也就是品牌。

但是，从品牌管理角度看，两者还是有区别的。品牌要成为企业的资产，获得排他性使用权，必须注册成为商标。本书在后面还会指出一个品牌可以是多个注册商标的组合，还可以是多个名称的组合。不过，一个品牌的某些要素（虽已形成独特性）是不能注册的，它们不是商标或商标的一部分（如颜色及其组合、口号、音乐等），但却是品牌的有机组成部分。所以，品牌与商标之间不是一一对应的关系，而是包含关系。一个品牌里必须至少有一个商标，有时甚至几个商标，以商标的独占性来建立品牌识别性和品牌资产。

【品牌视野】

中国商标法的演进

商标法律制度起源于19世纪，1618年英国首先处理了商标侵权纠纷，1803年法国制定的《关于工厂、制造场和作坊的法律》，是世界上最早的包含商标保护规定的法律，但最早的商标成文法应当是法国1809年的《备案商标保护法令》。世界上最早的全国性商标法也诞生在法国，即1857年颁布的《关于以使用原则和不审查原则为内容的制造标记和商标的法律》确立了全面注册商标保护制度。

在中国，有关商标的相关法律出现在鸦片战争之后，当时，处于半封建半殖民地状态下的中国政府被迫授予西方国家诸多贸易和外交特权，商标制度和知识产权制度就是在这样的背景下引入的。

1889年“百日维新”期间，清政府曾发布法令保护中国商人的著名商标，但这一保护却不适用于外国商标。1902年，中英签订了《续议通商行船条约》，其中涉及为商标立法，以法的形式保护商标的专用权等问题。1904年8月4日，清光绪皇帝钦定颁布了由当时清朝海关总税务司的英国人裴式楷起草的《商标注册试办章程》，这是中国的第一部现代意义的商标法。1904年11月23日，清政府海关总税务司在津、沪两地正式受理商标挂号（即注册），这标志着商标法在中国正式开始实施。1923年北洋政府制定《商标法》及《商标法施行细则》；1930年中华民国国民政府制定新的《商标法》。

1890年上海燮昌火柴公司使用的“渭水”牌火柴商标，是目前已知的最早的经中国政府核准使用（即注册）的商标。

1949年以后到20世纪70年代末，实行国家对商标的控制。“文化大革命”后，政府开始恢复1963年以前专利、商标和版权的有关条例和规定。1979年中美两国签订了一项贸易协定，双方表示要重视知识产权的保护。1982年出台了《中华人民共和国商标法》，恢复承认商标的区别功能，承认并规定注册商标人的商标专用权。2001年，为适应我国加入WTO的新环境，《商标法》再次修改，从原来的43条增加到64条。

自中华人民共和国成立到1982年颁布《商标法》之前的30多年间，一共注册了67300件商标；1904～1923年的近20年间，全部注册的商标仅3万多，品种也只局限在火柴和纺织品上；而自1983年《商标法》实施的20多年间，商标注册量由9万多件增长到了166万多件。

（二）商标与品牌的区别

1. 构件多少不同

根据前述商标的定义，《商标法》核准注册的商标形式只有两类，一是文字，二是图案，当然也包括两者的结合，而不包括色彩、音响或某种物质主体形象。但品牌的构件不仅包括文字、图案，还有特型设计、图案的颜色对比等。因此，商标的构件小于或等于品牌的构件。

2. 权限范围不同

商标权有国界而品牌使用无国界。世界各国有自己的商标法律，在一国注册的商标仅在该国内有排他性使用权，超越国界后就失去了排他性权利。一些拥有著名商标的企业，由于没有及时到出口国注册，在当地市场赢得一定声誉后，被一些投机者抢先注册，结果丧失了在当地的竞争机会，造成了无法弥补的损失。因此，商标只有在注册国家是商标，在未注册的国家就不是商标，不受法律保护。品牌则不同，某一个品牌可能没有注册或注册失败，但作为一个品牌却被长期使用，可以有很强的识别性。

3. 使用的程序不同

商标需经法律程序审批，而对品牌的使用企业可以自己决定。商标必须经过法定程序才能取得，在注册成功之前它不具有独占性。一个标志、一个名称或两者的组合能否成为商标，不是取决于企业，而是取决于国家的商标管理部门，在我国为国家工商行政管理总局商标局和商标评审委员会。品牌则不同，公司取一个名称，请人画个图案，就可以宣称“这就是我的品牌”，而且用不用、怎么用都不需要其他人或机构来批准。

4. 时效不同

从时效上讲，商标和品牌也不同。商标的有效性取决于法律，世界各国的《商标法》的规定不尽相同。有的国家规定商标有效期为 20 年，而有的国家规定商标有效期只有 7 年。我国规定商标有效期为 10 年。当然，如果商标权人需要继续使用该商标，则可以续注。因此，商标权实际上是一种永久性权利。但品牌则不同，法律上有效不等于市场有效，经不起市场历练而被淘汰的品牌，其经济寿命可能远短于其法律有效期。

5. 适用商品类别操作上不同

品牌可以延伸，商标则需重新申请注册。品牌延伸，也就是某类产品的品牌用到另一类产品上去。例如，从娃哈哈营养液，到娃哈哈果奶，再到娃哈哈纯净水等，就是品牌的延伸。品牌延伸并没有改变品牌，因为其品牌名不变，品牌的标志、图案不变。但按我国的规定，当品牌延伸到一种新产品时，必须作为一件新商标重新办理商标登记注册。因此，商标注册时必须严格注明用于什么产品。例如，可口可乐在美国申请商标时要注明是用于碳酸气软饮料。

四、中国名牌与驰名商标

国家对名牌的权威认定有“中国名牌产品”[⊖]和“中国驰名商标”两种方式，二者都是为了促使中国名牌战略的实施，提高中国企业的品牌竞争力所进行的必要准备，它们之间既有联系又有区别。一般而言，“中国名牌产品”必须具有市场知名度高的商标，同样，“中国驰名商标”的载体——产品必须质量过硬、具有竞争优势。但是，“中国名牌产品”和“中国驰名商标”在很多方面有明显的区别，主要表现在以下几方面：

（一）认定的主体和法律依据不同

“中国驰名商标”的认定机构是国家工商行政管理总局商标局和商标评审委员会；另据最高人民法院的司法解释，人民法院可以对商标是否驰名作出认定。中国品牌的评价机构则是中国名牌战略推进委员会，由国家质量监督检验检疫总局监督和管理，它是非常设机构，由中国工业经济联合会负责其日常工作。

⊖ 从 2008 年国家质量监督检验检疫总局不再直接办理与企业和产品有关的名牌评选活动。因此最后一批“中国名牌产品”名单停留在 2007 年。

“中国驰名商标”认定的依据是《商标法》及《商标法实施条例》；国家质量监督检验检疫总局发布的《中国名牌产品管理办法》则是目前规范中国名牌评价工作的一部部门规章。

（二）认定的标准不同

根据《商标法》第14条的规定，认定驰名商标考虑以下五方面的因素：①相关公众对该商标的知晓程度；②该商标使用的持续时间；③该商标的任何宣传工作的持续时间、程序和地理范围；④该商标作为驰名商标受保护的记录；⑤该商标驰名的其他因素。

根据《中国名牌产品管理办法》的规定，中国名牌应具备的条件则是：①符合国家有关法律法规和产业政策的规定；②实物质量在同类产品中处于国内领先地位，并达到国际先进水平，市场占有率、出口创汇率、品牌知名度居国内同类产品前列；③年销售额、实现利税、工业成本费用利润率、总资产贡献率居本行业前列；④企业具有先进的生产技术条件和技术装备，技术创新、产品开发能力居行业前列；⑤产品按照采用国际标准或国外先进标准的标准组织生产；⑥企业具有完善的计量检测体系和计量保证能力；⑦质量管理体系健全并有效运行，未出现重大质量责任事故；⑧企业具有完善的售后服务体系，顾客满意程度高。

可以看出，“中国驰名商标”的认定标准侧重市场认可，而中国名牌的评价侧重于生产规模和技术条件。

（三）认定和保护政策不同

认定驰名商标是解决商标侵权纠纷的一种法律保护手段，它采用的是个案认定与被动保护的原则。已获得驰名商标的产品如果遇到侵权纠纷，可将驰名商标作为受过保护的记录，提交给商标局进行仲裁。按《驰名商标认定和审议办法》的规定，离开侵权纠纷，驰名商标对该企业没有任何意义。而中国名牌产品的评定则主要是为授予企业一种荣誉，属于国家奖励机制的一部分，目的是以名牌产品带动地区经济的发展与繁荣。

中国名牌经评定后，有效期为三年；有效期内可利用中国名牌标志对产品进行包装、装潢和广告，免予各级政府的质量监督检查，自动列入“打击假冒，保护名优”的重点。驰名商标经认定后，除了在商标有效期内（十年，届满可续展）可利用驰名商标标志对商品或服务进行包装、装潢和广告之外，还受到国家和国际上的特殊保护：①时间方面，驰名商标所有人可不受五年的限制，请求商标评审委员会撤销他人恶意注册的商标；②空间方面，驰名商标享受跨类保护，认为他人在同类或另类商品或服务中申请注册的商标是复制、模仿或翻译驰名商标的，驰名商标所有人可请求国家机关不予注册并禁止使用，他人的企业名称或网络域名与驰名商标相同或近似的，驰名商标得到优先保护；③驰名商标是地方各级司法机关和行政执法部门保护的重点，《最高人民检察院、公安部关于经济犯罪案件追诉标准的规定》第61、63条明确规定，“假冒他人驰名商标”、“非法制造、销售非法制造的驰名商标标识的”均追究刑事责任，《商标法》第13、14、41条，《商标法实施条例》第5、45、53条，以及《驰名商标认定和保护规定》都对驰名商标的法律保护作了具体规定；④对驰名商标特殊保护是世界性的，《保护工业知识产权巴黎公约》和WTO的《与贸易有关的知识产权协议》都有相应的规定。我国是《保护工业知识产权巴黎公约》缔约国，也是WTO成员。驰名商标在这两个组织的成员中，受到对等的法律保护。

（四）国际范围内认可程度不同

驰名商标的认定对象既包括国内企业的注册商标，也包括外国企业在华注册的商标；而名牌产品的评价仅限于我国企业的产品，不受理使用国（境）外商标的产品的申请。驰名商标是在世界范围内得到法律认可的概念；而目前除中国外，其他任何国家尚无政府授权评选国家名牌产品的机构。

（五）认定的程序不同

中国名牌每年评定一次，由企业自行填报后交省级质检机关，再报送中国名牌战略推进委员会评定。驰名商标的认定采用国际惯例和通用方法，实行个案认定原则，不受时间限制；商标权利人在商标注册、评审、管理及侵权诉讼中，认为自己的合法权益受到侵犯，在请求国家机关制止和处罚侵权行为的同时，可申请认定自己的商标为驰名商标。在商标注册公告期内申请认定的，直接向商标局提出；在商标评审过程中申请认定的，直接向商标评审委员会提出；在商标管理过程中申请认定的，向市（地）级工商机关提出；在商标侵权诉讼过程中申请认定的，向人民法院提出。

商标局和商标评审委员会认定驰名商标遵循行政裁定程序，人民法院认定驰名商标遵循民事审判程序，且商标局和商标评审委员会的认定不是终局裁定，仍要接受司法监督。中国名牌的初审和推荐工作则由省、区、市质检局掌握，最后的初选、征求意见和公布工作由中国名牌战略推进委员会在国家质量监督检验检疫总局的指导下进行，其评价结果不受司法监督。

但是，在消费领域，消费者往往不关心驰名商标与中国名牌的产生、由来和二者的法律地位，他们受媒体广告的引导，在购买商品时通常相信名牌，不认真查看商标，这实质上是一种消费误区。把消费者引入这一误区的主要原因是“驰名商标”是法律术语，远离大众，而“中国名牌”是口语，通俗易懂，易于传播。

【本章小结】

（1）品牌是企业为了满足市场需求、适应市场竞争而将企业或商品的名字、符号、属性、品质、个性、价值、历史、文化等信息融汇于一体，以区别于其他企业或商品的信息组合。

（2）根据不同的划分标准，将品牌划分为不同种类：根据品牌的知名度和辐射区域划分，可以将品牌分为地区品牌、国内品牌、国际品牌；根据产品生产经营所属的环节划分，可以将品牌分为制造商品牌和经营商品牌；根据品牌的来源划分，可以将品牌分为自有品牌、外来品牌和嫁接品牌；根据品牌的生命周期长短划分，可以将品牌分为短期品牌和长期品牌；根据品牌的本体特征划分，又可将品牌划分为个人品牌、企业品牌、城市品牌、国家品牌等。

（3）品牌的特征主要表现在：品牌的专有性、品牌的价值性、品牌发展的风险性和不确定性、品牌的表象性、品牌的扩张性以及品牌的领导性。品牌的功能主要包含品牌的识别功能、品牌的保护功能、品牌的情感功能、品牌的增值功能、品牌的市场分隔功能等几个方面。

（4）品牌与产品、品牌与名牌、品牌与商标的区别与联系。

【思考题】

1. 什么是品牌？
2. 品牌有哪些分类标准？内容如何？
3. 品牌的特征有哪些？
4. 品牌的功能有哪些？
5. 什么是商标？品牌和商标的区别和联系分别是什么？
6. 品牌和名牌的关系如何？

【案例分析讨论】

耐克：品牌的威力[⊖]

耐克品牌的创始人比尔·鲍尔曼（Bill Bowerman）是美国跑步训练基地的田径教练，根据多年的实践经验，结合运动力学原理设计出了几种运动鞋，尽管鞋样子笨重、难看，但运动员穿在脚上却十分舒服，特别是样鞋设计成前后跟加厚垫高的样式，有效地保护了运动员的脚部，因此受到运动员的欢迎。更令人可喜的是，穿着鲍尔曼亲手做的鞋，他的运动员在一次运动会上取得了前所未有的好成绩，于是，他和菲尔·奈特（Phil Knight）各出资500美元，成立了名为“蓝丝带体育”（Blue Ribbon Sports）公司，正式开始了商业运作。1971年，为了扩大公司在美国社会的影响，鲍尔曼和奈特借用希腊神话中胜利女神的名称——耐克为公司商标名，新耐克（Nike）鞋的标志是“Swoosh”（意为“嗖的一声”），是由波特兰州立大学（Portland State University）的图形设计学生卡罗琳·戴维森（Carolyn Davidson）于1971年设计的。Swoosh极为醒目、独特、动感，也就是大家现在熟悉的Nike的那个对钩形标志。以后的每件耐克公司制品上都有这个标记。1978年，“蓝丝带体育”（Blue Ribbon Sports）公司正式更名为耐克公司（Nike Inc.）。

耐克（Nike）因为能充分掌握年轻人对运动休闲鞋的需求、了解他们的生活形态与现实的心理渴望，发展出饶具创意的新产品、传播诉求及促销活动，从头到尾都是站在创造消费趋势的排头。

耐克品牌自1980年销售额超过阿迪达斯之后，一直高居全球运动服饰的前列，其成功的经验主要表现在：利用运动员进行广告宣传，使其确立了良好的品牌形象；使用“借鸡生蛋”的商业运营模式，不仅规避了高额的关税，也使得耐克的工厂遍布世界各地；再加上耐克不断创新，满足青少年追求时尚、美观的消费心理，使得耐克成为当今世界上最受消费者喜爱的运动品牌之一。

一、体育营销创建体育王国

1972年，第20届奥林匹克运动会在美国的尤金举行，鲍尔曼和奈特主动赠送耐克运动鞋给那些马拉松运动员，并不失时机地向人们宣称：“前十名运动员中有四名穿耐克鞋。”

1973年，美国著名中长跑运动员史迪威·普莱芬坦（Steve Prefontaine）成为第一位穿

⊖ 时尚品牌，耐克（Nike）品牌故事，http：//www. haibao. cn/brand/1086；品牌世家，耐克运动鞋的创业传奇，http：//biz. ppsj. com. cn/2009-12-18/2262442023. html。

耐克运动鞋的著名运动员。

1978 年，肯尼亚运动员罗诺穿耐克新型运动鞋创造了四项世界纪录。

1982 年，英国的阿斯顿维拉足球队穿着耐克牌足球鞋，分别在英国足球联赛和欧洲足球锦标赛上夺得冠军。1982 年 10 月，在纽约马拉松赛事播出的季节，第一支耐克品牌全国电视广告播出。这支电视广告由 Wieden Kennedy 广告公司策划，其后，Wieden Kennedy 继续为耐克制作出多个创意的平面广告和电视广告，至今仍然是耐克首要合作的广告公司。

在 20 世纪 80 ~ 90 年代的大部分时期，专业运动员被像英雄一样崇拜，因此耐克投入大量资金，请成功、富有魅力的知名运动员为产品代言，采取的是金字塔形形象推广战略，即从塔尖的顶级运动员到国家队，再到 NBA 联赛省级队，直至包装到普通青少年篮球活动，囊括整个体育用品市场构成的四等级要素。利用运动员为产品做宣传的不止耐克一家，但只有耐克做得最成功。耐克公司有一句话：经营的秘诀是为运动员制造出优质的鞋，让他们走在时尚的前面，市场的其他人都会追随、效仿。

1984 年，耐克与乔丹签订了一份五年合同，给乔丹的条件还包括赠予耐克的股票，以及以前所未有的礼遇——在耐克运动鞋上使用乔丹的名字……乔丹的总价值合计高达每年 100 万美元，这个价目是阿迪达斯或匡威开出的价钱的五倍。在当时大多数人都认为这是一个荒唐的举动，连《财富》杂志也曾刊登过一篇醒目报道，认为就耐克当时的财务状况，签订这个合同实在是个大错。而结果却证明，耐克与乔丹的这次合作是场“完胜”的交易，乔丹身上凝聚了活力、声望、高超的竞技水平和令人振奋的体育精神，使耐克得以跨出跑鞋的圈子，几乎一夜之间，即使不从销量上看，耐克也成了高档篮球鞋的主导产品。

1988 年，Wieden Kennedy 广告公司创始人丹·维登（Dan Wieden）为耐克作了新一轮的广告推广，创造了“只管去做”（Just Do It）这一响亮的口号，这一口号被著名的《广告年代》（Advertising Age）杂志评为 20 世纪最棒的五条广告标语之一，也被记录入史密森学会（Smithsonian Institution）的案例教程中。

此后，耐克多年来一直致力于赞助奥运会、世界杯等大型体育赛事，取得了非常好的品牌宣传效果。

二、“借鸡生蛋”开拓国际市场

所谓“借鸡生蛋”法，就是指利用耐克这张名牌与各国谈判建厂，依托各国当地的廉价劳动力和材料物资，运用耐克的精美设计和先进技术，生产耐克鞋。这样，一可以避开“进口商品”这一关，躲开高关税的限制；二可以用本地原料、劳动力，又省了远洋运输的费用，成本自然就降低了，价格便能适合该国消费者的承受力。而耐克公司的经理们只是集中公司的资源，专攻附加值最高的设计和营销，然后坐着飞机来往于世界各地，把设计好的样品和图样交给劳动力成本较低的国家的企业，最后验收产品，贴上耐克的商标，销售到每个喜欢耐克的人的手中。

首先，耐克公司在爱尔兰即以直接投资的方式设立了耐克公司的分厂，然后迅速在英国和奥地利设立了销售处，以爱尔兰制造的名义巧妙地避开了欧共体的高关税壁垒，从而取得了压倒同行的价格优势。接着耐克公司又以“日本造”的名义成功地挤进了日本市场，使耐克鞋风行日本。20 世纪 80 年代之后，它先后与韩国、中国台湾地区等厂商签订合同，由耐克公司负责设计、签约，厂商负责生产，产品贴上耐克公司的商标，再销往欧美各地；为了更进一步降低成本，耐克开始向工资水平低、原材料价格便宜、劳动力资源广阔的发展中国家和地区进军，因为这些地方的劳动力更廉价，利润更丰厚，耐克先后进入中国、印度等发展中国家。20世纪90年代，耐克公司又看好越南等东南亚国家，投资合作建厂，并向这些地区推销中等价格的运动鞋，结果大受人们的欢迎。就这样，耐克一步步地走向了全世界。

三、把握时尚，不断创新

新时期的耐克更加注重对时尚的把握，不断利用新产品、新技术、新词汇和新构思来应对消费者求新求异的心态，引领消费潮流，保持品牌活力，使耐克产品成为时尚体育的载体，使耐克品牌成为众多体育运动品牌中的巨擘。耐克公司为了抓住年轻人追求时尚的心态，都特别重视新产品的研发，每年都有多种新款运动鞋上市。2000年6月，“气垫快船”运动鞋的发布再次展现耐克的时尚魅力，85美元的运动鞋被抢购一空，以至于商店里难以寻找到；2001年11月感恩节，耐克推出结合最新技术的革新性柔垫运动鞋——“减震器”系列；面向青少年市场，耐克针对16~24岁的目标消费群体，推出了名为Nike ID的个性化运动鞋定制服务，允许消费者在指定款式鞋上加些个性化的点缀，消费者能把名字，最多八个字母，绣缝在运动鞋上。

同时，耐克大力开拓潜力巨大的女性市场，投入更多的广告，支持伟大的女性运动员；广告主题不变，表现方式改变，赞美平凡真实的女性、以女人与女人之间的“对话”作为主要沟通手段，并通过举办活动如女子健身活动等推广女性消费市场。最终在20世纪90年代，女性运动品牌市场发生了根本改变，耐克品牌的提及率及美誉度已超过了锐步。

此外，为了顺应新一代消费者对媒介的兴趣转移，耐克很快调整了它的媒介策略，把电视广告引向网络广告，在品牌核心形象不变的基础上，在以体育运动内在潜伏的精神力量来鼓舞和激励人们的主题不变的基础上，不断地把握、满足消费者心理变化，不断丰富耐克品牌，推出全新系列运动广告，创造新鲜感。

讨论题：

1. 耐克品牌成功的关键是什么？
2. 如何理解品牌在耐克发展过程中的作用？
3. 在耐克成功的经验中，品牌扮演了什么角色？哪些是值得中国企业借鉴的？

第二章 品牌管理概述

【本章要点】

（1）品牌管理的概念与特征。

（2）品牌管理的沿革。

（3）品牌管理的流程。

（4）品牌管理的原则。

【导入案例】

李宁品牌管理之道[㊀]

2008年8月9日，李宁公司首席市场运营官方世伟终于等来了中国射击队的第一块金牌——庞伟的男子10米气手枪。中国射击队是李宁赞助的四支金牌队伍之一，但庞伟的金牌让方世伟高兴不起来，因为那天庞伟感冒了，所以在射击服之外穿了由阿迪达斯赞助的领奖服。明明是一件高兴事，可对方世伟来说却觉得像是一场灾难。2003年，方世伟就向妻子许下了三个愿望，即看一次奥运会、看一次极光和花两个月的时间游欧洲。2007年加盟李宁之后，看奥运不再是奢侈的愿望，而成了他必做的工作之一。但对作为观众的方世伟来说，他完全无法去享受观看比赛的乐趣，各种意想不到的事层出不穷。例如，当李宁赞助的西班牙篮球队与中国篮球队比赛的时候，他根本不知道帮哪个队加油。

方世伟在2008年初就立下豪言，李宁公司要做奥运营销前两名的品牌。通过精心的策划和精准的赞助，李宁公司2008年的奥运营销确实大获成功。2008年的业绩也证明了这种成功，虽然遭遇全球经济危机，但公司却取得了上市五年来最大幅度的增长，收入增长率和盈利增长率都超过50%。

2003年以前，李宁其实并没有专注于体育用品，它还做衬衣、西服和皮具等。那个时候虽然公司发展也很快，但却是采取一种机会驱动的商业模式，即什么赚钱做什么。那时，公司的口号也经常更换，如“出色源自本色”、“把精彩留给下一代”等。2002年，公司重新进行了定位，明确将专注于体育用品行业，并于2002年9月确定了那个现在家喻户晓的口号——“一切皆有可能”。经过测试，效果不错，于是在2003年5月正式采用。方世伟说，其实阿迪达斯类似的口号“Impossible Is Nothing”（没有不可能）在2004年才推出，因此并不存在李宁抄袭阿迪达斯口号的问题。在提出专注于体育行业的同时，李宁也开始对品牌进行了重塑。除了专业之外，当时体育用品行业的时尚化趋势已经出现，公司很自然地将专业和时尚纳入了新的品牌形象定位。为了区分，李宁用东方文化来做差异化，因此在现在

㊀ 周展宏，李宁品牌管理之道［J］，财富，2009（147）。

的李宁产品上，可以发现许多东方文化的元素。经过品牌重塑，李宁逐渐为中国老百姓所熟悉。从2004年到2008年这五年间，公司收入和盈利每年都保持了30%以上的增长速度，这也使其作为中国本土领先体育用品品牌的地位得到加强，与耐克和阿迪达斯这两个国际巨头的差距也逐渐缩小了。

2008年，李宁举起代表国家荣誉的大旗，借助百年奥运的契机，向消费者喊出“我们代表中国人站起来欢迎世界!”的口号，震撼人心。

对于消费者品牌，网络营销现在成了谁都不能忽视的领域。方世伟坦言，过去一年来李宁的营销策略有很大的变化，其中之一就是网络营销占了很大的比重，原来用在电视营销上的资源的一部分转移到了网上。未来，李宁将会把在网络和现实的世界经营消费族群作为核心营销理念来执行。例如奥尼尔的广告，不但在电视上投放，而且在网络上进行传播。李宁的系列广告在网络上的点击量已经达到900万，其中只有350万是公司自己制作的各种版本的点击量，而另外550万则来自网友自发制作的各种改编爆笑版本的点击量。在虚拟的网络世界里，李宁将把最新的公司信息、产品信息、文化理念放在社区上，供大家讨论。一旦有活动，就把虚拟的族群拉出来，变成现实生活中的真实社群。

方世伟认为，品牌有影响力不仅仅是靠消费者喜欢，还要能动员消费者，因此李宁不仅要在虚拟世界能呼朋引伴，还要让他们进入实体活动，体验李宁。李宁曾做了一个面向女性消费者的Inner Shine（倾听内在声音）活动。为此公司在新浪上开设博客，请了严歌苓、娃娃、吴佩霜等知名女作家加盟，还大胆地将这个活动放在天涯论坛上让网友参与。天涯专区的总流量达160万，有6000多用户留下了他们的评论。与此同时，公司还规范了淘宝的卖家，在淘宝上也同时提供相关的产品。活动的效果非常明显，方世伟给记者看的总结报告上，公司相关的产品在2009年2月和3月都出现了超过100%的增长。

2009年3月2日，李宁与世界顶级田径运动员伊辛巴耶娃签约，赞助费用五年高达750万美元，这也是李宁向国际顶级体育装备提供商迈出的重要一步。作为体育用品公司，只有与世界级的运动员合作，才代表公司也是世界一流的。伊辛巴耶娃26次破世界纪录，是目前最有影响力的女田径运动员之一。李宁与其签约，也是公司为国际化所下的一步棋。方世伟透露，公司已经与中国17个省田径队签约，这样就能在中国的顶级田径选手身上落地，然后再进一步影响到普通消费者。

方世伟说：“江湖越老，胆子越小。”成功管理一个品牌，首先是与利害关系人沟通到位；其次，在零售渠道里给消费者好的体验；最后，才是行销，如用什么口号、什么色系、什么价格、什么产品与消费者沟通。这些都是体验，不是空谈。在耐克和阿迪达斯这两个国际巨头独领风骚的体育用品领域里，为什么李宁这个国产品牌能够占据一席之地，其品牌管理的成功之道颇值得人们深思和借鉴。

第一节　品牌管理的概念与特征

一、品牌管理的概念

品牌需要管理，并且，随着品牌价值的日益增长与显现，品牌管理已经成为企业管理领域一个新的热点、一个时髦的概念。

那么，什么是品牌管理（Brand Management）呢？不同的专家学者给出了自己不同的定义。

余明阳等认为，品牌管理是指企业有效运用各种内外部资源，通过计划、组织、领导、协调、控制等管理职能，创立、维护、塑造品牌以使品牌价值最大化的过程。

周志民将品牌管理定义为企业管理者为培育品牌资产而展开的以消费者为中心的规划、传播、提升和评估等一系列战略决策和策略执行活动。

杨晨借鉴美国哈佛大学商学院教授 Michael Porter 的价值链（Value Chain）理论来研究品牌管理，认为品牌管理是涉及企业研发、生产、营销等价值环节的协同管理，是一个兼顾企业和消费者互动循环的管理系统，包含了建立、维护、巩固品牌的全过程，是一个监管、控制品牌与消费者之间关系的全方位管理过程。企业只有通过品牌协同管理才能实现品牌愿景，最终获取品牌优势。

丁桂兰则认为品牌管理是指针对企业产品和服务的品牌，综合运用企业资源，通过计划、组织、实施、控制来实现企业品牌战略目标的经营管理过程。

综合这些观点，可以认为，所谓品牌管理，是指企业管理者以消费者为中心，有效配置企业所拥有的各种资源，如资金、人才、资本、信息等，通过规划、沟通、协调、控制、决策等职能的行使，创建、维护、提升、整合品牌并壮大品牌资产的过程。

二、品牌管理的特征

1. 全方位性

品牌管理不仅仅是营销部门或品牌推广部门的工作，还涉及企业各个职能部门，并贯穿整个商业流程，成为跨部门、具有战略意义的工作。品牌管理因而具有全方位性的特征。

2. 长期性

冰冻三尺，非一日之寒。塑造优秀的品牌不能一蹴而就、立竿见影。品牌的创立、维护与提升，需要作长期的规划与不懈的努力，要计划、组织、协调等，是一个长期的过程；作为企业发展战略之一的品牌战略，更是一场持久战，往往需要经过几代人的努力。以完善品牌美誉度和提高品牌忠诚度为指数，扎扎实实地培育、塑造和管理品牌，才能使品牌健康、稳定、快速地发展，实现品牌价值的最大化。

广告也许可以使一个品牌一夜成名，使之无人不知、无人不晓，但是品牌的知名度绝不是品牌的美誉度和忠诚度，也与品牌的重复购买率没有太大的相关性。如某口服液，依靠其“裂变式”的销售渠道，使得品牌知名度在短期内迅速提升，响彻大江南北，创造了依靠营销渠道成名的“神话”。然而，由于该企业急功近利，没有进行系统性的、整合性的、持久性的品牌管理，某口服液如昙花一现，已销声匿迹。

3. 系统性

品牌管理是一项系统工程。从品牌关系而言，它是涉及所有品牌利益人的关系系统；从品牌价值链来说，它涉及采购、生产、营销、财务、人力资源等价值链的各个环节；从品牌管理的范围而论，它从最初的原材料选择一直延伸至最终的用户服务，涉及企业的整体业务规划；从管理参与者的广度而言，它涉及品牌管理机构各个部门的所有人员，更是一个庞大的系统。

作为一项系统工程，品牌管理需要企业科学、严谨地遵循品牌创建及发展规律，从战略角度出发，持之以恒地进行品牌发展规划，以提升企业品牌的核心竞争力。

4. 战略性

随着市场竞争的加剧，企业管理者越来越强调将品牌运营上升到公司战略，即将品牌作为企业核心竞争力，以获取差别利润和价值。当今著名的品牌学者凯勒教授和卡普菲勒（Kapferer）教授不约而同地将他们所撰写的品牌管理教材，命名为《战略品牌管理》（Strategic Brand Management），可见品牌管理在学术界已经上升到战略的高度。而在品牌经理的眼中，品牌管理也应该是企业战略管理层面的问题，而不是传统观念当中的战术问题。

从品牌管理的战略性地位来说，强势品牌都把品牌管理上升到战略管理的高度，设立战略性品牌管理部门。其主要职责包括：制定品牌管理的战略性文件，规定品牌管理与识别运用的一致性策略方面的最高原则；建立母品牌的核心价值及定位，并使之适应公司文化及发展需要；定义品牌架构与沟通组织的整体关系，并规划整个品牌系统，使公司每一个品牌都有明确的角色；解决品牌延伸、提升等方面的战略性问题；进行品牌检验、品牌资产评估、品牌传播的战略性监控等。

第二节　品牌管理的沿革及其组织形式

品牌管理经历了一个从无到有、从起步到成熟的过程。经过对其发展脉络的梳理，可以认为，品牌管理的发展经历了业主负责管理、品牌职能管理、品牌经理管理和品牌整合管理四个阶段；与之对应，先后出现了业主负责制、职能管理制、品牌经理制、品类经理制和品牌管理委员会五种品牌管理组织形式。

一、业主负责制

20 世纪 20 年代以前，市场还是卖方市场，品牌经营还相对简单，企业品牌管理仅靠高层管理者个人——业主就能够从容应付。例如，福特汽车公司的亨利·福特（Henry Ford）、麦当劳餐厅的雷·柯洛克（Ray Kroc）、可口可乐公司的坎德勒（Asa Griggs Kandler）等，都亲自管理品牌的创建和发展，都亲自参与品牌决策的制定与执行，这就是业主负责制。所谓业主负责制，就是指品牌的决策乃至组织实施全由公司高层领导承担，只有具体的执行工作才授权下属完成的一种高度集权的品牌管理组织制度。

业主负责制的优点是决策迅速，能方便地整合资源；能为品牌注入企业家精神，使品牌具有鲜明的企业家个性。

但它的缺点也很明显，一旦企业规模扩大，管理者个人管理幅度有限，就没有精力处理所有品牌相关的事宜。

在这个时代，业主负责制是西方企业品牌管理的主流形式。

二、职能管理制

品牌职能管理盛行于 20 世纪 20～50 年代的西方，源于“科学管理之父”泰勒开创的职能工长制。所谓职能管理制，就是指在企业的统一领导、组织与协调下，将品牌管理的职责分配到各个职能部门当中，各职能部门负责人在其权力范围内行使相关的品牌决策与计划权、承担相应责任、履行相应义务的一种品牌管理组织制度。例如，市场部门承担品牌调研工作，宣传部门承担品牌推广工作等。

职能管理制的优点：一是使高层管理者摆脱了品牌具体事务的纠缠，可以抽身作其他重大的战略决策；二是将专业化的职能分工和科学管理带入品牌管理当中，通过合理的分工和明晰各部门责权，能够消除经验管理的弊端，使管理从经验化走向科学化，提高了企业运作和品牌经营的效率，使品牌能在更复杂的环境下健康成长。

但这种品牌管理组织形式也存在一些缺陷。一方面，在职能管理制下的品牌管理事务由若干职能部门分别完成，其管理绩效主要取决于相关职能部门间的合作，而企业内各职能部门属于平行机构，缺乏一个上级领导来进行有效的协调和沟通，容易出现扯皮和推诿现象，产生品牌管理的“真空”，致使企业品牌形象受到损害。另一方面，在品牌职能管理制下，若企业品牌拥有量较少，企业高层管理者能够有效地控制和管理每一个品牌，所引发的问题相对较少；但当企业的品牌数目增多时，企业高层领导不得不将较多的品牌决策权下放，这种不均衡的授权使得各平行部门间的协调较为困难，管理效率也就随之下降。

三、品牌经理制

1926 年，尼尔・麦克尔罗伊（Neil Mcelroy）刚从哈佛大学毕业，被美国宝洁公司指派负责规划宝洁第二个香皂品牌“佳美”的广告活动。1930 年，宝洁决定为“佳美”选择新的广告公司，并向这家广告公司许诺，绝不为竞争设定任何限制。这样，跳出宝洁另一品牌“象牙”翻版阴影的“佳美”的销售业绩迅速增长。于是，麦克尔罗伊萌发了“一个人负责一个品牌”的构想，并于 1931 年 5 月 31 日起草了一个具有历史意义的文件——《品牌管理备忘录》。这就是品牌经理制的起源。

品牌经理制是指企业为其所开发的每一个产品品牌配备一名专职经理，具体、全面地负责该品牌的产品开发、销售及利润的一种品牌经营管理制度。专职的品牌经理统一协调产品开发部门、生产部门和销售部门，处理影响品牌运营的各种具体问题。

（一）品牌经理制的优点

1. 增强职能部门运作的协调性

品牌经理制为每一个品牌设置了专职管理者，负责品牌分析、规划和执行等全过程，从而为品牌的成长提供了保障；品牌经理为品牌建设进行了有条不紊的安排，有利于消除企业所属各部门间因利益博弈而出现的推诿、扯皮等现象，从而增强了各职能部门的协调性，实现各部门的局部最优，达到公司整体最优。

2. 提高品牌产品市场定位的有效性

随着市场由卖方市场转向买方市场，以顾客需求为中心的营销理念已深入市场、深入人心。品牌经理在新产品研发前，首先会考虑消费者的需求偏好、消费者偏好的个性化发展趋势，从而确定新产品的目标市场、档次和价格等，并根据这一市场定位明确新产品的功能与要求，更注重塑造产品的个性，从而提高品牌产品市场定位的有效性。

3. 维持品牌的长期发展与整体形象

品牌经理制能够驱动品牌经理在产品线延伸方面保护品牌个性，在销售过程中消除短期销售行为，并能根据品牌的长远利益，作出正确的抉择，使品牌得到长期发展。

4. 有利于培养高级的综合管理人才

品牌经理制对品牌管理人员的素质要求很高，一个品牌经理必须能够全面应付品牌管理的各项工作，这有利于为企业培养出高级的综合管理人才。例如，“品牌经理制”的提出者麦克尔罗伊后来荣升为宝洁公司总裁，再后来被艾森豪威尔总统赏识，担任了美国国防部部长。

（二）品牌经理制的缺点

品牌经理制能够有效地协调企业营销及研发、生产等部门的职能，以对市场变化作出积极响应。但也存在一些缺点，具体表现如下：

1. 品牌经理缺乏整体观念

在品牌经理制下，因各品牌经理业务上相互独立，极易因为保持各自品牌产品的利益而发生摩擦，各个品牌的各自为战可能会使得每个品牌的风格自成一体，导致整个公司品牌形象杂乱无章，缺乏整体的、全局的考量。

2. 品牌经理管理权力有限

品牌的运营需要协调企业研发、生产、市场等职能部门的关系，而品牌经理由于得不到足够的授权，难以协调有关部门的相互关系，从而无法有效地履行其职责。即品牌经理只能依靠劝说的方法取得广告、销售、生产等部门的积极配合与支持，其成效低，且往往达不到预期的目标。

3. 多头领导造成困惑

由于岗位权责划分不够清晰，下级可能会因多方面的指令而困惑。例如，产品广告总监在制定广告战略时，需接受产品市场营销经理的指导；而在预算和媒体选择上，则受制于品牌经理，这易导致品牌运营计划难以有效地贯彻执行。

4. 品牌管理费用过高

由于同一家企业的不同品牌也相互视为竞争者，致使每个品牌都需要独立投入，结果出现重复建设、资源内耗等现象。可见品牌经理制的管理方法需要较大的资金支持。因此，品牌经理制适于规模较大的企业运作，而不适于中小企业的专业化品牌的战略运作。

四、品类经理制

为了克服品牌经理分散管理的弊端，妥善处理品牌长期发展战略和短期战术运作的关系，促进企业各品牌的协调发展，在强调企业整体竞争力背景下产生了一种新的品牌管理模式，即品牌整合管理。这是一种由企业高层管理者从企业发展的战略高度对企业品牌（或产品品牌）进行的系统化管理，而不是将品牌交由处于较低层次的品牌经理进行的分散管理；这种新的管理模式，将企业内部众多品牌（从高层的企业品牌到底层的产品品牌）整合起来，使之彼此关联、互为支撑、相互促进，形成一个有机的整体，凝聚合力，而非各自为战。

品类经理制是与这种新的品牌管理模式对应而生的一种品牌管理组织形式。

1994年，英国《经济学家》杂志发表了题为《品牌经理制的终结》一文，对品牌经理制的弊端进行了尖锐的批评。而在实业界，美国的宝洁公司也同时在探索一种更好的品牌管理组织形式，这就是品类经理制。品类经理制也称为品牌事业部制，是指为多个品牌构成的一个产品类别设置一名经理，由其负责该品类的管理和盈利。在本质上它与品牌经理制一样，都是设置专职管理人员来负责品牌管理，且都是由各职能部门人员共同组成的一种矩阵式管理组织形式；不同之处在于品牌经理制是负责具体一个品牌的管理，而品类经理制是同时负责几个同类产品的品牌管理。

品类经理制的优点是能够协调品类内各品牌的关系，整合各品牌的优势，避免了品牌经理制中出现的资源内耗和重复建设；能够充分利用品类经理的行业专业优势，提高品牌管理的效率。它的缺点是虽然强调了各品牌之间的协调与配合，但品类与品类之间依然缺乏整合、难以整合，从而导致公司整体品牌形象不突出、不鲜明、不统一。

五、品牌管理委员会

21 世纪初，一些跨国公司在品牌整合管理的实践中，改进了品类经理制的不足，形成一种新的品牌管理组织形式。它由企业的主管副总、品牌委员会委员、品牌项目经理（管理一个产品类别下的多个产品品牌）、品牌经理（分管某一产品的品牌管理者）、技术人员、营销人员、财务人员等组成“品牌管理委员会”，注重各品类以及各职能的相互合作与协调，以一个战略性的品牌管理部门或人员来弥补前面几种品牌管理体制和组织的不足。其主要职责是制定企业品牌管理的规划、设计品牌视觉形象、抉择新品牌推出计划等战略性问题；其主要目标是构建整体品牌体系，建立整体的品牌战略，确保各事业部品牌之间的沟通与整合。国内外很多企业，如惠普公司、润迅通信集团等，都建立了自己的品牌管理委员会。

品牌管理委员会能够有效协调各职能之间、各品类之间的关系，提高品牌管理效率，统一企业整体形象；同时，因为品牌管理委员会处于公司的高层位置，对整个公司都有管理权限，从而有助于建立全员品牌导向，这是组织制度的优点。但事物总是一分为二的，高层管理者身居高位，远离各品牌、品类的一线市场，容易出现一些决策过于主观化的问题；另外，这种品牌管理组织形式对高层管理者的品牌管理水平要求高，高层管理者并不等同于品牌的专业管理者，也并不意味着高水平的品牌管理决策，出现一些非专业的错误在所难免。

随着全社会品牌意识的提高，很多企业开始设置了首席品牌官（Chief Brand Officer，简称 CBO）一职来主持品牌管理委员会，全面负责企业发展中品牌的创建、维护、宣传和推广等事宜。首席品牌官是现代组织（包括企业、政府或其他组织）中设置的专门负责品牌战略管理与运营的高层管理人员，他不仅是企业品牌传播者，更是企业品牌价值的设计者和企业品牌资产的运营者。首席品牌官作为品牌管理制度建立与执行的核心人物，正在成为企业的新宠。

第三节　品牌管理的任务和流程

一、品牌管理的任务

品牌是企业重要的无形资产，品牌管理实质就是品牌资产管理。品牌管理水平的高低直接关系到品牌资产投资和利用效果的好坏，因而，品牌管理可谓任重而道远。一般而言，企业品牌管理的主要任务包括：监控品牌运营状况，设计或参与设计品牌，申请注册商标，管理品牌或商标档案，管理商标标签的印制、领用与销毁，处理品牌纠纷、维护商标权，协助打假，进行品牌全员管理教育等。

品牌管理的根本任务是使企业行为更忠于品牌核心价值与精神，实现品牌资产最大化，让品牌经久不衰。

二、品牌管理的流程

中外大量品牌专家对品牌管理问题进行了深入的研究和思考，对品牌管理的流程提出了各自的观点和看法，仁者见仁，智者见智。

国外专家，如英国伯明翰大学的品牌营销教授切纳托尼，在其著作《品牌制胜：从品牌展望到品牌评估》中，提出了著名的切纳托尼八步品牌管理流程；凯勒教授在其有“品牌圣经”之誉的著作《战略品牌管理》一书中，站在品牌战略的高度，分析了战略品牌管理流程的四个环节。

国内很多学者如周志民、杨晨等，都对品牌管理的流程展开了深入研究，提出了很多富有见地的观点。

在学习和借鉴国内外专家学者研究成果的基础上，本书遵循品牌成长的自然规律，把品牌管理的流程分为四个阶段、九个步骤。

第一阶段：创建品牌

本阶段的任务是在综合分析宏观环境、微观环境、公司目标及品牌自身资源的前提下，从消费者角度提出的品牌未来可能的价值内涵，并以品牌符号外显出来。

第一步，塑造品牌形象与个性

品牌形象是由营销人员所发展、实行与管理的一种拟人化的运营活动，是消费者对某一品牌产生的总体印象和判断（品牌形象相关内容见第三章第一节）。品牌形象包含了品牌特色、品牌利益、品牌价值、品牌文化、品牌个性和品牌对象等具体内容，所以品牌形象的塑造就要从这些方面去努力，以期在消费者心目中形成理想的品牌形象。

这一步的价值在于使品牌从无到有，为产品增加了一个附加价值。

第二步，品牌定位与设计

品牌定位是针对一个目标市场所确定的品牌的独特卖点，具有指向性、差异化和相关性。如果说品牌识别是品牌身份的确定，品牌定位就是将品牌向消费者传播过程中的方向选择。好的定位能使本品牌从诸多竞争品牌中脱颖而出，能正确指引品牌发展的方向，它是品牌营销策略的决定因素。品牌定位的目的是占据消费者心中的位置，使得企业的潜在利润最大。

品牌设计是品牌定位中品牌塑造的内容，其目的是通过品牌设计更准确地表达品牌理念。品牌设计一般包括品牌名称、品牌标志、品牌说明、品牌口号、品牌故事、品牌广告语/曲、品牌包装和品牌人物形象七个方面，又称之为品牌设计七大要素，它们不是彼此独立的，而是一个相互依存的整体系统，都执行一脉相承的品牌理念。

第三步，品牌沟通

品牌沟通就是指将品牌所具有的价值、品质、精神、文化通过企业人员对市场策略的运用而使消费者理解、认同与融合的管理过程。这一过程从总的来看由三大因素来确定，即品牌策略的各要素、品牌内部沟通和品牌外部沟通。只有三大要素达到同一声音、同一行为，品牌沟通的效果才能达到最佳。

品牌沟通的途径方式多样，主要包括促销、广告、公益活动、公共关系、直销和赞助等。品牌沟通不仅仅是采取上述方法中的一种或者是几种，还要通过有效的营销手段促使这些方法形成一个有机体——品牌沟通策略组合——去发挥整体效应，这就是整合品牌沟通。

第二阶段：品牌提升

本阶段的目的是对已经建立起来的品牌进行进一步的调整和经营，以帮助品牌资产的提升。相关工作包括品牌延伸与授权、品牌组合管理、品牌更新、品牌国际化等。

第四步，品牌战略与规划

品牌战略是指品牌机构通过对外部竞争环境的现实状况和未来趋势的分析，根据自身条件，在品牌战略思想的指导下所进行的关于品牌塑造和未来发展的整体规划和实施。

品牌战略规划是将一个品牌战略目标分解到各个具体的操作步骤之中，然后对各个实施步骤进行程式化和规范化，使它们尽量能够自动实现；并且详细地阐述每一步骤预期产生的后果或结果。战略规划的过程就是收集管理层从各个方面得到的信息，然后将其融入品牌发展方向的远景规划之中。

第五步，品牌延伸与国际化

品牌延伸是指企业将已有的品牌应用到刚推出的新产品中，不只是借用表面上的品牌名称，而是整个品牌资产的策略性移用，达到以更少的营销成本占领更大市场份额的目的。品牌延伸可分为产品线延伸和产品种类延伸两类。

品牌国际化是品牌的区域延伸，是促使品牌延伸的因素，也是品牌国际化的基本动因。品牌国际化具有不同的形式，最低级的形式是产品的销售，即有品牌商品的输出，但产品国际化不等于品牌国际化；较高级的形式是资本的输出，即通过在品牌延伸国投资建厂达到品牌扩张的目的；最高级的形式是通过无形资产输出，即签订商标使用许可合同等方式，实现品牌的扩张。

第三阶段：品牌维护

第六步，品牌老化与更新

如果不对品牌勤加保养，就可能会出现老化现象。老化的具体表现就是：一个原来有较高知名度的品牌，在市场竞争中出现销售量、市场占有率及美誉度和忠诚度的持续下降。品牌老化对于企业，尤其是高科技企业来说，往往是致命的。经营品牌如逆水行舟，不进则退。一个成功品牌或老品牌只有不断创新、不断更新，才能不被消费者抛弃。

第七步，品牌保护与危机管理

所谓品牌保护，就是指对品牌的所有人、合法使用人的品牌实行资格保护措施，以防范来自各方面的侵害和侵权行为，促使品牌的保值和增值，具体包括品牌的法律保护、品牌的经营保护和品牌的自我保护三个组成部分。

市场变幻莫测，危机时时存在，企业外部环境的变化或企业品牌运营管理过程中的失误会致使品牌形象损害和品牌价值降低，其后果甚至危及企业的生存。因而有必要对潜伏的或正在发生的品牌危机进行有效的管理，以控制不良事态发展，尽可能减少对品牌的潜在损失，维护品牌价值的稳定。

第四阶段：品牌绩效评估

品牌绩效评估又可称为绩效考核，是指按照一定的标准采用科学的方法检查和评定品牌在营销计划推广实施中所取得的成效，即评估和诠释品牌业绩。这对了解品牌营销计划的效率非常重要，而品牌价值链无疑是一个有效工具。通过品牌价值链可以追踪品牌价值的产生过程，这有助于更好地了解品牌营销支出和投资对财务的影响。本阶段分为以下两个步骤：

第八步，品牌资产测量

品牌资产是由品牌形象所驱动的资产，它是一个系统概念，由一系列因素构成。品牌专家大卫·艾克认为：品牌资产主要由品牌忠诚度、品牌知名度、品质认知度、品牌联想和其他专属性资产五个部分组成。而以上五大组成部分，借助市场研究方法可以获得量化检测。本书基本借用大卫·艾克的观点，具体从品牌忠诚度、品牌知名度、品质认知度、品牌联想四个维度阐述品牌资产测量的方法。

第九步，品牌价值评估

品牌价值是企业和消费者相互联系作用形成的一个系统概念。它来源于消费者的购买，体现在企业通过对品牌的专有和垄断获得的物质文化等综合价值以及消费者通过对品牌的购买和使用获得的功能和情感价值。品牌价值评估的目的应该是认识品牌价值的本质，寻找提高品牌价值的途径。品牌价值评估应该成为企业经营管理的工具。

【品牌视野】

奥美360°品牌管家流程

将VI规划、广告、公共关系、媒介、顾客关系、互动等手段加以整合，运用专业方法打造及呵护品牌，并在品牌与消费者之间建立有效的沟通。这在奥美被称为360°度品牌管理。所谓360°，就是：①每一个与消费者的接触点都能达到预期的效果；②每一个接触点都能准确地传达信息；③经验更加容易获取、信息更加丰富。奥美360°品牌管家可以简单地划分为以下六个步骤：

1. 第一步：信息收集

品牌管家过程的第一步是彻底了解品牌，找出所有关于品牌的知识，如产品、消费者、竞争者、公司、环境等。

2. 第二步：品牌检验

品牌检验是把感情、印象、联系、意见、记忆中的闪光点、期望、满意，以及批评和失望，不管正面的还是反面的，统统融合在一起，从而形成关于品牌的消费者认知。这需要以精心设计的问卷方式检验消费者与品牌的关系，探讨具象与抽象的资料。

3. 第三步：品牌探测

品牌探测为回答品牌检验问题提供必需的材料和依据。在遇到非常复杂的品牌，或在小组完成品牌检验时出现迥然不同的意见时，就需要更多的信息来解决这个问题，这时候，品牌探测尤其有用。

4. 第四步：品牌写真

品牌写真就是要了解有关品牌的核心真相（Core Truths）及精神（Spirit），作出品牌DNA（基因）的陈述。它以知觉和态度为基础，来自于品牌检验中的闪光点。

5. 第五步：使用品牌写真

品牌写真成了简报会议（Briefing）和评价创意工作的一个重要的附加文件以及简介过程的中心部分。它提供给创意团队一种更微妙、更多彩的关于消费者和品牌关系性质的描述。

6. 第六步：品牌检核

品牌检核是一种简单的反省过程，通过已经确认的消费者提问和研究，使得投入于品牌写真绘制中的时间和努力不会白白地被浪费。

第四节 品牌管理的原则

品牌之所以能成为强势品牌、顶级品牌或大品牌等，其原因何在？这些品牌的成功，是偶然的，还是必然的？有没有什么秘诀？在品牌管理的实践中，是否存在一些人们必须遵循的规律或原则？这些问题，都激发了许多品牌学者和咨询顾问的研究兴趣，从而使其展开了对品牌管理原则的理论探讨。

其中具有代表性的国外专家学者，如帕特里克·汉伦（Patrick Hanlon），根据多年品牌管理经验，归纳总结出一套称之为"顶级品牌密钥"的品牌管理理论。这套经过实践检验的品牌管理理论体系包括创业历史、信条、徽记象征、仪式、对立阵营、神奇术语和领导者共七个方面。帕特里克·汉伦的"顶级品牌密钥"强调的是品牌联想，说明建立丰富、正面、强烈的品牌联想是品牌成功的关键要素，一些成功的品牌如哈雷摩托车、苹果计算机、可口可乐等都是如此。

吉拉德·特里斯（Gerald J. Tellis）和彼得·戈尔德（Peter N. Golder）认为，关注大众市场、管理持续性、财务承诺、持续创新和资本运营是"保持品牌领先地位的五个要素"。特里斯等的观点是谈品牌如何保持领先地位，这一理论对于一个处于中等市场或初级市场地位的品牌并不合适。

此外，还有阿尔·里斯（Al Ries）和劳拉·里斯（Laura Ries）出版的专著《打造品牌的22条法则》，为品牌管理指明了方向；斯科特·贝德贝里（Scott Badbury）在其著作《品牌新世界》（A New Brand World）中，提出了创建品牌领先地位的八项原则。

国内专家学者，如广东省广告公司副总经理丁邦清在《品牌成长八链》一书中认为，一个品牌的成长需要构建八个链条，即"八好"原则：好名称、好包装、好产品、好价值、好广告、好活动、好终端、好管理。

深圳大学学者周志民在品牌专家大卫·阿克教授和凯勒教授有关建立强势品牌原则论述的基础上，提出了品牌管理的12条原则：建立品牌识别；品牌能很好地提供消费者真正需要的利益；品牌定位恰当；品牌保持与消费者个性的相关性；定价战略以消费者对价值的看法为依据；品牌有连续性；品牌组合和品牌等级结构合理；品牌具有杠杆作用；通过运营和协调工作营销活动建立品牌资产；构建品牌职责；给品牌适当的支持并长期坚持下去；监测品牌资产来源。

在借鉴国内外专家学者优秀理论成果的基础上，经过梳理与归纳，本书认为，在品牌创建、成长、发展壮大与维护的进程中，一般要注意以下八个方面，俗称"八项纪律"：

1. 品牌识别要独特鲜明

品牌应该与众不同，拥有自己的独特性，要让受众在众多品牌中容易识别出来，一个强势品牌必然有鲜明、丰满的品牌识别。

品牌识别是指通过对产品、企业、人、符号等营销传播活动如何具体体现品牌核心价值进行界定，从而发展区别于竞争对手的品牌联想。品牌识别体现品牌管理者期望要发展的品牌联想及品牌代表的方向，界定了品牌要如何进行调整与提升。品牌识别有效传达给消费者后就形成了实态的品牌联想。一个品牌被消费者认同，也不可能仅仅靠核心价值，还要有企业理念、技术形象、产品特点、品牌气质、亲和力等丰富的品牌联想。

每个品牌都要建立自己的识别系统，识别功能是品牌最基本最原始的功能。品牌是由于生产者为了将自己的产品与其他竞争对手区别开来而应运而生的，目的是不让自己的产品与竞争对手的产品混淆。但是，品牌化还可以让满意的顾客对公司的品牌产品保持忠诚，给公司带来源源不断的利益；同时，可以通过顾客对产品的意见和建议，改进产品和服务，以便更好地提高顾客的满意度。

2. 品牌定位要准确恰当

品牌定位是指通过塑造企业品牌，然后传播给目标市场，使之在目标顾客大脑中占据有别于竞争对手品牌的位置。定位准确、恰当的品牌，更能吸引目标顾客的眼球，并能在其脑海中占据特别的位置。

品牌定位是一项非常困难的工作，因为品牌定位面临两个不可回避的关键问题：一是如何发现目标顾客的思想，二是如何在竞争市场中提出合理的品牌理念。

品牌定位的实质是通过塑造品牌形象，让顾客在思想上认同品牌理念。思想是客观存在并反映在人的意识中经过思维活动而产生的结果，一般是指价值观、世界观和人生观。所以，品牌要通过品牌理念、文化、标志、口号、故事等定位客体演绎其核心价值，使之与顾客思想相符或接近，融入目标顾客的价值观、世界观和人生观之中，占据顾客的思想“空间”，从而提高品牌的知名度、忠诚度和美誉度。

例如，金盾服饰的品牌口号是“成功男人的标志”，这与追求成功的男人价值观产生共鸣，从而在目标顾客思想中留下金盾即是成功男人的标志的印象。

又如，劳斯莱斯定位于“皇家贵族的坐骑”，宝马则定位于“驾驶的乐趣”，沃尔沃定位于“安全”，万宝路呈现“勇敢、冒险、激情、进取”的男子汉形象。这些金字招牌的定位都已深深刻在了消费者的心中。

3. 品牌沟通要及时到位

品牌沟通是品牌营销过程中一个重要的环节（见本章第三节相关内容）。

品牌沟通要及时到位，无论是内部沟通还是外部沟通，或是品牌策略各要素的彼此协调，都只能提前不能拖后，否则就会影响品牌策略的具体实施。

在创意时代的品牌沟通活动中，沟通的内容无论是品牌的感性成分还是理性成分，都是传播者思想、意识形态和创意形式的一种表达。信息沟通的主体是人，沟通的受众和传播者也是人，因此人是沟通的中心。产品由工厂制造出来，更多是物理性的；而品牌来自心灵的创造，更多是心理性的。所以，品牌沟通应该深入顾客的心灵，“心战为上，兵战为下”，把个性鲜明的核心价值刻在消费者内心深处。

无数长寿、强势大品牌的成功案例表明，要让消费者记住品牌的核心价值并认同之，就必须及时与消费者沟通，让消费者从内心深处真切地感受到品牌的核心价值。

4. 品牌结构要科学合理

品牌结构是指一个企业不同产品品牌的组合，它具体规定了品牌的作用、各品牌之间的关系，以及各品牌在品牌体系中扮演的角色。在企业初创期，在单一的产品格局下，营销传播活动都是围绕提升单一产品品牌的资产而进行的，随着企业的发展，产品种类增加，企业就面临着这样一些难题：是进行品牌延伸、新产品沿用原有品牌呢，还是针对新产品推出一个新的品牌呢？若新产品采用新品牌，那么原有品牌与新品牌之间的关系又如何协调？企业总品牌与各产品品牌之间的关系又该如何处理呢？这些就是品牌结构要解决的问题。合理、科学的品牌结构，有助于寻找品牌与品牌之间的共性并产生协同作用；有助于清晰地管理多个品牌，减少对品牌识别的损害；有助于品牌管理者快速、高效地对各个品牌作出调整，更加合理地在各品牌中分配企业资源。

5. 财务支持必不可少

为了保持市场领先地位，企业需要为持续的研发和市场开拓付出高昂成本。例如，2005年英特尔公司加大对新产品研发以及设备改建的投资力度，总投资额超过100亿美元；比2004年多出14亿美元；又如，三一重工的企业制度规定，每年必须将年销售收入的5%～7%用于产品的升级与研发。可见，财务上充足的研发与维护资金，是品牌长盛不衰的必要保障。

6. 品牌更新要与时俱进

消费者追求新奇的特性和复杂多变的需求，使其对某品牌难以保持始终如一的忠诚，所以品牌老化在消费者心中不可避免，这是每个品牌都面临的问题。品牌管理者可以通过开展市场活动、品牌战略、产品开发战略等一系列品牌再加强策略来加强品牌效应，避免品牌效应随着时间的推移而弱化。而当消费环境变化，新的竞争对手、新的革命性技术等对市场环境的影响过于激烈时，品牌资产所依赖的根基将会动摇，品牌再加强策略将失去作用，这时往往需要实施品牌激活策略来重构、更新新的品牌认知与品牌联想，赋予老品牌新的生命力。

7. 品牌保护要面面俱到

在市场无情的竞争面前，没有一家企业愿意让自己苦心经营的品牌被市场无情地淘汰，其经营者无不千方百计、想方设法地维护品牌形象、维持品牌的市场地位、防范来自各方面的侵害和侵权行为，促使品牌的保值和增值。品牌保护一般包括品牌的法律保护、品牌的经营保护和品牌的自我保护三个组成部分，必须面面俱到，缺一不可。

8. 品牌资产监测要快速有效

目前的品牌资产监测方法大多是从企业的角度出发，从企业的成本、销售额、市场占有率以及利润等方面分析评价品牌的价值，而忽略了对消费者的研究。品牌价值评估要真正成为指导企业经营管理的工具，就应该加强对消费者购买行为和消费者对企业贡献的研究。

【本章小结】

（1）品牌管理是指企业管理者以消费者为中心，有效配置企业所拥有的各种资源，如资金、人才、资本、信息等，通过规划、沟通、协调、控制、决策等职能行使，创建、维护、提升、整合品牌，壮大品牌资产的过程。

（2）品牌管理涉及企业的各个职能部门，甚至涉及企业的每一位员工，具有全方位性；品牌管理是一项系统工程，牵涉到环境与资源、战略和策略、内部和外部等多方面问题；冰冻三尺，非一日之寒，对于品牌的创立、维护与提升，需要做长期的规划与不懈的努力，要计划、组织、协调等，是一个长期的过程；随着市场竞争的加剧，企业管理者把品牌管理上升到战略管理的高度，设立战略品牌管理部门。

(3) 品牌管理的发展经历了业主负责管理、品牌职能管理、品牌经理管理和品牌整合管理四个阶段；先后出现了业主负责制、职能管理制、品牌经理制、品类经理制和品牌管理委员会五种品牌管理组织形式。

(4) 企业品牌管理的主要任务包括：监控品牌运营状况，设计或参与设计品牌，申请注册商标，管理品牌或商标档案，管理商标标签的印制、领用与销毁，处理品牌纠纷、维护商标权，协助打假，进行品牌全员管理教育等。其根本任务是使企业行为更忠于品牌核心价值与精神，实现品牌资产最大化，让品牌经久不衰。

(5) 品牌管理的流程可以分为四个阶段、九个步骤。第一阶段：创建品牌，包括塑造品牌形象与个性、品牌定位与设计、品牌沟通三个步骤；第二阶段：品牌提升，包括品牌战略与规划、品牌延伸与国际化两个步骤；第三阶段：品牌维护，包括品牌老化与更新、品牌保护与危机管理两个步骤；第四阶段：品牌绩效评估，包括品牌资产测量、品牌价值评估两个步骤。

(6) 在品牌创建、成长、壮大与维护的进程中，一般要注意以下八个方面，俗称“八项纪律”：品牌识别要独特鲜明；品牌定位要准确恰当；品牌沟通要及时到位；品牌结构要科学合理；财务支持必不可少；品牌更新要与时俱进；品牌保护要面面俱到；品牌资产监测要快速有效。

【思考题】

1. 品牌管理的内涵是什么？
2. 请运用一种品牌管理流程理论来描述联想的品牌管理。
3. 你认为品牌管理成功的原则有哪些？试结合具体案例阐述。
4. 品牌管理过程中将面临哪些挑战？如何解决？
5. 我国企业的品牌管理实践中有哪些误区？

【案例分析讨论】

“三一”品牌的塑造与管理[⊖]

1989 年 6 月梁稳根、唐修国、毛中吾和袁金华四人筹资创立湖南省涟源市焊接材料厂。

1991 年 9 月，湖南省涟源市焊接材料厂更名为湖南省三一集团有限公司。梁稳根将企业命名为“三一”，寄托着他“创建一流企业，造就一流人才，作出一流贡献”的理想，这就是“三一”名字的由来。

1994 年，在经过两年多的调研和多次的专家论证之后，三一作出重大战略调整，梁稳根同意了向文波的“双进”战略：总部从偏僻的涟源迁入中心城市长沙；主业由狭小的金刚石市场进入空间无限的工程机械制造业。当年 11 月 22 日，湖南省三一集团有限公司召开董事会，会议作出企业分立决议，将湖南省三一集团有限公司分立为湖南三一重工业集团有限公司（以下简称三一）和湖南三一（集团）材料工业有限公司。调整后的三一，坚定了

⊖ 根据三一集团官方网站·企业文化/企业历史等信息整理，http：//sanygroup. com/group/zh－cn/about/culture. htm。

“创建一流企业，造就一流人才，作出一流贡献”的企业使命，形成了“一切为了客户、一切源于创新”的经营理念，凝聚了“先做人、后做事”、“品质改变世界”等核心价值观，锻造了“自强不息、产业报国”的企业精神。此后十多年来，三一如同一辆加足马力的汽车，销售收入和利润均保持60%以上的年增长率。

1994年，三一第一台“黑座黄臂”的混凝土拖泵出厂，这是三一从材料工业转向机械制造业的第一件产品，也是中国第一台具有自主知识产权的大排量、高压力混凝土输送泵，结束了中国拖泵依赖进口的历史。

1998年，三一成功研制出37m泵车，中国终于有了自己的长臂泵车。当年4月，在深圳赛格广场施工现场，三一的HBT80CZ拖泵将C40高强度混凝土成功泵送至300.8m的高空，赢得“中国泵王”的美誉。

2000年，三一全液压平地机下线，属世界首创。

2001年，经国家人事部（现人力资源和社会保障部）批准，三一设立博士后科研工作站，提升了研发中心的科研能力。三一的企业制度规定，将年销售收入的5%～7%用于研发，致力于将产品升级换代至世界一流水准。“与其引进技术跟在人家后面亦步亦趋，沦为‘生产车间’，不如另辟蹊径，以自我创新掌握发展主动权”，三一董事长梁稳根的话掷地有声，曾经的经历让他深深懂得：只有坚持自主创新才不会受制于人，才可以创造出强势品牌。

2001年，三一与全球500强之一的美国迪尔公司签订合作经销协议、建立战略伙伴关系，从而揭开了三一国际化战略经营的序幕。

2002年8月，三一自主生产的平地机发往印度和摩洛哥等地，海外销售自此开始。

2002年9月，在香港国际金融中心施工现场，三一HBT90CH2122D超高压拖泵将C60混凝土送上了406m的施工面，以将近100m的绝对优势，打破了国外老牌企业创造的308m的世界纪录，创下单泵垂直泵送混凝土406m的世界第一高度。

2003年，三一研制出世界第一台三级配混凝土输送泵。在三峡工程中，三一自主研制的三级配混凝土输送泵成功泵送出三级配混凝土，解决了三级配混凝土不能泵送的世界难题。

2003年7月3日，三一重工在上海证券交易所成功上市，股票代码600031，募集资金9亿多元，这为已经端正了产业方向的三一注入了强劲的动力。

2003年，三一黑色路面成套机械全面入市，开创了中国路面施工新工艺。

2003年，三一集团荣获2003年度全国民营企业50强。

2003年10月3日上午，中共中央总书记、国家主席胡锦涛视察三一，殷切寄语：“你们已经取得了辉煌的过去，希望你们团结一心，有一个更加美好的未来！”

2004年1月13日，三一重型装备有限公司成立，三一正式进入煤炭机械制造领域。

2004年，三一自行研制出中国最大的60t水平定向钻机。

2004年3月28日，三一参加德国慕尼黑BAUMA国际工程机械博览会。

2004年11月，三一68台混凝土泵送设备完成我国第一座真正意义上的跨海大桥——东海大桥的建设任务。

2004年11月，三一21台泵送设备参与阿联酋世界第一高楼（高704m）——“迪拜塔”的施工建设。

2005年1月，三一泵送设备参加国内第一高楼上海环球金融中心（高492m）的施工建设。

2005年3月15日，三一参加美国拉斯维加斯国际工程建设机械博览会。

2005年4月7日，当时的中共中央政治局常委、国家副主席曾庆红莅临长沙三一工业城视察。

2005年6月10日，三一股权分置改革试点成功，作为“中国股改第一股”，三一被永久记入中国资本市场的史册，成功地树立了“国家之责大于企业之利”的民族企业形象，公司董事长梁稳根也因此获得“CCTV 2005中国经济年度人物”奖。

2005年，三一研制出56m臂架泵车，成为亚洲第一家自行研发50m以上长臂泵车的企业。

2005年，三一制造的RSC45—5M集装箱正面吊达到国内先进水平，三一成功进入港口机械设备制造领域。

2005年7月15日，中共中央政治局常委、全国政协主席贾庆林视察三一。

2005年8月13日，中共中央政治局常委、国务院总理温家宝视察三一。

2006年1月9日，三一“混凝土泵送关键技术研究开发与应用”项目荣获国家科学技术进步奖二等奖。

2006年2月17日，三一旋挖钻机在国内同类产品中首个获得CE认证，从此敲开欧洲市场大门。

2006年5月，三一入选国际建设领域权威媒体——英国KHL集团《国家建设》杂志公布的“2005年度全球工程机械制造商50强”名单。

2006年10月，三一获“中国工程机械行业最具影响力第一品牌”。

2006年11月，三一与印度马哈拉斯特拉邦政府签订普纳投资协议，在该地投资6000万美元建设工程机械制造基地。

2007年9月，三一与美国佐治亚州政府签署投资备忘录，投资6000万美元建设工程机械制造基地，以辐射加拿大、墨西哥等美洲市场。三一成为了中国第一家在美国建立工厂的机械制造企业。

2007年9月21日，具有15项核心技术的三一66m世界最长臂架泵车成功下线，是“公认的世界第一”。同年，三一泵车销售突破500台，产量跃居全球第一位。

2007年，三一微泡沥青水泥砂浆车参与京津高铁施工建设，结束了中国高铁施工中沥青砂浆灌注使用外国设备的历史，打破了德国博格公司独家拥有该项技术的格局。

2007年12月10日，三一的HBT90CH超高压拖泵在上海环球金融中心以492m创造了单泵垂直泵送混凝土的世界纪录。享有“泵王”美誉的三一泵刷新了自己五年前在香港国际金融中心创下的单泵垂直泵送406m的纪录。

2008年1月2日，梁稳根辞去总裁职务，由“三一战略第一人”、原执行总裁向文波接任总裁。

2008年1月18日，三一入选由世界经理人集团、世界企业家杂志和世界金融实验室共同评选的2007年“中国100最受尊敬上市公司”。

2008年，最大起吊吨位为900t的履带起重机在三一的子公司三一科技研制成功，被誉为“亚洲第一吊”。

2008 年，亚洲首台大吨位全液压旋挖钻机 SR360 下线，三一进入世界级旋挖钻机制造商行列。

2008 年 6 月 17 日，是“中国股改第一股”三一 5.6 亿股全面解禁、中国股市正式步入全流通时代的第一天。为了中国股市在经济危机中的稳定与健康发展，三一发布了“解禁股”继续锁定两年、股价低于 55.76 元不减持的公告。

2008 年年底，三一推出 72m 世界最长臂架泵车，实现了对混凝土泵送技术的又一次跨越。

2009 年 1 月 29 日，三一在中德两国总理的见证下，投资 1 亿欧元，在德国北威州贝德堡市建设研发中心和机械制造基地，以挺进欧洲市场。

2009 年 11 月，由三一自主研制的 72m 臂架泵车问鼎吉尼斯世界纪录，实现了对混凝土泵送技术的又一次跨越。中国泵王正一次次刷新自己的纪录。

2010 年 2 月 22 日，三一与巴西第一大城市圣保罗州签订投资意向备忘录，投资 2 亿美元在圣保罗州建设工程机械制造基地。三一海外市场辉煌成就背后的支撑正是三一品牌高品质、高端服务的核心定位。

2010 年 3 月 28 日，“中国泵王”力铸中国第一高楼（世界第二高楼）——上海中心大厦。由三一生产的 18 台混凝土泵车在 60 小时内把总计 60000m^3 的超高强度混凝土一次性浇注成一块底板。这不但在中国，而且在世界范围内，都是第一次。

2010 年 4 月，三一全面改版其企业网站，使之成为当前我国工程机械行业企业中规模最大、技术最先进的企业信息网站。企业网站是企业信息和服务的延伸，三一网站的全新推出是三一品牌和服务的延伸，有利于树立三一的国际化品牌形象，更适应国际市场 B2B 的商务模式。

2010 年 5 月 2 日，三一与中国民政部紧急救援促进中心湖南分中心、广东分中心共同设立“中国三一灾后孤儿救助基金会”，这是中国第一个灾后孤儿救助基金会。三一重工捐资 1500 万元，作为起始资金，用于促进中国灾后孤儿救助、教育、培训体系的建设和发展。之前，三一在 2008 年的汶川地震救助中，捐款 300 万元，捐献物资价值 1500 万元。

讨论题：

1. 试分析归纳“三一”品牌管理的具体内容。
2. “三一”品牌管理成功的因素有哪些？
3. 结合相关理论，请你梳理出“三一”品牌管理的流程。

第三章　品牌形象

【本章要点】

（1）品牌形象的含义、特点与作用。

（2）品牌形象的构成。

（3）品牌形象塑造的原则和注意事项。

【导入案例】

从“雕”牌牙膏到“纳爱斯”牙膏的品牌转变[⊖]

20世纪90年代初，“雕”牌洗衣粉凭着优异的品质和一句“只选对的，不买贵的”广告语风行国内洁物类日化市场，而这一通俗、到位的广告语已是深深扎根在中国老百姓的内心深处，接着，纳爱斯企业以《下岗篇》、《潮流篇》、《奋斗篇》、《邻里篇》等一系列切中大众平民消费群内心的广告传播在目标消费群心目中了形成这一品牌的形象印记——“大众的、平民化”产品，并将“雕”牌发展成为大众消费人群的第一洁物类品牌，即只要一提到洗衣粉或肥皂，就能快速联想到“雕”牌。

在取得辉煌业绩的同时，纳爱斯集团开始采用品牌延伸策略，1999年，以一则煽情的广告《后妈篇》开始了推出“雕”牌牙膏的推广活动，试图以“真情付出，心灵交汇”的广告诉求，打动目标消费者的心。但是，“雕”牌牙膏的销售状况并不理想，经过市场调研，纳爱斯发现：①广告内容中所表现的二婚家庭并非社会主流；②由于“雕”牌的产品属性联想是洗衣粉品牌，85%的消费者不愿意“使洗衣粉在口中搅拌”。

于是，2005年，纳爱斯集团将“雕”牌牙膏转变成“纳爱斯”牙膏，首先“纳爱斯”是企业品牌，没有消费者对于产品的品类限制；其次，部分洁肤类产品如“纳爱斯营养香皂”、“纳爱斯水晶皂”等，在市场上享有相当的品牌知名度和美誉度；最后，“纳爱斯”为英文“nice”的中文谐音，意为“好的、漂亮的”意思，“纳爱斯”牙膏，可以顺利地沿袭这一理念。

“纳爱斯”牙膏在包装上进行了全新的改变，包装首创透明管体，并且配合“海洋之星”、“营养维C”、“绿野清风”、“玉白冰清”四种系列产品，开发了有蓝、黄、绿、白四种颜色的牙膏外包装，从视觉上树立了“纳爱斯”牙膏高端、时尚的产品形象；在广告策略上，选择中央电视台这一最有影响力的媒体，在黄金时段集中进行广告宣传，以“看得到的品质，尝得到的VC、VE”作为广告诉求重点，以差异化的功能诉求切入市场，避免了和高露洁、佳洁士等品牌的正面冲突，同时也为产品的高端定位提供了有利支持，从而顺利

⊖ 余曹龙，从“雕”牌牙膏到“纳爱斯”牙膏的品牌转变，中国营销传播网，2005-02-24。

实现了“纳爱斯”牙膏的品牌战略。

上述案例恰恰证明了“品牌形象一旦确立不能轻易改变”的论断，“雕”牌牙膏被迫更名的原因就是企业的品牌延伸策略影响了原有的品牌形象，为了维护“雕”牌在洗涤类产品上的领先地位，又不失去已经开拓的牙膏市场，才不得不折中，将牙膏产品更名为“纳爱斯”品牌，以企业品牌进入新的产品类别市场，而通过“纳爱斯”牙膏更名事件也说明品牌名称和品牌形象除了具有长期性的特点之外，也有因为与市场发展趋势不符合而进行修改的必要性。

第一节　品牌形象概述

在了解了品牌管理的含义之后，接下来进入具体的品牌管理内容的学习，首先从品牌形象管理开始。品牌形象这一概念曾因解决了产品同质化给市场带来的难题而风靡于20世纪60年代，至今仍在广告界广泛流行。

一、品牌形象的定义

学术界对品牌形象的定义有很多，但实质内容大多相近。在早期的研究中，品牌形象的概念比较模糊，大多从消费者的心理知觉的角度去探索。早在1911年，智威汤逊的创始人汤普逊（Walter Thompson）在其著作中提到了品牌形象（Brand Image），倡导综合运用广告、促销、赞助和公关活动，帮助客户实现短期业务增长，并力求创造长期的品牌价值。20年后，广告科学学派的鼻祖克劳德·霍普金斯（Claude Hopkins）对品牌形象作了专门的论述，他认为“试着替每一位广告主塑造他的风格，创造适当的个性才是卓越的成就”，可见，企业形象是实现企业差异化影响的重要手段。

奥美广告的创始人大卫·奥格威（David Ogilvy，1955）认为：“那些竭尽全力用广告来为他们的产品品牌树立最有利的形象的生产厂商，最终将以最大的利润获得最大的市场份额；同样，那些处于困境中的生产厂商则是目光短浅的机会主义者，他们把多数广告资金用于宣传便宜的价格……削价可能使你销售较多的产品，但这样的代价太大，因为它不会为产品建立起坚固的形象，而坚固的形象正是使你的品牌成为美国生活的不可分割的组成部分的唯一途径……正是品牌的整体个性而不是琐细的产品差别，决定了它在市场上的最终地位。”这一概念的提出促使品牌形象成为消费者行为研究的重要概念。

大卫·阿克（1991）在《管理品牌资产》一书中，指出“品牌形象通常是按照一定的目的组织的一系列联想”，“联想和形象都代表人们的感知程度，这种感知程度可能反映客观现实，也可能没有反映客观现实”。这一概念将品牌形象与品牌联想联系起来，强调通过符号和名称等品牌形象的表现形式在消费者头脑中的再现，判断该品牌的品牌联想度。

贝尔（Alexander L. Biel，1993）认为品牌形象通过公司形象、用户形象和产品/服务本身形象来体现。品牌形象主要起源于消费者对品牌相关特性的联想，其中联想可分为“硬性”和“软性”两种属性。这一概念强调品牌形象是消费者通过广告、包装、企业识别、公共关系及促销活动等表现公司形象、用户形象和产品/服务本身等信息，经过认知处理后在心中产生的品牌联想。

凯勒（1993）在其品牌知识框架中，更深入地以“联想网路记忆模式”和“扩张性的活化作用”来探讨品牌形象的形成，他认为品牌形象是“存在消费者记忆中一切有关品牌联想的认知反应”。这一概念强调品牌形象的形成原理，为企业进行品牌形象塑造提供了思路。

罗诺兹（Reynolds）和刚特曼（Gutman）从品牌策略的角度提出，“品牌形象是在竞争中的一种产品或服务差异化的含义的联想的集合”。他们还列举了品牌形象操作的策略性途径：产品认知、情感或印象、信任度、态度、形象个性等。

赛迪·利维（Sidney J. Levy）认为，品牌形象是存在于人们心理的关于品牌的各要素的图像及概念的集合体，主要是品牌知识及人们对品牌的总体态度。这一概念从心理学的角度对品牌形象进行了分析，强调形象源于态度。

此外，帕克（Park）和斯瑞尼瓦森（Srinivasan）于1994年提出，“品牌形象产生于营销者对品牌管理的理念中，品牌形象是一种品牌管理的方法”。他们认为任何产品或服务都在理论上都可以用功能的、符号的或经验的要素来表达形象。

本书认为，品牌形象是由营销人员所发展、实行与管理的一种拟人化的运营活动，是消费者对某一品牌产生的总体印象和判断。

企业根据自己的优势、产品或服务的特点、消费者需求、市场状况等因素，确立起品牌核心价值和品牌文化要素。然后用品牌的核心价值和品牌文化为指导，设计品牌标志、选择品牌名称组合、定义品牌属性、制定品牌传播方案，通过执行品牌管理的各项职能，让企业所预设的品牌形象进入目标消费者心中。

有没有好而鲜明的品牌形象，是衡量一个品牌成功与否的重要评价指标。那些世界著名品牌，都能使人在脑海里浮现出它们独特的品牌形象。“万宝路”（Marlboro）是西部牛仔的形象，“麦当劳”（McDonald's）是快乐、亲和的形象，“梅赛德斯—奔驰”（Mercedes-Benz）是庄重、典雅的形象等。这些成功的品牌形象，都是品牌所有者根据其自身战略和目标消费者心理而精心设计的，能够被其消费群体认同和接受，甚至形成消费者偏好，对该品牌产生狂热的追求。一旦消费者对某一品牌产生偏好，当对此类商品有需求时，消费者就会购买该品牌的商品。这就是消费者对该品牌商品忠诚度的体现。

二、品牌形象的特点

目前，对品牌形象的特点的表述主要采用三维特征关系来界定，即具体性、主观性和稳定性，三者之间的相互关系如图3-1所示。

（一）品牌形象的具体性

品牌形象的具体性是指品牌形象使消费者对品牌的具体的感知、联想和评价等，可以直接被描述出来。例如，韩国的化妆品品牌兰芝，代表着青春、娇嫩、文雅的东方女性的形象；而法国的香奈尔，则代表着性感、迷人的法国女郎的形象。每一个品牌都代表着独具特色的品牌形象，也使得品牌具有明显的识别性。

品牌管理的任务就是尽量增强品牌的视觉形象，让品牌带给消费者的品牌利益和品牌价值能够形象、具体地展现在消费者面前，使抽象的品牌文化和品牌个性具体化，通过各种传播媒介、企业家形象以及与品牌形象一致的形象代言人等方式赋予品牌“看得见”的形象，增强品牌文化和品牌个性的可视性。此外，企业要注意“事实胜于雄辩”这一亘古不变的真理，时刻坚持用品牌的利益和价值取信于民，而不是依靠每天大规模的广告轰炸来提升品牌的知名度。

（二）品牌形象的主观性

品牌形象作为企业对品牌形象的塑造以及消费者对品牌的认知而客观地存在着，但是，由于企业及其产品市场覆盖率的差别、产品信息传播效果的差异性和消费者自身特点的差异性等因素造成了消费者对企业和产品的认知、理解出现差异，从而使品牌形象在不同时间、不同地点呈现多样性的特征，而消费者对品牌的感知、联想和评价带有明显的主观性。例如，对于某些都市白领来说，LV 属于奢侈品品牌，代表着成功、富有的形象，正符合其心理需求，从而促使其去追求、跟风；但是，对于社会上那些把金钱只作为一种数字概念的高收入阶层来说，可能认为 LV 只是其生活中必不可少的必需品，对 LV 代表的成功、富有的形象不再会有强烈追逐的心理，反倒去追求返璞归真的消费行为。

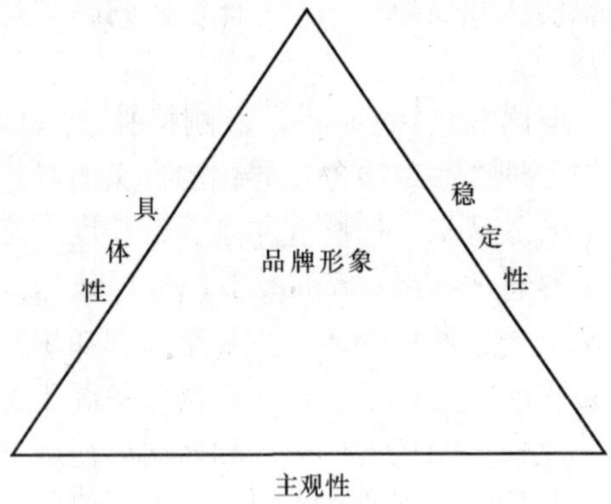

图 3-1 品牌形象特点的相互关系图

资料来源：陈祝平．品牌管理［M］．北京：中国发展出版社，2005.

品牌形象的主观性一方面对品牌管理是不利的，例如，某位消费者对某品牌形象的错误或偏颇的评价，影响着该消费者身边利益相关者对于该品牌的评价和相应的购买行为，从而放大对品牌形象的负面印象；另一方面，品牌形象的主观性能为品牌管理者塑造令消费者喜爱的品牌形象提供依据，从而促进那些对这种品牌形象有需求的消费者成为品牌忠诚者。

（三）品牌形象的稳定性

品牌形象的稳定性是指品牌形象一旦形成就不会轻易改变，这是一种消费者的心理定式。一方面，一个品牌，一旦建立起良好的品牌形象，这种品牌形象就会成为企业长期享用的财富，即便在该品牌面临危机和困难时，也会获得消费者的理解和原谅。另一方面，企业的品牌形象建立之后，企业不能轻易改变这种形象，否则，不仅无法更好地吸引新顾客，也会造成大量原有忠诚顾客的流失。

品牌形象除了上述三个典型的特征之外，还具有组合性、可塑性和情景性的特点。

（1）组合性。组合性是指品牌形象不是由一个或两三个指标所构成的，而是由多种特性共同构成的，并受多种因素的影响。例如，轿车的品牌形象既包括轿车的质量、安全性能、颜色、价格等指标，又包括服务、企业内涵以及使用者特性等指标，众多的评价因素组合在一起形成一个整体性的品牌形象。

（2）可塑性。可塑性是指企业通过努力可以按照自己的意图建立品牌形象，改造原有的品牌形象，增加品牌内涵的新特征，甚至重新塑造品牌形象。例如 20 世纪 70 年代以前，IBM 一直是高质量商用设备的代表，20 世纪 80 年代初，却遭遇严重的危机，顾客的评价是“大”、“全”、“笨”，经过改革和品牌形象再造，IBM 重新回到了科技先锋、高品质和优质服务的品牌形象上来。

（3）情景性。情景性是指在特定的条件下，不管是一些重大的事件或是一些细微的事件都可能完全迅速地改变原有的品牌形象。这种特点是由品牌形象本身的心理因素所引起的。虽然建立品牌形象必须具备强有力的客观基础，如长期稳定的企业规模和优质的产品质量，以及标准化、系统化的服务体系等，但是由于人的心理具有流动性与复杂性等特征，在周围环境与事实的影响之下，会出现相应的心理变化而导致品牌形象随之发生变化，个别消费者的心理变化可能会使品牌形象出现轻微的波动。

三、品牌形象的作用

品牌形象对于企业提高品牌竞争力、培养具有品牌偏好的忠诚顾客等方面都会产生积极的影响，具体来说，品牌形象可以起到确定目标、吸引市场、调控标准和资产继承等作用。

（一）品牌形象有助于品牌管理目标的确定

对于任何一个企业来讲，品牌形象都有助于品牌管理目标的确定。如果一个企业设定了清晰、明确的目标，那么，这个企业在日常营销过程中就知道哪些工作该做，哪些工作不该做，也知道哪些工作是为了提高短期销量而又不会稀释品牌资产，哪些工作可以提升品牌形象、增加品牌联想、有利于品牌的长远建设等。但是，品牌管理目标的确定要按照消费者的期望和企业战略计划设计两个方面考虑，单方面地考虑企业的需要，可能使得品牌形象偏离消费者的意愿，毕竟品牌形象是消费者对企业品牌的感知、联想和评价，因此，品牌形象可以作为企业制定品牌管理目标时的参考依据。

（二）品牌形象可以增强市场吸引力

由于消费者在进行品牌选取时所关心的就是品牌的特色、利益和价值，而品牌的价值恰恰是对产品品牌所包含的产品特色、带给消费者独特利益的形象的、可视化的反映。良好的品牌形象是吸引消费者、促使其成为品牌忠诚者的重要砝码，也是品牌在激烈的市场竞争中取胜的关键。始终如一地坚持品牌形象的塑造与维护可以不断增强该品牌在今后市场竞争中的吸引力。

（三）品牌形象已经成为企业营销活动的调控手段

品牌形象可以成为企业对市场活动进行调控的主要手段。因为企业可以通过市场调研，了解消费者对自己品牌的评价，了解自己的品牌在消费者心目中所处的位置。如果品牌形象良好，就要继续和维持这一形象；而如果出现了品牌形象问题，就要进行品牌危机的管理，试着考虑改变现有品牌形象，或者对现有品牌形象进行改进和创新。当今的市场环境瞬息万变，影响企业经营销售的因素相互交织，错综复杂，这就要求企业营销活动必须具有适时的、灵活的调整能力。

（四）品牌形象是可以继承和不断增值的企业资产

品牌形象作为企业无形资产的重要组成部分，因其无法复制性而使企业区别于竞争对手，吸引无数的品牌忠诚者，给企业带来了巨大的价值，而且随着时间的推移，其品牌资产价值不但不会像有形资产那样被逐步消耗和侵蚀掉，在没有出现品牌危机的情况下会不断积累，越聚越多，成为企业可以继承和不断增值的无形资产。

第二节 品牌形象的构成

品牌形象的构成有时也被称为品牌形象的内容，由于研究视角的不同，品牌形象构成的形式有很大的差异。

一、根据表现形式确定的品牌形象构成

按品牌形象的表现形式，可把品牌形象分为内在形象和外在形象两部分，其中，内在形象主要包括产品形象及品牌文化形象，外在形象则包括品牌标示系统形象与品牌在市场和消费者中表现出的品牌信誉。

（1）产品形象。产品形象是品牌形象的基础，是和品牌的功能性特征相联系的形象。品牌形象主要是通过产品形象表现出来的。产品形象包括产品质量、性能、造型、价格、品种、规格、款式、花色、档次、包装设计以及服务水平、产品创新能力等。产品形象的好坏直接影响着品牌形象的好坏。一个好的产品可以使广大消费者纷纷选购，一个差的产品只能使消费者望而生厌。企业只有通过向社会提供质量上乘、性能优良、造型美观的产品和优质的服务，才能塑造良好的产品形象和品牌形象，才能得到消费者的喜爱和社会的认可，确保企业在竞争中立于不败之地。

（2）品牌文化形象。品牌文化形象是指社会公众、用户对品牌所体现的品牌文化或企业整体文化的认知和评价。企业文化是企业经营理念、价值观、道德规范、行为准则等的集中体现，也体现一个企业的精神风貌，对其消费群和员工产生着潜移默化的熏陶作用。品牌文化是企业文化的重要组成部分，具体来说，品牌文化形象是指品牌所蕴涵的深刻的价值内涵和情感内涵，也就是品牌所凝练的价值观念、生活态度、审美情趣、个性修养、时尚品位、情感诉求等精神象征。品牌形象的核心是品牌文化内涵，它的独特魅力就在于它不仅仅提供给消费者某种效用，而且实现消费者的追求，体现消费者的品位、格调、时尚和生活方式。品牌文化形象实际上就是一种文化积淀，每个成功品牌的背后都有其深厚的文化土壤，都有一个传达真、善、美的故事。“麦当劳”三个字所包含的不仅仅是香脆的薯条、美味的汉堡包和清新爽口的冰淇淋，也不仅仅是在于其清洁舒适的用餐环境和周到细致的服务，还在于它所代表的美国快餐文化，以及它所体现的现代化的、快节奏的生活方式。

（3）品牌标示系统。品牌标示系统是品牌带给人们的第一印象，代表着企业的理念、风格、文化、精神，而不仅仅是具有视觉美感的形象。品牌标示系统包括品牌名称、商标图案、标志字、标准色以及包装装潢等产品和品牌的外观。社会公众对品牌的最初评价来自于其视觉形象，是精致的还是粗糙的、是温暖明朗的还是高贵神秘的……通过品牌标示系统把品牌形象传递给消费者是最直接和快速的途径，尤其是在现代社会，产品极大丰富，新产品更新换代的速度越来越快，由原来的几年发展到现在的几个月，众多的品牌往往给人一种目不暇接的感觉，这种信息过剩会分散消费者的注意力，也会影响到消费者的判断力。品牌只有通过鲜明的品牌标示系统先抓住消费者的视线，才有可能通过优质的品牌产品带来的独特利益进一步抓住消费者的心。

（4）品牌信誉。品牌信誉是指社会公众及消费者对一个品牌信任度的认知和评价，其实质来源于产品信誉。品牌信誉的建立需要企业各方面的共同努力，需要贯穿于整个品牌经

营活动，它包含了丰富的内容，即质量信誉、服务信誉、合同信誉、包装信誉、三包三保信誉、首选信誉等。品牌信誉是维护顾客品牌忠诚度的前提，也是品牌维持其独有魅力的法宝。世界权威杂志美国《读者文摘》每年委托 AC 尼尔森媒介研究机构（Nielsen Media Research）开展的跨国性的年度市场调查，进行“信誉品牌”的评选活动，其评分标准包括信赖度、形象可靠性、质量、价值、了解客户需求的程度及品牌的创新能力。“信誉品牌”能够充分反映用户对产品的需求，也是消费者在购买商品时一个重要参考。

二、贝尔品牌形象模型的品牌形象构成

根据贝尔的理论，品牌形象可通过公司形象、用户形象和产品/服务本身形象三种形象得以体现。品牌形象主要起源于消费者对品牌相关特性的联想，其中联想可分为“硬性”和“软性”属性。具体内容如图 3-2 所示。

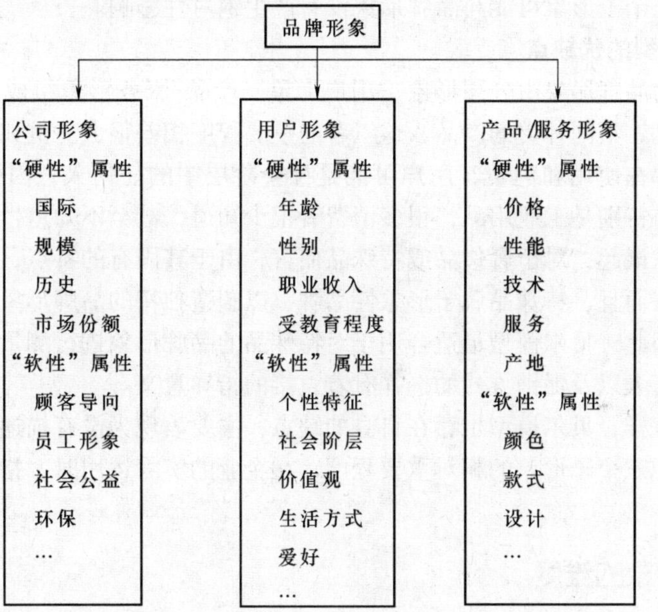

图 3-2 贝尔品牌形象模型

资料来源：汪明华，曹鸿星．品牌形象模型的比较研究［J］．北京大学学报，2003（3）．

（一）贝尔模型内容分析

所谓“硬性”属性，是对品牌有形部分的或功能性属性的认知。例如，对于轿车而言，相关的“硬性”属性就是马力强劲、启动快。这种“硬性”属性对于品牌而言，是十分重要的因素，如果一个品牌一旦对某种功能性属性形成“独占”，别的品牌往往很难再以此属性进行定位，一些市场领导者品牌往往都在某些功能性属性方面取得了垄断地位。但是，“硬性”属性已不再是形成品牌差异的绝对因素。

而“软性”属性反映品牌的情感利益。例如，“野马”车很容易使人联想到男性、自由和冒险。这种“软性”属性现在已成为区分品牌越来越重要的因素。因为这种情感利益一旦建立，就很难为他人所模仿。

消费者将有关公司的各种信息和使用公司产品的经验总称为公司形象，这是品牌形象的

重要组成部分，也可以称为组织形象。其构成要素主要包括企业的历史、规模等“硬性”属性和社会公益、环保等“软性”属性。

用户形象是指品牌用户的人口统计特征，包括年龄、性别、职业收入受教育程度等企业进行市场细分时的人口统计因素的内容，这是“硬性”属性。另外，用户形象还包括用户的个性特征、社会阶层、价值观和生活方式等“软性”属性。

产品/服务形象是与产品/服务本身功能或所带来的利益特征相对应的品牌特性，另外，产品的产地、设计，以及其所能满足顾客的需求等特性都构成了产品/服务的形象。

这三个不同的子形象对品牌形象的贡献依据不同的产品和服务会有所不同。通常来说，这三个子形象之间会相互作用，共同对品牌形象产生影响。在中国，品牌的公司形象非常重要。公司形象让中国消费者感到更有信心，积极的公司形象将加强消费者对公司产品的积极感知。当品牌名称与公司名称密切相关时，公司形象与品牌形象之间的联系尤为重要。但是，有些时候这三个子形象可能与品牌形象没有产生绝对性影响。

（二）贝尔模型的优缺点

贝尔模型认为品牌形象由公司形象、用户形象、产品/服务形象组成。任何品牌都存在这三种形象。但是，不同种类的产品，这三者的重要程度相差很大。例如，日用消费品是生活必需品，人人都在使用和消费，用户可能是社会阶层中的任何人，因而其用户形象不清晰；而某些产品，特别是工业用品，很多消费者很少知道，甚至不知道生产产品的公司，因此，公司形象无从谈起；对于奢侈品或特殊品而言，由于其固有的特点，人们对这三种形象都有一定的认识。而且，特殊品属于形象性品牌，以塑造独特的品牌形象、建立竞争优势为主要经营之道。因此，贝尔模型最适合用于对特殊品的品牌形象进行测量和评价，对企业广告主题、形象代言人以及促销方式的选择有着直接的指导意义。

与所有模型一样，贝尔模型也存在自身的缺点，主要表现为没有描述各子形象之间的相互关系，没有考虑三个子形象的相对重要程度，在企业的实际运用时，指导和借鉴的意义就会减半。

三、品牌形象的维度

品牌形象的维度就是指品牌形象的具体内容，它包括品牌特色、品牌利益、品牌价值、品牌文化、品牌个性和品牌对象。后面各章会对相关内容进行详细介绍，这里只作简要的说明。

（一）品牌特色

品牌特色就是指品牌明显区别于竞争对手的部分，主要包括产品特色和定价特色。拥有专利和专有技术的产品，因为在功能、款式等方面拥有竞争对手无法模仿的优势，使其产品与竞争对手的产品具有明显的差异性，而这种差异性又是企业进行差别定价的基础，此时，消费者根据产品的性能、产品的价格等因素轻易地将自己喜爱的品牌识别出来，这就是其品牌特色所具有的优势。但是，当今世界，产品的同质化现象十分严重，产品差异性越来越模糊，根据功效和质量进行差别定价的可能性也越来越小，此时用于区分品牌的主要指标就是品牌文化和品牌个性等。

（二）品牌利益

品牌利益是指品牌为消费者提供的之所以购买该品牌产品而非其他品牌产品的理由。品牌利益主要有两个方面：功能性利益和精神性利益。功能性利益是指缘于品牌属性使消费者获得的独特效用，满足的是消费者对品牌的功能需求，是品牌产品应该具有的基本层面；精神性利益是指缘于精神因素而使消费者获得的满足，例如奔驰显示消费者高收入人群的身份，动感地带表现了当代青年追求自我、崇尚自由的利益要求。

品牌所有者可以通过对特定消费群的研究分析来确定自己的品牌利益，只有让品牌利益能够准确、独特地满足消费者的需求，才能让自己的品牌与竞争对手的品牌区分开来，以品牌所传播的独特利益来吸引消费者购买自己的品牌，并最终成为品牌忠诚者。

（三）品牌价值

品牌价值是品牌管理要素中最为核心的部分，也是品牌区别于同类竞争品牌的重要标志。迈克尔·波特在其品牌竞争优势中曾提到：品牌的资产主要体现在品牌的核心价值上，或者说品牌的核心价值是品牌精髓所在。

品牌价值因其所依附的价值理论不同，被赋予了不同的内涵。根据劳动价值理论，品牌价值是品牌客户、渠道成员和母公司等方面采取的一系列联合行动，能使该品牌产品获得比未取得品牌名称时更大的销量和更多的利益，还能使该品牌在竞争中获得一个更强劲、更稳定、更特殊的优势（凯勒，2003）。这一定义强调了品牌价值的构成因素和形成原因。而根据新古典主义价值理论，品牌价值是人们是否继续购买某一品牌的意愿，可由顾客忠诚度以及细分市场等指标测度，这一定义则侧重于通过顾客的效用感受来评价品牌价值。

可见，品牌作为一种无形资产之所以有价值，不但在于品牌形成与发展过程中累积的成本的价值增值，而且在于它是否能为相关主体带来价值，即是否能为相关主体带来更高的溢价，也能够确保其获得未来稳定的收益，或者是否能满足使用主体一系列情感和功能效用。所以品牌价值是企业和消费者相互联系作用形成的一个系统概念。它体现在企业通过对品牌的专有和垄断获得的经济价值、社会价值和生态价值等综合价值，也包括消费者通过对品牌的购买和使用获得的功能和情感价值。

（四）品牌文化

品牌文化是指通过赋予品牌深刻而丰富的文化内涵，建立鲜明的品牌定位，并充分利用各种强有效的内外部传播途径形成消费者对品牌在精神上的高度认同，创造品牌信仰，最终形成强烈的品牌忠诚。拥有品牌忠诚就可以赢得顾客忠诚，赢得稳定的市场，大大增强企业的竞争能力，为品牌战略的成功实施提供强有力的保障。

品牌在经营中逐步形成的文化积淀，代表了企业和消费者的利益认知、情感归属，是品牌与传统文化以及企业个性形象的总和。与企业文化的内部凝聚作用不同，品牌文化突出了企业外在的宣传和整合优势，将企业品牌理念有效地传递给消费者，进而影响消费者的心智。品牌文化作为一种重要的无形资产，一般来自两个方面：一是企业在长期的经营管理、营销传播中自己的优势积聚；二是借助社会资源提升企业和产品的地位，企业产品一旦形成品牌就具有了文化力，这时候，产品不仅仅是单纯的物质，而是由企业和消费者共同创造的生活方式。品牌文化与行业文化、产品文化和企业文化一起形成了文化营销的着力点，对整合营销传播产生有效的推动作用。

（五）品牌个性

品牌个性是特定品牌拥有的一系列人性特色，即品牌所呈现出的人格品质。它是品牌识别的重要组成部分，可以使没有生命的产品或服务人性化。品牌个性能带来强大而独特的品牌联想和丰富品牌的内涵。品牌个性的价值不仅表现在建立与消费者的认同上，而且它本身是也能够为品牌产品增加价值。品牌个性附加价值在于品牌的表达能力。本书第四章会有详细论述。

(六) 品牌对象

品牌对象就是消费者，包括两大类：一是品牌的使用者，二是品牌的潜在使用者。品牌的使用者是品牌实际利益实现者，他们购买和使用某个品牌的产品，来帮助这个品牌实现其品牌价值，是这个品牌存在的基础。品牌的潜在使用者是品牌发展和持续的动力，他们有些人会成为品牌的使用者，但是，或许这些人中有些永远都不可能成为品牌使用者。例如，奔驰是很多人向往的品牌，当某些人在事业上取得成功以后，会选择购买这一品牌的轿车，但是，大多数人没有能力购买。

四、品牌形象分类组合

品牌形象分类组合（Brand Image Classification Combination，简称 BICC）是关于解决品牌形象的分类及其组合的技术性问题。

品牌形象分类就如同将工具房中的工具进行分类。在人类社会早期，由于产品单一，需要的生产工具也很简单，所以没有必要对生产工具进行分类。但是，随着人类社会不断地发展和进步，不仅劳动力需要进行分工协作，生产中人们所采用的技术手段和生产工具也日趋多样化，不同的工具满足不同的加工需要，此时，如果把众多的工具堆放在一起，必然会因为找寻合适的工具而浪费大量的时间，为了提高工作效率，有必要按生产工具一定的功能属性对种类繁多的生产工具进行分类。

品牌形象也具有相似的特点，在品牌竞争初期，由于策略手段单一，BICC 技术也显得无关紧要。可是发展到今天，成千上万的品牌所开创的具体操作方法和技术各不相同，因此单从创意考虑问题显然过于宽泛，操作难度大而且具有很大的盲目性。为了解决这一问题，BICC 技术（将品牌形象分类，明确所需的形象类型和各自的比重，以此确定创意的方向）就成为最为有效的方法之一。BICC 为企业的营销推广提供了一个可测量的方法，用理性代替直觉，为企业作出正确的营销决策提供了科学的依据。

(一) 品牌形象阶段划分

BICC 将品牌形象的发展过程主要分为以下五个阶段：说明性品牌形象阶段、工业（实力）性品牌形象阶段、技术性品牌形象阶段、价值性品牌形象阶段和精神性品牌形象阶段。

1. 说明性品牌形象阶段

当某类产品市场处于卖方市场阶段，经营者们所要做的就是在兼顾产品质量的同时尽可能增加产量，因为此时企业之间几乎不存在真正意义上的竞争，销售畅通与否取决于企业是否将产品信息传递给消费者，以及能否通过畅通的营销渠道将产品交付到消费者手中。在这一阶段，企业品牌的功能主要是告诉消费者品牌名称、提供什么产品（服务）、产品有什么用途……这就是单纯说明性的品牌形象。

随着产品生产多样化的趋势日益明显，这种单纯说明性品牌形象对大部分品牌而言已经不再适用。但对于相当一部分品牌而言它还是有其存在的价值的，有时又是必要的。例如，一个新产品在刚推出时由于目标顾客对它的用途特点还不了解，这时候说明性品牌形象就应该在推广时占较大的比重，以后随着目标顾客对它熟悉程度的增加，说明性品牌形象会逐渐减少。

说明性品牌形象的存在理由主要表现在：①产品或服务本身始终是顾客购买的主要目的；②由于人的记忆周期是有限度的，每天众多同类品牌和其他大量信息源源不断地输入消费者大脑，很可能把以前灌输的信息挤压出去；③新的目标顾客对产品和服务信息了解不足，需要补足等。

2. 工业（实力）性品牌形象阶段

随着科技的进步，工业生产流程的标准化现象成为主流，这些必然为企业不断扩大生产规模，以便降低生产成本、提高产品质量提供了可能。在这一阶段，无论是品牌拥有企业，还是地方政府，都将规模生产视为企业经营和经济建设的首要追求目标，因此，这一阶段也被称为规模经济时代。规模经济的标志就是企业由于批量生产而大大降低成本，从而促使产品价格降低，因此，此时竞争的关键就是提供物美价廉的产品，而实现规模经济的条件就是现代化设备的使用和原材料的批量采购，这都需要企业实力予以支持。所以，在这一阶段，企业品牌的功能主要是向大众传达出企业所具有的实力的品牌形象。

工业性品牌形象阶段对于工业门槛较高、技术协作程度高、产品质量判断不直观、需要时间或专业知识和技术、价格昂贵的产品而言具有重要作用。例如家电、汽车等产品，如果没有强大的企业实力形象支持是很难让顾客放心购买的。此时，企业广告的宣传重点是企业的工业（实力）性品牌形象。

3. 技术性品牌形象阶段

尽管规模经济可以提供大量物美价廉的产品，但是，消费者的需求差异随着人们生活水平的不断提高而越发明显，而且，伴随着时代的变迁，生产同类产品的企业迅速增多，各企业的产品质量和价格已非常接近，企业难于创造竞争优势。此时，提升产品功能和降低使用成本成了企业市场竞争的制胜关键，这就需要先进的科学技术和不断创新的经营观念的支持。因此，在这一发展阶段，企业广告宣传的重点就是围绕高素质技术人员，先进科研、生产设施，企业创新精神等方面塑造品牌形象，以区别于竞争对手。

技术性品牌形象主要适用于技术含量较高，对高素质研发、生产、管理人才依赖性强，产品更新换代较快，产品质量判断不直观，需要时间或专业知识和技术，价格较高的产品。例如，计算机软硬件产品以及基于 IT 技术支持下的数码产品，这些企业的竞争主要依靠的就是技术性品牌形象。

4. 价值性品牌形象阶段

近些年，由于企业间产品高度同质化和创新成本越来越高，企业经营者越发意识到，产品给消费者带来的直接和间接利益的诉求更能打动消费者的心。对于价值性品牌与说明性品牌的区别主要表现在，说明性形象是指产品或服务的功能、特点等，而价值性形象是指产品或服务功能完成后给顾客所带来的利益。例如，有些洗发水的诉求是去屑，有些品牌的诉求是给消费者带来好心情；去屑是说明性品牌形象，而好心情就属于价值性品牌形象。

价值性品牌形象主要适用于发展较为成熟或进入门槛较低的行业。具体到某个品牌时，此品牌的现有形象及其他同类品牌对价值性形象的应用情况均是决定价值性形象效力高低的关键。自身品牌在目标顾客中的信心指数越高，价值性品牌形象比重就应该越大；同类产品的竞争品牌对价值性品牌形象的应用越少，该企业运用价值品牌形象策略的效果就越明显。

5. 精神性品牌形象阶段

精神性品牌形象不需在形象塑造上受到产品的诸多限制，可超脱产品而赋予其某种精神文化，这就使得该类品牌形象宣传的取材广泛，具有更广阔的诉求空间。因此，即使企业普遍采用精神性品牌诉求，其产生的形象必然比上述四个阶段的品牌形象诉求更容易体现出鲜明的个性特征，使得各企业品牌之间竞争的激烈程度降到最小，市场结构更有层次性。由于精神性品牌形象诉求空间的广阔性，如何确定有价值的品牌诉求点就有一定的难度，市场容量的大小和消费者接受程度也不容易把握。

精神性品牌形象是企业产品品牌形象的最高形式，它赋予品牌产品以人的特征，改变了人们购买产品的功能性要求，通过品牌蕴涵的精神与消费者心理寻求契合点，从而更容易创造品牌偏好和品牌忠诚。

价值性品牌形象有时候也是满足精神需要的，例如某品牌洗发水的广告诉求是让消费者更自信，它给消费者带来的是精神上的改变，但这种改变是由头发更舒服带来的。这是一种因果关系，因此它还是属于价值性形象的范畴。精神性品牌形象与价值性品牌形象可以有一定的联系，但不是必然的联系。精神性品牌形象的规划是否具有市场价值，完全取决于目标顾客的个性和生活方式，因此对于进入精神性品牌营销阶段的行业和品牌而言，市场细分的方法、目标顾客的选择，以及对目标顾客心理的研究是否科学、有效，是品牌成败的关键。

（二）品牌形象类型计算方法

品牌形象类型计算包含三个评价参数，即顾客对产品的熟悉度、顾客信心指数和市场集中度，具体的计算公式如下：

$$\text{BICC} = \frac{\text{顾客对产品的熟悉度} + \text{顾客信心指数} + \text{市场集中度}}{3}$$

顾客对产品的熟悉度主要体现在对产品的功能及其原理的熟悉和关心程度，对使用者的技能要求高低等方面。顾客对产品的熟悉度取值范围是（0～100），可以通过顾客容易理解的表述性语言对目标顾客的调查来获得，具体的取值范围与评价分类情况如图 3-3 所示。

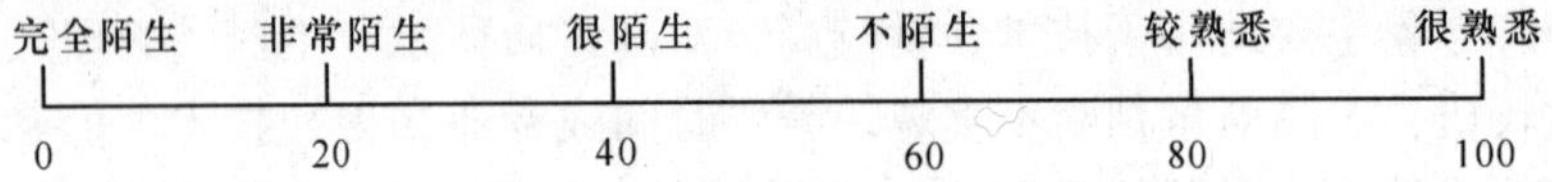

图 3-3　顾客对产品的熟悉度取值范围

顾客信心指数主要是指顾客对产品性能、质量、寿命等的担心程度。例如服装，由于其技术含量很低，革新速度慢以及质量、性能比较直观，顾客普遍具有一定的判断能力等，所以顾客信心指数非常高。又如汽车，由于其工业投资门槛高，生产工艺复杂，需要很多配套厂商合作才能生产出性能卓越、质量可靠的产品，因此如果品牌知名度和美誉度不高的话，顾客信心指数就会很低。

顾客信心指数取值范围在 0～100 之间，具体情况如图 3-4 所示，数值的确定必须通过对目标顾客的调查来获得。为了便于调查，可将顾客信心指数用顾客容易理解的表述性语言来代替。

市场集中度是指在目标市场中前七位品牌在其中的市场份额总和乘以 100。例如，前七位品牌市场份额总和为 70%，那么市场集中度数值就是 70。

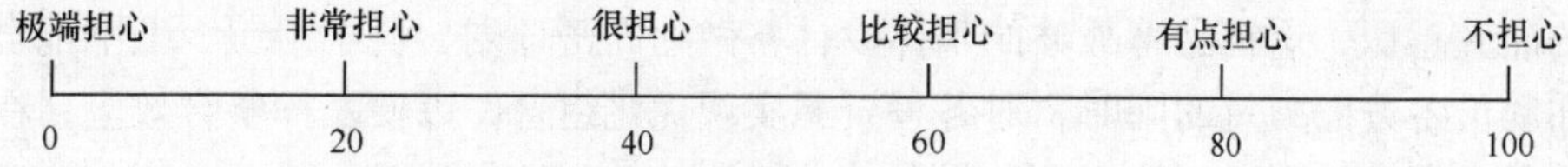

图 3-4　顾客信心指数取值范围

（三）品牌形象类型计算的数值调查统计前提

品牌形象类型数值的调查和统计必须在明确四个基本前提条件下进行：①目标市场区域；②目标顾客经验；③目标顾客特征；④所属品牌群族类型。

1. 目标市场区域

对许多产品而言，不同的市场区域计算品牌最佳形象类型的三个相关数值往往具有较大差异的。所以企业应该选择重点的目标市场区域来获取相关数值，这样才能对制定正确的品牌战略发挥出应有的成效。

2. 目标顾客经验

目标顾客是否具有购买或使用经验，具有多少经验。初次购买或使用者与具有经验的顾客相比，其信心指数和对产品的熟悉度往往具有比较大的差异，因此企业选择没有经验的目标顾客还是选择具有较丰富经验的目标顾客，在品牌战略的制定上应该是有所不同的。

3. 目标顾客特征

之所以要明确目标顾客的特征，主要是因为：①不同的消费者对相同品牌的接受速度有快有慢；②不同的消费者需求层次不同。例如，年轻人较成年人接受个性品牌的速度要快；收入高的人比收入低的人对产品的信心指数要高。

影响品牌形象类型正确确定的目标顾客特征包括目标顾客的自然特征和行为特征。由于划分行为特征的调查难度大，而且准确率较低，因此一般还是按比较容易识别和操作的主要自然特征来进行，如性别、年龄、职业、收入等。

4. 所属品牌群族类型

是否需要划分品牌群族进行调查统计取决于两个因素：①消费者对不同的品牌群族是否有不同的看法或评价；②不同的品牌群族所能满足的消费群体特征是否有明显差异。

品牌群族主要包括：①地域背景，如是国内品牌还是国际品牌、是发达地区品牌还是欠发达地区品牌等；②品牌背景形象，如一个新的手机品牌在推出手机产品之前是否在其他产品领域拥有知名度，形象如何；③原形象与现产品形象有多大的关联性等。

第三节　品牌形象的塑造

一、品牌形象塑造的原则

品牌形象的塑造是当今企业品牌运营策略中十分重要的一环，能否塑造出令消费者喜爱和支持的品牌形象是每一个企业在竞争中取胜的关键。在进行品牌形象塑造过程中，一般要遵循以下几个原则：系统整合原则、全员参与原则、统一持续原则、民族特色原则、情感诉求原则。

（一）系统整合原则

品牌形象的塑造涉及多方面因素，需要进行大量艰苦细致的工作。在企业内部要注意增强员工的品牌意识，重视品牌战略的整体设计，做到周密计划、科学组织、上下配合、各方协调，在动员各方面力量的同时，对各种资源实现优化组合，以便发挥整合效应，在不断加强和完善品牌管理的同时，使企业获得最佳的经济效益和社会效益。

但是也应该注意到，品牌形象的塑造不是单纯在企业内部就能够完成的，还要通过企业外部公众的认可才能实现，因为品牌形象的信息最终要通过媒介传递到公众的脑海中，然后通过公众的消费行为表现出来。品牌形象充分显示出企业信息流的通畅与否，以及实现双向沟通的必要性。

此外，企业作为社会的一分子，必须承担一定的社会责任，其品牌形象必须面向社会，接受社会的批评。因此，品牌形象的塑造是一项复杂的社会系统工程，必须遵循系统整合原则。

（二）全员参与原则

品牌形象的塑造需要企业的全体职工共同参与，每一位员工都应该能够清楚、准确地将品牌形象传递给外部公众，就是要求所有的员工都能真正地认识、理解品牌形象，使得企业所有员工对工作有使命感，对企业有归属感，从而形成强大的凝聚力，共同为企业的前途而奋斗。

美国品牌学专家大卫·阿克在其《品牌领导》一书中也曾提到，企业应把内部品牌的传播工作放在优先考虑的地位，即在得到外部认同之前，首先在内部推行，达到内部认同，因为内部认知的差异可能误导策略的实施。

除了让企业内部全体员工参与品牌形象的塑造之外，全员化原则还有一层含义，就是动员社会公众的力量。企业的营销、服务、公关和广告要能够吸引公众，打动公众，使公众关注品牌形象，热心参与品牌形象的塑造，使品牌形象牢固树立在公众的心目中，产生永久的、非凡的魅力。可见，全员参与的品牌形象管理对塑造品牌形象是至关重要的。

（三）统一持续原则

品牌形象的统一持续原则是指品牌识别，即品牌的名称、标志物、标志字、标志色、标志性包装的设计和使用必须统一标准，不能随意变动。例如，同一企业或产品的名称在一个国家或地区的翻译名称要统一，像日本的松下、丰田和美国的通用、微软等的中文名称就不能随便采用其他汉字来代替。

凭借一只鸡腿跑遍了全世界的国际性的快餐连锁店——肯德基，其最大特征是：始终如一地保持着“一家是一家，十家是一家，千家还是一家”的经营理念。无论身处何地，只要到了肯德基，就会发现那红白条的屋顶、大胡子山德士上校的图像、宽敞明亮的大玻璃窗、笑容可掬的服务生，还有香喷喷、脆松松、金灿灿的油炸鸡腿。

（四）民族特色原则

所谓特色性，其实就是指品牌形象的差异化或个性化。品牌的特色性可以表现为质量特色、服务特色、技术特色、文化特色或经营特色等。品牌形象只有独具特色，才能吸引公众，才能通过鲜明的对比在众多品牌中脱颖而出。抄袭、模仿的品牌形象不可能有好的效果，也不可能有大的魅力。例如，当其他企业都在宣传自己生产的摩托车轻便、快捷、安全时，如果本企业也宣称自己生产的摩托车轻便、快捷、安全，那就不会有什么特色。

特色性原则中还有一点也很重要，就是品牌形象的民族化。民族化的产品总是富有特色的，因为“只有民族的，才是世界的”，只有抓住民族特色而赋予品牌形象一定的特殊含义，才能促使品牌建立起与众不同的品牌文化内涵，建立起自己的品牌个性和品牌形象。

（五）情感诉求原则

品牌形象是品牌对公众情感诉求的集中体现，如奔驰的自信、富有、成熟，百事可乐的年轻、活泼、时尚，都是品牌情感化的化身。品牌形象塑造过程要处处融入情感因素，使品牌具有情感魅力，以情动人，这样才能缩小其与公众的距离，实现和公众的良好交流。

例如，几十年来，万宝路塑造了西部开阔而丰富的形象——牛仔、牛群、营火及咖啡——生机勃勃、粗犷豪放、充满阳刚之气。它超越单纯的产品关系，将品牌与强大、恒久的情感联系在一起，塑造了情感品牌。情感品牌使人们认识到产品的部分价值是情感上的而非物质上的，从而拓展了产品和服务的平台。

麦当劳以情感塑造形象的招数可谓绝妙。作为世界范围内最负盛名的快餐店之一，麦当劳最初的经营业绩也很平淡。直到1957年，一个名为哥德斯坦（Oscar Goldstein）的人加盟麦当劳后，为了促销，才开始做广告。1960年，美国广播公司开播了一个全国性的儿童节目——波索马戏团，哥德斯坦觉得很有趣，他看准时机，独家赞助了马戏团，并请波索的扮演者为麦当劳做广告。波索这个滑稽的小丑殷勤地向孩子们喊道："别忘了叫爸爸妈妈带你们去麦当劳哟！"孩子们在嬉笑声中牢记波索小丑的话，于是光顾麦当劳的人越来越多，营业额直线上升。然而好景不长，1963年，波索马戏团节目停办，麦当劳的经营日渐惨淡。哥德斯坦深知父母爱自己的孩子，哪怕是小小的要求，父母都会认为合情合理。鉴于波索小丑在孩子心中留下的深刻印象，哥德斯坦决心创造一个忠实地站在孩子们一边的"麦当劳叔叔"，成为孩子们的大朋友。当"麦当劳叔叔"的塑像展示在店堂前时，还真的吸引了很多顾客，其中有不少是孩子。从此，麦当劳的生意又日渐红火起来。

二、品牌形象塑造的内容

（一）品牌文字

品牌文字是建立品牌形象的一个要素，是品牌形象的文字表达部分，包括品牌名称、品牌口号、品牌年度报告、品牌产品目录、品牌手册等内容。品牌文字的含义、读音和多义性，品牌文字设计的趣味性和艺术性，都能促使消费者产生品牌认知和品牌联想。

1. 字体、字形方面

汉字字体、字形的发展经历了象形文字、甲骨文、大篆、小篆、隶书、楷书（真书）、草书、行书、宋体、黑体等漫长而不断变换的一个过程。不同的字体，具有不同的特点：甲骨文字形不规范，图形化；大篆形方，笔画线条化、均匀化、规范化；小篆则是长方形，整体协调、整齐而美观；隶书改曲为直，结构简化，字形偏扁，有了偏旁部首；楷书（真书）用横、捺取代了隶书的蚕头燕尾，字形端庄，为方形；草书笔墨飞舞，感情奔腾；老宋体横细竖粗，起落笔有饰角，字体方正，是程式化的硬笔字体；仿宋体具有宋体与楷体的特点，字形细而稍长，粗细均匀；黑体又称等线体，笔画粗细基本相等，转角处不留钝角，显得端庄平整、浑厚稳健、庄重有力。

西方拉丁文字的发展也经历了漫长的过程。首先也是一种象形文字，后来经过古希腊人的修改、增补，演化成表音的字母，罗马人在此基础之上加工与完善，形成相对稳定的26个字母体系，后来又出现了卡罗林小写字母。

19世纪20年代初，出现了德国的艾克曼字体；20世纪20年代出现了国际主义（黑体）字体；它们是根据功能需求而设计的字体；1929年，受装饰艺术的影响，出现了新艺术和现代主义设计相结合的比夫字体；20世纪五六十年代出现的路比琳字体，提出字体应表达情感的口号，字体之间的距离应重新组合、相互渗透；20世纪60年代以来，比较盛行文字肌理的处理。

2. 文字内容方面

品牌文字的内容表达要按照品牌文学的具体功能而定，品牌名称的设计要遵循易读、易懂、易记、易传的原则，往往追求新、奇、特的效果，让人一下子就能记住，还要尽可能反映出品牌的经营项目，体现出品牌个性和品牌文化（具体的设计内容将在品牌设计部分作详细介绍）。

品牌口号是为了能更好地塑造品牌形象，一定要简洁、有韵律，让消费者读起来朗朗上口，便于记忆，一般控制在八个字以内最佳。例如，诺基亚的“科技以人为本”，雀巢咖啡的“味道好极了”，耐克的“Just Do It”，松下电器的“Ideas for Life”……都是让消费者耳熟能详的品牌口号。

品牌年度报告是上市公司和跨国公司向公众展示品牌实力的最重要的平台，因此，年度报告的编制要本着实事求是的态度，客观、真实地反映出品牌业绩。

品牌产品目录是向受众全面传递产品信息的工具，包括企业不同产品类型、产品线的具体规格、型号、组件、操作步骤等内容，要把主打产品放在最前面进行展示，力求内容简洁而充实。

品牌手册是企业对自己所属的某一品牌进行介绍，包括品牌的使命、特性等内容，甚至还包括招商的内容。在制作过程中不要只追求印制精美，要能用文字清晰准确地将品牌的内涵表达出来。

（二）品牌标志

品牌标志是指品牌的标志性图案，品牌的标志物、标准色和标准字，以及包装物，是建立品牌形象的重要手段。由于品牌标志通常以各种不同的图形和色彩表达，因此比较形象，也更容易吸引消费者的注意力，也是更能凸显品牌文化内涵的主要构件，是各企业和公司最下工夫的CI设计部分。

品牌标志作为品牌形象核心要素，在诠释品牌内涵、传播品牌文化、与消费者沟通中有着不可估量的作用。而品牌标志的演变和升级也体现了品牌形象的升级，为了防止品牌老化，品牌标志要随着环境的变化而不断创新。

从世界著名品牌的标志转变案例来分析，品牌标志转变（升级）一般有两个前提：一是其品牌发展的过程中，为了适应市场环境、消费者环境的变化而进行的升级或演变。原则上是要在保持主体形象（颜色、字体）的基础上赋予品牌标志以创新的内涵，力求在内容上进行简化，在视觉上进行简约。如图3-5所示，著名的NOKIA和Nike的品牌标志的演进。二是其品牌发展的过程中因为产业转型（积极主动）或因为知识产权（消极被动）等问题，对包括品牌标志在内的形象进行更换。前者如夏新电子，从当初的以彩色电视机为主，到以手机为主，再到新近确立以3C（Communication通信，Consumer Electronics消费电子，Computer计算机）产业融合为核心的相关多元化战略，其品牌标志形象不同时期有不同的意义。

（三）品牌传播

品牌广告、品牌展览、品牌公关和品牌形象代言人都是企业常用的品牌传播方式。

图 3-5　NOKIA 和 Nike 品牌标志的演进

（1）品牌广告。品牌广告是企业进行品牌形象塑造必不可少的环节。企业通过广播、电视、报纸、杂志、网络等广告媒体形式，将产品的品牌特色、品牌文化、品牌利益以及企业的经营理念和经营哲学通过形象生动的广告传递给广大受众，吸引消费者的注意力、培养消费者的品牌偏好、最后促使消费者产生购买行为并逐渐成为企业的忠诚顾客。

（2）品牌展览。品牌展览是企业将品牌推向全国乃至世界的一种经济、实惠的品牌传播手段，我国的茅台酒在 1915 年旧金山举行的博览会上一举扬名。当年，有 31 个国家参加该博览会，中国展出了丝绸、瓷器、茶叶、农产品与工艺产品等商品。其中，仅参展的酒类就有数十个品种，茅台酒作为贵州省的特产参展。可是，由于当年茅台酒的包装其貌不扬，眼看这届博览会的酒类评比就要结束，茅台酒却无人问津，参展的工作人员很着急。一天，几名评委来到农业展厅参观，中国工作人员急中生智，拿起一坛茅台酒朝地上一摔，酒香四溢，顿时引来众多观众，引起了评委的关注，从此茅台酒成为享誉世界的著名品牌。

（3）品牌公关。品牌公关就是企业通过体育营销、文化营销和事件营销等公益活动，宣传品牌、提高品牌知名度和美誉度的主要手段。例如，王老吉因为在 5. 12 汶川大地震中巧妙地运用事件营销的公关活动，成功获得了众多消费者的认同。在地震事件营销中，王老吉采用了对比策略、社会认同引导、短缺制造、喜好原理、互惠原理、承诺与一致权威认证等策略进行口碑互动传播，其中与万科王石的对比策略、制造“封杀王老吉”的短缺效应，以及通过报纸权威性报道王老吉断货引发群体购买效应的策略应用得非常流畅。汶川大地震发生后，王老吉在第一时间选择捐款 1 亿元，使原本在众多饮料品牌市场中名不见经传的王老吉瞬间成为家喻户晓的品牌；然后通过报纸报道王老吉在超市缺货，制造一种社会群体购买的效应，引导相似消费者进行购买；接着又三个小时内在百度贴吧发满 14 万帖，宣扬“咱四川人帮你把这 1 亿元喝回来”的互惠原则，制造了“四川人报答王老吉”的社会效益，成为非常成功的品牌公关活动。

（4）品牌形象代言人。品牌形象代言人也是企业能够成功进行品牌传播的手段，但是，品牌形象代言人选取与企业产品品牌传递的形象是否一致，是至关重要的。这方面成功和失败的例子都很多。例如，当初雅客 V9 上市前，企业因为听从营销专家叶茂中的建议，出高价请了正当红的周迅做形象代言人，结果品牌无形中就借到了明星的影响力而一炮打响，取得了很好的品牌传播效果。相反，一旦选择的企业代言人与品牌形象不符，或者代言人爆出品行不端或恶性绯闻，必将连带影响到其代言的品牌。又如，喜之郎果冻的顾客群主要是青少年，如果选择人们所熟知的、稳重大气的中年明星做形象代言人，那么二者传递的形象信息不一致，就不太可能取得好的传播效果。

（四）品牌销售环境

品牌销售的地点、场地、设施、工具、用品、信息资料、人员、顾客、气氛等因素都是建立品牌形象的销售环境。销售环境是促使消费者产生购买行为的至关重要的外部诱因。因为，品牌销售的地点，直接表明该品牌的价值取向，知名品牌一定会选择在当地影响力大、以高档消费群体为目标顾客群体的销售地点；而面向普通消费者的产品则会选择超市或批发市场等价格低廉的销售点。例如，小护士作为中国市场上知名护肤品牌之一，由于面向普通大众，其主要销售渠道是超市和大卖场，因此，其销售业绩在2003年曾经取得市场占有率达5%、品牌在消费者中认知度达到96%的骄人业绩。但是，2004年欧莱雅集团对小护士进行了品牌收购之后，希望通过拉高小护士的渠道形象，来提高品牌形象，于是在全国开始推广专柜销售，对于小护士的固有销售模式改动太大，同消费者的认识偏差更大，使得小护士的销售业绩急剧下滑。

（五）品牌促销活动

品牌促销活动对品牌形象的建立起到了尤为重要的作用。在执行任何形式的促销活动过程中，企业还需懂得规避风险，以便进行有效的促销。其实，每次的促销活动是一把双刃剑，一面是利润目的，另一面是品牌形象的维护。对于消费者来说，折扣越低，回馈的赠品越多，越能促使消费者的冲动性购买，尤其是一些知名品牌。但是，这种活动不能是经常性的，否则，消费者对于原有品牌的品质和形象会产生困惑，甚至怀疑，从长远的角度可能会造成大量忠诚顾客的流失。但是，这并不是意味着从来不打折、或者很少开展促销活动就是明智的选择，因为消费者毕竟是利益寻求者，当竞争对手提供的产品和品牌利益与本企业的产品大体相当时，竞争对手的促销活动会造成本企业的顾客流失。

（六）品牌形象的维护

品牌形象一旦确定就要注重品牌形象的维护，因为，任何一个品牌在发展过程中都会出现这样和那样的问题，即品牌危机。而品牌形象的形成是需要长期的、持之以恒的努力才能实现，因此，企业要始终如一地注重对品牌形象进行维护。

1982年9月，美国芝加哥地区发生有人服用含氰化物的泰诺药片中毒死亡的严重事故，一开始死亡人数只有3人，后来却传说全美各地死亡人数高达250人，其影响迅速扩散到全国各地。事件发生后，在当时的首席执行官吉姆·博克（Jim Burke）的领导下，强生公司迅速采取了一系列有效措施。首先，强生公司立即抽调大批人员对所有药片进行检验，发现所有受污染的药片只源于一批药，总计不超过75片，并且全部在芝加哥地区，不会对全美其他地区有丝毫影响，而最终的死亡人数也确定为7人，但强生公司仍然按照公司最高危机方案原则，即“在遇到危机时，公司应首先考虑公众和消费者利益”，不惜花巨资在最短时间内向各大药店收回了所有的数百万瓶这种药，对此《华尔街日报》报道说：“强生公司选择了一种自己承担巨大损失而使他人免受伤害的做法。如果昧着良心，强生将会遇到很大的麻烦。”这种首先考虑公众和消费者利益的信条和举动，最终拯救了强生公司的信誉。其次，用公司医学总监盖茨做品牌形象代言人，强调“泰诺享有整个医疗界及1亿美国人长达20年的信任，我们非常珍惜这一信任，决不允许任何人损害它。我们希望您继续信任泰诺”。这一积极举动维护了“泰诺可信任的”品牌形象。最后，强生公司抓住了美国政府和芝加哥等地的地方政府正在制定新的药品安全法、要求药品生产企业采用“无污染包装”的机会，率先响应新规定，结果在价值12亿美元的止痛片市场上挤走了它的竞争对手，仅用五个月的时间就夺回了原市场份额的70%。

【品牌视野】

20世纪著名的品牌形象

美国是世界上拥有众多知名企业的国家，无论是长达百年历史的可口可乐、肯德基，还是近20年来引领全球*IT*业发展的微软等，都是家喻户晓的，它们融入人们生活、成为人们生活不可或缺的部分。但是在品牌形象塑造方面，称得上经典的有十个，它们是：万宝路的万宝路男人、麦当劳的罗纳德·麦克唐纳、绿巨人、米其林男人、贝蒂香脆食品的贝蒂·克罗克、劲量电池的兔子、吉米玛姨妈薄煎饼和糖浆的吉米玛姨妈、家乐氏糖和糖果的托尼虎、皮尔斯伯里食品的小面人、博登乳制品的埃尔斯。这里只介绍几个为中国人所熟悉的品牌形象塑造的例子。

1. 万宝路男人

产品：万宝路香烟

导入时间：1955年

创作人：李奥·贝纳（Leo Burnett）广告公司

由李奥·贝纳创造的代表着美国牛仔和男性商标的万宝路男人形象是20世纪最强大的——在某些方面又是令人最痛恨的——品牌形象，不仅帮助万宝路成为最畅销卷烟品牌，也成为菲利浦·莫尔斯公司进军全球市场的营销工具。1955年，李奥·贝纳将万宝路“温和如五月”女士香烟的定位改为西部牛仔形象，使得销售额急剧攀升，当年的销售额达到50亿美元，比1954年增加3 241%，并于1972年成为世界上排位第一的香烟品牌。

2. 罗纳德·麦克唐纳

产品：麦当劳

导入时间：1963年

创始人：麦当劳特许经营者奥斯卡·戈尔茨坦及广告代理公司

麦当劳叔叔的小丑形象——罗纳德·麦克唐纳最早是由麦当劳华盛顿特许经营者奥斯卡·戈尔茨坦及广告代理公司在1963年推出的。从那时起他的名字已与一个大型慈善机构——麦当劳叔叔基金会紧密联系在一起。有一次，麦当劳叔叔在密尔沃基探望那里患病的孩子，当他来到一个年龄最小的昏迷的孩子身边时，孩子的眼睛注视着麦当劳小丑，并在那之后恢复了意识。没有办法解释这件事是如何发生的或为什么发生，但没有比这件事更令人惊喜的。自从在1963年推向市场，麦当劳叔叔的小丑形象一直发挥着神奇的魔力，帮助麦当劳品牌成为地球上最著名的快餐连锁企业。他体现出麦当劳最重要的商业特性：他不卖麦当劳，他是麦当劳。

3. 绿巨人

产品：绿巨人蔬菜

导入时间：1928年

创作人：明尼苏达 Valley 食品有限公司

绿巨人在1928年全国广告亮相时令人失望。明尼苏达 Valley 食品有限公司开发出了一个巨人作为产品商标，但在他的早期，他弯着腰，皱着眉，穿着邋遢的熊皮，更像个老园丁，而不是今天看到的绿巨人。为巨人进行改造任务的是年轻的李奥·贝纳，他提高了巨人的驼背等，把巨人皱着眉头的可怕形象变成了阳光明媚的笑容，给他穿上了明亮的绿叶装备。他还为这个高大的家伙设计了一个新背景——山谷的作物，突出了巨人的高度。李奥·贝纳给绿巨人起了一个名字"快乐"，为了强化绿巨人的形象，还创作了一首轻快的歌曲《好东西》。

4. 米其林男人

产品：米其林轮胎

导入时间：1898年

创作人：创意的构思是爱德华·米其林

艺术家表现：奥格勒普 DDB 广告公司

安德烈·米其林委托他的弟弟爱德华用轮胎堆积的形式显示人的形象，创作了这个快乐的、圆嘟嘟的形象。用轮胎创造出的这个臃肿的男子，在哥哥安德烈的心目中却是艺术家的素描，特别是举起啤酒杯高喊"现在是举杯的时候了！"的口号，体现了米其林轮胎克服一切障碍的精神。今天，米其林男人是世界上最古老、最容易识别的商标，在150多个国家和地区都有米其林轮胎。

5. 劲量兔子

产品：永备劲量电池

导入时间：1989年

创作人：Chiat/Day

这个长耳朵鼓乐手劲量兔子是一个获过奖的偶像。营销专家称之为"终极产品演示"，因为它在新的发明上，以新的方式有效地展示出产品的独特销售主张——长寿命电池。劲量通信产品经理马克拉森说"小兔子已成为长寿、毅力和决心的最高象征"。在过去十年中，从政治家到体育明星都使用劲量兔子来形容后劲。兔子的化身实际上有 DDB 公司李约瑟的想法延续，这个粉红色的兔子是依靠劲量电池供电的玩具。

6. 老托尼

产品：Kellogg's Sugar Frosted Flakes（家乐氏糖霜玉米片）

导入时间：1951年

创作人：李奥·贝纳公司

只有一只著名的猫可以理所当然地声称它出现在电视广告中：它就是老虎托尼。这只宣传猫出生于1951年。托尼是最初创造的推销谷物四动物之一，但它很快就击败了袋鼠卡蒂，角马纽特和小象埃尔莫，成为了厂商唯一的广告明星。托尼的原设计师，儿童书籍插图画家马丁·普罗文森，首先创建了一个带有黑条纹的橙色猫，有着一个蓝色的鼻子，始终用四肢行走。但像大多数名人一样，托尼经历了几十次的变化。例如，托尼足球状的头部被一个圆的、较软的物品取代；眼睛的颜色从绿色到金黄色，增加了胡须；从一个骨瘦如柴的小猫，变成6英尺[⊖]高直立的小老虎；1952年，托尼的儿子小托尼被创作出来；在20世纪70年代

⊖ 1英尺=0.3048m。

初，托尼的妈妈、托尼的妻子和托尼的女儿相继诞生，日益壮大的托尼家族吸引了众多观众的眼球。

三、品牌形象塑造的注意事项

近些年，品牌形象在经济领域成为备受关注的时髦词语，充斥于各种报纸、杂志、电视、网络等大众传播媒体，但是，我国的很多企业并没有真正理解品牌形象的含义和它包含的庞大体系，只是为了赶时尚、求新奇，开展一些所谓的品牌形象塑造活动。由于这些企业对品牌形象认识不足，采取的运营手段和方法有误，很难收到好的品牌传播效果，甚至有时会对品牌产生负面影响。在品牌塑造过程中，有以下三方面的注意事项：

（一）切忌为形象而形象

有些企业并不真正理解品牌形象的重要性，认为大家都在进行相关的宣传，为了表明企业并不落伍，也象征性地进行所谓的品牌形象塑造，以为挂几块招牌、做几次广告，企业形象就塑造出来了。花费了大量的精力做表面功夫，而不在经营、管理、技术、质量等方面切实地进行企业形象的塑造。这种舍本逐末、缘木求鱼的做法，是基于一种投机取巧、企图一步登天的侥幸心理，所塑造的品牌形象很单薄、没有根基、没有生命力。因为巨额的广告投入和频繁的广告暴露频次并不一定能够强化企业的品牌形象。

企业为了提高品牌产品的市场份额和提升品牌形象会做大量的广告，但广告应该与其品牌形象相符合，不能为了短期内提高销量和知名度而进行过度的营销传播，否则可能反而使品牌的美誉度下降，最终形成企业的品牌危机。

企业要认识到，树立一个品牌形象，赢得消费者喜爱和信赖不可能在短时间内一蹴而就，也不是一味迎合消费者的喜好就能实现的。社会时尚瞬息万变，消费者的消费理念和消费习惯也会因为外界因素的变化而不断改变，企业只有塑造起有个性、有文化内涵的品牌形象，才能够引领消费时尚、倡导流行，真正实现对消费者的消费习惯和消费主张的引导和改变。

（二）要尽量做到实事求是

当今的产品市场上，用虚假的广告和华丽的词汇过度美化品牌形象、虚构品牌形象的现象屡见不鲜，广告主本意是为了吸引消费者购买产品，但是结果往往事与愿违。因为，真正被消费者喜爱和认同的品牌产品必须要经得起时间的考验，那些虚夸的广告在短时间内可能会起到增加销量和市场份额的作用，但是，消费者在使用该产品之后，发现该产品提供的功能和利益与宣传不符，必然产生受骗上当的感觉，不会再次购买，也影响到其周围相关群体购买该品牌产品。

在我国，这种现象在药品、医疗、保健食品、化妆品、美容服务等领域最为明显。例如，在美容化妆品行业，不论是专业线，还是日化线，近些年来的消费者投诉案件频频发生，最主要的原因就是虚假宣传引发的诚信危机。虚假广告宣传突出表现在以下三个方面：①功效夸大宣传，“速效去斑”、“快速美白”、“10天还你青春”、“一针见效”等产品功效宣传语充斥坊间，美容毁容的惨剧有增无减，部分大品牌甚至利用明星代言夸大功效宣传，欺骗消费者；②服务欺诈陷阱，以免费体验为诱饵，骗取顾客好感，然后鼓动开卡高额消费，消费者上钩后，承诺的服务却不到位，效果大打折扣，或者采用“偷梁换柱”的伎俩，以次充好，以低充高，赚取高额利润；③虚拟科研机构，声称拥有海外技术、采用进口原料等，诱使消费者消费。

事实上，消费者对某一品牌的评价主要依据品牌带来的利益。比较同一类型的产品所提供的顾客让渡价值的大小，一旦形成对品牌的认知和评价后，消费者对某一品牌的态度绝对不会因为过度的宣传而改变，反而会对那些过度“包装”的品牌产生反感。品牌宣传要根据企业和产品的实际情况进行宣传，绝对不能过分夸张、过度拔高，只有如此，才能赢得消费者的信任和忠诚。但是，也应该看到，在对产品和企业进行宣传的过程中也要融入一些感情色彩，以便拉近与消费者之间的距离，适度修饰和夸张可以使消费者以相对轻松和愉快的心情接受广告传递的品牌形象的相关信息，收到意想不到的效果。

（三）品牌形象一旦形成就不要轻易改变

品牌形象的一个最重要的特点就是具有稳定性，而且一旦形成很难改变。有一些企业对此缺乏认识，对企业的经营业绩评价单纯依靠销量和市场份额，产品销售额一下降，或者市场状况一改变，就不知所措，急于重新开始塑造品牌形象；也有一些企业，尚未界定品牌内涵，没有进行准确而清晰的品牌定位，就投入大量的广告费用，进行铺天盖地的广告宣传，哪个明星红，就请其做品牌形象代言人，忽视品牌形象宣传的一致性，结果既投了资金，又花了气力，结果品牌形象却一塌糊涂。

以百事可乐与可口可乐竞争的案例来说明企业形象轻易改变而带来的负面影响。百事可乐在20世纪80年代，以吸引越来越多的美国消费者参加未标明品牌的可乐饮料口味测试，以及宣扬百事可乐的青春、激情、冒险的品牌形象必将取代可口可乐的经典与传统的形象的一系列竞争举措，揭开了与可口可乐的又一次“生死大战”，引起了美国年轻一代对百事可乐的追随。为了应对来自百事可乐的挑战，1982年，可口可乐开始实施代号为“堪萨斯计划”的更改可乐秘方的营销行动。2000名调查员在十大城市调查顾客是否愿意接受一种全新的可乐，结果只有10%～12%的顾客对新口味可口可乐表示不安，接着，可口可乐又投入400万美元进行了一次由13个城市的19.1万名消费者参加的口味大测试，在众多未标明品牌的饮料中，新可乐以61%比39%的压倒性比例战胜旧可乐。于是，1985年4月23日，“新可乐”上市，但是，结果大大出乎领导层的预料，在四小时之内，接到抗议更改可乐口味的电话就有650个；4月末，抗议电话的数量达到每天上千个；到5月中旬，批评电话多达每天5000个；6月，这个数字上升为8000多个——与电话相伴而来的，是数万封抗议信，大多数的美国人表达了同样的意见：可口可乐背叛了他们！为此，可口可乐公司不得不新开辟数十条免费热线，雇佣了更多的公关人员来处理这些抱怨与批评，焦头烂额的可口可乐决定恢复传统配方的生产，定名为“Coca-Cola Classic”（古典可口可乐）；同时继续生产“New Coke”（新可乐），才使该公司度过了品牌危机。可口可乐面对百事可乐的竞争而进行的更改产品配方的案例说明，随意改变品牌形象这种错误是什么企业都有可能犯的。

但是，这并不意味着品牌形象要一成不变。随着历史的发展和时代的变迁，人们的价值观念和消费习惯都会发生一定的变化，对品牌形象的喜爱类型也会发生改变，企业对品牌形象的宣传与塑造也要适时调整。

【本章小结】

（1）品牌形象是由营销人员所发展、实行与管理的一种拟人化的运营活动，是消费者对某一品牌产生的总体印象和判断。了解品牌形象具有具体性、主观性和稳定性的特点，明了品牌形象对于企业提高品牌竞争力、培养具有品牌偏好的忠诚顾客等方面都会产生积极的影响。

（2）按品牌形象的表现形式，可分把品牌形象分为内在形象和外在形象两部分。而贝尔模型将品牌形象分为公司形象、用户形象和产品/服务本身形象三部分，贝尔模型的优点是最适合对特殊品的品牌形象进行测量和评价，缺点是没有描述各子形象之间的相互关系，没有考虑三个子形象的相对重要程度。品牌形象的维度就是指品牌形象的具体内容，它包括品牌特色、品牌利益、品牌价值、品牌文化、品牌个性和品牌对象。

（3）品牌形象塑造的原则包括系统整合原则、全员参与原则、统一持续原则、民族特色原则、情感诉求原则；品牌形象塑造的内容有品牌文字、品牌标志、品牌传播、品牌销售环境、品牌促销活动；在品牌形象塑造过程中切忌为形象而形象，要尽量做到实事求是，遵循品牌形象一旦形成就不要轻易改变的规律。

【思考题】

1. 什么是品牌形象？品牌形象具有哪些特点？
2. 品牌形象的作用有哪些？
3. 品牌形象的维度有哪些？
4. 塑造品牌形象应该遵循的原则有哪些？
5. 如何塑造品牌形象？
6. 如何走出品牌形象塑造的误区？

【案例分析讨论】

海尔品牌之路[㊀]

1984年12月，青岛市家电公司副经理张瑞敏，来到青岛电冰箱总厂担任厂长，带领700名海尔人踏上了创业之路。张瑞敏选择了一条差异化的道路：追求的不是有形的产量，而是无形的品牌，并制定了海尔发展战略——名牌战略。依据“起步晚、起点高”的原则，海尔在引进德国利勃海尔四星级电冰箱生产设备的同时，还引进了1942条德国标准以及ISO国际标准。1991年，创业仅仅六年的海尔，就获得了全国首批“十大驰名商标”称号；与茅台酒、青岛啤酒等老字号品牌并列。海尔是其中最年轻的一家，也是当时家电行业唯一的一家。

1991年，海尔开始实施多元化战略，首先在青岛东部高科技开发区征地800亩[㊁]，建立了海尔工业园；然后于1995年7月，海尔整体接收面临破产的青岛红星电器公司，张瑞敏

㊀ 根据《海尔品牌之路》（海尔企业文化中心编，青岛出版社，2005）、《海尔：不断延伸的品牌张力》（青岛日报，2008-06-10）、《斩获多项美誉，海尔品牌显张力》（人民网，http://homea.people.com.cn/GB/41392/7216955.html，2008-05-08）、《海尔集团：让智慧的创造成为海尔发展的不竭动力》（全国知识产权局系统政府门户网站，http://www.sipo.gov.cn/dfzz/shandong/dtxx/tzgg/201101/t20110126_571489.htm，2011-01-26）等资料整理。

㊁ 1亩≈666.7平方米。

确定了一个思路，那就是用海尔的无形资产去盘活有形资产，用海尔文化激活“休克鱼”，结果取得了三个月扭亏为盈、五个月盈利150万元的骄人业绩，并在两年后荣获中国洗衣机“十佳品牌”；此后，海尔又先后兼并了18家亏损企业，并且全部实现盈利。

海尔在创国际品牌的路程中，提出并实施“三步走”的理念，即“走出去，走进去，走上去”。“走出去”就是指进入国际市场，这一步海尔已经走得比较成功了。海尔主要通过缝隙产品、差异化的产品打进国际市场。例如，在美国，海尔为学生设计的“电脑桌冰箱”很受欢迎；在日本，海尔了解到日本的单身女性比较多，专门为她们设计了“个人洗衣间”洗衣机等。海尔小冰箱在美国占据小冰箱市场50%的份额。

“走进去”是指进入海外主流渠道，销售主流产品。到2009年，海尔已进入美国排名前十位的连锁销售渠道，但销售主流产品还有困难，只有一部分渠道已经开始销售海尔主流产品，所以海尔“走进去”这一步只走了半步。

“走上去”是指海尔要在国外的主流市场成为主流品牌。例如，日本的丰田在美国，可以说是在主流市场上成为了主流品牌。所以，在创国际品牌这方面，海尔走了“一步半”，还有很长的路要走。

1998年海尔进入国际化战略阶段，海尔创品牌的视野则从“中国市场”投向了“国际市场”。1999年，海尔在美国的南卡罗来纳州独资建设美国海尔工厂，通过高质量和差异化的产品逐渐打开当地市场；在随后的三年内，海尔在意大利、巴基斯坦、约旦、印度尼西亚、突尼斯等九个国家建立了工厂。到今天，海尔已经拥有30个海外生产基地，在美国、欧洲、中东、东南亚等市场上，已经实现了设计、生产、销售三位一体的本土化经营。海尔在当地树立了良好的企业形象，产品获得所在国消费者的信任和欢迎。

2005年底，海尔进入全球化品牌战略阶段。海尔的目标是创出属于中国人的世界名牌——“海尔，中国造”。海尔在全球实现了当地化员工、当地化设计研发、当地化生产、当地化销售，提高了海尔的竞争力，推动了海尔品牌的建设。

在自主设计方面，海尔拥有全球化的设计平台，整合全球资源，开发全球设计资源网络，在日本、韩国、美国等建立了六个综合研发中心，并建立了海尔海外研发体系。截至2010年上半年，海尔累计申请专利10214项，其中发明专利3057项，居中国家电企业榜首。仅2010年上半年，海尔就申请专利476项，其中发明专利258项，平均每个工作日申请两项发明专利。

在全球化生产布局方面，海尔在全球拥有15个工业园，在美洲、欧洲、非洲、南亚、中东等地建立20多个海外工厂。首个中国境外经济贸易合作区：巴基斯坦海尔-鲁巴经济区是依托原海尔巴斯基斯坦工业园的生产、销售渠道和物流基础建立的。现在巴基斯坦海尔-鲁巴经济区正逐步为中资企业搭建拓展巴基斯坦及周边南亚、中东等市场的跨国平台，吸引一大批中国家电、汽车、建材、纺织机械、服装、服务和贸易等行业的名牌企业入区发展，打造具有中国自主知识产权的世界级品牌集群。

在全球化营销方面，每年“海尔”牌的产品通过全球多个贸易公司的销售终端销售到全球100多个国家，受到了当地消费者的喜爱。在美国，全球消费电子报纸《TWICE》报道：“海尔在美国依靠不断的技术创新和进步，成为2007年美国家电市场发展的新亮点。”在欧洲，欧洲第二大家电经销商Comet，将海尔高端滚筒洗衣机摆在了店中最显眼的位置；在日本，Bic Camera渠道主推四个套餐，其中有三个是海尔产品套餐；在巴基斯坦，当地用户喜欢把海尔产品的 POP[⊖]标贴贴在家里的门上，他们认为使用海尔产品是身份的象征；在尼日利亚，很多消费者走进商场不是像以前一样说自己要购买冰箱或者冷柜，而直接说："我要海尔！"

随着全球化和信息化的突飞猛进，2007 年，海尔开始了信息化流程再造，用 1000 天实现流程系统创新，打造一条管理的"白领流水线"。目的是创建卓越运营的商业模式，建立从目标到目标、从用户到用户的"端"到"端"的卓越流程，创造和满足全球用户需求，提供卓越的服务。

全球化、信息化的浪潮此起彼伏，尽管存在次贷危机、原材料涨价诸多不利因素，海尔品牌发展的势头依然迅猛，品牌美誉度不断提高。自 2002 年以来，海尔品牌价值连续七年蝉联中国最有价值品牌榜首。海尔品牌旗下的冰箱、空调、洗衣机等 19 个产品被评为"中国名牌"，冰箱、洗衣机是"中国世界名牌"。

2008 年是海尔全球化战略的第三年。海尔品牌在全球化品牌战略的指引下迅速扩展着。据《青岛日报》2008 年 4 月 17 日报道，由韩国《每日经济报》和国际权威专业调查机构 C-NEWS 以韩国、中国、日本三国的成年男女为对象，进行了"三个国家国民经济意识共同调查"活动在调查中国、韩国、日本各自"最先令人想到的企业和品牌"（即"第一品牌"）的时候，中国海尔与韩国三星电子、日本索尼同时位列其中，海尔成为中国唯一一个"最先令人想到的企业和品牌"。

与此同时，在 2008 年海尔还斩获多项品牌大奖，在国内海尔被评为"首选理想品牌"、"最具竞争力中资跨国企业"、"中国最受尊敬企业"等，在国外海尔力克戴尔、惠普、西门子等国外著名品牌，获得了"亚洲信誉品牌"金奖。诸多事实证明海尔已经成为全球知名的大公司，其品牌影响已深深扎根在中外消费者心中。

总之，海尔品牌化之路主要包含两个内容：一个是海尔品牌核心价值是什么，另一个是如何将这一品牌核心价值传播出去。这是一个正向的流程，即海尔如何从末端往上游，来推行企业的战略和销售模式。

海尔的品牌核心价值一直都是基于用户需求的创新。"海尔中国造"在全球范围内还无法与消费者达成共识，这与中国的经济发展水平有关，也和近些年来一些国内品牌盲目追求数量而忽视产品的质量和服务有关，很多国外的消费者对中国产品持怀疑态度和否定态度，克服这一信任危机是实现品牌化之路必须解决的关键性问题。

海尔必须有更创新的速度和举措推广其品牌核心价值。海尔创业至今，始终坚持探寻消费者要什么，如何根据这一需求全心全意组织生产。基于这样的核心价值理念，海尔始终如一地秉承"用户需求创新"的理念，通过广告宣传和公关手段，将这一理念传递出去，并通过成功实施奥运战略，实现国际化品牌的成功转型。

讨论题：

1. 海尔品牌之路分几个阶段？
2. 海尔品牌形象的核心内容是什么？
3. 海尔品牌形象塑造运用了哪些方法？

⊖ POP，Point of Purchase，即卖点广告。

第四章　品牌个性

【本章要点】

(1) 品牌个性的概念与内涵。
(2) 品牌个性的维度。
(3) 塑造品牌个性应遵循的原则。
(4) 品牌个性形成和发展的条件。

【导入案例】

利郎，中国服装品牌崛起的典范[㊀]

2003 年，“周五便服日”在白领人群中日渐流行；在日常的商务洽谈场合中，越来越多的人渴望穿出自己的风格。一些比较精致的中档“非西装、非休闲”的品牌大受欢迎。利郎抓住了新潮流的机遇，进入这个市场，并了解大多数白领商务人士的着装需要，探寻他们的内心世界。利郎为他们提供的产品：舒适——采用人体舒适型设计，手臂处设计宽松舒适，活动自如；时尚——与欧洲潮流并进，简约时尚，没有多余装饰；完美细节——上衣有侧开衩和后中开衩的设计，口袋有控袋、贴袋等多种变化；工艺精湛——高科技研制的新纤维面料，不仅抗皱免烫，而且外观挺括、随意自然。这种“非西装打扮”非“一身休闲的着装”，体现了他们在不事张扬之中的独特之处。

这种介于“商务”和“休闲”之间的新的着装主张很快获得消费者认同。喜欢这类型产品的人就是喜欢产品在不事张扬之处恰当地体现了自己的着装风格。由此，利郎首创“商务休闲”概念，开辟了辉煌服装品牌王国的疆域。

但是，继利郎提出“商务休闲”概念后，市场上的众多品牌可谓是“他山之石可以攻玉”，几乎所有的大小品牌都推出了类似“商务休闲”概念的产品。利郎如何在这场概念战中独占鳌头呢?

真正的概念是建立在消费者的认同感上的。服装是一个高附加值的产品，生命力在于对消费者精神层面的深深吸引。借鉴国际成熟品牌的成功模式，探寻消费者着装要求和内心情感世界，利郎认为应该在下面这样一个稳定的族群中建立起自身的品牌核心价值，塑造个性内涵，来进行差异化的竞争：

他们是 28 ~40 岁的商务男士，月收入在 3000 元以上，受过高中以上文化教育，有一定的事业基础，处于追求成功的路上，有一定的社会阅历和鉴赏力，对事务有自己的见解，不甘平庸，但是不标新立异；不张扬，拥有自我肯定的优越感；希望成功，但是不盲目追求功

㊀ 根据赵英雄的《利郎，中国服装品牌崛起的典范》整理，来自中华品牌管理网，文库，2009-01-06。

名利禄，对自己有一定的了解，懂得哪种方式最适合表达自我和强调自我。

利郎请演员陈道明做形象代言人，陈道明自身的内在气质，如自信内敛、注重精神内涵、有智慧、有实力、由内散发出成熟男人的气息，与利郎所要展示的成熟男人追求品位和格调并存的着装理念紧密地衔接起来，成功演绎了利郎“简约而不简单”的品牌个性，利郎在消费者心目中建立了强烈的等式关系：利郎=商务休闲男装；利郎商务休闲男装=简约而不简单=内有锐气而外无锋芒的智慧男人。

正是利郎“商务休闲男装”的品牌定位，促使利郎选择塑造个性内涵，与竞争者形成差异化的营销策略，创造了“简约而不简单”的品牌个性，成就了利郎“内有锐气而外无锋芒的智慧男人”的品牌形象。

第一节　品牌个性概述

品牌不是人，却具有自己区别于其他品牌的“精、气、神”，这就是品牌的个性。成功的品牌都具有鲜明的个性。那么，什么是品牌个性？它有何特征？怎样去塑造？这是所有品牌管理者要探讨的问题，也是本章要学习的内容。

一、品牌个性的含义

（一）品牌个性的起源

随着对品牌内涵的深入研究，美国精信（Grey）广告公司在20世纪50年代首次提出“品牌性格哲学”，接着日本小林太三郎教授提出了“企业性格论”，伯利·加德纳（Burleigh B. Gardner）和赛迪·利维（Sidney J. Levy）1955年在《哈佛商业评论》上发表了第一篇品牌专业性论文《产品与品牌》，提出了情感性品牌和品牌个性的思想，从而形成了广告创意策略中的另一种充满生命力的新策略流派——品牌个性（Brand Character or Brand Personality）理论。

品牌个性理论认为，在与消费者的沟通过程中，从品牌标志到品牌形象再到品牌个性，品牌个性是最高的层面，品牌所有者为了实现更好的传播沟通效果，应该将品牌人格化，应该思考“如果这个品牌是一个人，它应该是什么样子？”即找出自己品牌要传递的价值观、外观视觉表现和媒体传播的声音和图像等特征，极力塑造出独具一格、令人心动、历久不衰的品牌个性。塑造品牌个性关键的是用什么图案和什么主题来表现出品牌的特定个性，寻找出能代表品牌个性的象征物或品牌形象代言人等。

（二）品牌个性的概念

到目前为止，尽管对品牌个性理论的研究日渐深入，但是对品牌个性概念的界定仍没有一个统一的定论，不同的学者从不同的角度对品牌个性加以界定和解释，试图将品牌个性这一个相对抽象的概念形象、具体地表现出来。

詹妮弗·阿克（Jennifer L. Aaker，1997）提出：“品牌个性是与品牌特定使用者相连的人类特性集合”，并确定了品牌个性的维度。例如，人性化的Absolute Vodka，倾向于被描述成酷的、赶时髦的25岁的当代青年：Stoli Vodka的人格特征被描述为一位有教养的、保守的老者。因此她认为品牌个性既包括品牌性格，又包括年龄、性别、阶层等排除在人格、性格之外的人口统计学的特征。她还进一步指出，和产品相连的属性倾向于向顾客提供实用功能，而品牌个性倾向于向顾客提供象征性和自我表达的功能。这一概念强调了品牌个性使目标顾客的性格与产品的自然属性紧密相连。

品牌策略专家雷尼·阿普绍（Lynn B. Upshaw，1995）认为："品牌个性是指每个品牌向外展示的品质……是品牌带给生活的东西，也是品牌与现在和将来的消费者相联系的纽带。它有魅力，也能与消费者和潜在消费者进行感情方面的交流。"这一概念强调了品牌个性具有的沟通信息与情感的特性，可以超越时空的阻隔形成相对稳定的品质。

此外，艾伦和奥索尼（D. E. Allen & J Olson，1995）用叙述法的观点指出，品牌个性就是品牌具有的内在特征，而这些内在特征是消费者在个性化的品牌或品牌特征的表现行为基础上定义的；苏珊·法尼尔（Susan Founier）运用关系法的观点来定义品牌个性，"将品牌看做是人的一个积极的有贡献的伙伴，这个伙伴的行为活动形成的一系列特质总结起来就是消费者认知的品牌个性。"

国内的研究者何佳讯从品牌个性的来源上来解释品牌个性。他认为品牌个性来自两大类因素：一是与产品相关的因素，如产品类别、包装、价格和产品属性；二是与产品无关的因素，如用户形象、公共关系、象征符号、上市时间长短、广告风格、生产国、公司形象、总裁特质和名人背书。他用类比的方法指出品牌的"包装"、"广告"和"公共关系"相当于品牌的"穿着打扮"、"言"和"行"三个方面。这一概念，形象、具体地把品牌个性的表现形式与产品的基本属性之间的关联性表现出来。

卢泰宏认为，塑造品牌个性，把握住三个问题，就事半功倍了。这三个问题是：第一，你的产品或服务有什么突出特征或特质？第二，你的产品或服务如何定位？以谁为目标顾客？这些目标消费群偏好何种生活形态和心理个性？第三，你的产品或者服务怎样人格化，以使广告对象产生"代入"感？这三个问题归纳起来，可用一个公式表示：

产品 + 定位 + 个性 = 品牌性格

在对上述诸多观点进行归纳总结之后，我们认为：品牌个性就是指品牌的独特气质和特点，是品牌的人性化表现，没有了人性化的含义和象征，品牌也就没有个性可言。

（三）品牌个性的内涵

1. 品牌个性代表着特定类型的消费者

当我们想到一个人时，就会用性别（男性或女性）、年龄（年轻或年老）、收入（工薪阶层或高薪）、受教育程度（文盲、高中、大学等）来加以描述。同样，品牌通常也能用是男性化的或女性化的、时髦的或过时的、普通的或是奢侈的来进行识别。例如，奔驰和 LV 等品牌已成为体现消费者的身份和地位的标志，这些产品的品牌形象塑造就必须通过公关和广告等信息传播手段，将品牌的名称、标志等要素创造成为高档品或奢侈品的标志，将品牌的特定类型消费者定义为成功人士和有品位的消费群体。

每一个品牌，因为拥有特定的消费群体，也因此具有该类群体的特性，可以通过各种传播媒介，将品牌的特性和特征传递出去，让消费者知晓自己的品牌个性，从而成为该品牌的忠诚消费者。

2. 品牌个性体现着品牌消费者的价值观念

价值观是主导人工作、生活和消费的精神意念，也通过人的具体行为表现出来，如积极向上的生活态度、追求新鲜刺激的消费心理、渴望成功及被人尊重的感觉等。具有独特个性的品牌可以与某一特定价值观建立强有力的联系，据此吸引那些认同和推崇这种价值观的消费群体。当然，某一品牌也可以根据目标市场的关键消费者的价值观偏好创造出符合其消费心理的品牌个性。也就是说，品牌个性的塑造源于对目标消费者的思想、追求、价值理念的深刻理解，同时，这种品牌个性又会反作用于消费者，使之采取相应的消费行为。例如，“长颈 XO，高人一等”，体现出该品牌代表的追求高品质生活态度的主张；“Just Do It”体现出耐克所代表的追求自我表现、敢作敢为的生活态度；“钻石恒久远，一颗永留传”代表 DeDeers（戴比尔斯）坚贞的、追求永恒爱情的美好愿望。

3. 品牌个性是消费者选择品牌的依据

消费者不是技术专家，选择消费自己不熟悉的产品类别时，主要依据是品牌形象。品牌个性是品牌形象的核心内容，是品牌内涵的外在表现，是一种特殊境界的品牌力的集合，最能体现品牌形象中最激进活跃、最具生命力、最具识别性的部分。从某种意义上说，品牌鲜明的个性可以牢牢地吸引消费者，使人过目不忘、印象深刻。品牌个性也是在激烈的竞争中保护品牌利益不受侵犯的法宝，因为品牌的外表形象可以模仿，但是品牌个性却无法模仿，更难以改变。品牌个性是通过品牌传播赋予品牌的一种个性心理特征，是品牌形象的内核，是特定品牌使用者情感和生活价值观的类化，人格化、活性化的品牌个性产品最能获得消费者的青睐。

二、品牌个性的内容

美国的品牌学家大卫·阿克认为，品牌性格可借助于人口统计因素（年龄、性别、社会阶层和民族等）、生活形态（活动、兴趣、爱好、举动和意见等）或者人的个性特点（外向、内向等）等方面的内容来描述。因此，品牌个性可以相应分为品牌能力、品牌气质、品牌性格和品牌个性倾向四个层次。正如性格是人个性的核心一样，品牌性格也是品牌个性的核心部分。

（一）品牌能力

品牌能力是指品牌产品获得顾客认同的能力，即品牌产品具备的那些为顾客所认同的特性。任何一种品牌产品，获得消费者认同的最基本特性就是产品的功能属性和提供给消费者最直接的利益。例如，人们购买汽车首先要考虑的就是汽车的安全性、节能效果、价格等，这些构成汽车了使用价值的最基本因素。品牌能力是和品牌产品的核心产品、延伸产品、附加产品等所包含的具体利益相联系在一起的，离开了具体利益，既不能表现品牌的能力，也不能发展品牌的能力。

（二）品牌气质

心理学认为，人的气质是先天的，由神经的生理特点决定，它虽然会在人的一生中发生某些变化，但变化却极其缓慢，具有明显的持久性和稳定性。品牌气质同样是品牌的典型的和稳定的个性特征，一个品牌从诞生时就存在其固有的品牌气质。

（三）品牌性格

性格是一个人个性中起核心作用的心理特点，是一个人对现实的稳固态度与习惯化了的行为方式的统一体。人的性格具有可塑性，反映了人的主观意识和主观能动性等特点，因为作用于其的诸因素是不断变化的。同样，品牌性格的最终确定也主要来自人的有意识创造，不可能永远停留在一个水平上。

（四）品牌个性倾向

品牌个性倾向主要是指与目标消费群相关的人口统计特征，如年龄、性别、社会阶层和民族等相联系的品牌特性。这部分内容是它与心理学的个性概念与含义有所区别的地方，因为在某些品牌产品上，这些特征显得尤为重要。例如，香烟、小轿车等产品往往依据消费者的性别进行品牌个性的塑造。

塑造品牌个性，关键就是塑造品牌能力与品牌性格，因为气质是先天决定的，是难以改变的，而品牌个性倾向的可控性太差，品牌管理人员很难控制和把握目标消费群的相关特征，所以工作重点应是塑造品牌能力与品牌性格。

三、品牌个性的特征

（一）持续性与稳定性

一般来说，品牌个性的形成需要经过一段时间的信息传播才能建立起来，而且，一旦形成了就不会轻易改变，如锐步的野性、年轻、活力，微软的积极、进取、自我。在品牌形象的“硬性”属性中，无论是产品的外观还是其伴生的功能，都是可以被模仿的，只有“软性”属性中的品牌个性是难以被模仿的，而且具有持续性，可以使品牌与其他竞争品牌的区隔变得明显。

一般来说，品牌个性都需要保持一定的稳定性。因为稳定的品牌个性是持久地吸引顾客的关键，也是品牌形象与消费者体验相结合的共鸣点，如果品牌没有内在的稳定性以及相应的行为特征，那么消费者就无法辨别品牌的个性，品牌的个性自然就谈不上与消费者的个性相吻合了，消费者也不会主动地选择这样的品牌，品牌最终会失去魅力。

（二）差异性与一致性

品牌个性的差异性是指该品牌与同类型品牌间存在的区隔性。品牌个性是品牌核心价值的集中表现，最能代表一个品牌与其他品牌的差异，尤其在同类产品中。许多细分品牌定位差异性不大，只有通过品牌个性才会脱颖而出，表现出自己与众不同的感觉，从而实现品牌区隔。例如，宝洁公司在日化产品上有飘柔、海飞丝、潘婷等多个品牌，由于在产品细分功能上，提炼出单一的独特卖点，针对不同消费者的利益需求，塑造出不同的品牌个性：使用飘柔是为了柔顺头发，使用潘婷是为了滋养发根与发梢，使用海飞丝是为了去头屑……这些差异性使宝洁公司的产品实现了品牌区隔，最终达到了多品牌经营的目的。

品牌个性的一致性则是指该品牌的个性表现与消费者利益需求取向相同。品牌个性不会脱离产品本身孤立存在，恰当的品牌个性是在经过准确有效的品牌定位后，对产品功能和属性进行有效揭示及形象化的演绎，以便传达出品牌个性所蕴涵的特殊意义，揭示出品牌产品与消费者之间的双赢和互利的关系，促使消费者选择该品牌。

（三）保护性与排他性

品牌个性的保护性是指由于品牌被赋予了特有的个性得以脱颖而出，正是这种个性促使消费者对该一品牌进行评判、筛选，最终形成偏好，而由于品牌忠诚消费者的广泛存在，使得该企业在竞争者面前始终扮演着强者的角色，不易受到来自新品牌或同类品牌的竞争对手的攻击，同时强势品牌地位也有利于企业品牌延伸或子品牌策略的实施。

品牌个性的排他性是指如果品牌个性得到了目标消费者的共鸣和接纳，那么企业就建立起品牌的“防火墙”，使竞争对手无法模仿，有利于品牌持续的经营。随着知识和技术的进步，产品的物理差异越来越小。但对于体现了品牌独特内涵的“软性”属性即品牌个性，即如同人的个性一样难以模仿，这就会表现出品牌的强烈排他性，同时促使本企业借势现有成功品牌实施品牌运营策略。

第二节 品牌个性的维度

所谓品牌个性的维度，是指组成品牌的个性要素。这方面的研究一直是营销理论和营销实践领域中的一个热点。下面将重点介绍几个具有代表性的学者的理论成果和几种研究方法。

一、品牌个性的分类

（一）以提供和接受品牌的产品与服务的主客体分类

研究员亚历山大·比尔（Alexander L. Biel，1988）将品牌个性分成了三种：供应者为导向的品牌个性、用户为导向的品牌个性及产品或服务为导向的品牌个性。

供应者为导向的品牌个性通常是指提供服务的公司，因为他们所销售的是看不见的产品，也就是服务，所以公司在很大程度上需要人们的信赖。最常见的是保险业，保险业的品牌个性是靠供应者的形象支撑的，如“旅行者们，我们给您撑伞”。这样的品牌定位所表现的是值得消费者信赖的供应者形象，它们的品牌个性反映的是提供给消费者那种慈父般的保护。

用户为导向的品牌个性是通过接受服务的客户的形象来实现的。一般的做法是把品牌和现有的或未来的用户的个性联系起来。例如，Chanel、Weight Watchers 等许多基于愿望的品牌，把品牌定位在具有较高社会地位、有很强的消费能力、而又非常具有消费品位的人群，像强化产品那样，不断地强化着品牌的个性。它们的品牌个性反映的是提供给消费者被周围人认可和尊重的心理满足感。人们普遍认为，品牌所建立的以用户为导向的品牌个性对潜在的消费者更有说服力，因为很少有消费者对自己的现状满意。

产品或服务为导向的品牌个性常常由一大批价格适中的品牌组成，如汰渍、卡夫等。它们的品牌个性的基础都是产品或产品运送系统本身。由于这些品牌始终提供物有所值的产品和服务，因而人们记住了它们。另外一些具有这样品牌个性的品牌，为了强化自己品牌个性而增加了一些其他品牌所不具有的特点，以便更容易被人们记住。这些品牌的产品具有十分好用的特征，被认为是针对产品而设计的品牌特征，例如，很多企业都会因为抢先提供某些具有新功能和新用途的产品而被消费者青睐。

（二）以是否表达自我为标准进行分类

以是否表达自我为标准，可以将品牌个性分为以下四种类型：

1. 目标消费者表达型

目标消费者表达型是指品牌的个性表现的是目标消费者实现的或向往、渴望的个性、生活方式、价值观等。消费者用这样个性的品牌来表现自己，从而确定自己的身份特征、社会地位、归属社会团体等。一般地说，社交性产品及私人用品适合塑造成此类个性。例如，有些人认为开奔驰轿车表明自己生活富足、事业有成。

2. 目标消费群欣赏型

目标消费群欣赏型是指品牌表现的个性往往是目标消费者所喜爱的个性，因此对待这样的品牌目标消费者就把他当做自己的好朋友、爱人、亲人一样，自然会在购买时有所倾向。一般说来，很多非社交性、非私人性产品，如家庭用品、办公用品，尤其是服务性品牌适合塑造成此类个性，这样有助于形成品牌偏好和忠诚。例如，劲量兔子是精力充沛、耐力持久的象征。

3. 目标消费群交际型

目标消费群交际型是指品牌个性表现的是具有一定的交际情感特征，目标消费者购买此类品牌就是想从中获取一定的情感寄托，借助品牌个性来表达亲情、友情、爱情等情感。例如钻石品牌戴比尔斯象征着“爱情”，麦斯威尔因“好东西要与好朋友分享”的个性而成了友谊的象征。

4. 功能象征型

功能象征型是指消费者对这一类品牌，往往比较看重产品的性能，但是又不可能或不愿意花费时间和精力去收集相关产品的信息、数据，作出比较分析，因此在大多数情况下只好凭感觉和经验来作出购买决策。有意识地塑造功能象征型的品牌个性能有意想不到的收获，如米其林轮胎的强劲有力的工人形象。

二、品牌个性的评价尺度

在品牌个性的研究中，对品牌个性的评价尺度的研究是其中很重要的一个方面，主要有以下一些观点：

（一）弗洛伊德维度

在弗洛伊德的理论中，人的个性维度表现为两维，即表现（Expression）与压抑（Repression）。弗洛伊德及其追随者研究了人的个性及其与社会的联系，并解释了人为什么会产生焦虑和紧张情绪，为什么会产生积极的情绪，如高兴，他们认为这是人的意识——自我（Ego）决定了人的个性。

体现在品牌个性上，表现层面就是指 Feel good，即品牌消费者在消费该品牌过程中所获得的乐趣和快感，具有这种维度的品牌可以满足人们情感方面的需要，如一些化妆品品牌；压抑层面就是指 Do good，即品牌消费者在消费该品牌过程中所获得的对产品基本功能或功效的需要的满足，从而解除人们的忧虑或压抑，如一些药品品牌。事实上，大多数品牌个性维度介于这两个维度之间，而且往往是这两个品牌个性维度要素的组合。

（二）阿德勒维度

阿德勒是弗洛伊德的追随者，但又不完全认同弗洛伊德的观点，他提出了一个新的维度：顺从（Conformism）与武断（Assertiveness）。弗洛伊德的理论比较适于解释男性的个性心理，但是，随着消费品领域出现了越来越多的女性化品牌，弗洛伊德个性维度理论不能很好地解释其中出现的品牌个性心理。针对这一现象，阿德勒提出了阿德勒维度。

相比弗洛伊德维度，阿德勒维度更加关心社会对人的个性的影响，强调自尊的重要性。因此，在阿德勒维度中，一个维度是强调个体及权力，追求优越，即武断，这些多是男性化的特征，如统治欲、勇气、能力、技术等；另一个维度则更多地强调女性化的特征，如顺从、温柔、关怀。反映在品牌个性维度上，武断表现为个人化色彩更强，如专业、成功；而顺从则更多地表现为群体性导向，如关怀、分享。

（三）海伦、道森和辛普森的品牌个性维度

海伦、道森和辛普森（L. Heylen，Dawson & Sampson）等人把弗洛伊德维度与阿德勒维度二者结合起来，构成了一个新的品牌个性二维模型，又称 Heylen 模型。这一模型是对人的个性、品牌个性维度以及品牌个性与消费者需求的关系理解的突破。该模型指出任何品牌的品牌个性都可能位于这个二维模型中的某个位置。

Heylen 模型就是目前国际上非常流行的“阴阳二重性”品牌人格理论的雏形。后来，荣格人格维度也被运用于品牌人格维度研究之中，其理论中的阿尼玛和阿尼马斯概念可以帮助解释男性消费者消费女性化品牌，以及女性消费者消费男性化品牌的现象。可以看出，基于人格类型论的品牌人格维度研究已经在开始借鉴“阴”、“阳”理论，但由于此类研究只是从潜意识认识人格的角度去理解品牌人格，而未能从人格的原型去阐述品牌人格，其操作性不强。而且，国外学者对“阴”、“阳”理论理解的差异，以及国外“阴”、“阳”原型理论的不完整，导致国外基于人格类型论的品牌人格维度研究受到了很大的制约，只有很少的学者进行了深入研究。Heylen 的品牌个性二维模型涉及的主要内容如图 4-1 所示。

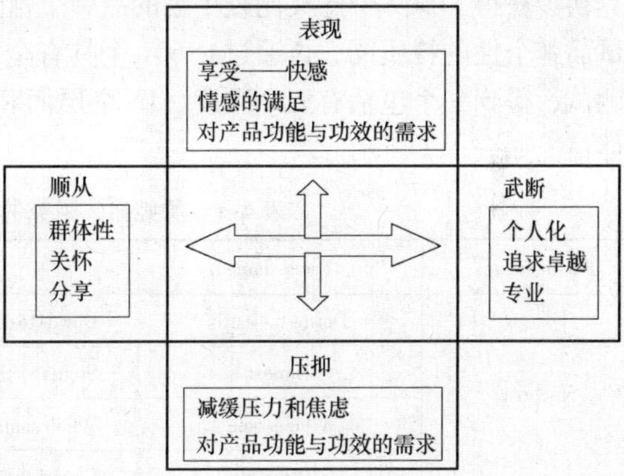

图 4-1 Heylen 品牌个性二维模型

资料来源：张红明. 品牌人格化——品牌价值实证研究［M］. 武汉：华中科技大学出版社，2007.

（四）詹妮弗·阿克的品牌个性维度（五维）

1997 年 8 月，美国加利福尼亚大学詹妮弗·阿克教授于在《营销研究》（Journal of Marketing Research）上发表了一篇题为《品牌个性维度》的论文，第一次就品牌个性维度在某一个国家进行了系统的研究。在该研究中，她把品牌个性维度作为单一变量结构分离出来，第一次从个性分析的角度提出了品牌个性维度系统结构框架。具体内容见后文。

三、品牌个性的测定方法

（一）“大五”模型

最早的有关人格因素的“大五”模型（Big Five 或 FFM，Five-Factor Model）研究可以追溯到 1949 年，费思科（Fiske）作出了理论雏形。在此基础上，考斯塔和麦克科瑞尔（Costa & McCrae，1985）编制了测量“大五”的人格问卷 NEO-PI。后来，他们又编制了新的修订版 NEO-PI-R 和 NEO-FFI。很多学者都相继提出了他们各自的“大五”模型，他们运用自然语言中描述人格的形容词进行因素分析，进而得出五因素。卡特尔（Cattell）和艾森克（Eysenck）于 1975 年也作出了各自的特质分类，并编制了应用广泛的 16PF 和 EPQ 问卷。

现在公认的人类个性量表是高登伯格（Goldberg，1990）总结的“大五”模型，在这一量表中，人类个性被规划到五个方面的测量维度：开放性（Openness）、尽责性（Conscientiousness)、外向性（Extraversion）、愉悦性（Agreeableness）和神经质（Neuroticism），这些维度常常被缩写为OCEAN，即“海洋”的意思。这似乎和该分类系统广泛的代表性及含义相一致，模型中有30个具体的特征指标，按照人类个性进行分析归类，这是建立在生理学、心理学和进化论等基础之上的研究成果。

詹妮弗·阿克教授根据西方人格理论的“大五”模型，以个性心理学纬度的研究方法为基础，以西方著名品牌为研究对象，发展出一个系统的品牌个性度量表，即品牌个性测量工具——“大五”模型，这套量表是迄今为止对品牌个性所作的最系统、也是最有影响的品牌个性的测量量表，可以用来解释西方93%的品牌个性的差异，该量表第一次从个性分析的角度提出了品牌个性维度的系统结构框架。

通过总结个性心理学中个性形容词以及消费者联想所获得的品牌个性形容词，詹妮弗·阿克初步获得了309个意义比较单一的品牌个性形容词，并通过测试淘汰，获得114个用于测试品牌个性的特质词，再通过对631个具有全国代表性（美国）的样本共37个品牌的初步测试，得到一个包括有五个维度、15个层面和42个品牌个性特质的品牌个性维度量表，具体情况如表4-1所示。

表4-1 詹妮弗·阿克的品牌个性维度量表

Factor name	Facet name	Traits
Sincerity	Down-to-earth	Down-to-earth, Family Oriented, Small Town
	Honest	Sincere, Honest, Real
	Wholesome	Wholesome, Original
	Cheerful	Cheerful, Sentimental, Friendly
Excitement	Daring	Daring, Trendy, Exciting
	Spirited	Spirited, Cool, Young
	Imaginative	Imaginative, Unique
	Up-to-date	Up-to-date, Independent, Contemporary
Competence	Reliable	Reliable, Hard Working, Secure
	Intelligent	Intelligent, Technical, Corporate
	Successful	Successful, Leader, Confident
Sophistication	Upper class	Upper Class, Glamorous, Good Looking
	Charming	Charming, Feminine, Smooth
Ruggedness	Outdoor	Outdoorsy, Masculine, Western
	Tough	Tough, Rugged

资料来源：Jennifer L. Aaker, Dimentions of Brand Personality. Journal of Marketing Research［J］. 1997（8）：347-356.

后来，著名的品牌专家大卫·阿克（David Aaker）把这套量表的品牌个性特质扩展到64个（详见表4-2）。

表 4-2 大卫·阿克的品牌个性维度量表

品牌个性测量标准 Big Five Model		
品牌个性维度	层面	典型形容词
真诚 坎贝尔、贺曼、柯达	脚踏实地	家庭导向、小城镇、传统、蓝领、美国人的
	诚实	真诚、诚实、合乎伦理、体贴、有同情心的
	健康	原创、名副其实、永葆青春、经典、老套
	愉悦	感情丰富、友好、热心、幸福
激动人心 保时捷、伏特加、贝纳通	大胆	时髦、令人兴奋、反传统、炫目、煽动性的
	活泼	酷、年轻、有活力、开朗、具有冒险精神
	有想象力	独特、幽默、令人惊奇、美感、有趣
	时尚	特立独行、紧随时代、创新、积极进取
能力 美国运通、CNN、IBM	可靠	勤奋、安全、有效、值得信赖、仔细
	智慧	技术、团结、技艺精湛
	成功	领导者、自信、有影响力
精细 雷克萨斯、梅塞德斯	上流社会	富有魅力、外形美观、自命不凡、精密复杂
	有魅力	女性化、流畅、性感、温柔
粗犷 李维斯、万宝路、耐克	户外	男性化、西部、活跃、运动
	结实	粗犷、强壮、直截了当

资料来源：David Aaker，创建强势品牌［M］. 吕一林，译. 北京：中国劳动社会保障出版社，2004.

有些市场研究公司在詹妮弗·阿克的美国品牌个性维度量表的基础上，结合定性研究的投射技术，发展出一些品牌视觉图，用以品牌个性研究。2001 年，为了探索品牌个性维度的文化差异性，詹妮弗·阿克（1997）与当地学者合作，继续沿用了 1997 年美国品牌个性维度开发过程中使用的方法，对日本、西班牙这两个来自东方文化区以及拉丁文化区的代表国家的品牌个性维度和结构进行了探索和检验，对三个国家的品牌个性维度变化以及原因进行了分析。研究结果发现：美国品牌个性维度的独特性维度在于“强壮”（Ruggedness），而日本品牌个性维度是“平和的”（Peacefulness），西班牙的品牌个性维度却是“热情/激情”（Passion）。

随后，弗蓝迪（Ferrandi，1999）等人在法国也测量了品牌个性量表的适用性，研究结果使 Aaker 量表中的 42 个指标减少到 33 个指标，并且五个维度也相应转化为：真诚、激动人心、精细、活力和嗜好。

瑟芬兰和格让豪格（Supphellen & Gronhaug，2003）在俄罗斯对品牌个性量表进行了跨文化有效性的研究，发现在俄罗斯文化环境中，品牌个性维度应包含的维度为：成功与现代的、激动人心的、粗犷、真诚和精细。

桑格和廷可汉姆（Sung & Tinkham，2005）在对韩国的品牌个性维度研究时发现，当一系列韩国和美国的全球性品牌在同样的品牌因素上被评分的时候，发现有六个共同的维度和两个契合各自文化的因素出现。韩国品牌中两个带有文化特殊性的因素是：被动的令人喜爱和优势支配地位，这反映了在韩国社会和经济体系中儒家哲学的价值观。而美国品牌的两个特殊因素是：白领的和雌雄同体的，意味着与职业地位和性别角色相联系的文化价值观。

我国学者黄胜兵、卢泰宏借鉴詹妮弗·阿克教授的“大五”模型开发了一套符合我国文化背景的品牌个性量表，该量表包括“仁、智、勇、乐、雅”五个纬度，66个中国化的品牌个性词汇，其中，“仁”、“智”、“勇”、“乐”、“雅”分别与西方品牌个性维度研究中的“Sincerity”、“Competence”、“Ruggedness”、“Exciting”、“Sophistication”相对应。在原有词汇含义的基础上，融入中国传统文化，拓宽了品牌个性的内涵。

（二）扬·罗必凯公司品牌个性测量法

扬·罗必凯公司设计出另一套测量品牌个性的方法。首先，他们从前人关于个性研究和深度访谈的成果中，挑出了50个描述人类特性的形容词，如“愉悦的”、“年轻的”、“优雅的”等；其次，他们认为，品牌个性是极具象征性的，所以公司开发了几组象征物作为答案，供被调查者选择，来实现对被调查的品牌的个性进行测量。这几组象征物包括：29个动物，25个不同的行为，17个植物，35个职位，20个国家和21本杂志。问题则一般是“假如该品牌是个人，你认为他（她）会穿哪一类织物的衣服，读哪一本杂志……”等形式。在具体的品牌个性测量中，他们先列出一个品牌，让数个消费者按不同问题，从每组象征物中挑出一个象征物作为答案；然后，请这些消费者用上述50个形容词中的若干个来描述他们选出的答案。

从操作性上讲，这种方法比起上一种更简便，而且它用了几组性质不同的象征物，组成了“立体探测工具”，从而可多角度地探测消费者对一个品牌的个性的看法。但是，该方法在选择个性形容词时带有主观色彩，容易漏掉一些重要的个性特质。

（三）扎尔特曼隐喻推导法

扎尔特曼隐喻推导法（Zaltman Metaphor Elicitation Technique，简称ZMET）是由哈佛大学杰拉尔德·扎尔特曼（Gerald Zaltman）和康涅狄格大学的罗宾·希吉·库尔特（Robin Hig Coulter）共同开发的一种旨在揭示驱动消费者思考和行为的心理模型。这两位学者在研究过程中通过使用消费者隐喻（指从另一事物来了解和体验某一事物）的方式来描绘模型特征。扎尔特曼隐喻推导法有七个前提基础：①人类很多交流是非语言的；②虽然思想经常用语言表达，但它仍主要出现在非语言形象中；③隐喻是思维的基本单元，是观察消费者思想和感觉、了解消费者行为的重要窗口和机制；④感观图像能提供更多的隐喻；⑤消费者通过心理模型——相互关联的有关市场经验的想法（概念或观点）——反映他们的知识和行为；⑥能够接触到隐藏的或更深层的思想；⑦情感和理智是在消费者心中混合的推动力。

扎尔特曼隐喻推导法用定性法探测消费者视觉和其他感观印象，并由此推导出驱动消费者思想和行为的隐喻、观念和心理模型。其具体研究方法是：邀请大约20个人参加调查研究，要求他们通过拍照和/或收集图片（从杂志、书、报纸或其他来源）等，指出某个品牌对他们意味着什么，参与研究者在最初的一周或十天后，与研究人员进行一对一的个人交谈，即“引导性对话”。“引导性对话”包括以下部分或全部步骤：

（1）讲故事。参与者描述每一张图片的内容。

（2）遗漏的图像。参与者没能得到的图片及它们的意义。

（3）分类。参与者将图片按不同的含义分类，并为每组图片贴上标签，给出描述。

（4）含义推导。参与者通过“凯利（Kelly）收集网络法”和“架梯法”，用图片做刺激物，揭示基本概念和它们之间的相互联系。

（5）最有代表性的图片。参与者指出哪张图片最具有代表性。

(6) 反面图像。参与者指出哪些是与所给品牌和所分配任务相反的图片。

(7) 感观图像。参与者指出哪些描述了或未能描述颜色、情绪、声音、气味、口味、触觉等方面概念。

(8) 心理图。先对所有提及的观念进行回顾，并且询问参与者，这些概念是否准确地代表了他们所表达的含义，还有没有什么重要的想法被遗漏。之后，参与者便能描绘一张心理地图或建立一个因果关系模型，将推导出的概念相互连接。

(9) 概要图像。参与者用自己所收集的图像（或由图像库提供的图像）制作一幅概要图像或综合画，用来表达重要观点。

(10) 解说词。参与者用一小段文字或录像帮助传递重要观点。

在完成对参与者的访谈之后，研究者便开始识别关键主题和概念，对数据进行编码，将最重要的概念组成一幅综合图。对数据进行定性分析，可以为广告、促销和其他推销决策提供信息。ZMET 有多种用途，包括它可以作为帮助了解消费者对品牌、产品、公司印象的测试工具。

除了以上介绍的品牌个性测量法之外，经常被人们采用的还有照片筛选法、自由联系法、场景联想法、心理投影技术等方法。

【品牌视野】

对品牌个性的相关研究㊀

与詹妮弗·阿克的研究在时间上平行的另一研究是由卡罗纳（Caruana，1997）进行的。为适应越来越多超越产品品牌化而关注公司品牌化的研究需要，卡罗纳运用定性研究方法来确定在公司声誉构成中起作用的因素。通过焦点团体小组座谈，配合文献分析，最终的研究结果为发展 34 个测量公司声誉指标提供了基础。后来，戴维斯、达·索瓦和罗珀（Davies & Da Suva & Roper，2003）发展了公司个性量表（Corporate Personality Scale），这一量表试图测量不同利益相关者如何将组织作为一个整体看待，而非只看见组织向市场提供的个别产品和服务。通过对 15 个组织和 4600 个受访者的实证调查，他们从在探索性研究后保留的 93 个因素中提取出包含七个维度——愉悦性（Agreeableness）、能力（Competence）、进取心（Enterpri）、无情（Ruthlessness）、别致（Chic）、男子气概（Machismo）和非正式（Informality），共 49 个指标的量表模型。总体上，詹妮弗·阿克的 42 个指标的品牌个性量表和 Davies 等人的 49 个指标的公司声誉量表具有相似性，二者具有 20 个同样的指标。可见，文化在品牌个性当中起着举足轻重的作用，这不仅仅是因为不同文化中的不同经验影响着个性发展，更重要的是，个性是存在于文化背景中的。

鉴于品牌个性所受的关注度日益增高，罗曼纽克（Romaniuk，2008）对两种广为流行

㊀ (1) 蓝燕玲. 品牌个性的测量模型及其适用性［J］. 新闻界，2009（3）：176-178。

(2) 杨传卫，王詠. 心理词汇法在品牌人格研究中的应用［J］. 心理科学进展. 2009，17（2）：460-466。

(3) 黄敏学，李小玲，朱华伟. 企业被“逼捐”现象的剖析：是大众“无理”还是企业“无良”［J］. 管理世界，2008（10）：114-126。

的品牌个性测量方法进行了比较：一种是詹妮弗·阿克（1997）采用的，运用分离样本检验（Split Sample Tests）以及五级量表测量品牌个性的方法；另一种是由业界操作者所常用的自由联想法。研究发现，两种方法在对品牌的各种个性特征的评估结果都相差无几，也都能从品牌使用者那里获得较高的回应。不过，自由联想法能够更好地区分不同的品牌，并能提供更为多样化的特征联想。所以作者指出，在被试者事先对整个市场（包括竞争品牌的使用者及不使用品牌产品的消费者）有一定了解的前提下，自由联想法是一种更为有效的测量品牌个性的方法。

在意识到消费者往往希望品牌所有者能具有一定的社会责任感并对这种社会责任感的存在与否较为关注后，马喆高和布什（Madrigal & Boush，2008）进一步研究指出，品牌个性应该还有一个相对独立的维度———社会责任，该维度以前被隐含包括在纯真/仁和教养/雅中。由于品牌个性是大家对其的一种认同，同时也是大家对其一种希望，如果品牌表现与品牌个性不吻合或相违背时，将给消费者与品牌的关系带来负面影响并导致消费者对品牌不满意。

研究发现，消费者确实会把社会责任感看做是品牌个性中的重要一环，品牌的社会责任感对消费者的产品态度、广告态度及品牌态度等都会产生一定影响，而这种影响又为消费者对品牌的社会责任感的回报心理所调节。此外，对于那些很希望为品牌的社会责任感有所回报的消费者来说，品牌所具有的社会责任感反过来又能对其品牌态度施以积极影响。

第三节　品牌个性的塑造

在纷繁复杂的市场上，产品品种千千万，那些毫无性格、随波逐流的产品，很快就会被人们遗忘；而那些个性鲜明的品牌却畅行无阻，大受欢迎。可见，产品品牌必须要塑造出鲜明的个性，才能与众不同。

一、品牌个性塑造的必要性

（一）品牌个性是产品持久差异化的源泉

市场经济最主要的特征就是竞争，而企业要想在激烈的市场竞争中取得胜利，就必须为市场提供与众不同的产品。而随着产品同质化现象的趋势越发明显，如何使自己的产品表现出差异，是每一个企业必须思索的问题，品牌个性正是表现产品和品牌差异性的最佳手段。

品牌个性能够给产品一个脱颖而出的机会，并使得产品个性长时间地保留在消费者脑子里。例如，步步高无绳电话用一个其貌不扬的男子因为电话线所造成的尴尬场面，来传达步步高无绳电话为消费者提供的便利功能。广告通过幽默、戏剧化的表现方式显示出步步高无绳电话滑稽、幽默的品牌个性，其独特鲜活的品牌个性就很难被其他品牌所模仿。企业要根据自己品牌面向的特有顾客群体，有针对性地创造出吸引目标顾客的品牌个性，培养品牌偏好，形成品牌核心竞争力。

（二）品牌个性使消费者印象深刻

品牌个性还具有强烈的情感感染力，只要它把握住人们生活的深层次需求，就能够抓住潜在消费者的心。真正有生命的品牌，一定是深深植根于人们的生活之中。在许许多多可以选择的品牌中，当消费者开始考虑选择某个品牌时，并不意味着该品牌已经与潜在消费者联系上了，只有通过赋予品牌人性化的特征，使品牌变得有生命，才能让人们有愿望去接近它，想要得到它。

品牌所体现出来的个性特点，如活泼、浪漫、温馨、稳重等信息都是通过企业的有创意的广告宣传、贴近民心和民意的公共关系和各种新颖独特的推广活动而传播的，并在消费者心目中留下深刻印象。这比让消费者记住那些晦涩的功能术语要容易得多，当消费者想起一个品牌，就会不由联想起这个品牌的整体风格、色彩、代言人（明星或者形象象征物）、广告语等，这些都是该品牌个性的体现，也是证明该品牌是成功品牌的关键所在。

（三）品牌个性有利于提高顾客忠诚度

没有个性的品牌就像一杯白开水，淡而无味，必将在激烈的市场竞争中被淘汰。消费者所钟爱的品牌，不仅要能满足消费者实际功用和基本利益的要求，更重要的是能使消费者获得品牌附加的服务价值和形象价值，满足消费者的心理需求。只有具有鲜明品牌个性的产品，才能吸引消费者的注意，唤起消费者内心的好感，才能长久地吸引兴趣相投的消费者进行重复购买。

当然也要注意到，消费者不会无缘无故、不加选择地接受一个品牌，他只接受那些符合他的心理要求和个性特征的品牌产品，也只有那些他所认可的品牌个性商品才能与顾客建立起深层次的重复购买关系，也就是顾客忠诚。鲜明的品牌个性能够促使品牌忠诚的产生，而持续不变的顾客忠诚是企业长久发展的保证。

（四）品牌个性可以创造品牌价值

品牌之所以有价值，并不在于产品本身的功能、知名度的大小，而是产品和品牌所体现出来的一种个性与品位。例如就服饰而言，成本一般都很低，可是同样的产品被赋予高档品牌个性之后，产品的价格就会增加几倍，甚至几十倍，因为，穿戴这种服饰会让消费者感觉自己有个性、有品位和有层次，消费者愿意为此多付钱，这就是品牌的价值所在。这部分远远超过产品成本的增加价值就是品牌的价值。例如，耐克、阿迪达斯等都是极具品牌个性的服饰，由于其特有的品牌个性促使品牌的价值倍增。在长达百年的品牌竞争中，百事可乐依靠不断展示出来的个性——年轻、有活力、特立独行和自我张扬，以“年轻一代的选择”的广告口号迷倒了“新新人类”，新一代年轻人饮用百事可乐不仅仅是喝饮料，更是认可、接受百事可乐的品牌个性，想通过百事可乐来展示他们与上一辈不一样的个性。正因为百事可乐的品牌个性促发了青少年与百事可乐的情感联系，使百事可乐变得人性化，从而促使青少年喜爱百事可乐，强化了他们的购买决策，进而造就了百事可乐的品牌价值。

二、品牌个性塑造的误区

（一）品牌个性就是品牌形象

现实生活中，品牌个性和品牌形象有很多交叉重叠的部分，因此，一部分人往往将二者等同起来，事实上品牌个性只是品牌形象中的一部分。品牌形象是人们对品牌由外而内的整体评价，而品牌个性则是品牌所自然流露出的具有代表性的精神气质，是品牌的人性化表现。

品牌个性就像人的个性一样，它是通过品牌传播赋予品牌的一种心理特征，是品牌形象的内核，它是特定品牌使用者个性的类化，是其关系利益人心中的情感附加值和特定的生活价值观。品牌个性具有独特性和整体性，它创造了品牌的形象识别，使我们可以把一种品牌当做人看待，使品牌人格化、活性化。

品牌个性是品牌形象的核心，是品牌形象中最能体现差异、最激进活跃、最具生命力的部分。从某种意义上说，品牌之所以成为品牌，就在于它有鲜明的个性。这种独特的个性可以牢牢地吸引消费者，使人过目不忘、印象深刻。外表形象可以模仿，可以改变，个性却无法模仿，更难改变。

（二）品牌个性就是品牌定位

品牌定位指的是品牌管理者向消费者宣传的核心策略，对企业来说是由内而外的；而品牌个性是指消费者对品牌的人格化评价，对企业而言是由外而内的。品牌个性的形成离不开准确的品牌定位，它是以品牌定位为基础的。品牌个性反映品牌定位，同时又是对品牌定位的深化。如果品牌定位不明确，传递给消费者的信息就会模糊不清，该产品也就无法获得消费者的认同，品牌个性也就难以建立起来。

但是，品牌定位并不能决定品牌个性，两个品牌可能存在同样的定位，但却可以拥有不同的个性。例如，万宝路和云丝顿香烟的定位、口味、诉求对象、竞争类别和提供的利益点相同，表现方式也相对接近，都强调高品质，强调一个现代而出众的形象。但万宝路因创造了粗犷、豪放的西部牛仔形象而使品牌个性更加突出，因而在世界市场上的份额长久地遥遥领先于其他品牌的香烟。

品牌定位是确立品牌个性的必要条件，在当今世界，产品的同质化现象越来越严重，人们很难在产品的性能、产品的质量和提供的服务上找寻到差异性，对于产品的选择也就越来越随机，这时就需要产品品牌所渗透出来的品牌个性化差异帮助消费者进行选择。

从 Grey 品牌性格生长模式中，可以准确把握品牌定位与品牌个性的关系，并从而演绎品牌定位、品牌个性、品牌形象三者的关系，即

$$产品 + 品牌定位 + 品牌个性 = 品牌性格$$

其中，产品部分解决的是“你是什么的问题”；定位是指企业要明确自己的竞争对手和目标顾客更适合那一种销售方法，解决的是“怎样做”的问题；个性是指让消费者知道“你是谁”的问题。

品牌个性是企业经营理念、顾客消费理念与社会价值文化理念的辩证统一，深刻表达了品牌真正人性化、哲理化的理念。品牌个性可以超越品牌的物理性能和使用价值而存在，不仅能够创造丰富的品牌意象，促使消费者产生恰当的品牌感知和品牌联想，还可以通过品牌的感性诉求，唤起消费者内心深处的认同感，从而强化消费者的购买动机，促进产品销售。

对企业而言，突出和发展品牌个性是制造产品差异化、增强企业竞争优势的基本途径；对消费者而言，品牌个性是其对产品进行有效识别和选择的重要依据。总之，缺乏个性的品牌迟早会被市场淘汰。

三、品牌个性塑造的原则

塑造一个品牌的个性，具体方法多种多样，但是，必须遵循一定的基本原则，才不会使整个活动偏离品牌策划的目标。具体来说，企业应遵循的基本原则有持续一致原则、新颖独特原则和人文关怀原则。

（一）持续一致原则

持续一致就是指品牌个性不仅要在纵向（即时间上）持续一致；又要实现横向的持续

一致，即要在一段时间内，坚持围绕品牌的个性目标，进行品牌的整合传播活动。如果品牌个性不断发生变化，消费者会无所适从，无法将该品牌与竞争对手的品牌区分开来。

持续一致原则要求品牌的个性特质及其内涵、对目标群的生活态度和价值观的理解始终持续一致，具体来说，持续一致原则就是指品牌传播的语句、风格、图文、音色等品牌个性信息要具有一定的持续性，并且各种信息传播手段所传递的信息要一致。无论是展现品牌形象的核心图案、还是企业选择的品牌代言人（品牌象征物）的气质，都应该体现出持续性和连贯性。当然，这并不意味着企业的品牌传播活动千篇一律，因为消费者都有喜新厌旧的特点，一成不变的个性传播有时会让消费者感到落伍和厌烦，因此，品牌个性的传播要力求做到“形变而神不变”，既让消费者感到新奇和刺激，又要让消费者感受到老朋友的温馨。

（二）新颖独特原则

所谓新颖独特，是指品牌自身的优势与特点是不同于其他品牌的风格和气质的，具有差异性和可识别性，始终表现出品牌与众不同的地方。这里所说的新颖独特并不是说盲目追求为新而新，为奇而奇，追求一些与普通大众价值观念和行为准则的格格不入的思想和行为的个性特征。真正意义上的新颖独特是指那些能让人们有更深刻的感受、让人念念不忘的品牌个性。

新颖独特原则具体来说有以下两层含义：①品牌个性中必须有竞争品牌的个性中没有的内容，这样才能让目标顾客容易区分和识别；②独特不是奇特，不是不顾目标群的现实或渴望而盲目塑造出的个性。评判品牌个性的独特是否有效的基本依据，是看它是否深深吸引、打动了目标群，引起消费者的共鸣。

（三）人文关怀原则

作为生活在社会群体中的一员，每一位消费者都有着自己的情感需求，都有着渴求爱与被爱、关心与被关心的心理，同时也有着循规蹈矩和偶尔叛逆的行为，这些共同构成了丰富多彩的人生，而这其中自然也少不了来自于不同品牌带给消费者的快感和满足。如果对一个品牌进行人性化的塑造，就会使人们感到亲切，更容易得到目标群体的信赖和认可。

人文关怀原则不仅要求品牌个性的情感诉求，也要求品牌产品在人们生活细节中的关怀与呵护。雕牌洗衣粉广告中“妈妈，我可以帮你干活了”渗透着浓浓的情感，让人怦然心动，难以忘怀，自然会唤起渴望真爱的人们对其品牌的偏好。

没有人格化的品牌个性，往往缺少人文关怀细节，就很难与消费者建立深层次的情感沟通，自然就无法形成品牌个性应该具有的稳定的内在特性和行为特征，这样就会影响消费者对品牌个性的感觉和认知，从而减少消费者选择这个品牌的可能性。品牌消费实际上是一种消费者的体验，品牌不仅与消费者建立了理性的关系，而且要让他们感受到强烈的情感乐趣，只要掌握了消费者对某种产品的情感需求，加上提供能满足其功能需求的产品，自然就能够影响消费者的购买行为。

四、品牌个性形成和发展的条件

不是任何品牌产品都能形成自己的鲜明的品牌个性，只有那些具有能够满足品牌个性形成和发展的条件的企业才能形成符合消费者要求并获得其认同的品牌个性。一般来说，一个品牌要形成个性，必须具备一些必要条件。

（一）长时间的累积

一个鲜明的品牌个性，往往经过数十年的努力，经过品牌的孕育阶段、形成阶段、维护阶段和提升阶段才能得以实现。品牌个性形成和发展需要建立一个完整的品牌管理体系，从品牌个性的萌芽到品牌个性的确立，从品牌个性的鲜明化到后期不断赋予品牌个性以新的内涵，始终能够实现对品牌产品整个生命周期的全程监控，对品牌个性发展的各个阶段活动进行统筹管理，以期最大程度地共享资源和获得最大效益。随着品牌管理实践水平的提高，以及现代品牌管理理论的不断完善，塑造一个鲜明的品牌个性的时间有减少的趋势。世界上众多的知名品牌都是经过了长时间的锤炼才形成了为顾客所喜爱的品牌个性，无论是尊贵、稳重的奔驰，还是以自我掌控能力为象征的宝马，都是因为长久以来的品牌个性的塑造才能获得众多的消费者的喜爱。

（二）雄厚的品牌传播预算

没有哪一个品牌的建立与发展能离开对品牌个性的传播，品牌个性的传播渠道主要有广告投入、促销和公关等活动，而每一种信息传播活动都需要一定的费用支持。在当今日益激烈的市场竞争中，信息泛滥、商品同质化现象普遍存在，为了使品牌产品在竞争中脱颖而出，就必须塑造一个个性鲜明的品牌，为此所花费的成本费用往往不是小数目。因此，企业在进行品牌传播时首先要考虑财务预算，根据财务预算来选择适合的广告公司、个性鲜明的形象代言人、有影响力的广告媒体等决定品牌个性成功塑造的关键因素。当然，品牌管理者应在广告策划时，寻求以较低成本塑造品牌个性的途径，力求实现投入产出比最大。

（三）品牌管理者的专业水平

虽然品牌个性形成、发展的过程是客观的，依赖于产品自身的功能和特点，但是，品牌个性塑造是由品牌管理人掌控的。所以，品牌个性塑造过程的长短以及品牌个性的鲜明程度，以及能否与同类型产品的品牌个性相区别，都取决于品牌管理者的主观认识和付诸行动的努力程度，取决于品牌管理者的品牌管理水平和管理能力，这就要求品牌管理者必须具备专业的理论知识素养，对产品和市场的变化很了解，还要有丰富的实践经验。

（四）品牌塑造者的创造力

品牌要形成鲜明的个性，需要由有创造力的品牌塑造者来塑造。没有李奥·贝纳的创造，就没有男性烟民的最爱的代表——追求自由、阳刚的万宝路的品牌个性；没有大卫·奥格威就没有麦斯威尔（Maxwell House）的“滴滴香浓，意犹未尽”（Good to the last drop!）的浪漫……因此，没有品牌塑造者的非凡创造力，即使品牌具备了优良品质，企业拥有了雄厚的资金，也无法确保塑造出令消费者推崇和追随的品牌个性。

五、品牌个性塑造的内容

（一）深刻体会品牌个性的来源

品牌个性作为品牌的核心价值，是构成品牌力的重要组成部分，是产品人性化的一面，反映的是品牌带给消费者的感觉，特别容易让人与使用者形象联系起来。这种感觉一方面来自产品本身让人联想到的特性，例如，使用信用卡让人觉得很方便，开车让人觉得节省时间。另一方面来自品牌的独特个性，是通过营销手法、广告塑造或代言人的运用，给消费者心中留下的特殊印象。例如，台新银行发行的“玫瑰卡”是女性化的，奔驰让人觉得成功、庄重。也就是说，品牌个性的形成有来自情感的部分，也有来自逻辑思维的部分。

品牌个性的产生来自于与品牌有关的各个方面，品牌专家大卫·阿克将各影响因素分成两部分，即与产品有关的特性和与产品无关的特性。

1. 与产品有关的特性

与产品有关的特性包括产品类别、质量、包装、价格、产品属性等整体产品概念的属性，是产品品牌表现的最重要的载体，技术先进、性能卓越、价格合理、质量过硬、服务周到的产品才有可能进一步建立自己独有的品牌个性。因为只有具备上述特性中的一种或几种，才使得品牌产品具有基本的竞争能力，才能保证产品在市场上存在的时间长久，形成自己鲜明个性的机会。

2. 与产品无关的特性

与产品无关的特性包括品牌使用者形象、公共关系、象征符号、上市时间、广告风格、原产地、公司形象、总裁特质和名人背书等方面内容。

（1）品牌使用者形象。由于一群具有类似背景的消费者经常使用某一品牌，久而久之，这群使用者共有的个性就被附着在该品牌上，从而形成该品牌稳定的个性。阿迪达斯是世界上著名的运动品牌，一开始就是为那些参加体育比赛的运动员设计产品，因此，阿迪达斯的使用者集中在各种运动项目的运动员身上，渐渐地，运动员共同的行为特征就凝聚在阿迪达斯品牌上，形成了它专业、自信的品牌个性。而耐克作为后来者，在全民健身的大背景下吸引了年轻一代，故而形成时尚、前卫、敢作敢为的品牌个性，并成为体育用品市场上最具有竞争力的品牌之一。

（2）公共关系。公共关系（Public Relations）多简称 PR 或公关，主要行使组织机构信息传播、关系协调与形象管理事务的咨询、策划、实施和服务的管理职能，包括促成组织的成功、降低组织失败的影响、宣布变更等。公关关系是企业机构唯一一项用来建立公众信任度的工具。在理解公共关系时，特别要注意的是认清公共关系是一种组织活动，而不是个人行为，不要将一些个人的行为也称为公共关系。例如，某公司总裁以个人名义向野生动物基金会捐款，这是个人行为，而不是公共关系；但当他以公司的名义捐这笔款时，便可把这种行为理解为一种旨在提高组织（公司）的知名度和美誉度、扩大组织影响的公共关系行为。在当今社会，由于公众对企业价值的评估标准发生了变化，评价范围由对产品质量和服务扩大到企业生产经营和社会活动的各个方面，这使公众舆论对企业产生了更大的影响力。争取舆论支持，争取公众信任，成为企业生存发展的重要条件之一，而公共关系的根本目的是通过深入细致、持之以恒的具体工作树立组织的良好形象和信誉，以取得公众理解、支持、信任，从而有利于企业推出新产品，有利于创造“消费信心”，有利于企业筹集资金，有利于吸引、稳定人才，有利于寻找协作者，有利于协调和社区的关系，有利于政府和管理部门对企业产生信任感，最终促进组织目标的实现。

（3）象征符号。象征符号与图像符号和标引符号的本质差别在于，象征符号是指那些在符号样式与符号指涉对象之间没有内在的自然因果关系，或外在形式特征的相似性，而是仅仅依据文化的约定俗成关系把两者联系起来，形成一种意指关系的符号类型。也就是说，象征符号与意指对象之间的关系是任意的，通过约定俗成的惯常思维，使符号具有某种象征含义。

（4）上市时间。公司上市的时间与时机、上市时间的长短等因素对于品牌认知都会产生直接的影响，通常情况下，品牌知名度会因为公司的上市而得到提升，消费者对品牌的信赖程度也会因为公司的上市而得到加强。企业股票长期坚挺就意味着企业的实力和发展前景是乐观的，有利于企业产生更多的品牌溢价。在我国，上市公司是指所发行的股票经过国务院或者国务院授权的证券管理部门批准在证券交易所上市交易的股份有限公司，这种公司到证券交易所上市交易，除了必须经过批准外，还必须符合一定的条件：①公司股本总额不少于人民币3000万元；②公开发行的股份占公司股份总数的25%以上；公司股本总额超过人民币4亿元的，其向社会公开发行股份的比例为10%以上；③公司在最近三年内无重大违法行为，财务会计报告无虚假记载。

（5）广告风格。广告作品的风格是指广告作品在内容和形式的统一中所体现出来的整体特色、风貌。不同的广告创意会赋予产品不同的风格，通常有以下四种模式：

1）幽默夸张型。它是指依据产品的特点，通过幽默夸张的语言或画面，使公众在欢笑声中记住广告，记住产品。例如，有一家理发店在其店前挂了这样一副对联以招徕顾客："提起刀人人没发，拉下水个个低头。"这虽是理发工作的真实描写，但由于令人望而生畏，一时间店铺门可罗雀。后来店主人将其改为"虽属毫末技术，却是顶上功夫"。"顶上"二字，既指头顶，又指技艺高超，虽有自夸之意，但夸得幽默、巧妙，从此，该店生意兴隆。幽默广告由于其独特的创意，其产生的效果是十分明显的，在各类型广告中占的比重最大。

2）情感维系型。它主要是指通过广告的情感诉求，打动消费者，表达他们的心声，维系与消费者心中的对话，如"孔府家酒，令人想家"、"麦氏咖啡，朋友情谊贵乎至诚相待，互相支持帮助，互相激励。啊，滴滴香浓，意犹未尽！麦氏咖啡，情浓味更浓"等。

3）豪言壮语型。它主要是指广告以表达企业的追求和产品的高质量为诉求重点，可以给人一种信任感，如"长虹以产业报国、民族昌盛为己任，太阳最红，长虹更新"、"鄂尔多斯羊绒衫，温暖全世界"、"东西南北中，好酒在张弓"等。但也应该注意，如果这类广告若过于夸大，则会令人反感，起到反面的影响。

4）祝福型。它主要是指企业通过广告宣传反映了企业对社会的祝福和希望，也反映了企业欲为此而作出的努力，如"柳工柳工，祝您成功"等。

（6）原产地。原产地是指品牌出产的国家和地区。在文化环境的影响下，不同原产地的产品形成了代表着不同产品固有内涵的品牌文化，有些产品，由于原产地来自发达国家，自然为其产品品质增加了砝码，也更容易获得消费者的信任。因此，通常情况下，品牌需要进行原产地标记。原产地标记是原产地规则的一项重要内容，是原产地工作不可分割的组成部分，包括原产国标记和地理标志。原产国标记是指用于指示一项产品或服务来源于某个国家或地区的标志、标签、文字、图案以及与产地有关的各种证书等；地理标志是指一个国家、地区或特定地方的地理名称，又将该名称用于指示一项产品，且该产品的质量特征完全或主要取决于地理环境、自然条件、人文背景等因素。WTO多边贸易规则中规定，如果本国产品未得到原产地标记保护，其他国家也没有对此保护的义务。原产地标记的作用有：①证明产品一是正宗产品，二是具有广告效应，三是促进产品销售，四是保证产品不受侵犯；②保护消费者的权益，即消费者的选择权、知情权、追溯权、消费者受到侵害时有法可依；③规范市场，打击假冒伪劣产品。随着打假的深入，知识产权保护的深度与过去有所不同，还应对名、优、特产品在市场上给企业带来的无形资产回报予以保护。

（7）公司形象。公司形象也称企业形象，是指人们通过企业的各种标志（如产品特点、行销策略、人员风格等）而建立起来的对企业的总体印象。企业形象是企业精神文化的一种外在表现形式，它是社会公众与企业接触交往过程中所感受到的总体印象。这种印象是通过人体的感官传递获得的。企业形象能否真实反映企业的精神文化，以及能否被社会各界和公众舆论所理解和接受，在很大程度上取决于企业自身的努力。企业要在社会公众中树立良好的形象，首先要靠自己的内功——为社会提供优良的产品和服务；其次，还要靠企业的真实传播——通过各种宣传手段向公众介绍、宣传自己，让公众了解熟知、加深印象。通过公共关系来树立企业形象的任务，主要体现在企业的内在精神和外观形象这两个方面。

(8) 总裁特质。某些企业的影响力会由于其创始人的名声而不断增强。因为人们往往渴望了解究竟是什么样的人可以创造如此的奇迹，所以品牌创始人自身所散发出来的品质就会成为该企业或某产品的品牌的个性。例如，松下电器的创始人松下幸之助先生，曾经因为"以拯救民族工业为己任"的豪言壮语广为世人所称颂，他守信、自律，不靠政治赚钱，严格遵守商人道德，诚恳、细心地谨守礼节，这一品性，也感染了公司全体员工，形成了一股可贵的"社风"。他始终贯彻顾客至上的精神，形成了松下电器"Ideas for Your Life"的品牌个性。

(9) 名人背书。名人背书又称名人证言（Celebrity Testimonials)，是指企业让一个名人使用某品牌（产品)，或者为某品牌（产品）做广告，通过名人的影响力提高品牌或产品的竞争力。如果名人选择得当，往往可以把该名人称为品牌代言人。借用名人效应，可以塑造企业的品牌个性，但是必须要求形象代言人传递的信息与企业的品牌传递的信息是一致的。中国移动开发的新产品"动感地带"，考虑到主要的消费群体是大学生，因此，聘请深受大学生喜爱的周杰伦作为形象代言人，使得周杰伦的叛逆不羁、才华横溢与动感地带所要表达的自我表现、个性张扬、激情四射的品牌理念巧妙地结合在一起，并且相得益彰，以惊人的速度网聚了大批拥护者和追随者，甚至形成了一个新的社会阶层——"动感一族"，并让一种"动感"的生活态度成为年轻人的时尚。

（二）根据品牌核心价值和品牌定位建立品牌个性

品牌的核心价值是品牌个性的内核，而品牌个性是品牌价值的集中表现，两者是相互统一的。在了解个性特征的基础上，以品牌核心价值为核心，塑造鲜明的品牌个性，并不断丰富品牌文化内涵，以便更好地演绎品牌个性。例如，可口可乐在确定了品牌核心价值是"活力、奔放、激情的感觉以及精神状态"之后，将品牌对象定位为年轻人，针对年轻人的特点和品牌核心价值，设计出火红色的包装，给人一种"火热、活力、运动"的感觉，再加上舞动的飘带，以及个性化的瓶子，潜移默化地告诉消费者：它是属于年轻人的产品。接着，可口可乐将广告诉求集中在情感诉求层面，利用欢快而动感十足的歌声与音乐，选择流行的、活力四射的体育明星和娱乐明星作为形象代言人，把年轻人的"洒脱、奔放、自由、热情、活力、动感"等性格特征融合在一起，不断地演绎着可口可乐"洒脱、自由、快乐"的品牌个性，并长期保持着这一品牌个性，不断地累积品牌资产，成为世界上最具价值的品牌之一。

凡是成功的强势品牌，它的品牌个性往往就是其经典的广告口号的表述，而就是这样的一句话就可以让消费者倾心。例如，大家耳熟能详的"科技以人为本"，表现了诺基亚追求卓越的品牌个性和一切为顾客着想的经营理念；"一切皆有可能"表现了李宁自信勇敢的品牌个性和不断进取的经营理念。

（三）设计出人格化的品牌

无论是滑稽的麦当劳叔叔，还是憨态可掬的米其林轮胎形象都是堪称经典的形象设计，将抽象的、冰冷的品牌名称变身为形象生动的、充满人情味的卡通形象，一下子拉近了品牌与消费者之间的距离。Absolute Vodka 虽然同轩尼诗、路易十三等相比定位较低端，但是，它以其经典的"趣味酒瓶"系列广告将伏特加酒人格化，塑造出"躁动、野性和另类坏小子"的品牌个性，也成为了人们喜爱的酒中精品。

要想设计出品牌的人格化形象，最重要的就是要注重情感诉求，让消费者看到的不是冷冰冰的商品和抽象的标志，而是形形色色的人。如果能够为品牌创造一种个性，满足消费者的情感需求，并且不断地深化与消费者的情感沟通，就容易打动消费者。如同人际关系一样，往往正是这种情感方面的因素，促进了消费者对品牌的忠诚，从而使品牌更好地发展。

因此，在对品牌目标市场进行深入分析与研究的基础上，准确找出能够融合目标消费者个性的品牌特质，再以独具一格、扣人心弦的广告诉求重点，将品牌个性传播出去，以实现打动目标消费者的目的。在日常生活里，正面、积极的品牌个性不仅可以满足消费者情感需求，而且可以拉近品牌与消费者的距离，增强消费者购买的欲望，形成品牌忠诚，从而提高品牌核心竞争力。可见，建立品牌个性的重要一环，就是塑造能够代表购买产品和服务的消费者的想法、追求和精神的品牌个性。

（四）进行整合营销传播

在与消费者的沟通中，如何将品牌个性传递给消费者，以及如何将消费者对品牌个性的态度反馈回来，一直是困扰每一个企业品牌管理者的难题。在信息社会，一个品牌能够展现品牌个性的载体有很多，除了被消费者所熟悉的广播、电视、网络、报纸、杂志等大众传播媒体形式，还有博客、播客等新型网络传播媒体形式，还有体育营销、文化营销、事件营销等公关手段，品牌管理者应该寻找出消费者最易接触的、最直接、最简单的传播形式，以品牌文化内涵为基础，有的放矢地选择有利于塑造鲜明品牌个性的整合传播形式。当然，针对不同地区的文化差异和目标人群，整合传播的载体也要不断地进行调整和完善，以便更能打动消费者，最终提升品牌价值。例如，著名品牌路易·威登，它的目标消费者是成功人士，在品牌的打造过程中，它斥巨资不断对其"高贵、成功"的品牌个性进行了维护和管理，甚至采用了限量生产和预约登记的方法，想通过措施限定使用人群，带给目标消费者独一无二的感受，彰显"高贵"个性；面向年轻人的"动感地带"，采用赠送其形象代言人演唱会门票等促销手段强化了时尚、自我、张扬的品牌个性等。

【本章小结】

（1）品牌个性就是品牌的独特气质和特点，是品牌的人性化表现，没有了人性化的含义和象征，品牌也就没有个性可言。品牌个性的内涵体现在：品牌个性代表着特定类型的消费者；品牌个性体现着品牌消费者的价值观念；品牌个性是消费者选择品牌的依据。相对于人的个性，品牌个性可以相应分为品牌能力、品牌性格、品牌气质和品牌个性倾向四个层次。正如性格是人个性的核心一样，品牌性格也是品牌个性的核心部分。

（2）品牌个性根据提供和接受品牌的产品与服务的主客体不同可以分为三种类型：供应者为导向的品牌个性、用户为导向的品牌个性及产品或服务为导向的品牌个性。以是否表达自我为标准，可以将品牌个性分为以下四种类型：目标消费者表达型、目标消费群欣赏型、目标消费群交际型、功能象征型。品牌个性的维度主要有弗洛伊德维度、阿德勒维度、海伦·道森和辛普森的品牌个性维度、詹妮弗·阿克的品牌个性维度。品牌个性的测定方法主要有“大五”模型、扬·罗必凯公司品牌个性测量法、扎尔特曼隐喻推导法等。

（3）品牌个性塑造的误区主要是指现实生活中混淆了品牌个性与品牌形象、品牌个性与品牌定位的概念。品牌个性是产品持久差异化的源泉，可以使消费者印象深刻，有利于提高顾客忠诚度，为企业创造品牌价值等作用。在品牌个性的塑造过程中应遵循持续一致原则、新颖独特原则和人文关怀原则。要深刻体会品牌个性的来源，根据品牌核心价值和品牌定位建立品牌个性，设计出人格化的品牌，进行整合营销传播。

【思考题】

1. 什么是品牌个性？
2. 品牌个性的内容是什么？
3. 品牌个性的测定方法有哪些？
4. 塑造品牌个性应遵循的原则是什么？
5. 如何塑造品牌个性？

【案例分析讨论】

“宜家”如何展现其无与伦比的品牌个性[㊀]

宜家家居于1943年由英格瓦·坎普拉德创建于瑞典，宜家（IKEA）这一名字就是创始人名字的首写字母（IK）和他所在的农场（Elmtaryd）以及村庄（Agunnaryd）的第一个字母组合而成的。宜家起初销售钢笔、皮夹子、画框、装饰性桌布、手表、珠宝以及锦纶袜等，这些几乎是英格瓦·坎普拉德能够想到的任何低价格的产品。1945年宜家的第一则广告出现在当地报纸上。随着生意的不断扩大，英格瓦·坎普拉德开始在当地报纸上做广告，并制作临时函购目录。他通过当地的收奶车分销产品，利用收奶车将产品运送到邻近的火车站。1947年将家具引入宜家的产品系列中。1953年家具展销厅在Älmhult开放。通过开放家具展销厅，宜家能够以立体的方式展示其产品的功能、质量和低价格。正如宜家希望的那样，人们明智地选择了物有所值的产品。1955年宜家开始设计自己的家具，1956年宜家开始试用平板包装，1958年在Älmhult创建第一家宜家商场，建筑面积6700平方米，是当时北欧最大的家具展示场所，1963年在奥斯陆郊外开办挪威第一家宜家商场，1965年开办斯德哥尔摩宜家商场，1969年在丹麦开办第一家商场。

1973年北欧以外的第一家商场在瑞士苏黎世郊外开办，接着1974年在德国、1975年在澳大利亚、1976年在加拿大、1977年在奥地利、1979年在荷兰分别开办当地第一家宜家商场。

联合国将1980年定名为“儿童年”，宜家也将该年定名为“儿童起居室年”。1981年在法国开办第一家宜家商场，1984年在比利时开办第一家宜家商场，宜家利用其偏爱的桦木、

㊀ 凤凰网·财经．宜家家居详细资料，http：//finance. ifeng. com/company/data/detail/2480. shtml。

皮革和印花厚布等设计了一系列高质量的家居用品，标志着斯德哥尔摩家居系列的诞生。斯德哥尔摩系列完美体现了经典的高质量，但价格并不高，该系列产品获得了瑞典优秀设计奖。后来，1985 年在美国、1987 年在英国、1989 年在意大利开办当地第一家宜家商场。1990 年分别在匈牙利和波兰开办第一家宜家商场。1991 年分别在捷克共和国和阿拉伯联合酋长国开办第一家宜家商场。1996 年在西班牙开办第一家宜家商场。1997 年宜家引入“儿童的宜家”，并推出 www.ikea.com 网站的最初版本。1998 年在中国开办第一家宜家商场。2000 年在俄罗斯开办第一家宜家商场。2001 年宜家成立自己的铁路公司，宜家铁路（IKEA Rail）开始运营。2003 年宜家获取了 110 亿欧元的销售收入和超过 11 亿欧元的净利润，成为全球最大的家居用品零售商，在 2005 年的世界 500 强排名中位列第 42 位。

“为大多数人创造更加美好的日常生活”是宜家公司自创立以来一直努力的方向。宜家品牌始终和提高人们的生活质量联系在一起，并秉承“为尽可能多的顾客提供他们能够负担、设计精良、功能齐全、价格低廉的家居用品”的经营宗旨。宜家集团已成为全球最大的家具家居用品商家，销售主要包括座椅/沙发系列、办公用品、卧室系列、厨房系列、照明系列、纺织品、炊具系列、房屋储藏系列、儿童产品系列等约 1 万个产品。

目前宜家家居在全球超过 36 个国家和地区拥有商场，中国已成为宜家最大的采购市场和业务增长最重要的空间之一，在宜家的全球战略中具有举足轻重的地位。

“宜家”品牌的各方面都体现着简约之美，都散发着独特的时尚风韵，都在诠释着其无与伦比的品牌个性。

首先，宜家充分利用品牌标志来彰显自己的个性：深蓝的矩形框内接着鲜黄的椭圆，其中是深蓝的黑体英文字母“IKEA”。其简洁轻松的品牌标志给人的感觉却不轻浅，资深业内人士曾赞叹说：宜家简洁、淳厚的品牌标志堪称塑造品牌个性的经典之作，象征着家居用品的可信任性、耐用性、简洁性。

其次，宜家品牌源于森林王国——瑞典，在这个风景优美的北欧国家，大自然和家在人们的生活中占据了重要的位置，人们都推崇简约、清新、自然而又独特、设计精良的产品。宜家秉承了这一风格，所出售的产品全部由宜家公司独立设计，产品风格与众不同，力求完美，再现了大自然之韵：充满了阳光和清新气息，同时又朴实无华。宜家家居每年都有数百种产品上市，每一种产品都是独一无二的杰作，都是凝结了设计师独特创意的经典之作。宜家看到的各款产品无不体现着瑞典家居的古老传统：现代而不追赶时髦，实用而不乏新颖，处处以人为本，注重品位与格调。

最后，宜家独特的产品风格贯穿在其产品设计、生产、展示、销售的全过程。宜家是世界上唯一一家既进行渠道经营又进行产品经营并且取得成功的企业。为了贯彻这种理念，让自己的品牌覆盖全球，宜家一直坚持由自己亲自设计所有产品并拥有其专利，每年有 100 多名设计师在夜以继日地工作，以保证“全部的产品、全部的专利”。所以对于宜家而言，在各个方面都保证了对自己产品的自主权和控制权，对品牌形象的塑造和定位始终掌握着主动权。

在宜家卖场中穿行，你会看到宜家的产品从单件摆设到整体搭配，从罗宾床、比斯克桌子到邦格杯子，每一个细微之处都展示出了其简约、自然、匠心独具、设计精良而又美观实用的风格。这一特色激起了消费者的购买欲望，使人们不得不对宜家动心、倾心。

在欧、美等发达国家，宜家秉承“提供种类繁多、美观实用、普通人买得起的家居用品”的经营理念，一贯坚持“和大多数人站在一起”的原则，宜家把产品定位成面向大众的家居用品。为了满足不同品位、梦想、追求以及财力，同时希望改善家居状况并创造更美好生活的人的需要，宜家产品除了设计独特之外，还要具备精美耐用的特点。因为其物美价廉、款式新、服务好等特点，宜家家居用品受到广大中低收入家庭的欢迎。

来到中国后，根据中国消费者的特点，宜家对产品的市场定位作了相应的调整：适应大城市中比较富裕的阶层。这是因为中国消费水平普遍较低，低价家具生产厂家在激烈的竞争中接近了饱和，而高价产品又很少有人问津。所以，把产品定位在城市中那些“想买高档货而又付不起高价的白领”是最适合的。首先，宜家作为全球品牌能满足中国白领人群有些追求品牌的心理特点；其次，白领人群中很多人都对异域文化充满向往，而宜家营造的购物环境则充满了异域之风；最后，宜家的家具大都需要顾客自己动手拼装成具有个性的式样，并随之免费赠送大本精美宣传刊物，这在形式上满足了白领追求个性的心理。宜家的这些独特的设计理念和过硬的产品质量，吸引众多白领成为其忠实顾客。

宜家家居没有因为受白领的欢迎而把眼光仅仅停留在为白领服务上。经过市场考察发现，儿童对家居物品同样有较高的需求，于是，1997 年，宜家开始了对儿童家居用品的研究和开发。为了最大限度地适合儿童的需要，宜家不惜花费重金与两支儿童专家队伍进行合作，共同研发儿童家居用品。在宜家的展示厅中，有专门的儿童游戏区、儿童样板间，在餐厅中还配备了儿童喜欢吃的食品，使孩子们爱上宜家。

宜家产品定位虽然较高，精美独特，但绝不是华而不实的，其家居用品的耐用性吸引了大量顾客。例如，沙发接受压力挤压的次数可以达到几十万次，橱柜的门不停地接受开关的时间可以达到几十年。同时，每一款产品都既具有独创性又价格低廉。例如，宜家的一种“四季被”，属三被合一，一层是温凉舒适的夏季被，一层是中暖度的春秋被，把两层放在一起，就是温暖的冬季被。这种独具匠心的设计和贴心的实用性，怎能不打动购买者的心呢？

为了满足不同白领阶层的需要，宜家不断拓宽自己的产品系列。在宜家有 1 万多种产品可供不同品位的顾客选择，顾客在宜家可以找到所有实用的家居用品，而不必在各个家居店之间东奔西走。用宜家装饰的厨房整洁大方、井然有序，用宜家布置的卧室温馨无比、风情万种，用宜家装点的客厅色彩丰富、功能齐全……这是都市白领们对宜家最深刻的认识和体会。

讨论题：

1. 宜家家居的品牌个性是什么？
2. 宜家家居从哪几个方面展现其品牌个性？
3. 如何理解宜家家居在我国与国外的定位差异？这种差异是否影响了其品牌个性？

第五章　品 牌 定 位

【本章要点】

（1）品牌定位的内涵。

（2）品牌定位的过程。

（3）品牌定位的方法。

【导入案例】

万宝路的品牌定位[⊖]

万宝路是目前世界上最畅销的香烟品牌之一，是知名度极高的世界品牌，2008 年全球100 大品牌排行榜上万宝路高居第十。万宝路的成功与其品牌定位息息相关。

1908 年，万宝路品牌在美国注册登记。1924 年，菲莫公司将万宝路品牌面向女士推广。菲莫公司为了打造万宝路品牌，针对目标市场推出了大量广告，并不断改善产品。但是，菲莫公司未能如愿，万宝路品牌知名度没有打开。虽然万宝路香烟定位准确，也突出顾客特点，但是由于女性烟民有限，更重要的是万宝路“温和如五月”的广告语过于脂粉气，致使广大男性烟民对其望而却步。所以，万宝路市场容量非常有限，品牌知名度一直难以提高。

后来，菲莫公司重新调整品牌战略，委托李奥·贝纳广告公司为万宝路作传播策划。李奥·贝纳建议菲莫为万宝路品牌重新定位，给它一个男子汉形象。在广告形象代言人“万宝路男人”的选择上，菲莫起用过登山者、马车夫、潜水员、伐木人，但最终将理想中的男子汉形象聚焦到目光深邃、皮肤粗糙、粗犷豪放的西部牛仔身上，广告中的西部牛仔显得魅力无穷：袖管高高卷起，袒露出多毛的手臂，指间夹着一支烟雾缭绕的万宝路香烟，骑着一匹威猛的高头大马驰骋在辽阔的美国西部大草原。

万宝路品牌的再定位取得了巨大成功，1955 年，万宝路荣膺全美第十大香烟品牌。1968 年，万宝路的单品牌市场占有率跃居全美同行第二位。1975 年，万宝路摘下美国卷烟销量的桂冠。20 世纪 80 年代中期，万宝路成为烟草世界的领导品牌，这种全球霸主地位一直持续至今。菲莫投入千百亿美元的广告费，终于在人们心目中树立起“哪里有男子汉，哪儿就有万宝路”的品牌形象，那纵横驰骋、自由自在的西部牛仔代表了在美国开拓事业中不屈不挠的男子汉精神。

1987 年，美国《福布斯》杂志对 1546 个万宝路香烟爱好者的调查表明，真正使烟民们着迷的不是万宝路香烟与其他品牌香烟之间微乎其微的产品上的差异，而是广告商植入在万

⊖ 根据《万宝路香烟公关案例：万宝路香烟品牌定位不倒翁》（品牌中国网，http：//pr. brandcn. com/al/200911/211894_ 2. html）整理。

宝路香烟上的男子汉气概给烟民们所带来的满足感和优越感。

第一节 定位理论

定位是一个内容常新的话题，自创立以来一直受到理论界的追捧，并由市场营销领域逐步扩展到其他多个领域，这是一种有趣的社会现象，现在就让我们花一点时间，去追溯其发展轨迹，理解其内涵。

一、定位概念

“定位”一词诞生于20世纪60年代末70年代初，时至今日它已成为最伟大的商业词汇之一。定位理论源于广告理论，其发展却远远突破广告的范畴，大至国家定位，小至个人定位，都得到广泛的运用。定位理论的广泛应用，促使众多事物以其独特的个性，在人的大脑中占据着独特的位置，并留下深刻的“痕迹”。例如，百度给人们的印象是“最懂中文的搜索”，日本汽车是精细节能的，香港是购物的天堂，中国制造的产品是低价实用的，悍马是大气、安全、顶级的。还有提起迈克尔·乔丹（Michael Jordan）的名字，就让人联想起经典的红色，伟大的23号，集优雅、力量和柔韧于一体的扣篮，无数次经典绝杀，“篮球之神”、“飞人乔丹”的伟大称号……

根据以上例子可以将定位的含义简单地概括为“事物在人们心中的印象”。定位的概念诞生于市场营销学领域，所以，其定义带有很强的商业色彩。“定位”概念首次由美国营销学者阿尔·里斯和杰克·特劳特于1969年提出，他们在美国营销杂志《广告时代》和《工业营销》上发表了一系列文章，将定位解释为“确定商品在市场中的位置”。后来，他们对定位的定义作了新的修订，1972年，两人在《定位时代》一文中提到：“所谓定位乃是你对未来的潜在顾客的心智所下的工夫，也就是将你的产品在你未来潜在顾客的心中确定一个位置。”1979年，他们在《广告攻心战略——品牌定位》一书中将“定位”定义为：“以产品为出发点，如一种商品、一项服务、一家公司、一所机构、甚至一个人……但定位的对象不是产品，而是针对潜在顾客的思想。”1981年，两人又在他们伟大的著作《定位》中提出：“任何一个品牌（产品、服务或企业），都必须在目标受众的心智中，占据一个特定的位置，提供有别于竞争者的利益，并维持好自己的经营焦点。”

阿尔·里斯和杰克·特劳特开始将定位的客体界定为商品，后来扩大到了服务、公司、机构、个人等，将定位的场所从市场转移到顾客的心智和思想，同时加入了区别于竞争对手这个要素。由此可见，定位理论并不局限于商业领域，定位的客体可以扩大到其他事物，但是其他事物必须是可塑造的。因为定位本身是一个动作行为，不可塑造的事物就不是定位的客体。例如，月光是很难塑造的，它不容易成为定位的客体。另外，原生态的事物在人脑中形成的印象不是定位，因为原生态的事物没有经过塑造，即使在人脑中占据特殊位置也是自然形成的结果。例如，南极给人的印象是严寒的，但是这种印象不是南极定位的结果，是南极的自然气候给人造成的感觉。

所以，总结以上分析可以得出三个结论：定位是一个动作性过程，它是定位主体（在商业领域通常是企业组织）刻意的动作行为；定位的客体可以是企业组织、非营利性组织、甚至个人，是可塑造的事物；塑造后的客体形成客体形象，客体形象必须传播给受众，使受众留下与定位客体形象一致的“印象”。从严格意义上讲，定位是指一种行为过程，即定位主体将定位客体塑造成客体差异化形象，然后将客体差异化形象传播给受众，使客体差异化形象在受众大脑中占据特殊的位置。

二、定位图解

定位的实质是把差异化形象“烙印”在受众的大脑中。图5-1清晰地表达了定位这一个行为过程。

图5-1主要反映定位主体、定位客体、定位客体形象与印象之间的关系，从市场细分角度表达了定位的内涵。可以从以下几个方面来理解定位的内涵：

（1）定位是一种定位主体有目的的行为过程，主要包括塑造客体形象和传播形象这两个有意行为。自然形成的结果不是定位。

（2）定位的客体非常广泛，凡是可塑造事物都是定位客体。例如，国家、城市、旅游景点、企业、商品、个人等。

（3）定位客体形象通过有意塑造形成，例如，图5-1把定位客体形象塑造成圆形。

（4）定位客体形象通过传播与场所（人的大脑）发生关系，在传播过程容易受到噪声的干扰。

（5）传播之后，客体形象在场所（人的大脑）中占据特殊的位置，在人的大脑中形成客体形象的“痕迹”，通常称“印象”。例如，图5-1客体形象在场所（人的大脑）中占据了特殊位置，在大脑中形成了被塑造的圆形“印象”。

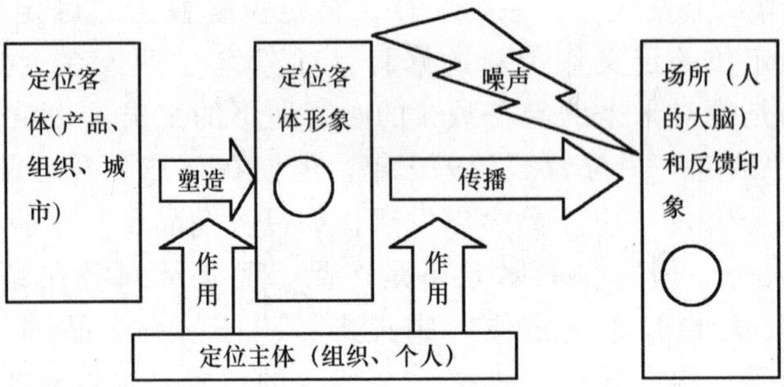

图5-1　定位定义图解

由此可见，定位的动作是塑造客体形象和传播客体形象，场所是人的大脑，目标是在人的大脑中占据特殊位置。可以从两个角度来理解定位，一是从定位主体角度，即通过塑造客体形象，然后通过传播将客体形象“植入”场所中，占据大脑的“空间”位置；二是从场所角度，即人的大脑接收被塑造客体形象的信息，从而产生客体“印象”，留下客体“痕迹”。值得注意的是场所中形成的客体“印象”不一定与主体想塑造的客体形象相同，因为在传播中存在噪声的干扰，每个场所对信息的解码不一样，这样形成的结果印象就与客体形象有一定的偏差。

实际上，定位是以占据人的大脑位置作为目标，使大脑形成对事物的“印象”。定位以“攻心”为主的理念，改变了传统“攻物”为主的理念，对各个领域的研究和创造起到了非常重大的作用，尤其给营销界带来了变革性的影响，极大地推动了市场营销的发展。因此，2001年，定位理论压倒菲利普·科特勒的营销理论、迈克尔·波特的竞争理论，被美国市场营销协会评为“有史以来对美国营销影响最大的观念”。

第二节 市场定位与品牌定位

如前所述，定位概念由阿尔·里斯和杰克·特劳特明确提出，但罗瑟·瑞夫斯（Rosser Reeves）的USP理论[㊀]显然对定位理论的概念有很大的启示。可见，定位理论在营销界有较长的历史，定位理论源于广告领域，后来广泛应用于各个领域，特别又在营销界得到深入发展，使营销理论由传统走向现代，开创了一种新的营销思维模式。

一、市场定位

定位理论的产生和发展是市场形态发展的必然结果。在卖方市场环境中，由于产品供不应求，营销的重点在产品上，即通过大规模生产产品和降低成本来提高市场竞争力。大规模生产极大地提高了产品供给能力，市场形态也从卖方市场发展到了买方市场。在买方市场中，大量的产品充斥着市场，消费者可选择的产品非常多，企业产品往往被淹没在产品市场的“海洋”中。所以，大规模生产产品和降低成本已经不再是企业市场竞争力的核心，企业把营销的重点从生产和改善产品转移到争取顾客上，而占领顾客的心智资源成为了争取顾客的主战场。可见，定位理论是市场竞争的结果，也首先产生于市场营销中。

定位理论是适应信息化发展需要的必然结果。进入信息化社会以后，信息大爆炸意味着产品信息不再是稀缺资源，注意力成为了稀缺资源。如何让消费者在海量的信息中注意到企业信息，成为了营销推广的首要任务。所以，在信息化社会中，从消费者心理入手，将企业信息通过传播“植入”到消费者大脑中，是营销工作的重要内容，因此，定位的作用也就越来越重要。另外，信息化社会中，消费者选择性心理发生变化，消费者更多追求个性化的商品，大市场不断地被细分成小市场。定位也是适应消费者个性化心理的需要。

如今的市场营销已经是从产品至上时代和形象至上时代发展到了定位至上时代。定位理论在市场营销中的应用与定位理论有一定的区别。严格上说，定位理论产生于营销界，属于营销理论，但是定位理论的发展又突破了营销的范畴。所以，营销界的定位理论是定位理论的一部分，同时又具有自己的特点，通常称为市场定位。

市场定位是指企业通过塑造企业及有关内容的概念和形象，然后传播给目标市场，使之在目标顾客大脑中占据着特殊的有别于竞争对手的位置。相对于定位理论，市场定位具有其特殊性，具体表现在以下几个方面：

（1）市场定位的主体主要是企业组织。

㊀ 20世纪50年代初罗瑟·瑞夫斯（Rosser Reeves）提出USP理论，要求向消费者诉说一个“独特的销售主张”（Unique Selling Proposition），简称USP理论。

（2）市场定位的客体是企业及其内容，一般包括企业、产品、竞争和品牌，所以，市场定位也细分为企业定位、产品定位、竞争定位和品牌定位。

（3）市场定位的场所是目标顾客的大脑，目标顾客包括潜在顾客和现有顾客。

（4）市场定位的概念和形象信息要有目的地传播到目标市场中。

（5）引入了竞争对手这一要素。市场定位是市场营销的竞争战略，从战略的高度与竞争对手竞争，其实质是有别于竞争对手，寻求竞争市场的“蓝海”。

（6）市场定位更注重从目标顾客的需求入手，根据目标顾客的心理和行为塑造企业及其信息，同时针对目标市场选择传播渠道。

所以，市场定位选择目标顾客需求作为切入点，将营销的战场从产品转移到顾客大脑中，属于“攻心为上”的战略，严格上说是“攻脑为上”，其真谛是“大脑攻击战”。1996年，杰克·特劳特（Jack Trout）和瑞维金（Steve Rivkin）合作出版了《新定位》一书，认为：消费者的心灵或知觉是营销的终极战场，营销和广告宣传应将“火力”集中在一个狭窄的目标上，要创造出一个心理的独有的“第一说法、第一事件、第一位置”。在目标顾客上创造一个独有的“空间”，这样就区隔了竞争对手，从而避免同质化竞争。可见，市场定位是营销战略中的“蓝海战略”。

二、企业定位、产品定位、竞争定位、品牌定位

市场定位一般包括企业定位、产品定位、竞争定位和品牌定位四个部分。四种定位的含义和侧重点不同。

（1）企业定位。企业定位是指通过塑造企业形象、文化，提高员工素质等，然后传播给目标市场，使之在目标顾客大脑中占据着有别于竞争企业的位置。例如，招商银行通过提高员工服务质量，树立了其优秀服务银行的企业形象。

（2）产品定位。产品定位是指通过塑造产品性能、质量、外观等，然后传播给目标市场，使之在目标顾客大脑中占据着有别于竞争对手产品的位置。例如，阿依莲女装以淡蓝、粉红和纯白为主色调的设计风格，给消费者以淑女装的直观印象。

（3）竞争定位。竞争定位是指通过塑造竞争力要素，然后传播给目标市场，使之在目标顾客大脑中占据着有别于竞争对手竞争力的位置。例如，淘宝网面对易趣网的强大竞争，作出了具有挑战性的竞争定位——实行免费的开店策略。从而吸引了很多商家进行投资，以此为竞争力很快成为了C2C的领军企业。

（4）品牌定位。品牌定位是指企业塑造品牌，然后传播给目标市场，使之在目标顾客大脑中占据着有别于竞争对手品牌的位置。

品牌定位的客体主要是指品牌理念、文化、标志、口号、故事等，客体的核心是品牌理念。品牌定位的场所是顾客的思想“空间”。思想是客观存在反映在人的意识中经过思维活动而产生的结果，一般是指价值观、世界观和人生观。品牌定位的实质是通过塑造品牌形象，让顾客在思想上认同品牌理念。品牌定位的目的是让顾客接受和认可品牌文化，即品牌宣传的品牌文化与顾客思想相符或接近，从而提高品牌知名度、忠诚度和美誉度。例如，金盾服饰的品牌口号是“成功男人的标志”，这与追求成功的男人价值观产生共鸣，从而在目标顾客思想中呈现出“金盾即是成功男人的标志”的印象。表5-1揭示了四种定位之间的关系。

表 5-1 市场定位内容比较分析

名 称	对 象	切 入 点	客 体	塑造内容	参 照 物
企业定位	目标顾客大脑	顾客需求	企业本身	企业形象、文化、员工素质等	竞争对手企业、企业本身
竞争定位	目标顾客大脑	顾客需求	竞争力	企业具有竞争力的要素	竞争对手的竞争力
产品定位	目标顾客大脑	顾客需求	产品	产品的性能、质量、外观等	竞争对手的产品
品牌定位	目标顾客大脑	顾客需求	品牌	品牌理念、文化、标志等	竞争对手的品牌

由表 5-1 可见，四种定位的客体、塑造内容和参照物不一样，但是这四种定位的切入点都是顾客需求，定位的对象都是目标顾客大脑，因为各种定位最终需要通过占领目标顾客的大脑空间来实现。

理解市场定位还需要注意以下四层关系：

（1）市场定位与消费者定位。按照定位的定义，消费者定位的提法是错误的，消费者定位的客体是消费者，场所也是消费者的大脑，显然是错误的。其实，通常所说的消费者定位就是市场定位，只是从两个不同角度理解，市场定位是从企业角度理解，消费者定位是从顾客角度理解。

（2）市场定位与市场错位。市场定位兴起之后，又出现了错位理论。错位理论属于营销理论，分为横向错位和纵向错位。横向错位是伴随着市场定位而生的，从市场定位的反面理解，即市场定位就是找到与竞争对手相错位的位置。纵向错位是指企业及其内容与顾客的心理预期发生错位。例如，一件衣服质量不错，顾客觉得值 200 元，结果产品报价却是 150 元，低于顾客心理预期。

（3）市场定位与目标市场。目标市场是指对潜在市场细分之后，根据产品情况选择一个或几个作为营销对象的目标群体。因为市场细分是根据人口、地域、行为、心理等因素细分的，对目标市场的描述也是从这几个方面入手的。但是，很多人把目标市场的描述误认为市场定位。例如，某品牌服装的市场定位是年龄在 20～30 岁的青年女性，这种提法犯了概念性错误。市场定位是一个过程，不是某种状态或事物；目标市场的顾客是市场定位的对象，而不是市场定位本身。

（4）产品定位与品牌定位。产品定位与品牌定位很容易混为一谈，其实二者具有明显的区别（见图 5-2）。

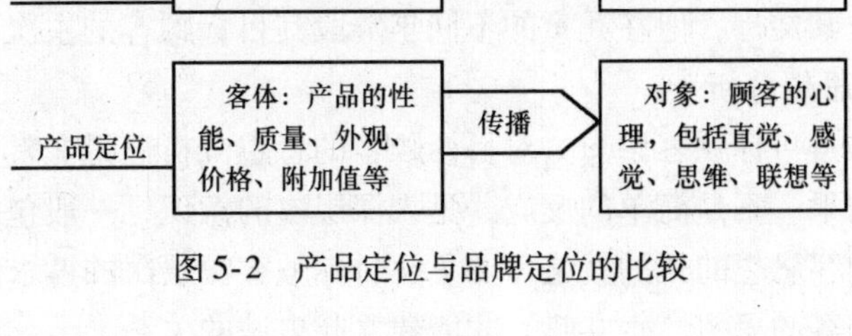

图 5-2 产品定位与品牌定位的比较

图5-2揭示了产品定位与品牌定位的关系。产品定位的客体是产品的性能、质量、外观等，对象是顾客的心理，即占据顾客的心理“空间”，其目的是唤起顾客的生理诉求和心理诉求，让顾客对产品信息产生记忆并激起顾客的购买欲望，提高产品销售量。品牌定位的客体是品牌理念、文化、标志、口号等，对象是顾客的思想，即占领顾客的思想“空间”，其目的是让顾客接受和认可品牌文化，提高品牌知名度、忠诚度和美誉度。产品定位满足顾客生理和心理诉求，建立购买关系；品牌定位满足顾客思想诉求，即与顾客的思想产生共鸣，建立忠诚关系。品牌定位建立在产品定位之上，产品定位是品牌定位的基础。

第三节 品牌定位的过程

品牌定位的过程是品牌定位工程的具体化和行为化。品牌定位是一个系统工程，必须与市场定位中的产品定位、企业定位、竞争定位保持统一。品牌定位本身是一个行为过程，品牌定位的过程其实就是品牌定义的细化和扩大化（见图5-3）。

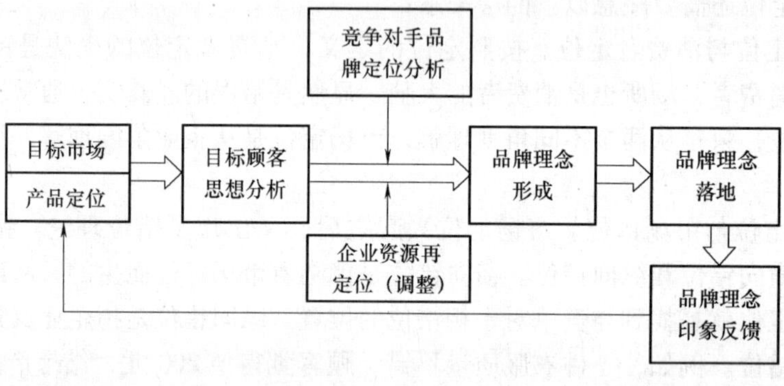

图5-3 品牌定位的过程

下面以超人品牌童装为例来说明品牌定位的具体步骤。

（一）品牌定位的基础是产品定位

产品定位的重要内容是细分市场和选择目标市场。在品牌定位之前必须研究目标市场，从顾客年龄、性别、收入、受教育程度、宗教信仰、地域文化、购买心理和购买行为等方面分析目标市场，深入了解目标市场。

童装市场一般按年龄细分为婴幼市场、小童市场、中童市场、大童市场（少年市场）。另外，还可以根据儿童的性别、家庭收入水平、父母受教育程度等细分。以超人童装为例，超人童装的目标市场是4~12岁的儿童及其父母，主要面对中国中高等收入的城市家庭。从超人童装的目标市场可以得出超人童装是走高端品牌路线的。值得注意的是童装市场的目标顾客虽然都是儿童及其父母，但在儿童的不同年龄段其目标顾客的主次不一样。

（二）目标顾客思想分析

品牌定位的对象是目标顾客思想，对目标顾客的思想分析显得非常重要。思想是指人对客观事物思维后的结果，不是简单的反应，是人深层次的意识，一般包括价值观、世界观和人生观。分析目标顾客思想的目的就是需要了解目标顾客深层次的诉求。只有满足了目标顾客的思想诉求，与顾客的思想产生共鸣，才能建立起忠诚的关系。

童装顾客可分为儿童和父母，儿童和父母的思想显然有很大差异，另外，不同年龄段的儿童思想差异也很大。例如，婴幼儿和小童基本上没有形成思想，没有价值判断能力和审美能力。所以，婴幼儿市场和小童市场主要分析儿童父母的思想。以超人童装为例，4～12 岁的儿童在一定程度上有自己的思想，有部分判断能力和审美能力。儿童崇拜超人是因为超人正义凌然，用超人能力捍卫地球。超人在儿童心中成为了正义和勇敢的象征。这折射出儿童对真实世界的渴望，对正义行为的崇拜，对邪恶事物的摒弃，概括起来，这是人类对真善美之真的追求。父母期望自己的孩子更受人关注，赢得老师、同学的尊重，凸显出孩子存在的价值，概括起来，这是父母对真善美之善的追求（真善美之善，在哲学中解释为价值）。孩子和父母对美丽、个性、时尚的追求一直没有停止过，都希望穿着美丽、个性和时尚的服装，享受外表美、体验心灵愉悦，概括起来，这是儿童和父母对真善美之美的追求。所以，超人童装的目标顾客思想是追求真善美。

（三）品牌理念形成

形成品牌理念是企业识别系统（Corporate Identity System，简称 CIS）中理念识别系统（Mind Identity System，简称 MIS）的工作，是品牌定位的核心和灵魂工作。分析了目标顾客的思想之后，就要提出一个品牌理念来满足目标顾客的思想诉求。满足目标顾客思想诉求的品牌理念很多，但是哪种品牌理念是最优的，一方面需要了解竞争对手的品牌定位，即竞争对手满足了顾客的哪些思想诉求，如何满足的；另一方面需要衡量和整合企业资源。

在分析竞争对手的品牌定位中加入竞争对手的要素，有助于了解企业在竞争市场中的品牌定位，避免同质化竞争，赢得比较优势。以超人童装为例，可以用正义、勇敢、舒适、干净、美丽、个性、童趣、时尚、休闲、自信、关爱等理念来满足超人目标顾客对真善美的诉求。首先收集竞争对手的资料作个系统分析，然后比较选择。

表 5-2 列举了著名童装品牌理念及其目标顾客的思想诉求，不同的品牌理念满足不同的思想诉求。超人童装目标顾客的思想诉求是追求真善美，从表格中比较发现，大多数童装品牌顾客的思想诉求是求美，部分求善，极少求真。所以，从竞争对手的品牌定位分析可以得出，满足顾客求真的诉求竞争相对小，求善次之，求美的竞争最为激烈。超人童装可以扬长避短，选择满足顾客求真思想诉求为主打，求善和求美次之，满足目标顾客正义自信之真、个性价值之善、卡通时尚之美。超人童装以正义为核心理念，以个性和时尚为主要理念。正义理念健全孩子追求真理的人格，培养孩子独立的性格；个性理念充分突显了儿童的价值，即与众不同的个性和气质，满足孩子要求受尊重和重视的需求；时尚理念给顾客一种愉快的心灵体验，满足了孩子及其父母对时尚美丽的追求。

表 5-2 著名童装品牌理念与思想诉求分析

童装品牌	品牌理念	思想诉求
法国 ELLE	优雅、高贵、简约、舒适、艺术气息	高贵之美
中国香港 KINGKOW	丰富多彩，品质尽善尽美	绚丽之美
中国香港 FABLES	休闲、流行、时尚	时尚之美
意大利 IPP	个性化、返璞归真、古典美	古典之美，个性价值之善
小猪班纳	美丽、七彩童年，文化内涵	多彩之美，文化价值之善
派克兰帝	快乐、舒适、健康和自信	快乐自信之真

（续）

童装品牌	品牌理念	思想诉求
小数点	关爱宝宝成长（中、小童）	关爱本真
巴布豆	活泼、可爱、卡通	卡通可爱之美
红黄蓝	乐观、自信、独立、品质、尊重儿童	彰显本真，赢得尊重
jojo	时尚、个性、有型，黑白经典	时尚之美，个性价值之善

除了分析竞争对手的品牌理念，确定品牌理念还必须衡量企业资源，即企业是否可以整合核心资源实现品牌理念。先分析执行这种品牌理念需要运用哪些资源，哪些是核心资源，再考虑企业如何整合核心资源。企业可以从企业资金、品牌积淀、渠道资源、人才资源、人脉资源等方面考虑企业的资源。

（四）品牌理念落地

品牌理念落地实际是品牌理念的执行。企业要从两个方面执行品牌理念，一方面是根据品牌理念改造相关主体，包括产品的设计、质量、价格、包装、分销渠道、宣传广告、企业形象和品牌内涵等。另一方面是企业内部学习和理解品牌理念。

对产品功能一般不会进行改造，只是在产品定位的基础上做些“修饰性”改变，如根据品牌理念调整设计、改善质量、增强系列化等；一般不会突然重新构建分销渠道，只是小部分改变或者有计划地重新构建；在宣传广告方面，增加品牌宣传广告。企业形象是企业识别系统中视觉识别系统（Visual Identity System，简称 VIS）的内容，根据品牌理念改变企业形象，这个对服务性企业尤其重要；企业可以深挖品牌内涵，如品牌故事等，更好地表达品牌理念。

企业内部学习和理解品牌理念是企业识别系统中行为识别系统（Behavior Identity System，简称 BIS）的内容。如果企业内部员工都没有完全理解品牌理念，在品牌推广时就会造成品牌理念含糊或者多个理念版本的后果。所以，企业需要有计划地对内部员工，特别是对一线销售人员和招商代表进行品牌理念的培训，让品牌理念首先在企业内部落地。

超人童装利用卡通超人形象设计，采用蓝色、红色和黄色为主色调，很好地通过产品表达品牌理念。同时，借助《超人》电影、漫画等产品深挖超人正义、勇敢的精神内涵，突出超人童装的品牌理念。另外，超人童装对一线销售员和招商代表都进行严格的品牌理念培训。

（五）品牌理念印象反馈

品牌理念落地并不代表品牌定位已经完成，目标顾客的反馈情况决定品牌定位的成败。目标顾客是否认同品牌理念和理解品牌理念是反馈的主要内容。企业可以通过专业的市场调查，定量和定性分析品牌理念的市场反应情况。如果调查结果显示，目标顾客基本认同品牌理念，则说明品牌定位初步成功；如果目标顾客不完全认同品牌理念，则说明品牌定位有问题，分析是理念的问题还是落地的问题。如果目标顾客完全不认同品牌理念，那意味着品牌定位失败，需要再定位。

品牌定位完成之后并不代表品牌定位工作的结束。环境在变化，目标顾客在变化，竞争对手在变化，所以，为了防止品牌老化，企业需要随时监控品牌定位信息，适时调整品牌定位或者进行再定位。

第四节　品牌定位的方法

品牌定位是一项非常困难的工作，因为品牌定位面临两个不可回避的关键问题：一是如何发现目标顾客的思想，二是如何在竞争市场中提出合理的品牌理念。解决这两个问题的方法就是品牌定位的方法。两个问题的解决方法可形成一整套科学的品牌定位方法。

一、如何发现目标顾客的思想

如何发现目标顾客的思想，主要解决方法是利用 Rb Profiler 分析工具。

品牌定位的基础是产品定位，品牌定位主要针对目标顾客思想，产品定位主要针对目标顾客心理。因为心理和思想是一脉相承的，心理相对较表层，思想更深层。心理是对客观事物的反应，思想是对客观事物经过思维后的意识。因此，可以通过分析目标顾客心理从而得出目标顾客的思想。Rb Profiler 分析工具提供了从目标顾客心理分析到发现目标顾客思想的方法。

Rb Profiler 分析工具是罗兰·贝格（Roland Berger）创造的战略性品牌管理工具。罗兰·贝格先用四个区域界定了不同的消费者价值取向，即寻求永恒和谐的事物，淡泊的消费欲望；寻求生活乐趣，更多的生活体验；节省花费，经济上的节省导向；寻求绩效和效率，理性的物质选择。然后通过具体的量化调查和心理分析来挖掘消费者购买行为背后的潜在消费心理，结果发掘了 19 种消费心理需求元素，再将这 19 种心理需求元素分布在六个价值区间（六个价值区间是在四个价值区域的基础上细分和概括出来的），这就形成了 Rb Profiler 分析工具（见图 5-4）。

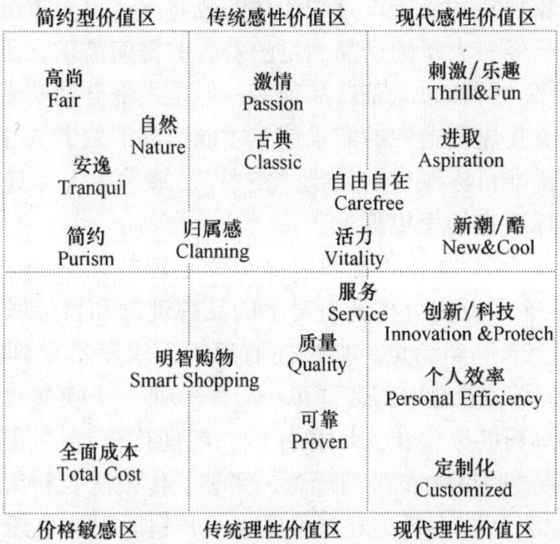

图 5-4　Rb Profiler 分析工具

资料来源：百度文库·专业文献/行业资料·经济/管理. 罗兰·贝格战略性品牌管理工具. http://wenku. baidu. com/view/c0fd3fea81c758f5f61f672d. html.

Rb Profiler 能有效地通过消费者的 19 种需求心理元素分析出消费者的思想，罗兰·贝格利用六个价值区间来表达顾客的思想类别。这六个价值区间分别是价格敏感区、传统理性价值区、现代理性价值区、现代感性价值区、传统感性价值区和简约型价值区。价格敏感区代表着现实主义精神和经济型价值观；传统理性价值区代表实用主义和理性的保守；现代理性价值区代表实用的个性，追求理性的创新；现代感性价值区代表最新潮流的享受主义，追求变化和创新；传统感性价值区代表传统浪漫主义和感性的保守；简约型价值区代表简单主义和纯洁的浪漫。

解决这个问题的逻辑是首先根据顾客行为深挖顾客需求心理，然后借助 Rb Profiler 分析工具，将顾客心理用 19 种需求心理元素概括。例如，假如顾客热衷于运动话题，好动，说话滔滔不绝，基本可以判断该顾客带有活力、激情、自由自在的心理元素。然后，根据得出的心理元素就容易发现其所在的价值区间。最后，对价值区间作价值陈述，即表达出顾客思想诉求。

通过 Rb Profiler 分析工具可得出顾客抽象思想的不同空间，但如何使品牌理念在这些不同空间占据位置，还需要对品牌进行具体定位操作，以使得品牌理念能和目标顾客的思想对接起来，并引起顾客对品牌的认同和共鸣。所以，通过 Rb Profiler 工具对顾客思想空间进行挖掘后，下一步需要引入品牌和竞争对手两个要素，通过比较分析，得出品牌理念，最后将品牌理念定位在顾客抽象的思想中。这需要通过解决第二个问题来实现。

二、如何在竞争市场中提出合理的品牌理念

如何在竞争市场中提出合理的品牌理念，主要解决方法如下：

（一）乘虚——营造第一

从消费者的注意力角度出发，一般容易被如下商品吸引注意力：一是形象独特的，二是符合消费者需求的。形象独特的属于设计和传播的范畴。这里着重分析符合消费者需求的商品。一般而言，市场上已经有大量的产品满足消费者的普遍需求，因人的注意力有限，所以消费者能记住的品牌不多。例如，凉茶产品很多，但是大部分消费者只能说出王老吉、和其正两个品牌。所以，只有提出创造性的需求信息才能引起消费者的注意。人脑具有先入为主的特点，品牌理念可以瞄准目标顾客的大脑“空白”，乘虚而入，其实质是提出竞争对手没有的品牌理念，唤起目标顾客的思想诉求。

杰克·特劳特和瑞维金认为定位要创造出一个心理的独有的“第一说法、第一事件、第一位置”。也就是说，企业首先分析竞争对手的品牌理念和目标顾客的思想诉求，看看目标顾客的思想诉求是否全部得到满足。如果还有思想诉求没有得到满足，就可以“乘虚而入”。这样就可以在目标顾客思想中营造“第一”——第一个唤起目标顾客某种思想诉求的品牌。例如，超能天然皂粉的广告让人印象深刻，超能广告语“谁说明星不洗衣服？谁是洗衣明星？”首次提出了“明星洗衣”的理念，突破了传统洗衣粉大众路线，将洗衣粉上升到高端市场。“贴身衣物，高档面料，好衣服更离不开超能天然皂粉”也首次提出保护衣服的理念，一改传统强调“洗得干净”和“不伤手”的产品理念。从品牌理念角度而言，超能天然皂粉品牌理念避开了大众目标顾客的传统理性价值，唤起了高端目标顾客的现代理性价值。

乘虚而入营造第一的方法是占据目标客户大脑空间并引起其共鸣的有效方法，对品牌定位来说意义重大，因为：①目标客户往往对“第一”的概念感兴趣，“第一”比较容易被记

住；②客户记忆信息和处理信息的能力有限，往往只记住“第一”；③符合定位的原理，定位强调在目标客户大脑中占据独特位置，这需要向消费者传播简单、明确的信息，“第一”符合该传播原则；④很多企业采用“第一”的品牌定位，取得了很大的成效，所以在顾客心理和思想细分后，品牌应该用“第一”口号迅速占领顾客的大脑，并着重宣传其“第一”性。如果企业品牌在细分后，在细分市场仍无优势可言，还那可采取以下的“第一”技巧：

(1)“第一”集团军。企业品牌确实在该细分市场做不了第一，它可强调自己品牌属于细分市场“第一集团军”，从而占得“第一”品牌定位的好处。例如，某航空公司在航空市场客观上排第四位，它可以说自己是“四大航空公司之一”。

(2)“反向第一”。企业品牌在一个方向上排不到细分市场的第一，根据“反者道之动”的启示，可以从“相反”的角度定义自己的“第一”。如七喜在推出时，就采取了“反向第一”的定位，把自己的定位为“非可乐”第一品牌，其品牌定位获得了巨大的成功。五谷道场把自己的方便面定位为“非油炸”，也是一个“反向第一”定位。

(3)“唯一定位”。如果企业品牌的产品有一定的瑕疵，这时候可采取“唯一定位”。“唯一定位”实现了阿尔·里斯和杰克·特劳特所提倡的“不做第一、就做唯一”的定位理念，有时候甚至能把产品表面缺点当做特点来卖。美国高山苹果味美，但是有缺点，因为在高山之上，成长过程中受到冰雹打击，苹果表面留下坑坑洼洼的斑点，斑点影响了高山苹果的销售。后来，高山苹果以斑点这个缺点为“唯一定位”，把斑点当做高山苹果的“唯一”特征来卖，销售量大增。在我国果汁行业，农夫果园也采取了类似的“唯一定位”。在农夫果园之前，果汁有沉淀物，视为缺点，解决的办法有两个：一是用更好的机器打磨，使沉淀物减少，但这样增加成本；二用很小的文字在包装上说明，沉淀物为正常的，告诉消费者这不影响饮用，但做得很心虚，说明文字写得小，而且放在不起眼的地方。农夫果园却把果汁沉淀物当作了特点来卖，进行了唯一定位：“农夫果园，喝起来摇一摇”，实践证明其品牌定位相当成功。

（二）聚焦——集中资源

在成熟的市场中，市场很难继续细分，市场空白也很少，“乘虚而入”的机会也少，企业也不愿意采用上述“第一”的技巧，那么企业可采用聚焦法，即利用优势资源集中攻击市场。产品定位中广泛使用聚焦法，例如，格兰仕开始聚焦于微波炉，成就了“中国第一”后，才进入空调市场。在品牌定位中，聚焦法则同样重要。

“恒源祥，羊羊羊！”这则短短五秒钟的广告在中国大地上重播十多年，短短六个字的广告语促使恒源祥品牌深入人心。恒源祥集团一直坚持使用这则广告语，一直在消费者心中强化恒源祥是传统羊毛衫的老牌企业，不断地扩大恒源祥品牌的知名度，也提高了消费者对恒源祥品牌的信任度和忠诚度。但是，在 2008 年春节期间，恒源祥一则长达 1 分钟的广告，广告语是“恒源祥，北京奥运赞助商，鼠鼠鼠！恒源祥，北京奥运赞助商，牛牛牛……恒源祥，北京奥运赞助商，猪猪猪！”将 12 生肖依次念过。这则广告播出之后引起了广大消费者的不满，改变了恒源祥的品牌理念，无法唤起顾客原有的思想诉求。

所以，在品牌定位过程中，可通过聚焦法将优势资源集中在一个思想诉求上，通过持之以恒的积累，引起目标客户的思想共鸣。但是值得指出的是，聚焦法是双刃剑，将优势资源集中在一个思想诉求上攻击，必然要放弃其他市场。而且品牌一旦定位后，很难改变。

（三）关联——乘势而起

关联法是指借竞争对手或者同档次品牌之势实现品牌定位的方法。关联法让目标顾客产生品牌联想，借其他品牌理念联想到自己的品牌理念。关联法大致可以分为两大类。一是借竞争对手之势。部分排名第二的品牌大胆地采用这个方法，即当行业中出现一家独大、第二大品牌知名度不高时，就可以明确定位为行业第二。理由是二元原则，即顾客一般可以记住行业中前两名的品牌。这种方法一方面可以提高品牌知名度，另一方面可以满足顾客追求卓越而低调的理性价值诉求，实现品牌定位。二是借同档次品牌之势。与同档次品牌理念相关联，有助于提高品牌知名度和美誉度，容易满足顾客的思想诉求。

（四）对立——相克相生

对立法是指执行与行业巨头品牌相反的品牌理念，实现品牌定位的方法。其哲学逻辑是事物都是相生相克的，任何事物都有弱点，有些事物的强势就是其弱势。例如，可口可乐是“百年老店”，一直宣传自己是“正宗的可乐”，新兴的百事可乐被消费者尴尬地理解为“非正宗可乐”、“假可乐”。后来，百事可乐决定改变品牌定位，百事可乐认为，既然可口可乐是“正宗的”，意味着是“传统的”，那百事可乐就定位为“年轻的”、“新鲜的”。事实证明，百事可乐采用对立法设计的品牌定位是成功而经典的。本来可口可乐“正宗”的定位是其优势，而如今，可口可乐越突出自己是“正宗的”，就暗指是百事可乐是“年轻的”。可见，百事可乐设计与可口可乐相对立的品牌理念，是可乐品牌理念的“蓝海”。

【本章小结】

（1）定位是指一种行为过程，即定位主体将定位客体塑造成客体差异化形象，然后将客体差异化形象传播给受众，使客体差异化形象在受众大脑中占据特殊的位置。市场定位是指企业通过塑造企业及有关内容的概念和形象，然后传播给目标市场，使之在目标顾客大脑中占据着特殊的有别于竞争对手的位置。相对于定位理论，市场定位具有其特殊性。

（2）市场定位一般包括企业定位、产品定位、竞争定位和品牌定位四个部分。品牌定位是指通过塑造企业品牌，然后传播给目标市场，使之在目标顾客大脑中占据着有别于竞争对手品牌的位置。品牌定位本身是一个行为过程，品牌定位的过程其实就是品牌定义的细化和扩大化；品牌定位是一个系统工程，必须与市场定位中的产品定位、企业定位、竞争定位保持统一性。

（3）品牌定位包括五个步骤：产品定位；目标顾客思想分析；品牌理念形成；品牌理念落地；品牌理念印象反馈。品牌定位是一项非常困难的工作，存在两个关键问题：一是如何发现目标顾客的思想；二是如何在竞争市场中提出合理的品牌理念。第一个问题的解决方法为 Rb Profiler 分析工具。第二个问题的解决方法有：①乘虚——营造第一；②聚焦——集中资源；③关联——乘势而起；④对立——相克相生。

【思考题】

1. 为什么消费者定位的提法是错误的？
2. 品牌定位与产品定位的区别是什么？
3. 简述 Rb Profiler 分析工具对品牌定位的作用。

【案例分析讨论】

北京现代发布全新品牌定位㊀

凤凰网汽车讯：4月8日，北京现代第八代索纳塔上市发布会在水立方隆重举行，发布会现场，北京现代正式发布了全新品牌口号“新思想创造新价值（New Thinking，New Possibilities）”和新的品牌定位“引领潮流，品位睿智（Intelligent & Stylish）”。

北京现代总经理卢载万表示，新的品牌定位和品牌口号的发布旨在提升品牌价值，呈现出更加“睿智、时尚”的北京现代。而此举也标志着，随着第八代索纳塔的上市，北京现代迎来了全新的发展阶段，即通过强化品牌价值实现第二次飞跃的全新阶段。

一、更加“睿智、时尚”的北京现代

现代汽车在全球更换品牌口号，也是北京现代启动新的品牌战略的契机。发布会上，北京现代总经理卢载万宣布，北京现代今后将沿用现代汽车的全新品牌口号“New Thinking，New Possibilities”取代使用多年的“Drive Your Way”。此外，在现代汽车中长期新品牌定位Modern Premium（现代精品车）的基础上，北京现代为提升品牌竞争力，同时结合本地化发展策略，制定了新的品牌定位“引领潮流，品位睿智（Intelligent & Stylish）”。

从Drive到Thinking，这样的转换标志着现代汽车以及北京现代由追随型战略向进攻型战略的变革。业内人士认为，Drive更加强调速度和力量，而Thinking更强调思想的深度和广度，“新思想创造新价值”的全新品牌口号，体现了思想驱动商业的价值转变，倡导一种带来颠覆消费理念甚至商业模式的变革，这是现代汽车以及北京现代正在从追随型公司向伟大公司跨越的体现。

而“引领潮流，品味睿智”的新品牌定位，则规划了企业未来的经营理念。据悉，新品牌定位包含三个核心要素：简约时尚（Modern Stylish）、睿智创新（Intelligent Innovation）和精细品质（Sensitive Quality）。北京现代表示，强化这三方面要素，在中国市场形成高品位的、睿智创新的、值得信赖的企业形象，最终成为强势品牌是北京现代重塑形象的目标。

“所谓简约时尚，是指与使用者的风格浑然一体的、既优雅又现代的风格，具体来说就是引领潮流的流体雕塑设计理念。”卢载万表示，今天上市的第八代索纳塔更加强化了这一核心要素。睿智创新则体现为作为第一阵营的汽车企业，北京现代在面对客户及市场等所有接触点时，都要表现出差异化的创新精神以及为实现目标勇于挑战的精神。而精细品质，从产品上讲是指完善的精细的产品、可以感受到的品质力，从服务上讲是指客户能够感受到的无微不至的关怀和服务精神。

二、“第二次飞跃”

全新品牌口号和品牌定位的发布，意味着北京现代全新品牌经营战略启动。而事实上，对于销量已不再是主要目标的北京现代而言，新的品牌经营战略已是北京现代“第二次飞跃”的重中之重。

自2002年创立以来，北京现代取得了飞速发展。在进入中国市场的第一年，销量只有

㊀ 凤凰网·汽车，http：//auto. ifeng. com/news/domesticindustry/20110409/588290. shtml。

5万辆，2009年的销量跃升至57万辆，2010年更是达到了创纪录的70.3万辆。与此同时，现代汽车在全球市场飞速发展，取得了举世瞩目的成绩，迅速跻身全球第四大汽车企业。2010年，现代汽车在北美所有汽车品牌当中获得IQS[一]第四的好成绩，ix35在西班牙、加拿大、南非等国家获得了“最佳SUV[二]”的称号，而索纳塔、Genesis等中高级车也在欧美等地多次被评选为“最佳车型”。

依托卓越的品质和强大的竞争力，“现代速度”蜚声业界，“现代品质”也日益深入人心，得到了市场的认同，从而实现了现代汽车以及北京现代的“第一次飞跃”。随着2012年北京现代第三工厂启动，将达到100万台的产能。为了对应100万的体系能力，给全国300万用户提供更好的服务，北京现代的下一步核心任务是进一步强化品牌竞争力，来实现“第二次飞跃”。

发布会现场，卢载万表示：“北京现代第二次飞跃要达到的目标，就是要跨入一个崭新的阶段，那就是为了实现‘睿智、时尚’全新品牌定位，不断努力提升消费者生活品质和汽车生活品质的全新阶段。”

作为北京现代的全新旗舰车型，同时也是代表北京现代全新品牌口号和品牌定位的首款车型，第八代索纳塔的上市全面提升了北京现代旗舰产品的品牌形象，而一系列针对第八代索纳塔的营销举措、服务举措的推出，都更加强化了北京现代的新品牌定位。

“第八代索纳塔承载着‘简约时尚、睿智创新、精细品质’的北京现代新形象。”卢载万表示，第八代索纳塔时尚的前卫设计，领舞中高级车潮流；完善的精细品质，让客户感受到触手可摸的品质力，而第八代索纳塔陆续开展的“妈妈咪呀”文化营销、体育营销等，都鲜明地传达给客户以睿智创新的品牌精神，必将帮助北京现代全面提升品牌价值。

业内人士分析，全新品牌定位和品牌口号的发布，以及第八代索纳塔的上市，北京现代未来的蓝图已经日渐呈现。随着品牌经营战略有条不紊地展开，相信北京现代新的形象将日益深入人心，也必将会给消费者带来前所未有的全新体验。

讨论题：

1. 结合案例，分析北京现代新的品牌定位涉及了哪些方面？

2. 请你运用品牌定位的相关理论，分析北京现代的“第二次飞跃”与“第一次飞跃”有何不同？

[一] IQS即Initial Quality Study，新车品质调查。

[二] SUV即Sport Utility Vehicle，运动型多用途汽车。

第六章　品牌设计

【本章要点】

(1) 品牌设计的七大要素。
(2) 品牌命名的原则、策略和程序。
(3) 品牌标志设计的类型。
(4) 品牌标志设计的原则。

【导入案例】

力士（Lux）的名称优势㊀

英国联合利华公司的力士（Lux）是当今世界最有名的香皂品牌之一，力士品牌今天之所以在全球风行，除了它大量利用影星做广告树立国际形象外，该品牌名称典雅、高贵的优美含义也为它的发展起了很大的推动作用，可以这么说，初期的力士能成功完全依赖其杰出的命名创意。公司 19 世纪末向市场推出了一种新型香皂，一年中先后采用过猴牌（Monkey）与阳光牌（Sunlight）作为品牌名称。前者与香皂没有任何联系，显得不伦不类，且有不洁的联想；后者虽有所改进，但仍落俗套。第一年，香皂的市场销路一直不好。1900 年，公司在利物浦的一位专利代理人提议了一个令人耳目一新的品牌名称——Lux，立即得到公司董事会的同意。名称更换之后，产品销量大增，并很快风靡世界、享誉全球。虽然香皂本身并无多大的改进，但 Lux 给商品带来的利益是巨大的，可以说这种商品的成功很大程度上归功于它的品牌命名创意。Lux 是一个近乎完美的品牌名称，它是西方国家拉丁字母品牌命名的经典之作，备受业内人士推崇。它几乎能满足优秀品牌的所有优点。首先，它只有三个字母，易读易记，简洁明了，在所有国家语言中发音一致，易于在全世界传播。其次，它来自古典语言 luxe，具有典雅、高贵的含义，它在拉丁语中是“阳光”之意，用作香皂品牌，令人联想到明媚的阳光和健康的皮肤，甚至可以使人联想到夏日海滨度假的浪漫情调。最后，它的读音和拼写令人潜意识地联想到另外两个英文单词 Lucky（幸运）和 Luxury（精美、华贵）。

由此可见，正是由于力士的命名创意让产品风靡全球，lux 这个品牌名称的设计对产品的优良品质起到了很好的宣传作用，它本身就是一句绝妙的广告词。

第一节　品牌设计要素

设计（Design）是把一种计划、规划、设想通过视觉的形式传达出来的活动过程。品牌

㊀ 世界品牌实验室，全球著名品牌的产品命名案例，http：//brand. icxo. com/htmlnews/2005/11/14/715976_ 1. htm。

需要设计，组成品牌的各要素如商品的名字、符号、属性等以何种面目或形式出现和组合，才能更好地体现品牌理念，达到最佳的品牌表达效果，以区别于其他企业或商品的信息组合。这些都需要品牌管理者反复推敲、精心设计。

一、品牌设计要素

品牌设计是品牌定位中品牌塑造的内容，其目的是通过品牌设计更准确地表达品牌理念。换言之，品牌设计要素是品牌理念的载体。

品牌设计要素一般包括品牌名称、品牌标志、品牌说明、品牌口号、品牌故事、品牌广告语/曲、品牌包装和品牌人物形象七大要素。七大要素不是独立的，是一个整体的系统，都是执行一脉相承的品牌理念。如果七大要素独立设计，容易造成整个品牌设计不谐调，给顾客带来品牌认知的误解，降低品牌宣传效果。例如，PUMA 这个运动品牌的中文品牌名称音译为“彪马”，但是其标志像是一只飞跃的豹子。让中国消费者困惑的是明明看到一只豹子的标志，怎么会叫“彪马”呢？

（1）品牌名称。品牌名称是品牌的语言和文字符号，是最基本的品牌设计要素。品牌称呼是品牌名称的听觉反应，品牌文字是品牌名称的视觉反应。语言和文字可以采用多种，如 WAL-MART（沃尔玛）、可口可乐、BMW（宝马）、丰田都是世界著名品牌。

（2）品牌标志。品牌标志是品牌的图像符号，这个图像符号可以是文字，也可以是其他图案。例如，惠普的标志是英文字母“HP”，耐克的标志是一把勾子，Kappa 的标志是两个人背靠背坐着，苹果的标志是被咬了一口的苹果。品牌标志是重要的视觉识别要素，也是最容易让消费者产生记忆的要素。

（3）品牌说明。品牌说明是对品牌内涵的描述，描述可以是图、文、音频、视频的单独描述，也可以是图、文、音频、视频的配合描述。描述的内容一般包括对品牌名称的说明、对品牌标志的说明、对品牌历史的说明、对品牌宗旨的说明。品牌说明有助于消费者更准确和更深刻地理解品牌内涵。例如，卡尔菲特童装的品牌内涵概括为“不仅是一个品牌，更是一种服装文化的象征”。

（4）品牌口号。品牌口号是品牌理念的精炼宣传语。品牌口号应力求简短，口语化，易于记忆和传播，准确表达品牌理念，如安踏——永不止步，海尔——真诚到永远，诺基亚——科技以人为本。

（5）品牌故事。品牌故事可以进一步提升品牌的内涵。品牌故事经过口碑宣传，使其家喻户晓，极大提高了品牌知名度。例如，海尔创造了海尔兄弟的故事，在中国广为流传。历史悠久的品牌故事往往是中国白酒的卖点，贵州茅台、江西四特、泸州老窖、安徽古井贡都有其背后的品牌故事。

（6）品牌广告语/曲。品牌广告语/曲属于企业听觉识别系统（Audio Identity System，简称 AIS），通过声音传达品牌信息。有时候品牌广告语就是品牌口号，但是品牌广告语的范围更广，两者的侧重点不一样。品牌广告语/曲不但强调内容上符合广告目的，更注重在语/曲的配音上突出或者衬托出品牌广告表达的内涵。例如，利群的一则广告以轻松自然的轻音乐为背景，列车驶过山川、草原，用舒缓的语调念出广告词——“人生就像一场旅行，是的，人生有起点有终点，旅行也是一样。”“不必在意目的地，在乎的是沿途的风景和看风景的心情。”“利群，让心灵去旅行！”利群的广告语和背景音乐极好地凸显了该广告宣传

“快乐”、“淡泊”、“享受”的品牌理念。

(7) 品牌包装和品牌人物形象。品牌包装是传播最广泛的品牌设计要素，包括产品包装和企业形象包装。产品包装的形状、颜色、大小、质量等属性需要突出品牌理念。可口可乐完美曲线的瓶装设计，已经成为了可口可乐品牌的符号。企业形象包装主要是指企业门店和网站形象的包装。例如，华润万家以苹果绿为主色调的门店很好地突出了其“时尚、新鲜”的品牌理念，淘宝网采用鲜艳的橙红色，给人以商品琳琅满目和欢快购物的感觉。

品牌人物形象主要是指卡通人物和代言人形象。品牌人物形象对消费者具有极强的号召力，有助于宣传、推广品牌理念。例如，火红爆炸头、笑口常开的麦当劳叔叔形象深受全世界儿童的喜爱，极好地表现了麦当劳“享受快乐的感觉”的品牌理念。美特斯·邦威请个性独特的周杰伦作为品牌代言人，很好地诠释了其“不走寻常路”的品牌理念。

二、品牌设计要素之间的关系

品牌设计的七大要素是一个完整的系统，是以品牌理念为轴心相互关联的。只有将七大要素整合，才能形成独特的统一的品牌设计风格。品牌名称与品牌标志关系密切，很多品牌的名称文字就是其标志，例如，DELL 的名称和标志是一样的。很多品牌的标志是通过品牌名称的文字变形得到的，例如，中国电信的标志就是汉字“电”的变形。还有部分品牌的标志是根据品牌名称的意义制作的图形，例如，小天鹅的标志是一只飞翔的小天鹅。另外，部分品牌的标志根据品牌理念而设计的图形，与品牌名称无关，例如，法拉利的标志是一匹马。品牌说明一般是对品牌名称、品牌标志、品牌口号等进一步的说明。品牌故事让消费者更深刻地记住品牌名称。品牌广告语和包装往往会反复出现品牌名称。品牌人物形象容易让消费者联想起品牌名称、品牌标志和品牌理念。

第二节 品牌名称设计

品牌名称就像人的名字一样，是最基本和最重要的品牌要素，往往是品牌理念精炼的表达。品牌名称的好坏关系品牌的知名度和美誉度。品牌命名不好将对品牌的推广造成极大的困难，相反，好的品牌名称不仅容易表达品牌理念，而且对顾客有极强的号召力，将极大地促进品牌推广。例如，“动感地带”这个品牌名称富有运动、时尚、自由的内涵，不但容易记忆，还迎合了众多青年学生的需求，在青年学生群体中知名度颇高。所以，品牌命名是一项看似简单却非常重要的工作，企业需要把握品牌命名的原则，以免在品牌命名上犯大错误，给品牌造成损失。品牌命名要综合营销学、语言学和法学三个学科的要求，遵循品牌命名的原则，通过品牌命名测量，按照品牌命名的程序进行。

一、品牌命名的原则

(一) 易认、易读、易写、易记

品牌推广最基本的要求是让人知道、记住品牌名称。品牌命名最基本的原则也就是易认、易读、易写、易记。

易认要求品牌名称不以生僻字命名，不宜多种文字组合命名。例如，嬰、勖、彧等字虽然字义很好，但是过于生僻，不宜作品牌名字。例如，中国台湾电脑巨头“宏碁”在进军大陆市场时，因消费者不认识“宏碁”的“碁”字，给品牌推广造成困难，很多消费者将“碁”念作“ji”，写成“基”，所以，宏碁公司顺水推舟将“宏碁”改成“宏基”。

易认是易读的前提。品牌名称易读有助于品牌名称的口碑传播。易读强调品牌名称念起来响亮、亲切，不含糊、不拗口，翻译的名称力求符合当地语言的发音习惯。例如，新浪、大润发、麦当劳、旺旺、劳力士等品牌名字念起来比较响亮，而三福、弗莱茵、欧宝、脸谱等品牌名字念起来就比较含糊。酷狗的名字比较易读，每当打开酷狗音乐时，都有声响亮的招呼“Hello！酷狗！”另外，中国人一般很难念出很长的英文品牌名称，这时最好取个响亮的中国名字。而一些简短的英文品牌名字可以不用取中文名字，如IBM、MSN、Windows 7等。

易写的前提也是易认。品牌名称易写有助于品牌名称在纸质上传播。易写要求名字简短，避免生僻字，避免多种文字和字体，避免随意更改文字结构。品牌一般不会以生僻字取名，但是值得注意的是很多品牌域名比较难写。英文域名和加横线的域名容易写错。例如，李宁的域名www. li-ning. com，在输入网址时，网民很容易漏掉中间的短横；而淘宝网就用“淘宝”的汉语拼音“taobao”加“. com”作为域名，好记又不易写错。56. com、163. com、qq. com都是简短、易写、易认的好域名。

易认、易读和易写的品牌名称未必就容易记忆，因为易认、易读和易写的品牌名称往往都比较大众化，大众化意味着相似程度比较高，相似性的东西往往让人记忆模糊。例如，“五福”珠宝固然易认、易读和易写，但是容易和著名品牌周大福、六福、福辉混淆，造成记忆模糊。所以，品牌名称不仅要易认、易读、易写，且有个性的品牌名称还要易记。

（二）表达的品牌理念和得到顾客理解双重并举

七大品牌设计要素的目的就是向顾客传达品牌理念。品牌名称用简短精练的形式表达品牌理念。好的品牌名称对品牌理念的传播作用是非常巨大的。例如，“可口可乐”表达了其品牌“快乐”、“激情”的理念，“金立”表达了其“金品质”的品牌理念，“金圣”表达了其“成功”的品牌理念。

品牌名称表达了品牌理念，但是顾客未必能够理解。所以，好的品牌名称既要合理地表达品牌理念，又要得到顾客的理解和认可。得到顾客理解是指得到目标顾客的理解，品牌名称忌讳名不副实，即顾客对名称的理解与产品内容差距很大，认为其有“挂羊头卖狗肉”之嫌。当品牌名称与目标市场内容相关时，应尽量避免改动，否则容易使目标顾客失去对品牌的认同。

（三）与产品特点、行业特点、经营范围相关

与产品特点、行业特点和经营范围相关命名是一种比较保险的原则。以这个原则命名的品牌名称容易让消费者联想起产品特点或品牌，有助于品牌推广。例如，饭店名称（饭店名称往往是品牌名称）“鱼米之乡”、“柴米油盐”“老湘汇”容易让消费者记住其产品特色或经营内容。很多品牌名称“望文生义”就容易明白其经营范围。例如，“红信封”容易让人联想起送礼，“海飞丝”给人头发飞舞的感觉。另外，根据行业特点或者行规命名也很重要。例如，中国时装企业根据国外时装品牌深受中国消费者追捧的特点，纷纷以英文命名品牌，包括Meters/bonwe（美特斯·邦威）、Semir（森马）等。又如，德国钢笔世界知名，很多企业也在德国注册，然后使用英文名称，如上海金皇冠钢笔在德国注册了德国公爵钢笔，以德国公爵之名在中国市场畅销。

(四) 规避法律、道德、宗教、习俗问题

品牌命名需要规避法律、道德、宗教、习俗问题。规避法律问题，一方面是指品牌名称不抄袭竞争对手的名称，也不诋毁竞争对手的品牌声誉。例如，开心网（kaixin001. com）以网站名称相同及其内容相似为由对另一个开心网（kaixin. com）的持有者千橡公司提起诉讼，此案纠纷影响了千橡开心网的品牌声誉。另一方面是指企业要懂得保护品牌名称。品牌名称必须符合《中华人民共和国反不正当竞争法》等相关法律才能注册并受到法律的保护。品牌不以行业、产品属性的字样命名，如“音乐网”等品牌名称是无法注册的，也就无法得到法律的保护。

品牌命名需要规避道德、宗教和习俗问题，特别是当品牌进入新兴市场时，需要充分尊重当地信仰和习俗，规避涉及道德、宗教和习俗的敏感字眼。例如，中国的“白象”电池在东南亚深受欢迎，因为当地人视白象为吉祥物；而英国人和美国人觉得白象笨重而无价值，显然，“白象”电池进入英美国家市场时需要考虑重新命名。

(五) 在时间和空间上的延伸

一个品牌的创立往往是需要几代人的共同努力，而品牌名称应该经得起时间的考验。所以，品牌名称一般不宜采用“伤不起”、“有木有”等一时流行的网络词语，因为这种品牌名称会随着流行词语的快速不“流行”而被迅速淘汰。空间上的延伸主要是指品牌名称应适应国际化的要求。品牌命名时需要有国际视野，考虑品牌的英文名称。例如，联想在公司发展初期没有考虑到英文名称的可行性，公司进入国际市场时才发现原来的“Legend”英文名称不可用，后来更改为“Lenovo”。又如，索尼公司为了适应国际化需要，将公司名称——东京通信工业公司改成英文名字“SONY”，好听、易记。品牌的英文名字要好念好记，否则不利于品牌的国际化推广。

除了上面五个基本原则以外，品牌命名还需遵循个性独特、符合社会发展要求、避免模仿等原则。值得一提的是企业切勿模仿他人品牌名称。然而在中国市场上却涌现了一批模仿别人品牌的品牌名称，如麦德基（麦当劳加肯德基）、康踏（康威加安踏）、7 便利店（7-11）。另外，上海联华、上海华联和北京华联三个品牌名称足以把消费者弄糊涂。这种品牌名称显然对品牌推广不利。总之，品牌命名是一项看似简单、却非常需要创造力的工作，除了把握基本原则之外，还需掌握一定策略。

二、品牌命名的策略

(一) 统一策略

统一策略是指品牌名称、企业名称、品牌网站名称、域名等名称采用统一命名。统一品牌名称、企业名称、品牌网站名称、域名等名称可以降低多个名称推广的成本，提高推广效益。很多品牌的名称就是企业名称，如海尔、诺基亚、搜狐等。

(二) 关联目标市场策略

关联目标市场策略是指品牌命名与目标市场的特点相关联，具体包括与目标顾客的年龄、地位、受教育程度，竞争对手的状况相关联。例如，草根网、Babytree 网、好孩子、商务通就是针对目标顾客的群体名称命名的。

(三) 关联产品策略

关联产品策略是指品牌名称吸收产品元素，具体包括产品的功能和外观。例如，“蓝与

白”、“大众甲壳虫”、“迪拜帆船酒店”、“鸟巢”都是以产品外观命名，“娇爽”、“舒肤佳”、“迅雷”、“会声会影”以功能命名。Compaq（康柏）名称的由来是，其创业者认为，在个人计算机（Personal Computer，简称 PC）行业，最重要的是保持产品的 Compatibility（兼容性）和 Quality（质量）。于是，这两个英文单词的组合就得到“Compaq”此名。值得注意的是，一般不宜直接用产品的功能命名，需要经过谐音处理。

（四）关联品牌理念策略

品牌名称可以不是品牌理念，但是可以表达品牌理念，诠释品牌理念内涵。这种策略有利于唤起顾客的心理诉求和思想诉求。例如，“才子”、“宝马”、“劲酒”在一定程度上表达了各自的品牌理念。

（五）关联优势策略

与优势相关联命名，可以借势提升品牌知名度。优势包括地域优势、著名人物、产品优势、影响力事件等。企业可以首先审视自己的优势，关联优势而命名。例如，“兰州拉面”、“耐克乔丹”、“云南白药”、“掌中宝”都是通过关联各自的优势而命名的。大量网络游戏名称也是借其他事物的影响力而命名的，如反恐精英 CS、天龙八部、武林外传、成吉思汗等。

以上概括的五种策略是品牌命名的主要策略。企业命名品牌名称时，需要综合考虑品牌、产品、企业、行业、顾客、竞争对手等诸多因素，把握命名基本原则，通过一套品牌命名的程序来给品牌命名，下面对品牌命名程序予以介绍。

三、品牌命名的程序

品牌命名的程序是指组织通过一定的步骤为品牌定好名称的流程。通过一套流程的工作，使得品牌名更科学，以此提升品牌资产。一般而言，品牌命名的程序可分为以下步骤：

（一）宏观分析并确定目标

在品牌命名之前，要对与品牌名称相关的因素进行宏观分析。可以从目前的市场情况、未来国内市场及国际市场的发展趋势、品牌主体的战略思路、载体的构成成分与功效以及人们使用后的感觉、竞争者的命名等情况进行分析。在宏观分析后明确需要什么类型的品牌名，要在多少个国家使用该品牌名，新品牌名与公司目前的众多品牌名相适配吗，新品牌名与公司目前的命名文化相适配吗，或者它是十足的创新，竞争对手将会做出什么反应。通过对以上问题的分析和回答，确立品牌命名的目标，做到有的放矢。

（二）品牌理念分析、理解

品牌名称是品牌理念的表达，在宏观分析确定品牌命名目标后，就必须深度剖析品牌要传播的理念。品牌理念是品牌命名的依据和主题。如果把品牌名称当做一篇作文，品牌理念则是这篇文章的中心思想。因此在具体讨论品牌名称之前，要深度分析品牌理念，并理解品牌理念。

（三）取名工作

在深度理解品牌理念后，就可以进行取名工作。在这一步，经常使用头脑风暴法，召集各路精英，充分激发其名称创意灵感，鼓励所有可以参与的人畅所欲言、集思广益。在头脑风暴会议上，任何名称都不应被责难，都应该记下来，甚至可以采用计算机软件辅助取名。一次头脑风暴会议也许得不到一个满意的结果，但可以帮助寻找到一些关键的词根，这些词根往往是命名的大致方向。取名作业有时候需要召开几次头脑风暴会议，这样往往可以找到很多品牌名称。

（四）名称汇总和筛选

名称汇总就是把通过头脑风暴法等方法收集到的名称汇集到一块，以供筛选。名称筛选是把汇总的名称，用品牌命名原则的标准一一评价和筛选，并列出相关结果。筛选品牌名称的一个重要问题是由什么人来筛选。组织一个合理的评价小组十分重要。该评价小组的成员最好包括语言学、心理学、美学、社会学、市场营销学、法学等方面的专家。评价小组的筛选工作主要有：①用品牌命名原则对品牌名称筛选，主要由市场营销学专家来展开，如看品牌名称的是否符合品牌目标、是否体现品牌理念等；②语言审查，主要由语言学专家展开，如看品牌名称的语感、发音是否符合要求，词义联想是否宽度合适；③法律审核，由法学专家从法律的角度对名称进行审查，如看名称是否符合法律要求。

（五）受众测试

专家对品牌名称的评价和筛选的结果还需通过目标受众的测试。品牌是主体与受众心灵、思想共鸣的产物，因此要充分考虑受众的感受。通常可采用问卷调查、电话访谈、网络聊天等形式了解受众对品牌名称的反应。除此之外，还可以通过局部试用的方法，接受市场真实检验。如果测试的结果表明目标受众并不认同被测试的名称，那么就要按照前面的步骤重新命名。

（六）确定注册、法律保护

通过了测试的名称最好尽快进入法律程序进行相关注册，在没有确保注册通过之前最好能够保密，在局部试用测试中也不能过分张扬。总之，一旦名称通过了以上步骤，就要尽快通过注册来获得法律保护。

第三节 品牌标志设计

品牌标志是品牌的图像符号，是有别于竞争对手的象征性符号。品牌标志是品牌理念最直观的表现，是企业巨大的无形资产。消费者往往通过对品牌标志的识别来记忆品牌，所以，品牌标志对品牌推广的作用非常突出。

一、品牌标志要素

品牌标志要素包括形状和颜色。形状是标志的核心，形状不同给人的感觉是完全不一样的。就中国人的审美而言，圆形更为亲切、和谐，正方形更为严肃、正统。大标志更粗犷，小标志更小巧。例如，汽车品牌商标以圆形居多，包括宝马、奔驰、大众、丰田、雷克萨斯、马自达、现代、奥迪、别克、比亚迪等，当然也有其他形状的，如标致、劳斯莱斯、本田等。具体的形状给人的感觉都不一样。

颜色也是品牌标志的要素。品牌标志颜色对消费者的视觉影响非常大，不同的颜色给消费者的感觉是不一样的。就中国人的审美而言，红色和黄色代表激情、活力、向上；绿色代表和平、健康、环保；蓝色代表和谐、自然、诚信。颜色在不同行业中往往具有其特殊的意义，高科技企业和新闻媒体企业一般选择蓝色；金融业一般红色代表上涨，绿色代表下跌；女性美容业一般选择粉色、白色。

二、品牌标志设计的类型

形状和颜色两大要素结合在一起形成各种各样的品牌标志。归纳起来，品牌标志大概可以分为文字标志型、图文结合型、物象型三大类。

文字标志型是指品牌标志主要是由品牌名称的文字及其美术字组成的，可以是汉字、字母、阿拉伯数字及其结合。例如，康佳、搜狗、当当网、JACKJONES、IE、Disney、GAP都是以其汉字、英文字母为品牌商标。很多品牌商标是品牌名称的汉语字母或英文字母的简写，例如，中粮集团的标志之一"COFCO"是其英文名称"China Oil & Foodstuffs Corporation"简写。

图文结合型是文字和图形相结合的品牌标志，大多数品牌标志都属于这种类型。图文结合的标志不会像文字标志型那么呆板，同时也能与品牌名称相结合。这种品牌标志可以采用品牌名称的文字变形的方式来创作，如天恩、Louis Vuitton、好家风、力士等。另外，将文字和图形搭配创作的商标也属于图文结合型的商标，如中国一汽、心相印、百度、PPlive、Adidas等。

物象型是选择具有代表性的事物形状作为品牌标志。这种事物往往能表达产品特点、行业特点、经营范围等。选择的事物可以是动物、人、卡通形象或者其他。例如，安奈儿、瑞星、超级兔子、电驴、叮当猫、腾讯QQ是用动物作为品牌标志；老干爹、老干妈、霸王洗发水是以人物作为品牌标志；暴风影音、MSN、迅雷则用其他事物的形象作为品牌标志。

值得注意的是很多企业出于品牌保护的要求，往往会申请文字、图形、物象多个品牌标志。例如，汇丰银行有"汇丰"、"滙豐"、"HSBC"和图形多个商标；凤凰网有"鳳凰網"、"ifeng"和图形多个商标。

总之，不论哪种类型的品牌标志，其目的都是让顾客记住品牌，充分地表达品牌理念，唤起顾客的心理诉求和思想诉求，提高品牌知名度、美誉度和忠诚度。

三、品牌标志设计的原则

品牌标志设计的原则与品牌命名原则很多类似之处，这里根据品牌标志的特殊性，主要分析品牌标志设计特别要遵循的原则。

（一）易于视觉识别和理解

品牌标志与品牌名称不同的是，品牌标志主要是通过人的视觉神经输送给大脑的。所以，品牌标志必须是易于识别的。易于识别的要求包括标志形状简单，颜色种类少，整体清晰，不模糊，不易混淆。易于视觉识别是理解的前提，品牌标志易于理解有助于品牌内涵的推广。例如，中国邮政的标志结构非常复杂，纵然有再深刻的含义也很难让人记住这个标志，更不利于人们理解其内涵。相反，旗下品牌"EMS"的标志简单明了，容易识别。又如，鸿星尔克标志的形状与美津浓相似，可能会使消费者难以识别。

（二）包含并易于表达品牌内涵

品牌标志或表达品牌理念，或突出产品特色，或展示经营范围，或体现其他优势。包含品牌内涵不难，易于表达品牌内涵是最难的。一个好的品牌标志是顾客通过标志就容易理解品牌内涵。例如，QQ企鹅形象生动地表达了年轻、活力、可爱的品牌内涵，消费者一看到千千静听标志就知道其是音乐方面的品牌。

（三）统一性

统一性一方面是指品牌标志需要与企业标志、产品形状和包装、网站风格、行业特点和其他相关和谐统一。如果品牌网站以黑色为背景，品牌标志颜色却是蓝白两色，这样就很不协调。特别值得注意的是，品牌标志一般不要采用行业忌讳的形状、颜色和事物。例如，饭店标志忌讳粉红色，节能品牌忌讳红色，床上用品品牌忌讳黑色，高科技品牌忌讳夸张形状，商业报刊忌讳卡通形象。另一方面，统一性还指品牌标志在产品上、品牌网站上、企业门店上、各种广告上的形状和颜色需要统一。如果各种载体上的品牌标志设计不统一，不但对品牌认知不利，还容易让消费者认为是"山寨"品牌。

（四）国际性

由于文化的差异性，不同国家的消费者对同一形状和颜色的品牌标志会产生不同的联想，自然对品牌的认知也就不一样。中国人一般认为红色是喜庆、激情的颜色，但是英国人和美国人却认为其是血腥、暴力的颜色。所以，走国际化路线的品牌，需要充分考虑国际消费者对品牌标志的认可和理解。

（五）受法律保护

品牌标志是企业知识产权的一部分，需要得到法律的保护。首先，企业需要明白哪些标志是不能注册为商标的。根据《中华人民共和国商标法》，一般仅有本商品的通用名称、图形、型号，仅仅直接表示商品的质量、主要原料、功能、用途、重量、数量及其他特点，缺乏显著特征的标志，是不能注册为商标的。其次，企业切忌抄袭或模仿他人品牌标志。抄袭商标违反法律，模仿的商标让消费者难以识别。最后，企业要将品牌标志的颜色、形状，中英文标志、域名一起申请注册，寻求法律的保护。

值得注意的是，品牌标志虽然在一定时间范围内是固定的，但是随着时代进步，人们审美意识的改变，品牌标志也可能作适当的调整。例如，Kodak（柯达）标志从1907年确定标志以来，分别在1935年、1960年、1971年、1987年、2006年作过五次修改。不过1935年后的标志都包含了Kodak字样和红黄两色，即标志主体没有发生根本性变化。

品牌标志设计是一项极具创造力的工作，集合了营销学、美学、心理学、法学等的智慧，需要综合考虑品牌名称、品牌内涵、产品特点、企业特点、行业特点、经营范围、竞争对手、优势资源、法律保护等诸多因素，以品牌内涵为理念，表达主题为指导，把握品牌标志设计的基本原则，运用差异化思维，创造性地确定标志的具体形状和颜色。

第四节 品牌附加要素的设计

品牌名称和品牌标志之外，品牌说明、品牌口号、品牌故事、品牌广告语/曲、品牌包装和品牌人物形象也是非常重要的品牌设计要素。

一、品牌说明

品牌说明的目的是让消费者更准确和更深刻地理解品牌内涵。品牌说明具体包括对品牌名称的说明、对品牌标志的说明、对品牌历史的说明、对品牌宗旨的说明。

品牌名称包含了品牌内涵，但是大多数品牌名称都不能够完全表达其内涵，需要经过品牌名称说明才能让消费者完全理解其内涵。对品牌名称的说明力求实事求是，切忌夸大事实或张冠李戴。例如，“中兴”名字由来有二：一是因为1985年，中兴成立，投资者691厂是中国内地的国有企业，港资企业为运兴，各取一字，成为“中兴”；第二个更为重要的原因是“中兴”暗含中国兴旺的意思。

品牌标志通过图形符号表达比较形象但是不够具体和准确，通过品牌标志说明可以更清楚地表达品牌内涵。例如，爱儿健童装的标志释义是：爱儿健充满对儿童的关爱，祝福儿童健康成长。为配合未来发展，公司于2003年把爱儿健的英文原名aicoken提升为现在的aico，使品牌更简洁、更国际化。

对品牌历史的说明是对品牌起源和发展比较全面的概述，有助于消费者更全面地了解品牌。部分行业中悠久的品牌历史往往是品牌实力的象征，所以，像对白酒、葡萄酒、大学、手表等品牌历史的说明显得非常重要。

对品牌宗旨的说明是为了告知目标顾客其品牌是为谁而存在的，是怎么实现品牌宗旨的。例如，雅芳的品牌宗旨说明是它是如何“成为一家比女人更了解女人的公司”的。

二、品牌口号

品牌口号是品牌理念的精练宣传语。简短易懂的品牌口号不断地重复，有助于唤起目标顾客的心理诉求和思想诉求。例如，运动品牌的口号：Nike——Just Do It；Kappa——爱我的人跟我来；Adidas——Impossible Is Nothing；李宁——一切皆有可能；安踏——永不止步；Pepsi——渴望无限；鸿星尔克——To Be No.1；361度——多一度热爱；锐步——我就是我。

品牌口号是对品牌理念的口语化表达，即通过用精练、易懂、易传播的语句充分表达品牌理念。例如，Adidas的口号“Impossible Is Nothing”是其品牌理念——超越自我、追求卓越、勇于挑战的口语化表达。

三、品牌故事

品牌因故事而美丽，因故事而流传，因故事而传奇。品牌故事对品牌理念、品牌文化的深度挖掘具有重要作用，品牌故事可以让顾客产生品牌联想，提高品牌认知度和记忆。以童装为例，广为流传的动漫故事极大地提高了动漫童装品牌的知名度、美誉度和忠诚度。例如，随着《喜羊羊与灰太狼》的动画片在全国热播，喜羊羊与灰太狼品牌童装也走俏于市场，迪士尼系列品牌童装就是借助米老鼠、白雪公主等家喻户晓的故事推广品牌，时代华纳的DC超级英雄漫画系列品牌童装也是借助超人、蝙蝠侠等故事畅销全球。

品牌可以借助原有的品牌故事做品牌宣传、推广。如果品牌没有相关的故事，可以恰当地编写品牌故事，但是切忌胡编乱造。品牌故事应以宣传品牌理念为目的，故事内容不能完全脱离品牌事实。

四、品牌广告语/曲

广告语/曲是根据广告的目的而选择的，不同广告目的选择的广告语/曲是不同的。以宣传品牌为目的的广告语往往包含品牌口号及其解释，广告曲作为背景烘托品牌理念。例如，Adidas 2006年的霍华德战靴广告：伴随着玄妙、动感、刺激的背景音乐，画面依次播放Adidas霍华德战靴和霍华德无所不能的比赛场景，并在画面下方依次出现“超越所有……”

最后镜头定格在 Adidas 的标志和经典的品牌口号“Impossible Is Nothing”上。在这则广告中，“超越所有”等广告语很好地表达了 Adidas“超越自我，追求卓越，勇于挑战”的品牌理念。动感、刺激的背景音乐恰到好处地烘托其品牌理念。在星巴克咖啡店中，顾客伴随着钢琴演奏和欧美经典音乐，无尽地体验着星巴克浓郁的欧美文化。星巴克正是通过音乐背景、时尚杂志、装修格调等诠释着星巴克“不是卖咖啡，而是卖文化”的理念。

品牌广告语/曲可以是不同的，但是一般都包含品牌口号和品牌象征性音乐。总之，品牌广告语/曲的选择应该以宣传品牌理念为目的，旨在唤起顾客的心理诉求和思想诉求。

五、品牌包装

品牌包装是传播最广泛的品牌设计要素，也是最容易影响消费者购买决策的设计要素。品牌包装最接近消费者，包装的形状、颜色、大小、质量等属性都给消费者带来最强烈和最直接的感受。

好的产品包装往往对消费者具有极大的吸引力，相反差的产品包装将给品牌声誉带来负面影响。例如，设计精致、材质高档的服装包装袋往往给消费者带来品牌高档、物超所值的感觉。蒙牛、伊利纸盒装牛奶包装小巧、容量适中，屈臣氏蒸馏水包装个性独特、颜色清爽，它们都深受消费者喜爱。相反，一些饮料包装像洗发水的包装，必然让人产生不舒服的感觉。对于服务性企业而言，门店包装非常重要。众多品牌企业纷纷投入巨资包装门店。大部分百货商场为了统一形象，要求进场的商家不得大范围改变装修。好的门店包装有助于吸引消费者进店消费，同时也有利于消费者在店中体验品牌文化。例如，麦当劳的金黄色拱门吸引了无数顾客，店内温馨的装修风格让人体验家一般的温暖和亲切。

如何判断品牌包装的好差？一般而言，产品包装要求颜色与品牌标志谐调并表达品牌理念，质量不低于所包装的产品质量的档次，大小适中，形状独特，符合目标顾客的审美要求，不抄袭他人包装等。门店包装要求统一风格，彰显个性，表达品牌理念，符合目标顾客的审美要求，不抄袭他人包装等。另外，品牌包装需要符合行业要求、法律、习俗等。例如，帽子不宜绿色包装，而首饰包装一般用红色等。

六、品牌人物形象

选择品牌人物形象的目的是借助第三方的精神表达品牌文化，从而提高品牌知名度、美誉度和忠诚度。品牌人物形象对消费者的号召力是其他品牌设计要素不可比拟的。例如，众多儿童玩具、文具、童装都是借助著名卡通人物推广的。腾讯 QQ 借助企鹅卡通形象推广品牌，极大地提高了品牌知名度，这也是其他门户网站无法比拟的优势。大多数品牌都会选择真实的形象代言人，形象代言人对品牌的认可往往会传染给他的支持者。合适的形象代言人可以极大地提高品牌的知名度、美誉度和忠诚度。例如，蒙牛液态奶曾经请“超级女声”作为形象代言人，并借助“超级女声”的影响力一举占领了液态奶的年轻人市场。

什么样的品牌人物形象才是合适的？选择卡通和形象代言人要符合四个原则：高知名度、高美誉度；具有较强号召力；人物精神与品牌文化相符；非争议性人物。高知名度的品牌人物形象高有助于提高品牌知名度。仅有高知名度远远不够，品牌人物还必须有较强的号召力和较高的美誉度，这样就可以借助品牌人物的号召力提高品牌的美誉度和忠诚度。最重要的原则是人物精神与品牌文化相符。人物精神必须是目标顾客知晓和认可的，必须是与品牌文化相符的。目标顾客可以通过人物精神联想起品牌文化，从而更深刻地理解品牌内涵、品牌个性和品牌理念。最后，品牌形象代言人应该是非争议性人物，因为消费者容易将争议性人物的负面情绪带到品牌上。另外，卡通形象往往与物象型标志的卡通形象是一致的，这样有利于品牌的整体推广。

根据以上四个原则，谨慎选择品牌人物形象，一定会对品牌推广大有益处。迈克尔·乔丹代言耐克乔丹系列球鞋就是成功选择形象代言人的经典案例。耐克公司不但借助乔丹的知名度极大地提高了品牌知名度，更重要的是乔丹“不畏困难，勇于挑战，追求胜利”的精神与耐克“永无止境，追求卓越”的品牌文化相符，即耐克公司通过乔丹精神极强地表达了耐克品牌文化。耐克公司借用乔丹的知名度、美誉度、精神、号召力，极大地提高了品牌的知名度、美誉度和忠诚度。

【本章小结】

（1）品牌设计是品牌定位中品牌塑造的内容，其目的是通过品牌设计更准确地表达品牌理念。品牌设计主要通过品牌设计要素来体现品牌理念。品牌设计要素一般包括品牌名称、品牌标志、品牌说明、品牌口号、品牌故事、品牌广告语/曲、品牌包装和品牌人物形象七大要素。品牌设计的七大要素是一个以品牌理念为轴心相互关联的完整的系统，只有将七大要素整合，才能形成独特的统一的品牌设计风格。

（2）品牌名称就像人的名字一样，是最基本和最重要的品牌要素，往往是品牌理念精练的表达。品牌名称的好坏关系品牌的知名度和美誉度。品牌命名的原则主要有：①易认、易读、易写、易记；②表达的品牌理念和得到顾客理解双重并举；③与产品特点、行业特点、经营范围相关；④规避法律、道德、宗教、习俗问题；⑤在时间和空间上的延伸。

（3）品牌标志是品牌的图像符号，是有别于竞争对手的象征性符号。品牌标志是品牌理念最直观的表现，是企业巨大的无形资产。品牌标志要素包括形状和颜色。品牌标志设计的原则与品牌命名原则很多类似之处，根据品牌标志的特殊性，品牌标志设计特别要遵守的以下原则：①易于视觉识别和理解；②包含并易于表达品牌内涵；③统一性；④国际性；⑤受法律保护。

（4）品牌广告语/曲属于企业听觉识别系统，通过声音传达品牌信息。品牌包装是传播最广泛的品牌设计要素，包括产品包装和企业形象包装。品牌人物形象主要是指卡通人物和代言人形象。品牌人物形象对消费者具有极强的号召力，有助于宣传、推广品牌理念。

【思考题】

1. 品牌命名的原则有哪些？
2. 品牌设计要素之间的关系是什么？
3. 品牌设计的目的是什么？

【案例分析讨论】

斯柯达汽车全新企业形象设计亚洲首发㊀

随着斯柯达汽车到2018年将全球销量翻番计划的逐步实施，并伴随着其在中国及其他增长性市场扮演越来越重要的角色，斯柯达汽车正迈向企业发展新纪元。

如今，对于实现这一目标的决心和信心有了更直观且可视化的表现——斯柯达汽车在2011年上海国际车展上展示了其精心设计的全新企业形象。这一设计从2011年3月1日起运用于斯柯达汽车的所有内部与外部沟通中。原有的飞翔之箭图标经过重新设计，颜色更加鲜明，品牌形象更加精准；此外，象征全新的价值理念的“斯柯达专业”（ŠKODA PRO）字体也全面采用。以全新企业设计形象出现于各类广告、出版物、新闻资料和其他形式的传播方式中的斯柯达汽车，无一不在说明其已成为一个全球性的品牌，并且在公众面前正以一种更加现代、更加年轻的姿态进行展示。全新品牌形象也将逐步引入到遍布全球的斯柯达汽车经销商门店中，对其展厅建筑和室外设计加以翻新。此外，汽车车身上的标志也将自2012年起进行更新，而标志的摆放设计将全面呼应斯柯达汽车在上海国际车展上推出的新概念车Vision D的设计理念。

一、全新企业形象设计更加清新而精准

斯柯达汽车全新企业设计形象最明显的特征是更加清新而精准。正如斯柯达汽车已深入人心的品牌形象特色，经过不断的演变与推陈出新，使其从外观设计上成为更具价值的品牌，从而提高了其在全球的关注度。

“我们热切希望，在全球各个市场，斯柯达汽车的品牌全新力量不仅体现在我们未来的产品中，也同时体现在我们向合作伙伴和客户展示自我的方式中。正如在亚洲和欧洲市场，斯柯达汽车以其产品物超所值、包含丰富智慧解决方案以及精细做工的特点成为最具吸引力的汽车代名词，而所有这些特征都清晰地反映在了我们的全新品牌形象设计中。斯柯达汽车正在稳步发展，这是大家有目共睹的，全新设计和形象反映了斯柯达汽车的未来计划，同时我们热切期盼在国际舞台上显示出斯柯达汽车的全新品牌力量”，斯柯达汽车全球销售和市场董事Jürgen Stackmann先生表示。

二、崭新标志传递全新企业价值

在上海，斯柯达汽车以崭新的形象展示给亚洲公众。此次新标志最大的改变在于飞翔之箭，在新设计中它更大、更明显，飞翔之箭的颜色由“自然绿”变更为全新的更葱郁的“斯柯达绿”。此外，外围区域的镀铬效果设计也更加突出。

原设计中，飞翔之箭周围的黑色圆环重新设计成为简洁的镀铬风格，并处于离飞箭更远的位置，使图标显得更轻盈、更加充满冒险精神。圆环内部的“斯柯达汽车”（ŠKODA AUTO）也替换成为位于图标正上方的更加清晰简洁的“斯柯达”（ŠKODA）字样。全新的颜色与构成比例，再加上新的布局安排，构成了斯柯达汽车全新且更加精确与更富清新感的新标志。

㊀ 来源：凤凰网·汽车，2011－04－19，http：//auto. ifeng. com/roll/20110419/594841. shtml。

三、全新企业颜色，全新字体

经过压缩处理的全新“斯柯达专业”（ŠKODA PRO）字体更加纯净与精确，这也是公司全新形象的重要组成部分。另外，企业设计的配色方案也明显简化，斯柯达汽车图标中所使用的绿色为潘通362色（Pantone 362），是世界通用的标准色，突显清新感和亲切感。之前的配色方案中包含大约400种颜色，而新方案仅用了五种：斯柯达绿（ŠKODA Green）、斯柯达白（ŠKODA White）、斯柯达黑（ŠKODA Black）以及两种合成色——潘通冷灰（Pantone Cool Grey）和潘通暖灰（Pantone Warm Grey）。

四、全球经销商门店换新颜

在未来，所有斯柯达汽车经销商门店的外观也将发生改变。销售门店所在建筑物的外部设计将进行翻新，其中一个要点是要确保建筑物不论在白天或夜晚都很醒目。此外，销售门店内部也会进行更新，以体现全新品牌价值。另外，使用优质的材料、较大的互动空间和更大的楼面，可以给人慷慨和更加开放的感觉，从而吸引顾客。“全新形象将遍布全球市场，这并不是表面的变化，而是我们全新企业标志的更新，是对我们的价值理念的系统形象化。销售门店是顾客与斯柯达品牌面对面接触的主要地点，为了进一步优化这一沟通环节，我们将在未来几年使我们的展厅布局变得更加放松而愉悦”。Jürgen Stackmann 先生表示。

五、2012年斯柯达汽车将启用全新车标

斯柯达汽车的车身图标预计于2012年开始更换，设计风格将呼应上海国际车展中所展示的Vision D设计理念。新车标将位于模压成型的发动机罩前沿和车体后部，采用黑色和镀铬的组合设计。飞翔之箭标志将被修饰得更加精细，飞箭将位于中间部位，使用镀铬而非绿色设计，外围的圆环也将使用镀铬风格，并且车标中将不再使用桂冠装饰和斯柯达字样。

讨论题：

1. 案例中的内容体现了斯柯达汽车品牌设计的哪些要素？
2. 结合案例，分析斯柯达汽车的品牌理念是什么。
3. 结合案例，分析斯柯达汽车的品牌设计在哪些方面展现了其品牌个性。

第七章 品牌沟通

【本章要点】

（1）品牌沟通的含义。

（2）价格、渠道、广告、公共关系与品牌沟通的关系。

（3）品牌杠杆及其实体的内涵。

（4）选择品牌杠杆实体应考虑的条件。

【导入案例】

A 企业的辉煌与危机

2008 年，曾经因为“非油炸”概念而一举成名的 A 企业以及它背后的 W 集团，正在面临着一炮走红以来最大的考验。方便面行业分析人士都认为，在进行巨大的宣传投入后，W 集团的资金链可能已经断裂。

A 企业一则“拒绝油炸，留住健康”的广告，几乎一夜之间出现在电视、报纸、户外等媒体。一场关于方便面“油炸与非油炸”的争论急剧升温，从方便面企业到行业协会，所有矛头均指向此前名不见经传的五谷道场。两个月后 A 企业将广告词改换成“非油炸更健康”，而正是这场“焦点营销”的炒作令 A 企业一夜成名，销量一度达到数亿元。

但是，由于“非油炸”在行业知名度低，前期绝对要大手笔投入宣传才能被消费者认知，2007 年 A 企业每月有上千万元的市场投入，2006 年仅电视媒体和纸媒广告投入就超过一亿元，费用直逼行业老大康师傅。大量的广告宣传费用导致企业成本很高，企业也一直处于亏损状态。另外，“非油炸”方便面并非主流产品，在方便面市场中市场容量较小，这也是导致 A 企业入不敷出的原因之一。

由于资金链断裂，A 企业几乎停掉了所有广告。从 2007 年上亿元广告费到 2008 年几乎为零，极大地动摇了 A 企业经销商的信心。更重要的是 A 企业挤占经销商资金，也导致经销商对 A 企业失去信心。渠道的不稳定更让陷入危机的 A 企业“摇摇欲坠”。

第一节 品牌沟通概述

沟通是人与人之间、人与群体之间思想与感情的传递和反馈的过程，目的是求得彼此思想的一致和情感的通畅、融洽。品牌的成功，不仅仅取决于产品的品质和价值，最关键的，还是品牌是否与消费者需求实现了有效的对接与沟通，是否得到了消费者的理解与认可。因为品牌是消费者的，只有消费者认可的品牌，消费者才会心安理得地掏出腰包而付出。所以，在品牌管理的过程中，将品牌与消费者进行有效的对接和沟通，显得尤为重要。

一、品牌沟通的含义

什么是品牌沟通（Brand Communication）？所谓品牌沟通是指在品牌管理的过程中，将品牌所具有的价值、品质、精神、文化等品牌属性，通过各种媒介宣传、促销等活动方式，让消费者理解、认同并与之融合的过程。

这一过程由品牌自身策略各要素、品牌内部沟通和品牌外部沟通三大要素确定。品牌的沟通首先是品牌内部沟通，也就是组织把自身的价值和理念在内部进行传递，使员工感受到品牌价值对自身职业发展的意义和重要性，使员工能够发自内心地去推广品牌，传递价值；品牌自身策略各要素是指与品牌沟通相关的沟通人群定位、沟通媒介选择、沟通信息要素等正在实施的策略；品牌外部沟通是指品牌策略在市场的实际表现效果及整个消费者对品牌各种策略的认知与理解情况。

以上三者，只有达到同一声音、同一行为，品牌沟通的效果才能达到最佳。

品牌怎样做才能距离消费者更近呢？让消费者感觉到企业的产品和服务是专门为他们设计的，他们就会更加青睐企业的品牌，这样就拉近了消费者与品牌之间的距离，使企业获得更好的销售业绩。

在创意时代的品牌沟通活动中，品牌的理性成分指的是品牌及其代表的产品的科学性、技术性和逻辑性，具体表现为功能、结构等；品牌的感性成分指的是品牌及其代表的产品的艺术性、情感性、心理性和人文性，具体表现在品牌沟通的形式、产品的沟通感等方面。

品牌沟通无论是感性成分还是理性成分，都是传播者思想、意识形态和创意形式的一种表达。信息沟通的主体是人，沟通的受众和传播者也是人，因此人是沟通的中心和尺度。这种尺度既包括生理尺度，又包括心理尺度，而心理尺度的满足是通过人性化得以实现的。从这个意义上来说，人性化沟通方式的出现，是人的内在本质要求使然，绝非完全是传播者追逐风格的结果。正因为对人的重视程度得到提高，人性化沟通才获得了生存的空间。

二、品牌沟通的内容与途径

在品牌沟通的过程中，企业是品牌沟通的主体，也是品牌能否被接受和认可的实施者。因此，作为企业来说，一方面要采取有效措施来实施沟通，另一方面要明确沟通的内容。

构成消费者接受和认可的品牌的各种要素，是品牌沟通的内容。它主要由两部分构成：一个是品牌的静态信息，包括品牌名称、标志设计、口号语、包装设计、色彩组合、品牌的科技含量、文化内涵以及品牌价值等，这些是构成品牌沟通内容的主体；另一个是品牌沟通的途径或方式，是借助于品牌的动态经营，包括品牌的定位、品牌战略决策、品牌传播、品牌产品营销、品牌的延伸和品牌维护活动等。品牌沟通活动就是以品牌的静态信息为信息源，通过组织调整、产品开发、市场开拓、公关活动和广告发布等动态的经营活动将其品牌的个性、理念、形象等传达给目标受众。

一般而言，品牌的构建和打造应突出企业的显著特色，那么品牌沟通就应该重点突出企业能够为社会大众所传播和认可的特质。

在品牌沟通的过程中，消费者相对处于静止状态，因此，企业在品牌沟通过程中的关键环节是企业采用怎样的沟通手段去传递自身的品牌价值和品牌内涵，最终使品牌能够产生竞争优势并带来预期的效益。

在品牌营销沟通中最明显、最常见的动态品牌沟通形式是广告传播，此外还有公共关系、促销、人员推销、营业推广、公益活动、直销和赞助等。品牌沟通的途径形式多样，不仅仅采取上述方法中的一种或者几种，而是通过有效的营销手段促使这些方法形成一个有机体去发挥整体效应，这就是整合品牌沟通。

这些品牌沟通的具体形式将在本章后面几节一一阐述。

三、品牌沟通的价值

品牌沟通的价值体现在两个主要方面，即对营销组织的价值和对消费者的价值。营销组织在品牌的构建上应该拥有组织的核心价值观，这个核心价值观一方面从根本上建立了企业优势力量并促使优势力量发挥作用创造效益，另一方面它对外代表了企业的一种社会形象或者是一种社会承诺，通过品牌这个概念来进行系统的实施。组织的核心价值观只有在品牌沟通过程中才能够获得实质性的利益，而获益的多少和程度又取决于品牌沟通过程中是否受到干扰因素的影响。因此，对于营销组织而言，品牌沟通的价值在于沟通过程中的方式方法、价值评估、监控和反馈等体系建设程序。

对于消费者而言，品牌沟通的价值存在于沟通过程中是否能够带来消费者对品牌的认知度以及消费者能够认可和接受该品牌并从品牌消费过程中获得心理上或物质利益上的满足。有效的品牌沟通在为营销组织传递价值的同时又能够为消费者带来价值。

四、品牌沟通应遵循的原则

在品牌沟通的运行过程中，通常由于受到来自企业内部因素的影响，品牌沟通没有按照规划的要求达成预定的目标，从而导致品牌形象受损，甚至更为严重的是导致社会公众对企业品牌产生质疑。因此，在品牌沟通的具体运行中应注意遵循以下原则：

（一）品牌沟通应强调一致性和连续性

企业对品牌的设计和传递的目的是为了向公众传播企业自身的服务理念或者营销理念。有效的品牌沟通将进一步加深公众对企业的理解和认知，但品牌沟通很容易受到来自企业内部因素的干扰，导致品牌沟通受阻或者方式、方法上出现了偏差。这主要表现在当主要领导人换任后，由于领导风格的差异或者对营销战略的理解不同，对以前推行的品牌战略有不同的理解和思路，因此不再延续以前的品牌沟通思路或者以另外一种思路替换原有战略。另外，那些规模较大的企业，如果在一体化运行或者营销整合过程中没有形成一个成熟的并且能够高效运行的机制，就可能导致品牌沟通出现地区性差异，使品牌推广过程出现偏差。

如果在品牌沟通过程管理中出现了偏差或者忽视，将严重影响组织营销战略的实施，也不可能对组织的营销理念和营销价值进行有效的传递。这直接关系到品牌沟通能否实现信息传递的目标，能否规避品牌信息传递过程中的干扰因素，以及能否将企业的品牌价值进行正确的推广。

因此，在品牌沟通过程中，企业应该在内部的高效运作和管理方面下工夫，营销战略体现的是企业整体机构运行的方式，考量因素主要是基于企业的资源配置、竞争模式、财务状况、市场定位以及联盟方式等，所制定的营销战略不能因人而变，不能受到行政干预，在不同时期和阶段要适时调整营销战略，有效保证营销战略和品牌沟通的一致性和连续性。

（二）品牌沟通应实现对社会的承诺

在现实生活中会出现企业对社会的服务承诺或者保障与其当初的承诺出现偏差甚至有时候与其承诺根本无法进行匹配的情况，导致消费者对企业品牌产生质疑甚至愤怒。企业在推出产品或者服务时，把自身的优势过于理想化，或者过分强调服务内容的优越性和客户的满意度，但是完全忽略了企业内部资源（包括人员）配置的不均衡性，以及在不同层级和不同区域服务保障体系的差异性。简单地说，就是无法掌握企业各个层级服务保障能力的差异性，过分强调优质服务的内容，然后向社会进行推介，但是其服务保障能力根本无法实现或者是由于内部信息渠道的不畅导致信息无法传达。这种对社会作出了服务保障的承诺却因为自身的弱点又无法实现的后果，反而比不作出承诺更严重。所以，品牌沟通应实现对社会的承诺，承诺应基于自身的有效资源配置和保障能力，能够做到的就承诺，根本无法实现的就不要承诺。

（三）品牌沟通应体现品牌核心价值

沟通是手段，价值是目的。品牌沟通传递的是企业的价值和消费者的价值，品牌是企业在营销战略上的一种浓缩的核心价值体现，它既是一种代表组织的符号，又是为企业和消费者能够带来利益的实体。这种浓缩的核心价值表现在它代表了企业对社会公众服务所承诺的一种人文关怀和经营理念，并且企业内部的员工理解和支持这种理念，能够主动、热情、积极地去传递和推广这种价值，使消费者切身感受到企业品牌价值的力量。

在品牌沟通上，一方面要确立品牌在内部的认知、沟通，通过为公众提供的服务来传递企业的价值，使企业能够获得社会公众的广泛认可并最终实现经济利益；另一方面，品牌沟通还应体现出消费者的价值，主要考虑的是品牌优势是否能够为消费者带来更多的利益，品牌在价格、成本、质量上是否超出消费者的期望，考虑品牌的连续性和公众认可度等。总之，品牌沟通是企业营销战略实施的一个关键环节，传递的是企业对社会公众的一种核心价值理念。

（四）品牌沟通应注重与消费者的对话，即沟通信息的双向交流

沟通应该是双向的，但是在实践中，企业在品牌沟通过程中更多的是表现为沟通的单向性，也就是说根据营销战略的指导性纲领，根据自身的情况和状态，制定出一系列的产品和服务标准，并要求涉及的业务单位遵照执行。这不是沟通，是传播。传播具有单向性，而沟通应该是也必须是双向的。这正是品牌沟通与品牌传播的主要区别。

如何推广企业自身的价值观和经营理念，如何获取更多的市场份额，要解决这些问题就需要在品牌沟通过程中增加消费者对企业品牌的认知和反馈过程，就需要在沟通方式上尽量采取一些消费者易于参加的活动方式来收集消费者对品牌的认知程度并以此修改和调整品牌沟通的方式和目标。与消费者之间的品牌沟通应是互动的和真诚的，企业只有与消费者实行开诚布公的交流，才能够有效实现品牌沟通过程中的双向效应。另外，在与消费者沟通的方式、方法上，企业还应进一步开发新的消费者管理应用软件，一方面有利于改善和提高消费者管理的信息化水平，另一方面增加品牌沟通的双向渠道。

【品牌视野】

品牌沟通之道㊀

2005年12月13日，日本知名品牌索尼的六款相机被检测出质量问题，索尼在处理此次品牌危机时，由于态度欠佳导致中国消费者不满。屡屡发生的品牌危机提示我们：在品牌竞争力时代，品牌沟通变得更加重要，如何与消费者进行品牌沟通将成为中外品牌共同面临的严峻课题。

一、品牌沟通精细化：载体不仅仅是产品

提起日本的品牌，中国人的第一反应往往是产品质量好。事实上，日本品牌在中国的品牌宣传也一直以产品广告为主，如最早的“车到山前必有路，有路必有丰田车”、松下的美少女广告等。

可以说日本品牌基本上是用产品本身来和消费者沟通，日本人也非常注重产品质量，常以“质量好”标榜。按照日本人的思维，产品就是要保证质量，产品卖给消费者后，企业和消费者之间的关系就结束了。例如，一台日本空调因为质量好，多年都不会坏，一旦坏了日本人就认为寿命终期到了，就把空调扔掉，一般不会再找厂家维修。但在中国，这样的品牌沟通方式受到了挑战，因为中国是一个工业化进程相对较慢的国家，中国人对产品特别是工业产品的质量缺乏信任，所以中国消费者购买任何电器类产品，都要现场认真检测，保证没有质量问题才敢购买。当然，如果产品有损坏，中国企业会提供完善的售后维修服务。这也是中国家电品牌能够后来居上、战胜日本品牌的重要原因之一。中国品牌依靠服务、完整的品牌沟通赢得了消费者。

在中国这样一个文化特殊的国度内，品牌沟通是一个精细化的过程。消费者购买某个品牌的产品，社会就默认消费者和品牌之间产生了一种沟通关系，消费者希望从企业那里得到更多的品牌信息、更多的增值服务、更多的双向沟通。

日本企业认为产品在使用过程中出现的各种问题，是使用的问题，而不是品牌本身的问题，这和中国人的消费心理相冲突。中国消费者认为产品一旦有问题企业就有责任马上解决。如果企业善于做品牌沟通，服务及时到位，消费者会有做“上帝”的感觉，反而不会过分抱怨产品质量差。如果企业不及时进行品牌沟通，消费者就会迁怒于企业。日本企业往往不善于做这种中国式的品牌沟通。

例如这次的索尼问题相机事件，尽管索尼在中国设置了相关机构，但是因为索尼是跨国公司，“船大调头比较慢”，再加上跨国公司在中国的企业往往是分开的，职责归属、层级反映都比较复杂，索尼问题相机出现后，客户热线电话打不通，又找不到负责部门。品牌出了问题不可怕，可怕的是不能及时解决。索尼的冷处理使消费者感觉日企太傲慢，不尊重中国人，这样品牌沟通产生了严重的障碍。

随着中国市场品牌竞争的加剧，品牌沟通要求更加精细化。不仅产品设计要精细化，品牌服务、危机处理等都要精细化。品牌沟通将是一个全面、统一的整体。

㊀ 李光斗，品牌沟通之道［J］，广告导报，2006（2）。

二、以消费者为中心的全方位品牌沟通

品牌沟通的主体是消费者，消费者是企业财富的源泉。品牌沟通的中心一定要围绕消费者展开。当然，成功的品牌沟通不仅仅是直接与消费者沟通，所有影响消费者心智和行为的事物都是品牌沟通的范畴。通过外在的因素与消费者沟通往往会更有效。

品牌形象沟通就是品牌沟通的重要组成部分。这其中，事件营销的作用最为显著。许多知名国际品牌都很注重通过事件营销进行品牌沟通。例如，三星冠名赞助“迎奥运万人长跑活动”，以社会热点事件和公益活动实现与消费者的深层沟通。又如，奥迪通过赞助博鳌亚洲论坛巩固自己的政府用车的品牌形象，通过赞助北京音乐节提升品牌美誉度。这些都是很巧妙的品牌沟通方式，对培育企业良好的品牌形象十分有益。

第二节　价格与品牌沟通

定价是营销能控制的一道关口，产品定价面向市场之后，对消费者、竞争对手、产品销售、品牌的影响都非常巨大。价格在市场中就像一把刀，它切割了市场；作为细分市场的一个重要工具，品牌定价也区隔了目标顾客。例如，LV 的价格高，就明显区隔了中低收入消费者。另外，价格在消费者心中是一把尺子，价格的高低决定了该品牌在消费者中心的形象和位置。例如，香奈儿的价格高，在消费者心中是高档奢侈品牌。

科学定价需要考虑成本、时间、区域、企业利润、竞争对手、目标市场、顾客认知、品牌定位、产品结构、产品周期等诸多因素。由于影响定价的因素太多，产品定价很难做到绝对科学与合理。一般通行的方法是，根据定价目标，选择对定价影响最大的因素，然后综合其他因素，作出相对合理的定价。

一、品牌定价

品牌定价是指以实现品牌战略为目标，将品牌视为影响定价的主要因素，然后综合其他因素，确定产品价格。品牌定价是实现品牌战略的一种策略，所以品牌定价需要以实现品牌战略为目标。一般产品的价格 = 制造成本 + 研发成本 + 市场推广费用 + 销售费用 + 管理费用 + 汇兑损益 + 合理利润 + 品牌溢价。品牌定价最终需要确定的是品牌溢价是多少。

品牌定价的逻辑是以实现品牌战略为目标，以成本为基础，以顾客需求为前提，以竞争对手为参照，确定品牌认知价值，最终确定品牌价格。

品牌定价是实现品牌战略的一种营销策略，是通过价格指标体现品牌价值，执行品牌理念，实现品牌定位，打造、维护或者改变品牌形象，巩固或者提升品牌地位的过程。例如，沃尔玛采用定价策略，执行“天天平价”的经营理念，从而巩固了其“低价承诺”、“一站式购物”的品牌地位。香奈儿通过高价，区隔大众品牌，为打造“独特”、“高雅”的品牌形象服务。

品牌定价必须以成本为基础。对于绝大多数品牌而言，成本是品牌价格的底线。低于成本定价，意味着亏损。但是，也有部分品牌为了实现竞争目标、迅速占领市场、第一时间树立品牌形象的目的，可能采用低于成本的定价，甚至免费。例如，中国很多液晶电视企业为了迅速占领市场，巩固品牌地位，往往以低于成本的价格销售液晶电视。

品牌价格是指成交价格，不是标价。所以，品牌定价必须以顾客需求为前提。定价是面向目标顾客的，品牌定位的对象是目标顾客，定价策略要实现品牌定位，必须针对目标顾客，价格必须在目标顾客购买能力之内。另外，价格必须符合目标顾客对品牌的印象，换言之，价格应该表现品牌定位。例如，2009 年 11 月 1 日，iPhone 正式在中国（除港、澳、台地区）发售，价格不菲。这种定价体现了 iPhone 高端品牌形象。如果 iPhone 低价销售，虽然有更多的消费者具备购买能力，但是低价无法满足目标顾客对 iPhone 品牌的思想诉求。

激烈的品牌竞争中，竞争对手的价格对品牌定价影响较大。对品牌认知不强的顾客，竞争对手的价格对其购买影响比较大。在竞争市场中，如果品牌与竞争对手的品牌目标顾客接近，产品内容接近，品牌理念差异不明显，价格往往成为影响购买的重要因素，而购买又进而影响到品牌知名度。例如，小猪班纳、小数点、ABC、叮当猫童装的目标顾客接近，产品差异化不大，且目标顾客的品牌认知不强，价格对销售的影响很大，销售量进而又影响品牌知名度。所以，竞争对手的价格是品牌定价的重要参考。

品牌定价的核心是确定品牌认知价值。品牌价格是品牌认知价值的表现，品牌认知价值是品牌价格的本质。品牌认知价值包括产品价值和认知价值。产品价值体现在核心产品的功能、效用上。产品价值是指消费者排除心理和思想因素，就核心产品的功能、效用满足消费者生理需求和基本需求所产生的价值。品牌认知价值是指在产品价值的基础之上，衍生产品和品牌文化满足消费者心理需求和思想需求所产生的价值。例如，奔驰汽车的产品价值是作为交通工具而产生的，但是奔驰的价值远高于交通工具体现的价值，价格也比普通汽车高很多，原因在于奔驰汽车认知价值极高。奔驰的衍生服务和品牌文化极大地增加了其品牌价值，定价因此提高。在奔驰客户心中，奔驰不仅仅是交通工具，更是地位和能力的象征。

产品质量决定了产品功能和效用，产品质量对产品价值具有决定性影响，只有提高产品质量才能提高产品价值。认知价值是衍生服务和品牌文化决定的，只有提供更好的服务，提升品牌文化内涵，给予消费者更多的体验，才能提高认知价值。值得注意的是认知价值是以产品价值为基础的，离开了产品质量，衍生产品和品牌文化也无法立足，更无法满足顾客的心理需求和思想需求。

综上所述，品牌产品的价格是由产品价值和认知价值体现出来的价格总和。产品价值体现的价格一般是成本加上行业平均利润，认知价值体现的价格是品牌溢价。品牌溢价是由消费者决定的。企业可以通过市场调查，得出消费者对品牌的认知程度，然后调查消费者可能接受的品牌区间，最后根据竞争对手的价格，确定合理的品牌价格。

二、价格管理与品牌

定价是实现品牌战略的一种营销策略，价格管理同样与品牌关系密切。价格管理与品牌的关系主要体现在价格与品牌的密切程度、价格与品牌价值的关系、价格变动对品牌的影响三个方面。

（一）价格与品牌的密切程度

价格策略、渠道策略、促销策略和产品策略的组合是实现品牌战略综合性策略的有机组成部分。在这个组合策略中，往往有一个或多个是最核心的策略。所以，如果价格策略是实现品牌战略的核心策略之一，价格策略与品牌战略的关系比较密切。例如，沃尔玛低价策略是实现品牌战略最核心的策略。如果价格策略对品牌战略的实现不起主导作用，那么价格策略与品牌关系相对疏远。例如，百事可乐的价格对其品牌战略的实现作用很有限。

（二）价格与品牌价值的关系

品牌价值由品牌获利能力、市场容量、目标顾客等多种要素决定，其中价格与品牌价值存在一定的关联度。一般而言，高价品牌的品牌价值较高，例如酩悦香槟、保时捷、轩尼诗等高价品牌，其品牌价值也甚高。这是因为价格高的品牌给品牌带来极高的利润，从而增加了品牌价值。另外，价格高的品牌，其目标顾客具有极强的购买能力，这也意味着品牌潜在获利能力极强。但是，低价品牌并不意味着品牌价值低，如麦当劳、可口可乐等品牌价格很低，但品牌价值非常高。这说明价格与品牌价值不存在直接的关联度。品牌价值根本上是由品牌获利能力决定的。较高知名度、美誉度和忠诚度的品牌一般具有较高的品牌价值，因为这种品牌意味着具备较高的获利能力。例如，可口可乐价格不高，但是可口可乐知名度极高，目标顾客数量庞大，获利惊人，因而品牌价值极高。值得一提的是，有些品牌采用免费策略，但其品牌价值仍然很高。这是因为品牌通过免费迅速扩大知名度，占领市场，开发大量客户。虽然这些客户暂时可能没有给企业带来利润，但是这些客户拥有的购买潜力巨大，可给品牌带来巨大的获利潜力，随着市场的日渐成熟，品牌往往能在其他业务上获得高利。

（三）价格变动对品牌的影响

一般而言，价格变动对品牌的影响很大，主要体现在两方面：一是高价品牌，特别是奢侈品牌的降价对品牌形象的冲击；二是市场价格失控会模糊品牌定位，维持市场价格的稳定对维护品牌形象和巩固品牌地位至关重要。

高价品牌降价幅度过大会给顾客传达品牌贬值的信号，容易造成品牌定位模糊，从而失去忠诚顾客，严重损害品牌形象和降低品牌地位。例如，奔驰推出低价位汽车，极大地损害了奔驰顾客的品牌自尊心，一定程度上模糊了奔驰的品牌定位，从而损害了品牌形象，降低了品牌地位。所以，对于高价品牌而言，价高是维持品牌地位和形象的重要利器，切勿随意降价。值得注意的是，部分品牌先高价进入市场，然后迅速降价，但是品牌形象仍然不受影响，这属于撇脂定价策略。例如，诺基亚手机新产品投入市场时价格相对较高，但是之后产品迅速降价。撇脂定价策略与品牌定价策略并不冲突，因为品牌本身并没有降价，只是品牌产品通过系列化有序地投入市场，虽然某一种产品降价，但是又有新产品投入市场，维护了品牌形象和地位。这时，降价对品牌形象影响不大，对销售提升是巨大的，巨大的销售量和新产品的连续上市，反而提高了品牌知名度和美誉度。这种品牌产品一般具有周期短、系列化、市场需求弹性大等特点。

维持市场价格的稳定对维护品牌形象和巩固品牌地位至关重要。市场价格失控往往会给消费者带来困惑，模糊了品牌定位，更严重的是不同区域之间的串货严重，导致品牌信誉受损。所以，一般而言，品牌价格管理非常严格，执行统一定价或者区域指导价格，严禁随意降价。维持价格稳定是维护品牌形象和巩固品牌地位的基础。

第三节　渠道与品牌沟通

人们常说："渠道为王，品牌制胜"，可见渠道与品牌都是非常重要的竞争利器。有些品牌利用渠道极大地提升品牌竞争力，有些品牌则利用品牌的影响力强势开拓渠道，可见两者互相倚重，紧密联系。下面将介绍渠道与品牌的关系和品牌渠道策略。

一、渠道与品牌的关系

渠道与品牌的关系主要体现在以下两个方面：

（一）渠道策略是实现品牌战略的重要策略

品牌战略层次比渠道策略高，渠道是为品牌战略服务的。渠道作为销售平台，产品销售量影响品牌知名度，进而影响品牌价值。渠道又作为品牌的展示平台，渠道的长度、宽度和广度，地址的选择，店面陈列的摆设，物流管理水平等都体现了品牌形象和品牌实力。例如，如果在广州最高档购物中心买不到香奈儿，就会给消费者造成香奈儿非高端品牌的误解。另外，如果产品陈列糟糕，发货速度很慢，也会对品牌形象造成负面影响。

值得注意的是坚持“渠道为王，品牌其次”的理念是错误的。只要是品牌公司，渠道就是为品牌服务的。虽然有些产品依靠杰出的渠道开拓能力，迅速占领市场，极大提高了品牌知名度。但是如果渠道的建设不是为品牌服务，不以实现品牌理念、提高品牌形象、巩固品牌地位为目的，那么这种品牌并没有真正建立顾客忠诚，品牌很快就会消失。中国保健品市场品牌“轮流坐庄”的局面是最好的例子。其中还说明了一个问题，渠道对产品销售作用巨大，因为渠道和产品都是营销策略，相互之间的影响很大。渠道对产品的作用，一定程度上影响品牌，但是渠道永远不能高于品牌，渠道只是实现品牌战略的策略之一。

（二）品牌实力影响着渠道开拓

除直销短渠道外，渠道一般是企业与第三方甚至更多方合作开拓。企业和渠道合作方之间存在博弈。品牌实力弱的企业与渠道合作方的博弈对象主要是产品获利能力，即渠道合作方考虑品牌产品能给自己带来多少利润，企业执行高返利政策往往能降低渠道开拓难度；品牌实力强的企业与渠道合作方的博弈对象主要是品牌实力，即优秀品牌对渠道合作方的吸引力很强。反过来，渠道合作方的实力应该与品牌实力相匹配。例如，知名度不高的时装品牌进入高档百货公司是非常艰难的，即使进入了高档百货公司，专柜位置较差，扣点也很高。相反，国际著名品牌进入高档百货就容易得多，不但位置好，而且扣点很低。这是品牌实力与渠道合作方实力博弈的结果。例如，国美电器和格力空调长达四年的“冷战”是由销售模式和渠道利益的矛盾问题引起的，其实质是双方品牌实力博弈的结果。国美电器和格力空调分别是两个行业内的领头企业，发生渠道矛盾之后，互不相让，“剑拔弩张”，最后导致双方品牌受损，不得不握手言和。

品牌实力弱的企业往往通过大量广告投入和高返利切入渠道，建立渠道关系，推动产品销售，形成渠道推力；品牌实力强的企业往往通过营销终端，提高品牌影响力和品牌价值，吸引渠道合作方，拉动产品销售，形成渠道拉力。大部分企业是将渠道推力和拉力相结合，建立渠道网络。所以，企业需要根据品牌实力，制定合理的品牌渠道开发策略。

二、品牌渠道策略

品牌渠道策略与产品渠道策略不同，品牌渠道策略在渠道推力的基础上更强调拉力的作用。企业需要将品牌推广与渠道建设相结合，制定品牌渠道策略。

品牌渠道建设以确定目标顾客为前提，以坚持方便顾客购买和提升品牌形象为原则，以扩大产品销售为基础，以实现品牌战略为目标。方便顾客购买意味着可以降低顾客购买成本，从而提高顾客的让渡价值和品牌认知价值，进而提升品牌知名度和品牌形象。

但是方便顾客购买不能以损害品牌形象为前提。产品销售量是品牌渠道建设成功以否的基础，离开了产品销售量，品牌战略也无法实现。产品销售量扩大对品牌知名度具有很大的推动作用，进而有利于品牌战略的实现。品牌渠道建设的各个方面都要以实现品牌战略为目标。

确定渠道的长度，就是确定渠道的层级。企业要根据行业情况、产品特点和目标顾客实力，确定渠道长度。日用品行业一般渠道较长，汽车等耐用产品的渠道较短。有些企业针对大客户采用不同的渠道。例如，联想的大客户部直接到公司总部取货，属于零渠道。

渠道长度对品牌建设影响较大。一般而言，长渠道和短渠道各有优劣。只要能够促进产品销售，方便顾客购买，不损害品牌形象，这样的渠道就是科学、合理的。但是，渠道扁平化成为一种趋势，很多企业都执行短渠道策略，甚至零渠道策略。扁平化渠道有利于企业控制渠道，降低渠道成本和风险，同时及时反馈市场信息，获得更大利润。例如，以纯、优衣库、李宁等品牌在淘宝商城上成立官方自营旗舰店，直接通过互联网渠道销售产品。值得注意的是像安利、完美等采用人员直销的渠道，本质上是长渠道，而且是超长渠道，并非零渠道。这是因为这些公司的直销员每销售一份产品，都能得到一份提成，更重要的是直销公司的提成制度是金字塔式的，即直接销售产品的直销员得到一部分提成，其上线、上线的上线都能得到提成。也就是说，从直销员手中购买一份安利的产品，该产品的利润分给无数个直销员和安利公司。所以，每个直销员都相当于“经销商”，获得层层利润，自然就把品牌渠道加长了。

渠道宽度就是一个渠道层级中包含的渠道合作方数量，一般是由企业战略目标、产品特点和顾客分散程度决定的。相对渠道长度而言，渠道宽度与品牌直接联系虽然不大，但也要考虑渠道宽度对品牌的影响。

渠道广度是指企业使用了多种渠道的组合，如采用网络直销、实体店加盟、自营旗舰店三种渠道。渠道广度对品牌影响巨大，无处不在的品牌渠道可以提升品牌知名度，但是不同渠道如果控制不好，将极大影响销售量和品牌形象。所以，企业往往采用对渠道产品进行标注或者不同渠道销售不同产品的方式规避这种风险。

选址、陈列和物流管理与品牌关系密切。在渠道建设中，选址往往决定了产品销售量，选址也就与品牌知名度息息相关。另外，选址也影响品牌形象和品牌地位。陈列影响品牌视觉，好的陈列不但可以增加销售量，更重要的是可以执行品牌理念，提高品牌知名度和美誉度。物流管理水平直接影响到顾客对品牌的信任，库存混乱，运输速度慢，往往会给品牌造成负面影响，导致消费者对品牌失去耐心。

品牌渠道策略需要综合品牌推广工作。品牌通过控制终端，提高品牌影响力，吸引渠道合作方，给渠道创造拉力，变被动为主动。刚起步的品牌先通过自营旗舰店，控制终端，提高市场占有率，提升品牌影响力，以此来增加渠道拉力。随着渠道拉力的增强，强大的渠道合作方愿意加盟品牌，强大渠道合作方的加盟又能提高品牌知名度。

随着市场竞争日渐激烈，对渠道的控制能力也成为了品牌竞争力的重要利器。大品牌纷纷抢占有利位置，控制终端渠道，巩固市场地位，维护品牌形象。例如，肯德基对特许经营店的管理非常严格，完全按照特许经营制度实现各加盟店产品、服务、店面装修等标准化。肯德基对渠道的严格控制和管理，极大地提升了品牌形象。

第四节　广告与品牌沟通

广告与品牌关系密切，可谓形影不离。两者之间到底是一种什么样的关系？品牌需要什么样的广告？什么样的广告才能提升品牌？这是每个品牌管理者要关注的问题，也是本节要讨论的重点。

一、广告与品牌的关系

（一）广告塑造品牌

广告直接面向顾客，直接扩大品牌知名度，传达品牌理念和品牌形象。几乎所有的品牌都会借助广告塑造品牌，其中不乏成功的品牌广告。例如，王老吉依靠成功的广告策略，迅速占领市场和扩大品牌知名度，其快乐、健康、动感的广告画面，极为抢眼，“怕上火，喝王老吉”的经典广告语深入人心。

（二）广告并不完全服务于品牌

广告以塑造品牌、提升品牌实力为目的，但是广告不仅仅是品牌广告，广告的目的有多种，主要有提升产品销量、排斥竞争对手、推广新产品、维持品牌影响力、宣传品牌理念等。只有品牌广告才完全服务于品牌，其他类型的广告对品牌产生间接影响。例如，以提升产品销量为目的的广告也提高了品牌知名度。

二、品牌广告策略

品牌广告与产品广告的不同在于品牌广告直接服务于品牌。品牌广告具体表现为宣传品牌口号、渲染品牌视觉、突出品牌名称和标志、表达品牌理念。

制定品牌广告策略的前提是分析目标顾客的位置。只有清楚目标顾客，品牌广告才能有的放矢。瞄准目标顾客投放品牌广告，让品牌广告“窄而告之”，最大限度地节省品牌广告的投放成本。

值得注意的是，非目标顾客接受品牌广告往往也能提高品牌价值。这是因为品牌受众广，会提升品牌知名度，从而提高品牌价值，更重要的是非目标顾客对品牌的认同和赞扬，往往能提高品牌的附加价值。例如，大多数消费者都不是劳斯莱斯的目标顾客，但是大众在接触劳斯莱斯的广告后往往对其品牌赞誉有加，这样就提高了目标顾客对劳斯莱斯品牌的感知价值。

确定目标顾客位置之后，如何接近目标顾客是关键。媒体是顾客和品牌沟通的桥梁，所以，媒体是品牌广告策略执行的通道，科学选择媒体成为品牌广告策略的重要工作。选择媒体除了考虑目标顾客位置，还需综合市场开发计划、品牌理念、媒体品牌档次、产品特点，媒体受众等诸多因素。品牌广告媒体位置需要与市场开发计划一致，媒体要有利于表达品牌理念，媒体品牌档次应不低于广告品牌，媒体特点需要符合产品特点，媒体受众与目标顾客越接近越好。

确定品牌广告内容是最困难的也最核心的工作。虽然品牌广告创新性极强，基本没有固定的范式，但是可以坚持以下几个原则：

1. 表达品牌理念

表达品牌理念是品牌广告最核心的原则，也是品牌广告的目标。在广告中，品牌理念往往通过品牌口号、情景和品牌形象代言人来表达。例如，在阿迪达斯一则广告中，两队球员不是在平地上竞技，而是在空中用铁架架起的“足球场”上互相比拼。在现实中不可能做到的事情，阿迪达斯能做到。广告场景和“Impossible Is Nothing”的品牌口号表达了阿迪达斯“超越自我、追求卓越、勇于挑战”的品牌理念。品牌形象代言人站在第三方角度，表达品牌理念，唤起顾客的心理诉求和思想诉求。可见，品牌形象代言人体现的精神、气质和思想品质应该与品牌理念一致。例如，利郎商务男装借助陈道明沉稳低调、才华横溢、风度翩翩的精神气质很好地诠释了“简约而不简单”、“多则惑，少则明”的品牌理念。

2. 维持品牌记忆

很多品牌广告的目的并不是为了提高销售量，而是维持品牌记忆。耐克、IBM、SONY等的部分品牌广告不介绍产品，也没有品牌说明，只是简单地表达品牌名称、品牌标志和品牌口号。这种品牌广告是为了维持品牌记忆，因为消费者的品牌记忆有时间性，品牌广告能维持消费者的品牌记忆，这对品牌长久发展至关重要。

3. 满足顾客心理诉求和思想诉求

品牌理念是为了满足顾客思想诉求，但是简短的广告未必能全面表达品牌理念，另外顾客的思想诉求难以在短时间内通过广告满足。所以，品牌广告可以先满足顾客心理诉求，然后再上升到满足顾客思想诉求。值得注意的是很多品牌凭借产品广告，迅速走俏市场，短时间内扩大知名度。但须注意，品牌知名度扩大并不能说明品牌地位已经巩固，因为产品广告只能满足顾客对产品的基本诉求，只有品牌广告才可能满足顾客心理诉求和思想诉求。

4. 变与不变

变则要求创新，品牌广告追求创新，只有具有新意的广告才能吸引受众，才能让顾客记住广告，才能体现品牌的独特性。但是创新必须是有原则性的创新，必须坚持以上所述的三原则后再创新。除了创新，品牌广告还必须坚持部分不变的内容，一般品牌广告内容中品牌标志、品牌名称和品牌口号不会变化，并会用固定的手法表现。一般用创新的广告吸引受众，而用固有的品牌元素加深品牌印象。

品牌广告策略是促销策略中的一部分，促销策略与渠道策略都是营销策略的重要内容。促销策略与渠道策略统筹一体，相互影响。很多时候，品牌广告是通过广告造势，体现品牌强势，然后吸引渠道合作商，增加渠道合作方的信心。从渠道策略的角度而言，这是通过品牌广告，增强品牌影响力，为渠道增加拉力。从营销成本考虑，品牌广告成本为渠道开拓买单。例如，中央电视台2010年黄金资源广告中标总额为109.6645亿元，创下16年来的新高，比2009年的92.562亿元增长了18.47%。郎酒集团以3330万元斩获首标；蒙牛以2.039亿元中标上半年特约剧场；杭州中策橡胶有限公司以4720万元高价拿下新闻联播后黄金段位第一单元。受经济危机的影响，大部分企业都严格控制成本和现金流，但是为什么还有大批企业花巨资竞标中央电视台广告呢？原因在于众多品牌企业想借助中央电视台这样的强势媒体，提高品牌影响力，给经济危机下的经销商和代理商信心，为开发和维护渠道增加筹码。尤其是受“三聚氰胺”事件打击巨大的蒙牛和受“轮胎特保案”影响较大的杭州中策，更是花巨资投入广告，以恢复和维持经销商和代理商的信心。

第五节 公共关系与品牌沟通

随着社会的发展，公共关系日益成为实现品牌战略的重要营销策略。在过去，广告一直被认为是最有效的营销策略，但是随着市场竞争的加剧，品牌单纯依靠广告传播塑造似乎显得“力不从心”。阿尔·里斯在《公关第一，广告第二》中提到，“你无法通过广告推出一个新的品牌，因为广告不具可信度。广告只是那些急着想要扩大销路的厂商自我吹嘘的声音。”他认为，广告是企业自己在推销自己的产品，有“王婆卖瓜，自卖自夸”之嫌，而公共关系则是企业通过第三方推广产品和塑造品牌，其可行度比广告高，公信力比广告强，所以公关关系策略在品牌塑造中起着非常重要的作用。

一、公共关系的含义

关于公共关系的定义，学术界和实业界有众多版本，美国公共关系权威期刊《公共关系新闻》的创始人 Denny Griswold 提出的公共关系的定义是被引用得较为广泛的，他认为：“公共关系是一种管理职能，用以评估公众态度，从公众兴趣的角度出发来决定企业政策和程序，计划并实施行动方案以获取公众的理解与认可。”

而英国公共关系学者乔恩·怀特（Jon White）认为：“公共关系主要是对组织的各种重要关系进行管理，如组织与政府、媒介、社区及其他特殊群体的关系，这些群体还包括员工和其他内部公众。”

根据以上定义，可以将公共关系理解为：公共关系是企业处理与政府、媒体和其他群体的关系职能，获取和影响公众对企业的态度，而公众态度又影响企业决策。所以，公共关系属于过程管理，但是不能控制结果，因为政府、媒体和其他群体是不可控因素，公众态度自然也就不能完全控制，但是可以影响公众态度。企业通过公共关系获取公众态度，将公众态度作为企业决策的参考因素。

公关关系是企业与政府、媒体和其他群体发生的关系，一般有政府公关、媒体公关、活动公关、名人公关、网络公关和其他群体公关等。

政府公关是指企业与国内政府甚至国外政府的公关活动。一方面，政府是一个国家最高权威和公信力的代表，借助政府的权威和公信力为企业保驾护航。另一方面，政府掌控着重大采购权，直接关系到企业市场开拓。在现代企业竞争中，政府公关显得越来越重要。

媒体公关是指企业与媒体的公关活动。公共关系是在传播中发生的管理行为，而媒体掌控了信息传播的咽喉并具有极强的号召力，所以，媒体公关是企业信息传播的重要工作。

活动公关是指企业与活动主办方的公关活动。越来越多的企业通过支持公益活动、赞助体育赛事、参与其他品牌的活动等方式来推广企业品牌。一般而言，活动公关是企业公关的主要工作。

名人公关是指企业与名人的公关活动。企业借用名人做品牌代言和推广已经成为现代企业的常规策略。名人公关是名人广告代言的基础，企业通过名人公关与名人建立关系，进一步借助名人之势做品牌推广等工作。

网络公关本是媒体公关的内容，但是网络公关与传统媒体公关不同。互联网上，网民往往是信息传播者，传播的渠道一定程度上被网民控制。所以，网络公关不仅是企业与网络媒体的公关活动，也是与广大网民的公关活动。

二、公共关系与品牌的关系

公共关系是品牌塑造的重要策略，公共关系为品牌服务。由于公共关系是一种传播管理，公共关系在传播过程中服务于品牌，换言之，公共关系既在传播中塑造品牌，也在传播中推广品牌。图 7-1 详细地描述了公关关系与品牌的关系。

从图 7-1 可以看出，企业是通过与政府、媒体、活动主办方、名人等群体沟通，然后相互合作共同塑造企业品牌，然后将品牌形象传播给受众（顾客），最后，顾客将对品牌的评价反馈给企业。可见，公共关系是一个循环的塑造和传播过程，在这个过程中品牌不断地被塑造，然后传播给受众，受众将信息反馈给企业，进而又影响企业决策。

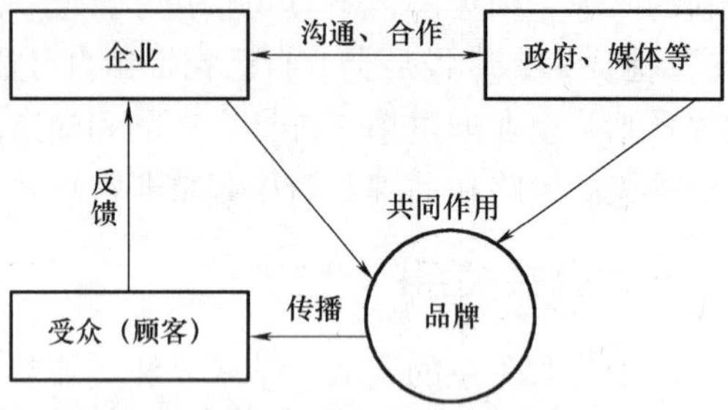

图 7-1　公关关系与品牌的关系

另外，从图 7-1 也可以得出，公共关系不同于广告的单向传播，它是具有双向传播的互动沟通。企业将品牌信息传播给顾客，顾客将信息反馈给企业，企业又根据顾客反馈，再塑造品牌，然后又传播给顾客。从这个角度看，公共关系策略比广告策略对顾客的影响更为深远，灵活性更强。

三、品牌公关策略

不同的公关目的，其品牌公关策略也不一样。按公关目的划分，一般有品牌推广公关、品牌维继公关和品牌危机公关，三种公关都有以下相应的策略：

（一）品牌推广公关策略

品牌推广公关的目的主要是为了推广品牌，提高品牌知名度和认知度。新品牌刚进入市场或者老品牌进入新市场，品牌推广公关非常重要。品牌推广公关主要通过名人公关、活动公关、媒体公关和网络公关来实现。品牌推广往往会借助名人代言，一举推出形象代言人广告轰炸市场。名人公关是形象代言人广告的前提。活动公关往往使新兴品牌一举成名，例如，三星赞助汉城奥运会一举成为世界品牌。媒体公关和网络公关都可以极大提高品牌知名度，对品牌推广作用巨大。

品牌推广公关策略一般采用与广告相结合、集中公关和造势三种方式。这三种方式的优势在于企业可以以相对低的成本、在相对短的时间内，提高品牌知名度，塑造新兴品牌形象。品牌推广公关往往是品牌处于成长和发展阶段时企业展开的工作，它与广告相结合可以极大地提高知名度，有利于新兴品牌的推广。而且品牌推广公关常常集中优势资源，通过赞助大型赛事等活动来创造巨大声势，推广新品牌。

（二）品牌维继公关策略

成熟的品牌往往会通过品牌维继公关策略来维持品牌知名度和影响力。企业主要通过活动公关来实现，如赞助联赛、设立公益基金援助公益事业、举办公益活动等。

品牌维继公关策略一般采用细水长流、潜移默化的方式来实现。例如，2008 年汶川地震之后，李嘉诚致函当时的中央政府驻港联络办公室主任高祀仁，以李嘉诚基金会、长江集团、和记黄埔集团的名义捐款 1 亿元人民币，用于为灾区学生设立特别教育基金。加上此前李嘉诚教育基金捐出的 3000 万元人民币，李嘉诚捐款已达 1 亿 3000 万元人民币。李嘉诚一直热衷于公益事业，多年来，他成立的私人公益慈善基金会已捐出及承诺捐出之款项约 77 亿港元。李嘉诚先生坚持不懈的善举也得到了中国乃至世界人民的尊敬，这极大地提高了李嘉诚的个人声誉和旗下企业品牌的影响力。

（三）品牌危机公关策略

危机公关是指企业发生危机时，通过公关化解企业危机的管理行为。

据有关部门的权威数据显示，2003 年，我国有影响的品牌危机事件每季度只有几件，2004 年上升到每月几件，而 2005 年上半年则猛增到每月超过十件。随着企业品牌危机的高发，品牌危机公关策略显得越来越重要。具体内容将在第十三章展开论述。

第六节 品牌杠杆

古希腊科学家阿基米德曾经说过："假如给我一个支点，我就能翘起地球！"这句名言说明了杠杆原理和杠杆的作用。品牌杠杆战略是将杠杆原理运用到品牌管理中的理论。

品牌杠杆战略是通过整合外部资源来达到借力、省力的目的，是创建品牌的新模式。品牌杠杆根据杠杆原理，以外部实体为支点，将人们对外部实体的积极态度、印象、评价等转移到品牌上来，达到低成本扩大品牌影响力和提升品牌形象的目的。所以，品牌杠杆原理也称借势原理，品牌杠杆战略也称借势战略。例如。耐克公司借助品牌代言人乔丹这个恰当的支点，不但销量大增，而且还极大地提高了品牌价值。

品牌杠杆作用发生在消费者根据外部实体联想到品牌，从而将外部实体价值转移到品牌上的情况下。这符合条件反射原理。但是，并不是所有的实体都能让人产生与品牌相关的联想。选择合适的外部实体，即品牌杠杆的支点，显得至关重要。

一、品牌杠杆的支点——外部实体

品牌杠杆外部实体一般包括地域、知名合作方、事件、人物、事物、其他品牌、第三方机构七大类。

（一）地域

当行业形成地域优势时，品牌可以借助行业地域优势作为杠杆支点，塑造品牌形象。品牌可以通过在优势地域注册公司、设计产品、引进技术、生产产品等方式与优势地域发生关联，让消费者引起正面联想。例如，"三聚氰胺"事件爆发后，国内牛奶几乎成为了"三聚氰胺"的代名词，国外牛奶则贴上卫生、健康、优质的标签。全球最大的巧克力糖果制造商之一意大利费列罗公司，借机郑重向中国消费者承诺：费列罗公司旗下的健达缤纷乐和即将上市的健达巧克力所使用的牛奶 100% 采用欧洲优质奶源。费列罗公司聪明地将欧洲奶源地的地域优势转化成健康、优质、"值得你信赖"的品牌优势。

（二）知名合作方

知名合作方是品牌杠杆的重要支点，借助知名合作方不但可以扩大产品销量，更重要的是可以提高品牌形象和知名度。例如，联想的处理器是来自全球最大的半导体芯片制造商英特尔，联想就在广告中告知消费者，联想处理器是来自英特尔。这给消费者传播一种信息：联想使用全球知名品牌英特尔的处理器，那么联想品质也应该很不错。联想聪明地借助供应商英特尔的品牌影响力，来提高自己的品牌形象和品牌影响力。

（三）事件

事件是重要的品牌杠杆实体，主要通过赞助体育、娱乐活动，推出新闻事件，赞助公益事业等方式来实现。例如，中国运动品牌匹克通过赞助 NBA 赛事，极大地提高了品牌影响力；又如，新华都董事长陈发树如果能兑现其“捐 80 多亿，建中国最大的慈善基金会”的承诺，此举对新华都品牌和陈发树个人的知名度和美誉度都有极大的提升。

（四）人物

人物一般是指品牌代言人。品牌代言人对消费者的号召力是巨大的，消费者容易将品牌代言人的知名度和形象带到品牌中。品牌代言人的特点应该与品牌特点相符合，这样才能增加价值转移。值得注意的是“明星”老板或者职业经理人对品牌形象的影响也很大。例如，众多消费者因为喜欢马云的才华、李彦宏的儒雅、史玉柱的坚强，而喜欢上了他们各自的品牌。

（五）事物

事物一般是指著名事物。品牌杠杆以著名事物为支点，通过著名事物的知名度和影响力，来提高品牌的知名度和影响力。品牌广告经常借著名事物之势，提高品牌影响力。例如，古岭神酒借万里长城之势，表达历史悠久、健康雄壮的品牌理念。

（六）其他品牌

借其他品牌之势，通过品牌强强联合、品牌优势互补，共同提高品牌知名度。例如，东风雪铁龙与服装品牌 Kappa 强强联合；麦当劳和中石化联盟合作在中国开设 Drive-thru 餐厅；“动感地带”与 NBA 联盟宣传；凯迪拉克与顶级男装 Zegna 联合宣传。品牌强强联合，品牌优势资源共享，成为了品牌营销的新趋势。部分企业以自身品牌为中心，以其他品牌作为品牌杠杆的支点，借其他品牌之势打造强大的“品牌社区”。

（七）第三方机构

第三方机构一般是指政府、行业协会、工会、认证机构等。政府授予品牌的荣誉和相关证明、认证机构颁发证书对品牌的影响是直接的。例如，ISO 9000 质量认证标志着产品质量得到权威证明，给消费者传达质量可靠的信息。另外，品牌如果遭遇误解、诽谤，可以通过第三方证明来澄清事实，消除不良影响。

二、品牌杠杆实体的选择

什么样的品牌杠杆实体是最合适的？研究表明，实体合适与否与实体的知名度和影响力、实体与品牌的相关性、实体知识的可转移性三个条件有关。这三个条件决定了外部实体对品牌产生杠杆作用的程度。

（一）实体的知名度和影响力

实体的知名度和影响力是基本条件。实体的知名度和影响力决定了受众的数量和广度，从而影响品牌的知名度和影响力。只有较高知名度和影响力的实体才能达到扩大品牌知名度和影响力的目的。与较高知名度和影响力的实体合作往往意味着企业应付出更高的成本，如奥运会赞助费用是极高的。具有前瞻性的企业往往会选择潜力巨大但成本较低的实体，例如，蒙牛前瞻性地赞助“超级女声”，选择“超女”做形象代言人，相对于带来的品牌收益，蒙牛付出的成本很低。

（二）实体与品牌的相关性

实体与品牌的相关性是核心条件。实体应该与品牌存在相关性，具体表现在实体档次与品牌档次相当，实体受众与品牌目标顾客群体接近，实体内涵与品牌文化接近。只有实体与品牌存在相关性，才容易唤起受众，实现联想。最理想的状态是通过实体联想起品牌理念和品牌文化，唤起受众的心理诉求和思想诉求，达到提高品牌影响力的目的。例如，姚明稳重大方的个人形象与中国人寿“诚信为本、稳健经营”的企业宗旨具有相关性，容易让受众联想起中国人寿的企业文化；相反，可能一些受众很难将著名球星罗纳尔多、卡卡与金嗓子联系在一起。

（三）实体知识的可转移性

实体知识的可转移性是重要条件。实体知识本身的可转移性影响品牌杠杆的作用程度。有些实体知识容易转移，有些不容易转移。一般而言，抽象的实体知识容易转移，具体的实体知识不容易转移。因为具体的实体知识往往依附于实体本身，刻上了深刻的实体“烙印”，受众看到实体很难联想到其他；而抽象的实体知识往往存在于意识层面，容易转移。例如，2001 年北京成功申办 2008 年夏季奥运会事件是一个具体事件，很多企业推出祝贺广告，但是受众很难将这个事件与广告品牌联系在一起，因为这个事件信息的可转移性有限。而 2008 年北京奥运会不仅仅是全世界的盛会，更向世界传达了“更高、更快、更强”的奥运精神和中国崭新的国家风采。这样 2008 年北京奥运会信息更抽象化，知识的可转移性更强，受众更容易将 2008 年北京奥运会的世界性盛会的精神和民族自豪感的抽象信息转移到赞助商的品牌上。

品牌杠杆的优势在于通过借势，借外部实体之势，达到成本最小化、品牌影响力最大化的目的。企业应根据品牌特点合理选择外部实体，提高品牌杠杆效应。值得一提的是品牌延伸也是借助杠杆原理，但是品牌延伸中的“杠杆”与品牌杠杆原理思路是不一致的。品牌延伸中，杠杆的实体不是外部实体，是品牌自身。品牌延伸立足于企业，借用品牌自身的优势，向新产品或者新行业延伸，从而达到提升品牌价值，建立品牌多产品、多行业的超级品牌，实现企业多元化战略的目的。

【本章小结】

（1）品牌沟通是指在品牌管理的过程中，将品牌所具有的价值、品质、精神、文化等品牌属性，通过各种媒介宣传、促销等活动方式，让消费者理解、认同，并与之融合的过程。

（2）品牌定价是实现品牌战略的一种策略，品牌定价需要以实现品牌战略为目标。价格管理与品牌的关系主要体现在价格与品牌的密切程度、价格与品牌价值的关系、价格变动对品牌的影响三个方面。

（3）渠道与品牌的关系主要体现为两个方面：①渠道策略是实现品牌战略的重要策略；②品牌实力影响着渠道开拓。品牌渠道策略与产品渠道策略不同，品牌渠道策略在渠道推力的基础上更强调拉力的作用。企业需要将品牌推广与渠道建设相结合，制定品牌渠道策略。品牌广告是广告类型之一，品牌广告是重要的品牌营销策略工具，广告与品牌关系密切。

(4) 品牌公关策略有：①品牌推广公关策略；②品牌维继公关策略；③品牌危机公关策略。品牌杠杆战略是通过整合外部资源来达到借力、省力的目的，是创建品牌的新模式。品牌杠杆根据杠杆原理，以外部实体为支点，将人们对外部实体的积极态度、印象、评价等转移到品牌上来，达到低成本扩大品牌影响力和提升品牌形象的目的。

【思考题】

1. 什么是品牌沟通？品牌沟通要遵循哪些原则？具体有哪些途径和方式？
2. 渠道与品牌有怎样的关系？
3. 品牌广告与产品广告的区别和联系是什么？
4. 如何选择品牌杠杆实体？

【案例分析讨论】

在品牌沟通上不断创造惊喜 ——访通用电气（GE）中国有限公司公关传播总监李国威[㊀]

《中国广告》：GE 作为国际品牌，有没有特别的策略进行品牌下沉？

李国威：我们在做国际品牌下沉的时候，应该是三个步骤。第一步是我们在全球完成品牌的转型，从消费品的品牌变成一个工业化的先进科技品牌。第二步就是在中国市场上落地，尽管我们的创始人爱迪生在中国有很高的知名度，但是作为一个创新品牌，中国的消费者和我们的目标客户对此还是不太了解。所以，我们通过对奥运会的赞助；一系列广告战略、赞助活动，使品牌印象传递到我们的目标客户当中去。第三步是随着我们业务的发展，品牌要向二三线城市和农村市场延伸，其实这对我们也是很大的挑战。我们的基本做法是：第一，通过广告覆盖，开展一些和品牌有关的活动，增加客户对品牌的接触点，使二三线城市的客户能够更多地去感受我们的品牌。第二，通过互联网等广告手段的渗透和扩展，我们作为一个 B2B 企业，以前做的广告可能是比较偏向于户外，像机场、写字楼。随着我们品牌的下沉，可能会利用一些互联网的手段使我们的品牌信息扩展到更为广泛的消费者，使目标客户能够感受并接触到我们这个品牌。

《中国广告》：GE 在进行品牌下沉的时候，会不会使用一些新媒体？

李国威：我们会考虑用新媒体的方式，我们在不断学习互联网新的技术，使这些技术能够为我们的品牌服务。我们的技术专家总是能够预见到未来几个月甚至是未来一两年技术的发展趋势是什么。但内容的控制很难，例如在以内容为载体的社交媒体上，谁也不会预料到未来互联网上大家关注的话题是什么。我们可以知道人类共同关心的话题是气候变化、东西方文化融合这些大的话题，但是如何在互联网上形成比较大的话题，同时通过对话题的讨论和传播能够影响到品牌，这是很大的挑战，我们也在探索当中。

《中国广告》：GE 用过绿色创想，后来是健康创想，您能不能介绍一下这些主题的具体

㊀ 姜红，在品牌沟通上不断创造惊喜［J］，中国广告，2010（8）。

情况？

李国威：绿色创想和健康创想是我们全球的两个业务举措。我们公司的品牌形象是富有想象力和创造力。这两个主题是我们品牌核心价值的延伸。绿色创想是关注环保产业，在环保产业不断投资，开发新的产品。健康创想是我们去解决全球的医疗产业成本、市场覆盖面、服务质量的问题。这两个主题对于品牌也是一个促进作用，同时环保、健康是全人类的主题，我们想用这种主题来塑造我们的形象，无疑是会对品牌形象的整体提升有所帮助。事实也证明了我们的广告战略和沟通战略是很成功的。

《中国广告》：这两大主题后，您还有没有下一步的概念？

李国威：我们现在是想把绿色创想和健康创想进一步做深。绿色创想已经做了五年了，健康创想去年刚开始做，今年我们在中国会推出健康创想这个概念，要把一个概念做得深入人心需要下很大的工夫，所以目前我们还没有准备再创造一个新的概念，而是集中精力把现有的这两个概念做好。

《中国广告》：在中国市场，你们如何深入这两大概念？

李国威：首先，我们有自信这两大主题和中国的经济发展主题，以及政府的战略重点是一致的。我们国家讲的就是节能、环保的产业和医疗的改革，那我们的话题就能够引起大家的兴趣。从整个创意和沟通策略来说，很多企业都想用这个话题去提升自己的品牌。我们怎么能够做到差异化，跟别人不一样，这也是一个很大的挑战。环保是一个很大的概念，但是我们讲的环保是工业化的一个技术解决方案，我们是用环保的技术、工业化解决方案来改变整个城市、工厂、还有社会节能减排的状况。

《中国广告》：2008 年，GE 借助奥运推力进行品牌延伸。上海在今年也会举办世博会，你们在这方面有没有新的举措？

李国威：借助世博会，我们的营销还是主要通过 B2B 的方式，而不是通过广告的方式。由于世博对于广告赞助商的级别有一定的限制，我们是世博美国馆的赞助商，所以很多向大众推广的渠道仅仅局限于美国馆。但是，我们会在美国馆做技术展示，同时会举办各种各样的活动，邀请我们的客户和政府官员来参加政府组织的一些活动。通过直接、细致的传递来表现我们提供的先进技术和解决方案。从品牌来说，我们在美国馆做的展示主要是围绕可持续发展和医疗，这也是美国馆的主题。所以，我们公司的方向跟美国馆的定位是一致的。观众在参观美国馆的同时，也看到 GE 在可持续发展和医疗方面所提供的解决方案，他们也会对 GE 的品牌产生比较好的印象。

《中国广告》：在网上看到，GE 品牌推广的形象广告占到预算的 80%。这是真的吗？

李国威：是这样。GE 是国际性的大品牌，它进入中国国民的心中，应该用哪些手段来让中国国民都知道这个品牌形象？我们现在的目标客户还是局限于企业决策者和政府官员，所以说我们的整个广告和品牌的沟通战略还是集中在这些人群身上。为了保证我们的品牌信息能够传递到这些人群，我们主要是通过广告、产品活动以及和客户的直接沟通这些手段来实现的。例如我们品牌要塑造创新、很有趣的形象，那么就需要一些很好的创意和沟通战略。现在的市场竞争非常厉害，在市场中怎么占得先机，让别人记住你，首先要有比较好的业务战略、有一个好的品牌基础，同时在广告方面也要有好的创意和很好地实施。

《中国广告》：GE 是高科技品牌，很难和“有趣”联系起来，您对“有趣”这个概念如何理解？

李国威：有趣就是要不断创新。在业务上提供新的解决方案，同时在品牌的沟通上不断给人创造惊喜。我想，两者必须紧密结合才能实现品牌沟通的最大效果。你一定要和别人不一样，才能够打动别人。因为现在这个市场上，能够做到有趣，是不容易的。在众多的产品和行业中，要真正被别人记住，第一是有很强的相关性，你做的东西和消费者是相关的，第二就是必须有趣，我们很难想象一个枯燥的品牌能够影响到更多的消费者。很多B2B企业会认为卖产品最重要，品牌形象不是最重要的。但实际上，当产品对市场的渗透能够达到一定的程度，特别是像我们这样的多元化企业，我们的客户面和潜在客户面越来越广的时候，品牌就会发挥越来越大的作用。所以，变得有趣、变得吸引人，是我们的核心战略。如何用有限的广告预算达到最佳的广告效果？我们必须在创意、渠道和实施上更加创新。

讨论题：

1. 试分析GE与《中国广告》之间的沟通属于品牌沟通中的哪种方式？
2. GE的品牌下沉策略体现了哪些品牌沟通方式？
3. 本案例中，GE的品牌沟通策略遵循了哪些沟通原则？

第八章　品牌组合和品牌战略

【本章要点】

（1）品牌组合的含义。

（2）品牌战略的广度和深度。

（3）主要的品牌战略。

【导入案例】

福特品牌组合㊀

1987 年，福特汽车公司收购了英国豪华汽车制造商 Aston Martin，自此，因美国本土品牌福特、林肯、水星而著名的福特公司在过去 20 年里通过收购一系列国外品牌的方式开始扩张。在接下来的十年里，福特相继收购了路虎、沃尔沃、美洲豹等品牌，这些收购豪华车系列的行为使福特成为了世界上汽车制造行业的两大巨头之一。

福特在 20 世纪 80 ~ 90 年代共投资 120 多亿美元收购以上豪华汽车品牌。尽管福特拒不公布增值部分的财务内幕，但是分析家估计豪华汽车品牌 2000 年的营业收入将达到 13 亿美元，占福特总收入的 19%。

2000 年，福特的豪华车系列——美洲豹、沃尔沃、路虎、Aston Martin、林肯——在世界范围内的销量约在 100 万辆以内。与竞争者凌志（现称雷克萨斯）、宝马、梅赛德斯只出售单一品牌轿车不同，福特豪华车品牌组合面向不同类型的购买者。例如，沃尔沃定位于寻求安全的顾客；路虎为四轮驱动车的收藏家而制造；美洲豹代表了传统和英国式的优雅。汽车集团增值事业部执行总监维克多·杜兰（Victor Durand）这样解释品牌组合的益处："我们不得不超越客户核心价值观来延伸品牌"。

福特的目标是最终将以上五个豪华品牌整合在单一经销商体系内。单一经销商体系意味着联合服务和联合行政管理，以及单独的陈列馆和品牌销售人员。十个经销商中的每一个都拥有可供顾客试驾的 1/4 的跑道。杜兰指出由于大多数豪华车购买者都拥有三四辆车，所以单一经销商体系可以保证满足客户"整个车库的需求"。

1999 年 12 月 1 日，福特通过世界上主要的商业电视网络，推广"全球颂歌"的广告活动，这个在五大洲拍摄的广告片展示了福特旗下的全部汽车品牌的特点，其潜在受众达到 3 亿人。福特公司希望通过"全球颂歌"广告提升人们对公司的注意力。

福特汽车公司的品牌组合策略促使其成为世界上汽车业两大巨头之一。究竟什么是品牌组合呢？品牌策略包括哪些？都是这一章要介绍的。

㊀ 根据百度·百科名片·福特汽车公司整理，http：//baike. baidu. com/view/108268. htm。

第一节 品牌组合

第二次世界大战以前，宝洁公司的“潮水牌”洗涤剂一直很畅销，到了1950年，宝洁公司又生产出“快乐牌”洗涤剂，把两个品牌同时推向市场，这是多品牌组合经营的开始。宝洁公司很快发现，两个品牌组合经营虽然有些内耗，但由此形成的品牌屏障，有效地保护了企业在竞争中的主导地位，所获得的销售额远远大于一个品牌的销售额。很快的，这种多品牌组合经营的模式流行开来，成为很多企业品牌策略的当然选择。下面将介绍一些品牌组合的相关知识。

一、品牌——产品矩阵

制定公司的产品和品牌战略时，可以借助一个有用的工具，即品牌——产品矩阵。品牌——产品矩阵是以图表的形式来表现公司出售的品牌和产品，其中，矩阵的行表示公司的品牌，列表示相应的产品（见图8-1）。

该矩阵中，行代表品牌——产品关系，通过公司该品牌下出售产品的数量和性质，反映出品牌延伸战略。品牌线是指某一品牌下出售的全部产品（包括原始产品及产品线和大类延伸产品）的组合，因此，矩阵的一行就是一条品牌线。

品牌 \ 产品	1	2	…	N
A				
B				
⋮				
M				

图8-1 品牌——产品矩阵

通过品牌——产品矩阵，可以分析、判断当一个新产品要被引入市场时，究竟是采用开发新品牌（增添一条新的品牌线），还是放在某一条已有的品牌线内。如果选择后者，就要考虑该品牌权益能否给新产品带来贡献，同时要考虑延伸产品对该品牌权益的贡献。

矩阵的列代表产品——品牌关系，通过每一产品大类下营销的品牌数量和性质，反映品牌组合策略。品牌组合是指公司出售的每一特定产品大类所包含的所有品牌和品牌线组合，因此，矩阵中的一列就是一个品牌组合。公司设计和营销不同的品牌，是为了吸引不同细分市场的顾客。品牌组合的价值由其对整体品牌价值最大化的贡献来衡量。换句话说，最佳的品牌组合是这样一个组合：其中每一个品牌与该组合中的其他品牌组合都能使品牌资产最大化。

下面介绍一组有用的定义：

产品线是指某一产品大类内一组关系较为密切的产品组合。这些产品功能相似，目标客户群相同，营销渠道一致，或处于同一价格档次。一条产品线可以包含不同的品牌，也可以只包含一个家族品牌或单个延伸品牌。

产品组合或产品分类是指某一公司供出售的所有产品线和产品的总和。因此，品牌——产品矩阵的每一列代表一条产品线，所有这些产品线集中起来，共同形成了产品组合。

品牌组合或品牌分类是指某一公司可供出售的所有品牌线的总和。

二、品牌等级

一般来讲，产品的品牌名称不仅仅是一个名称，而是包含多个品牌名称要素的组合。例如，一台 IBM ThinkPad A22M 笔记本电脑，包含三个不同的品牌名称要素："IBM"、"ThinkPad"、"A22M"。在这些品牌名称要素中，有些要素为不同的产品所共同享有。例如，IBM 以其公司名称作为它的许多产品的品牌；ThinkPad 是指一种特定类型的计算机（如便携式，而非台式）；A22M 则是一种特定型号的 ThinkPad。因此，品牌等级是指构成产品品牌的一组名称或符号的先后有序的组合。其中有些要素是各品牌所共有的，也有一些是独特的、差异性的。品牌等级显示了一个公司内不同品牌和产品之间的关系，通过这个品牌等级，可以认知公司的品牌策略，追溯品牌之间的关系。

品牌等级往往自上而下进行命名，排名越靠上的名称应用的产品类别越广，排名越靠下的应用范围越窄，品牌的修饰性号码只用于特定的一种产品。在一个品牌中，不同的等级发挥的作用是不一样的。

（一）卡菲勒的品牌等级理论

法国著名的品牌专家卡菲勒提出了一种品牌等级的层次及其组合的看法。他认为品牌可以分为六个层次：

1. 产品品牌

产品品牌是指根据每个产品的独特市场定位赋予一个只用于该产品的品牌，如宝洁公司的洗衣粉品牌碧浪、汰渍等。

2. 产品线品牌

产品线品牌是指把产品线内的不同产品用一个品牌来标示，但不用于其他产品线，如法国的雷诺汽车。

3. 范围品牌

范围品牌是指把具有相同或组合功能的一组产品用同一名称标示，这些产品具有同一的顾客承诺，如欧莱雅系列化妆品。

4. 伞品牌

伞品牌支持不同市场上的不同产品，这些产品在各自的市场上有不同的承诺和沟通方式，如娃哈哈果奶、AD 钙奶、纯净水、八宝粥等。

5. 源品牌

源品牌类似于伞品牌，但直接命名产品，不借助于其他中间品牌，如海尔洗衣机、海尔冰箱、海尔空调、海尔热水器等。

6. 赞助品牌

赞助品牌作为各种不同类型的品牌（如产品品牌、产品线品牌或范围品牌）的支持出现，不作为主打品牌，如通用汽车的轿车。

显然，这样一种分类方法等级很多，而且相互之间有些可以兼容（如范围品牌和伞品牌），有些不能兼容（如源品牌和赞助品牌）。

（二）凯勒的品牌等级理论

美国著名营销专家凯勒对品牌层次进行分析归并后，便提出了更为简洁的品牌等级划分。从顶层向底层排列如下：

1. 企业或公司品牌

公司名称经注册后用于标示产品的品牌（或一部分）即是公司品牌，如IBM、微软、娃哈哈、海尔等。

2. 家族品牌

家族品牌是非公司品牌，但又用于标示不同种类的产品，如通用的雪佛兰、别克等。

3. 单一品牌

单一品牌是指只限于标示同类或同一产品的品牌。

4. 品牌修饰

品牌修饰可以用于任何上述三类品牌之中，如波音777（波音为公司品牌），汰渍第2代（汰渍为单一品牌）。

（三）本书对品牌层次等级的理解

上文简要地介绍了两种不同的品牌层次组合理论，目的在于让品牌管理者认识到：品牌群可以由多种不同的方式组合在一起，目的是在不同的等级层次建立品牌资产，发挥群体功能，彼此促进，凝聚合力，创造最大的品牌权益。

本书从以下四个层面来分析品牌的层次等级：

1. 公司品牌层次

公司品牌这个层次的权益主要来自于公司的形象，它是消费者头脑中留下的关于公司产品和服务及公司活动、实力、社会责任等的联想综合体。对采用源品牌和赞助品牌的公司，公司品牌形象尤其重要。

一些营销专家相信，消费者对公司整体社会角色的感知，已成为消费者购买决策中越来越重要的一个考虑因素。一位大型广告代理机构的总裁这样说："任何事业唯一持久的竞争优势是它的声誉。"调研所得出的结论也与此一致，其结果表明，89%的样本反映，消费者是否购买某公司的产品，往往取决于该公司的声誉；71%的样本反映，消费者对公司越了解，他们就会对它越有好感。

认识到消费者也许会对产品特性及其联想以外的问题产生兴趣以后，许多营销活动开始着眼于建立良好的企业形象。一个企业的形象取决于很多因素，包括：①公司制造的产品；②采取的行动；③与消费者沟通的方式。强生公司的CEO认为："声誉从许许多多小事情上反映出你的日常行为，树立良好形象的途径是勤于思考，力争每天做正确的事。"

值得注意的是，公司品牌与单一品牌在消费者心目中产生的联想是很不同的。公司品牌名称更让消费者联想起产品的共有特性和利益，联想到公司的员工和他们对消费者的态度、公司的各种规划和策略行为、公司的价值观念以及可信性和可靠性。例如，微软、英特尔、宝洁、惠普、IBM、强生公司等，一直是美国市场上信誉优良、最为人们推崇的公司。

2. 家族品牌层次

家族品牌与公司品牌的一个共同之处是，它们均作为品牌应用于多类产品。家族品牌名不是公司名称，不会使人产生对公司的联想。例如，公司的业务行为、社会角色与家族品牌无关。家族品牌是卡菲勒的范围品牌和伞品牌的合称。

家族品牌介于公司品牌和产品品牌之间。由于公司业务不断扩展，公司品牌不再适用于生产和经营的产品和服务，这时公司就需要开发出新的品牌，而新品牌一旦立足市场，公司有可能在该品牌下进行延伸，就诞生了家族品牌。

家族品牌的另一个来源是公司的兼并和收购。这样的家族品牌并不罕见——通用汽车就是通过收购和重组获得包括凯迪拉克、别克、雪佛兰等家族品牌的。在同一个家族品牌下的产品有着一些共同的属性、利益点及定位。

家族品牌的成功在于延伸产品与原型产品极为贴近，并将品牌内涵发挥到极致。因此，家族品牌有如下好处：

1）扩大品牌销售量和销售额，强化品牌形象和地位。

2）降低品牌的开发成本。

3）有利于品牌下的产品族的推销和市场接受。

采用家族品牌在食品行业最为常见，如康师傅、亨氏、娃哈哈非常系列。在服装、化妆品行业也被广泛应用，如玉兰油、欧莱雅等。

3. 单个品牌层次

单个品牌仅限于在一个产品大类中使用，但这一产品大类可以包含不同型号、不同包装容量或不同风格的多种类型的产品。创造和使用单个品牌的主要优点是，可以使品牌及其所有的辅助营销计划满足特定消费者群体的需要，品牌名称、标志、其他品牌要素、产品设计、营销沟通计划、定价、分销策略等都可以针对特定目标市场进行设计。而且在这种情况下，当品牌遭遇困难或失败时，给其他品牌及公司带来的风险也是最小的。采用单个品牌的缺点是，需要为建立足够的品牌资产而开发单独的营销计划，这一过程十分复杂，而且花费很多。

事实上，世界上很多知名品牌一开始都是由单一品牌起家的，由于品牌的巨大成功，单一品牌下推出新产品，而转化成为了家族品牌。例如可口可乐、万宝路，甚至一向崇尚单个品牌的宝洁公司，其玉兰油也有系列产品问世，走上了家族品牌之路。

4. 修饰品牌层次

不管是否已使用了公司品牌、家族品牌或单个品牌，都有必要根据产品项目或型号的不同类型进一步对品牌加以区分。而增加一个修饰成分，往往可以达到表现品牌在某些方面的完善程度或区别，如质量水平（如奔腾Ⅰ、奔腾Ⅱ、奔腾Ⅲ）、不同的属性（如箭牌的薄荷味、留兰味及果味口香糖）、不同的功能（如柯达的100、200及400胶卷）。品牌修饰的作用很重要，它可以传递信息，在同一品牌家族内表现品牌差异。同时，品牌修饰在保证公司某一产品大类整体的市场覆盖面方面也发挥了重要作用。品牌修饰还有助于使产品变得更具亲和力，进而与消费者甚至交易发生关联。当品牌修饰能够在其与母品牌间建立唯一的联想时，它们甚至可以成为强势商标。例如，只有Uncle Ben才有Converted Rice。

第二节 品牌战略

战略（Strategy），“Strategy”一词源于希腊语“Strategos”，意为军事将领、地方行政长官，后来演变成军事术语，是指军事将领指挥军队作战的谋略。在中国，春秋时期孙武的《孙子兵法》被认为是中国最早对战略进行全局筹划的著作；在现代，“战略”一词被引申至政治和经济领域，其含义演变为泛指统领性的、全局性的、左右胜败的谋略、方案和对策。20世纪60年代H. I. 安索夫（H. I. Ansoff）首先把战略的理念运用到企业管理中，对企业进行统筹规划和协调管理；后来IBM公司将这一理念运用到其产品和服务中，获得巨大成功；这样一来，其他企业立即跟进，纷纷仿效，制定了自己的企业发展战略，品牌战略也就营运而生了。那么，什么是品牌战略呢？直观地说，品牌战略就是指企业对自己品牌发展的战略规划，是企业针对外部竞争环境的具体情况及其未来发展趋势，有效配置自身资源，对品牌塑造的整体规划和长远安排。品牌是一项长期投资，塑造品牌已成为一个完整的商业系统，它需要企业从战略的高度对产品研发、生产、销售、传播与服务等每个环节进行科学管理，不断增强品牌的核心竞争力。

一、品牌战略的广度和深度

品牌战略决定了在什么产品中应用诸如品牌名称、品牌标志、品牌符号等品牌要素以及在新品牌中应用新的及现有品牌要素的性质。某一公司的品牌战略可用其广度（品牌——产品关系及品牌延伸策略）和深度（品牌——产品关系及品牌组合或分类）来度量。如果某一公司拥有多种品牌，并且其中许多品牌已延伸到多种产品大类，就可以认为这家公司的品牌战略既具有广度也具有深度。

（一）品牌战略的广度

品牌战略的广度与公司出售的品牌下不同产品的数目和性质有关：公司的产品线数目应该是多少（即产品组合的广度）；每一产品线之间的区别应该有多大（即产品组合的深度）。

1. 产品组合的广度

莱曼（Donald R. Lehmann）和温纳（Russell S. Winer）经过深入研究之后，提出了一套影响产品大类吸引力的因素。他们认为，决定某一产品大类内在吸引力的主要因素有三个：总体市场因素、产品大类因素、环境因素（见表8-1）。

表8-1 产品大类吸引力标准

Ⅰ. 总体市场因素	Ⅱ. 产品大类因素	Ⅲ. 环境因素
市场容量	新进入的威胁	技术因素
市场增长	买方讨价还价的能力	政治因素
所处产品生命周期的阶段	卖方讨价还价的能力	经济因素
销售周期	当前的产品大类竞争	法规因素
季节影响	来自替代品的压力	社会因素
利润	产品大类的容量	

（1）总体市场因素。总体市场因素是指那些市场本身的描述性特性，即当某一产品大类呈现出如下特征时，可以认为它是具有吸引力的：

1）市场容量相对较大（同时从数量和金额两方面衡量）。

2）增长很快（当前和计划中都是如此），并且处于产品生命周期中的成长阶段。

3）销售不受周期性或季节性因素的影响。

4）存在相对较高、较稳定的利润。

（2）产品大类因素。产品大类因素是指那些影响产品大类的深层次的结构性因素。以下几种情况下，可以认为某一产品大类是具有吸引力的：

1）新进入的威胁少（经济规模、产品差异、资金要求、转换成本或分销系统等，都可以形成进入堡垒）。

2）购买者讨价还价的能力低。

3）供应商讨价还价的能力低。

4）当前的产品大类竞争不激烈。

5）在消费者眼中能高度替代的产品很少。

6）市场在接近或达到大类容量的情况下运行。

（3）环境因素。环境因素强调那些与消费者和竞争者无关的影响营销战略的外部力量。许多技术、政治、经济、法规和社会因素，都会对某一产品大类的前景产生冲击。

所有这些因素，都在一定程度上与消费者、竞争者及营销环境有关，都必须进行评估，以确定某一产品大类或市场的内在吸引力。

2. 产品组合的深度

一旦作出有关产品组合广度的决策，接下来需要解决的问题就是制定最佳产品线战略。产品线分析要对市场及产品之间的成本依赖有一个透彻的了解，要考察产品线中的每一项目或成员对销售和利润的贡献率，同时还需要对产品线中每一项目承受竞争及满足消费者需求的能力进行评估。通过增加新的变量或项目来延长产品线，一般可以扩展市场覆盖面，增加市场份额，但同时也会导致成本上升。

（二）品牌战略的深度

品牌战略的深度是指公司出售的产品大类中所营销的品牌的数目和性质，多品牌战略能提高市场覆盖率。宝洁公司将这种做法发挥到极致。

采用多品牌战略的主要原因是为了追求多个细分市场。这些不同市场的细分标准，建立在对各种不同类型因素考虑的基础之上，如不同价位、不同分销渠道、不同地理区域等；或者是根据人们对某一品牌的不同偏好而细分，如福特汽车的豪华车系列——美洲豹、沃尔沃、路虎、Aston Martin、林肯。

在同一产品大类中采用多品牌战略的其他原因还有：

（1）增加店内货架陈列范围及零售商的依赖性。

（2）吸引那些追求多样化的消费者，否则他们有可能转向其他品牌。

（3）增加公司的内部竞争。

（4）在广告、销售及分销等方面获得规模经济。

为了设计最佳的品牌组合，营销人员一般需要在市场覆盖面以及有关成本、利润的考虑方面进行权衡。任一品牌都应该与其他品牌有明显的区别，并能吸引一个有足够容量的细分市场，以弥补营销成本和生产成本。

一般而言，设计品牌组合的基本原则是最大化市场份额，这样才不会忽略那些潜在的消费者，同时要最小化品牌重叠，以防止在获取消费者认同时品牌的相互竞争。每一个品牌都应有明晰的目标市场和准确的市场定位。

二、主要的品牌战略

随着企业的发展，在具备一定的资金、技术、管理、人才和品牌优势后，必然不断开发出新的产品。这些新产品与原来的产品可能属于同一系列，也可能属于不同类别，此时企业就可能面临着品牌策略的决策：是选择单一品牌策略、主副品牌策略，还是多品牌策略。不同的品牌策略受制于一定的条件和前提。

（一）单一品牌策略

1. 单一品牌策略的定义

单一品牌策略也称同一品牌策略，是指企业的多种产品使用同一品牌名称的策略。例如，通用电气公司的所有产品都统一使用“GE”这个品牌；三菱公司生产的所有产品均采用三菱的名称和标志；而我国成都彩虹电器股份有限公司生产的电热毯、消毒柜、杀虫剂等产品也一律使用“彩虹”这个品牌。

2. 单一品牌策略的种类

根据单一程度的不同，又可将单一品牌策略细分为产品线品牌策略、产品项目品牌策略和伞形品牌策略三种。

（1）产品线品牌策略。产品线品牌策略是一种局部的单一品牌策略，是指企业对同一产品线上的所有产品均使用同一品牌的策略。由于同一产品线上的产品面对的是同一消费群体，它们在生产技术上有着本质的内在联系，在功能上互补，因此可以使用一个品牌满足同一消费群体内不同方面的消费要求。例如，羽西、雅芳等女性化妆品一般都采用产品线品牌策略。

（2）产品项目品牌策略。产品项目品牌策略是一种跨越产品线的单一品牌策略，即对不同产品线中具有同等质量和能力的不同产品使用同一品牌。产品虽然不同，但市场定位和承诺是一致的，因而使用同一品牌的所有产品有共同的市场沟通主题。世界著名的服装制造商贝纳通（Benetton）公司生产适合各种消费者穿着的品牌服装。公司的宣传主题是“贝纳通的联合色”，暗示其产品适合不同肤色的消费者。

（3）伞形品牌策略。伞形品牌策略是一种完全的单一品牌策略，即对企业生产的所有产品不管其相关与否，均使用同一品牌的策略。利用这种策略最成功的例子是 Philips 公司，Philips 公司生产的所有产品，包括音响、电视、计算机、灯泡、剃须刀、手机、家电等均使用 Philips 品牌。

3. 单一品牌的优、劣势

单一品牌战略的优势是：①规模效益，即在树立企业名牌形象以后，可以花较少的力气树立产品名牌，因为企业名牌是产品名牌的基础和后盾，“将门有虎子”，而且对营销系统的要求也具有同一性，从而节省营销费用；②日晕效应，即企业开发出的新产品很容易被市场认为是名牌产品，至少是名牌企业的产品；③模糊效应，即如果企业的产品有缺陷时，容易被市场谅解。

单一品牌战略的劣势在于：①负向溢出效应，即当使用同一品牌的商品过多，而且这些商品又跨了较多的行业时，人们就会认为名牌企业不能保证所有的产品都可信赖，例如，人们不会怀疑松下电子产品的质量，但会怀疑其机械、化工产品的质量；②分离效应，即在策划和宣传不当的时候，人们往往只知道企业而不知其产品，造成企业和产品的分离，例如，如果消费者对企业的产品不太了解，在同一品牌的产品过多的时候往往怀疑产品是不是这个企业生产的，不法企业甚至会盗用企业的品牌；③连带效应，即一旦以同一品牌命名的某一类产品或某一种产品出现了质量或服务问题，就会牵连到其他产品甚至企业的形象。

4. 单一品牌策略的运用条件

（1）企业产品的关联度。单一品牌策略实质上是采用品牌延伸的方式推出新产品。要想新产品被市场所接受，原有品牌的产品与新产品之间是否有较强的关联度至关重要。

（2）企业的品牌定位。品牌定位一旦确定，企业的经营决策就必须与之保持在价值取向上的一致，否则就会造成品牌形象的混乱，引起消费者的困惑和不满。一般来说，品牌定位的最大范围是第一次使用这一品牌的商品所属的行业。

（3）企业使用单一品牌策略所推出的新产品必须具备相当可靠的质量保证。如果新产品发生了质量问题，就会牵连到整个品牌的产品，从而让更多消费者迅速地远离这一品牌。

（二）多品牌策略

1. 多品牌策略的定义

多品牌策略也称产品品牌策略，是指企业以其生产和经营的不同产品分别命名，不同产品使用不同的商标。简单地说，它是指企业同时经营两种或两种以上互相竞争的品牌以促进企业总销量的增加。宝洁公司是应用这种策略最成功的范例。在中国市场上，“飘柔”、“潘婷”、“海飞丝”、“沙宣” 等多个品牌都是宝洁公司的产品。

2. 多品牌策略的优、劣势

多品牌战略的优势在于：①杠杆效应，即在企业发展初期，企业将主要精力投入在一个品牌的创立上，如果该品牌受到市场和社会的确认，则可以托起企业的形象，并可在已经积累的经验的基础上创立其他名牌。②星火效应，它有两个方面的含义，一是积累较多的名牌，有助于企业的跳跃发展；二是分散风险，名牌各自独立，名牌与非名牌独立，互不影响，这样可以降低企业的风险，如果非名牌产品出了问题甚至某一个名牌出了问题，手中仍然有其他名牌，依然可以凭“星星之火”，取得“燎原之势”，企业依然可以生存和发展。③先导效应，即由于企业和产品的唇齿关系，产品名牌的创立往往是名牌企业创立的第一步。

多品牌战略的劣势在于：①规模不经济，分别创立品牌必然要分别进行策划和宣传，要分别进行投入，还要承担各自的风险；②分离效应，即把产品而不是把企业放在第一位，消费者接受的只是这种产品，而不一定是这个企业的这种产品。

3. 多品牌策略的运用条件

（1）企业的规模和经营实力。企业的资金实力、对多品牌市场的驾驭能力是实施多品牌策略的重要条件。

（2）产品与行业特点。在消费者更注重个性化的产品的情况下，企业适合采用多品牌策略，如生活用品、食品、服饰等日用消费品；而家用电器等耐用消费品适合采用单一品牌策略。

（3）各品牌之间的定位有明显的差异，可实施严格的市场隔离，开展品牌差异化营销，并协同对外。

（4）每一品牌所面对的细分市场都应具有规模性。品牌的目标市场应具有足够的市场容量。

（三）主副品牌策略

1. 主副品牌策略的定义

所谓主副品牌策略，就是指在主品牌保持不变的情况下，在主品牌下为新产品添加一个副品牌，以便消费者识别该产品，拉近消费者与该品牌之间的情感距离，促使消费者认知并购买该产品。简言之，就是在品牌（上标）不变的情况下，给新产品起一个“小名”，如三星——名品、松下——画王、红心——小厨娘、海尔——小神童等。与其他品牌战略相比，主副品牌策略最突出的特点是它具有极强的针对性。主副品牌策略解决了单一品牌策略容易导致的品牌个性模糊问题和多品牌战略容易导致的资源浪费问题。

2. 主副品牌策略的优、劣势

主副品牌策略的优势在于：①实现了“同中求异”，即在保持主品牌稳定性和权威性的基础上，又通过副品牌体现了产品的差异性，前者有利于主品牌资源的共享，后者展示了产品的多样性和丰富性；②有利于主品牌保护，如果主品牌得到消费者认可和信赖，副品牌可以凭借主品牌这辆“便车”迅速占领市场获得消费者认可而取得效益，主品牌也可以借助副品牌加深企业的核心理念和价值观，主副品牌相互促进、共同发展；③有利于充分利用主品牌的影响力，提高宣传费用的使用效率，企业以宣传主品牌为主，宣传副品牌为辅，广告宣传的重心仍放在主品牌上，副品牌可以依附于主品牌联合进行广告活动；④有利于预留新的发展空间，就主品牌而言，一般定下来就不能随意作改动，副品牌则不同，它可以随着时间、地点和产品的特征不同而作出相应的变化，这样就为企业在统一的主品牌下不断推出新产品留下空间和余地。

主副品牌策略的劣势在于：①垂直延伸风险，对于一个采取主副品牌策略的品牌延伸而言，不论是从高档到低档的延伸还是从低档到高档的延伸都面临着很大的问题，如果用低档品牌推出高档产品，消费者心中会对产品品质有疑虑，产品推广必将异常艰难，同样，如果用高档品牌推出低档产品，通过超越消费者细分市场、分销渠道或价格点来延伸品牌组合也绝非易事；②水平延伸风险，采取主副品牌策略进行水平延伸，企业覆盖不同的品类、跨越不同的行业同样将会面临很多相同的风险，企业进行相关产品延伸时，使用不当就会扰乱产品在消费者心目中的定位，例如雪佛兰将生产线扩展到货车、赛车领域后，消费者心目中的“雪佛兰是美国家庭轿车”的定位模糊了；③过度使用风险，无限制的副品牌延伸将使消费者失去辨别能力，使副品牌的优点归零，使用副品牌绝不是越多越好，如果企业希望自己更专业，就要尽量把路走得“窄”一点，避免副品牌滥用的问题。

3. 主副品牌策略的运用条件

企业是否采用主副品牌策略，需要视具体情况（如企业状况、行业状况、产品状况等）具体分析，一般来说：

（1）若由于技术不断进步等原因，产品不断更新换代，更新期较短，则最好使用主副品牌策略，因为这样既可以区别于以往产品，又可给予消费者企业不断发展的形象，这种情况在移动电话和计算机行业中比较典型。

（2）若企业经营同一类产品，而且该市场竞争激烈，产品使用周期较长时，也可使用主副品牌策略。例如家电行业就属于这种情况。

当然，这也不是绝对的。企业应根据自己的实际情况及产品的不同特征，结合外部环境辩证地作出决策，而不能机械地套用条条框框。

（四）联合品牌策略

1. 联合品牌的定义

联合品牌是指两个或更多的品牌合并为一个联合产品和（或）以某种方式共同销售。每个品牌都期望另一个品牌能强化整体形象或购买意愿。

星巴克作为“咖啡快餐业”的知名品牌，与联合航空公司携手，一方面拓展了新的业务领域，使自己的产品覆盖到更广阔的市场空间；另一方面也正是由于这种优势合作，使他们在各自领域中的品牌价值得到了提升。事实证明，许多其他品牌的忠实顾客正是由于这项新举措，转而变成了联合航空的顾客；而现在许多星巴克的拥护者也是在联合航空上结识并开始钟情于这一“咖啡之星”的。

2. 经济全球化背景下联合品牌的优势

首先，联合品牌有助于企业冲破国际贸易壁垒，迅速开拓新市场。联合品牌双方的合作有助于一方迅速地被另一方原有的顾客所接受，从而接触到对方的客户群而获得新市场。不仅如此，联合品牌还有利于企业冲破国际贸易壁垒，快速进入当地市场。

其次，联合品牌可巩固垄断地位，提高进入壁垒。以纵向一体化联合品牌为例，假设一个纵向一体化联合品牌在一种最终产品的生产过程中的前序阶段具有垄断能力，这家企业便可以提高前序阶段产品的价格，使未纵向一体化的企业购买时支付高价。同时这家企业还可利用垄断地位压低最终产品的价格，未纵向一体化企业就不得不高价购进，低价售出，从而被驱逐出市场。同时，纵向一体化的联合品牌筑高了进入壁垒，阻止潜在的竞争者进入。

第三，联合品牌有助于凸显品牌的自身属性。品牌之所以为顾客所认可，是因为它已经在顾客心目中有了明确的定位，而且能使顾客产生丰富的联想。当产品和品牌单独出现不能揭示产品的特征时，联合品牌就可以利用另一品牌给顾客带来的联想来说明产品的特质。

第四，联合品牌能够降低营销成本。品牌的组合可以降低企业的总成本，如设备、厂房成本的分担等。以促销费用为例，在开拓市场方面，合作双方共同分担费用，加之各品牌早期的广告和促销活动对联合品牌的作用，双方的促销费用都大大降低。

第五，联合品牌能够提高品牌权益。联合品牌的品牌权益影响着消费者对联合品牌资产的感知，因为原有品牌的品牌权益将有助于引起消费者的关注以及渠道成员的青睐。联合品牌可以降低企业进入消费者对企业专长心存疑问的新产品门类的风险。从信息经济学的角度提出，品牌对消费者而言意味着信号质量，当发现一项产品的品质可见度较差时，可以通过联合的方式，寻找可提供较高品牌可信度的第二品牌，则消费者对产品的品质认知会有提升。

3. 品牌联合的风险

品牌联合具有很强的利益相关性，这些利益的相互联系传递了一个信息：如果品牌运用得当，可以达到双赢的效果；如果运用不当，合作伙伴的一方或双方就可能遭受恶果。此外，如果联合经营的一方落后于另外一方，那么另一方也会受到影响。

品牌联合有时还会存在以下风险：

（1）光晕效应。知名品牌与不知名品牌联合时，后者会消失在前者的光晕中。对于不知名品牌，如果与大品牌联合，虽然可以增加销售收入，但是由于缺乏自己品牌的独特性，品牌建设将会停滞不前。

（2）商标退化。在某些情况下，品牌联合会导致品牌所有者失去使用商标的专有权。品牌联合把不同品牌符号和商标进行组合，可能会危及双方品牌的独特性。因为商标在定义上是和一个业主独占的商品或服务有关的，并指明了同一个贸易来源。当这个标记不再具有“出处标志”的功能时，它可能会变成不受商标注册保护的通用名词。这时，竞争者就可能会趁机而入，申请取消已经注册的商标或者据为己用。

（3）扩张过度。在进行品牌联合时，联合双方都应当考虑同自己联合的企业的商业领域是否适合自己，联合后能否让消费者对新的产品或服务作出正面的反应，能否给他们带来一些有价值的利益。

然而，很多企业过度夸大品牌联合的力量，过度扩展品牌的使用范围，导致本已成功的品牌遭受重创。

4. 品牌联合的方式

（1）认知品牌联合。这类品牌联合共同创造价值的潜力处于最低层次。合作企业通过品牌合作向对方的顾客群展示自己的产品、服务和品牌，扩大企业在新目标市场上的影响，提高企业品牌在新受众中的认知度。

美国运通和德尔塔航空公司进行合作，结合德尔塔航空公司 SkyMiles 计划，以品牌联合形式推出了它的 Optima 信用卡。这一品牌联合使美国运通为自己的信用卡赢得了更多的客户和业务，提高了品牌的认知度；而德尔塔航空公司则通过向乘客让渡更多的价值，而提高了顾客的忠诚度。由于品牌合作的目标仅仅局限于同受众进行接触并提高其认知度，因此该品牌联合共同创造价值的潜力较低。

（2）价值注释品牌联合。这种品牌联合表现为一方品牌对另一方品牌的价值或定位进行注释，或双方品牌相互注释。价值注释品牌联合的实质是两个企业为了实现其品牌价值在顾客心中的联合而进行的合作，而这种品牌价值的联合又是通过顾客的品牌联想来实现的。

蓝带是法国著名的厨艺学院，它的品牌可以看做是最高厨艺水平的代名词，而特福则是法国最主要的厨具生产商。特福以“Integral”品牌推出其高质量的系列厨具，而在其产品和广告中则同时出现蓝带品牌。蓝带品牌在特福整个营销活动中都发挥着注释的作用，这一价值注释品牌联合策略已取得了极大成功。

（3）成分品牌联合。成分品牌联合是指两个品牌同时出现在一个产品上，其中一个是终端产品的品牌，而另一个则是其所使用的成分或组件产品的品牌。

例如，康柏、IBM 和英特尔进行了品牌联合。英特尔公司一直是全球最大的优良芯片供应商，它拥有世界先进的芯片制造和研发技术，其奔腾系列芯片卓越的质量和性能得到了全球用户的认可。它激发消费者的品牌联想，认为英特尔芯片是优秀计算机制造商的必然选择，采用英特尔芯片的计算机一定是质量可靠、性能出众的。计算机制造商正是利用成分品牌的这种作用来创造更高的价值。

（4）能力互补品牌联合。能力互补品牌联合是指两个强势品牌在能力上具有互补性，它们的合作并不是各个部分的简单相加，而是集中各自的核心能力和优势来共同生产一个产品或提供一种服务。能力互补品牌联合是最高层次的品牌联合，共同创造价值的潜力最大。

在英国，埃索石油公司和特士古连锁超市合作，在全国的汽车加油站建立 24 小时微型超市，堪称运用能力互补品牌联合战略的成功案例。埃索在英国是三大汽油零售商之一，它拥有管理加油站的经验以及遍布全国的零售网络；而特士古则是英国最大的连锁超市集团之一，它熟悉不同消费者的购买习惯和消费模式，具有经营超市的丰富经验。通过品牌合作，特士古利用埃索的加油站在高速公路边建立了微型超市，由此迅速地占领了新市场，提高了市场占有率，降低了促销成本，丰富了特许经营的经验，赢得了众多的消费者。另外，埃索公司所收获的也不仅仅是特许费收入，合作为它带来了新的顾客，销售额也大幅增长。

【本章小结】

（1）品牌——产品矩阵是以图表的形式来表现公司出售的品牌和产品，其中，矩阵的行表示公司的品牌，列表示相应的产品。产品线是指某一产品大类内一组关系较为密切的产品组合。这些产品功能相似，目标客户群相同，营销渠道一致，或处于同一价格档次。最佳的品牌组合是：其中每一个品牌与该组合中的其他品牌组合都能使品牌资产最大化。品牌有四个等级：公司品牌、家族品牌、单个品牌、修饰品牌。

（2）公司的品牌战略可用其广度（品牌——产品关系及品牌延伸策略）和深度（品牌——产品关系及品牌组合或分类）来度量。品牌战略的广度与公司出售的品牌下不同产品的数目和性质有关；品牌战略的深度是指公司出售的产品大类中所营销的品牌的数目和性质。

（3）品牌的主要战略包括单一品牌策略、多品牌策略、主副品牌策略和品牌联合策略。不同的品牌策略受制于一定的条件和前提，也各有优缺点。每一种品牌策略的运用都不是按部就班、机械不变的，企业应根据自己的实际情况及产品的不同特征，结合外部环境辩证地作出决策，灵活地应用不同策略。

【思考题】

1. 试比较分析单一品牌策略与多品牌策略的异同。
2. 以一个公司为例，归纳其品牌组合和品牌等级的特点。
3. 主要的品牌战略有哪些？
4. 试述品牌联合的方式及其战略意义。

【案例分析讨论】

美国宝洁公司的多品牌战略㊀

美国宝洁（Procter & Gamble）公司（简称P&G）是世界最大的日用消费品公司之一，其全球雇员超过11万人，在全球70多个国家和地区设有工厂及分公司，所经营的300多个品牌的产品畅销到140多个国家和地区，其中包括洗发用品、护发用品、护肤用品、化妆品、婴儿护理产品、妇女卫生用品、医药、食品、饮料、织物、家居护理及个人清洁用品等。宝洁公司实施“一品多牌”的多品牌战略，打造企业核心竞争力，拥有13个销售超过10亿美元的世界著名品牌，成为世界日用消费品市场的“龙头老大”。宝洁公司在中国市场拥有飘柔、海飞丝、潘婷、玉兰油、护舒宝、碧浪、汰渍、舒肤佳等家喻户晓的品牌。宝洁在《财富》2003年度世界500强排第86位，年营业收入402.38亿美元。

宝洁公司创建于1837年，创始人是英格兰移民威廉·波克特（William Procter）与爱尔兰移民詹姆斯·甘保（James Gamble）。开始时，那仅仅是个生产、销售肥皂和蜡烛的小型合伙企业。1934年，宝洁推出第一种合成洗发香波，开始进军洗发、护发产品市场。1946年，宝洁公司推出“汰渍”洗衣粉。1952年，宝洁在辛辛那提市成立了一个全新的研究中心，这是公司第一个专门从事未来技术开发工作的研究中心。1955年，宝洁推出佳洁士牙膏，这是第一种含氟并经临床证实能预防龋齿的牙膏。1961年，宝洁首创的婴儿纸尿片

㊀ 刘昆山，多品牌战略打造核心竞争力——美国宝洁公司核心竞争力探析，价值中国网．财经，http：//www．chinavalue．net/Article/Archive/2009/3/26/166862．html。

“帮宝适”推出。1983年，宝洁推出一种名为“护舒宝”的优质妇女个人卫生用品，该品牌在1985年成为同类产品全球市场的领先品牌。1986年，宝洁推出“飘柔”洗发水。1988年，宝洁在中国建立合资企业，广州宝洁有限公司注册成立。这是公司在这一世界上最大的消费市场建立的第一家公司。1992年，宝洁推出“潘婷”品牌，迅速成为世界上发展最快的洗发香波产品。1995年10月18日，美国总统克林顿授予宝洁公司国家技术奖章。这是美国为技术成果卓著者所颁发的最高奖励。这一奖章充分肯定了宝洁公司开发、运用先进技术，改善消费者生活的种种努力。2001年，宝洁公司从施贵宝公司收购了“伊卡璐”系列。“伊卡璐”是全球染发、护发领导品牌，年销售额达16亿美元。2003年，宝洁公司收购了威娜公司，“玉兰油”成为宝洁第13个年销售超过10亿美元的品牌。

一、以创新“特性”构筑多品牌战略

宝洁公司是全球实施多品牌战略最成功的典范。选择多品牌战略是由于宝洁公司的经营特点决定的。特点之一是经营种类多。从香皂、牙膏、漱口水、洗发精、护发素、柔顺剂、洗涤剂，到咖啡、橙汁、烘焙油、蛋糕粉、土豆片，到卫生纸、化妆纸、卫生棉，再到感冒药、胃药等。对于横跨清洁用品、食品、纸制品、药品等多种行业的企业，不可能使用一种品牌。特点之二是它经营的是消费日用品，同一种消费日用品由于人们习惯的差异会呈现多个“卖点”，只有创新不同“特性”的商品，才有可能满足不同层次顾客的需求，为了有效占领市场，需要使用多个品牌。

二、多品牌是为了满足市场细分的需求

日用消费品的特点是：同品种的商品多，单件价值较低，使用周期短，更换频率高，与顾客习惯联系紧密，维系顾客的忠诚度相对比较困难。品牌就等于顾客，拥有顾客才意味着拥有品牌，满足客户需求和维系客户关系的能力是衡量公司品牌竞争力的一项重要指标。为了拥有顾客，必须对市场进行细分，对顾客需求进行研究。

宝洁公司成功的关键，在于对消费者的深入了解以及不间断地开发具有突破性技术的新产品满足消费者的需求。回顾公司历史，宝洁在消费者市场研究方面始终处于领先地位，首创了许多目前被广为应用的市场调研技术。到20世纪70年代，宝洁公司又成为最早使用免费电话与消费者沟通的公司之一。宝洁公司在市场调研的基础上，又创立了专门的市场营销机构，由一组专门人员负责某一品牌的管理，每一品牌都具有独立的市场营销策略，形成了宝洁的品牌管理系统。在以后的发展中，宝洁公司在世界各地开展业务前，必定先对消费者和市场进行调研，以满足消费者的需求为起点，为品牌的推广和拓展打下良好的基础。作为跨国公司，宝洁公司还注意把不同国家拥有的知识和经验进行比较。对于洗衣产品和洗发护发产品等全球性产品，宝洁公司不仅力争满足全球消费者的共同需要，也尽力满足具体市场的独特需求。发展到今天，宝洁公司每年运用多种市场调研工具和技术与全球超过700万的消费者进行交流。他们通过入户访问和观察、举办消费者座谈会、问卷调查、访问商店、跟踪调查系统、接收消费者信件、接听消费者电话等多种形式与消费者进行交流，倾听消费者的意见和建议。宝洁公司借此建立起庞大的数据库，及时捕捉消费者的意见。这些意见帮助市场部创作有说服力的广告和制订有力的市场营销计划，帮助产品开发部开发新产品，帮助销售部制订销售计划，保证产品分销到各地，方便消费者购买。

宝洁公司实施“一品多牌”的战略，追求同类产品不同品牌之间的差异，包括功能、包装、宣传等诸方面，从而形成每个品牌的鲜明的“特性”。最有效的“特性”是简单的，并以利益为导向。无论产品以及市场的需求如何复杂，宝洁公司都力求聚焦并保持单一的诉求。以洗发水为例，“海飞丝”的特性在于去头屑，“头屑去无踪，秀发更出众”。“海飞丝”是宝洁公司在中国推出的第一个产品。当时，宝洁公司经过对中国市场的详细调查，发现了很多人都有头屑的烦恼，而中国国内生产洗发水的厂家又没有这方面的技术，于是宝洁公司决定将去头屑的“海飞丝”洗发水作为在中国打响的第一炮。经过一年多的时间，“海飞丝”成为国内去头屑洗发水的代表。“潘婷”的特性在于对头发的营养保健。“瑞士维他命研究院认可，含丰富的维生素 B_5，能由发根渗透至发梢，补充养分，使头发健康、亮泽”，从各个角度突出了“潘婷”的营养型特性。“飘柔”的特性则是使头发光滑柔顺，“含丝质润发，洗发护发一次完成，令头发飘逸柔顺”，深化了消费者对“飘柔”飘逸柔顺效果的印象。“沙宣”则定位于调节水分与营养。“润妍”定位于更黑、更有生命力。

宝洁公司的品牌原则是：如果某一个种类的市场还有空间，最好那些“其他品牌”也是宝洁公司的产品。通过准确的市场细分与定位，宝洁有效地阻止了竞争对手的进入。品牌的鲜明个性的诉求，也增强了品牌的核心价值。因此宝洁的多品牌战略让它在各产业中拥有极高的市场占有率。据1998中国市场与媒体调查，在全国12个城市中，使用频率排名第一的是“飘柔”，其后依次是“潘婷”、“海飞丝”、“力士”、“诗芬”、“奥妮首乌”、“花王”、“百年润发”和“蜂花”，使用频率最高的前三种洗发水均来自宝洁。据当时的国内贸易部全国工商市场信息网对全国133家大型百货商场的商品销售量和市场覆盖面的最新排序，在护发、美发品的排行榜中，相对市场份额居前十名的品牌排名顺序依次如下：飘柔34.8%、海飞丝16.3%、潘婷15.6%、力士9.2%、雅倩6.0%、诗芬5.8%、雅黛3.9%、首乌3.4%、舒蕾2.5%、丽花丝宝2.5%。也就是说，前十名品牌中的前三位也是出自宝洁。在世界公认的市场法则中，有这样一种说法：产品市场占有率达到40%的为领先者，达到30%的为挑战者，达到20%的为跟随者，在10%以下的为补缺者。这样算起来，飘柔、海飞丝、潘婷的市场占有率总额已经达到了66.7%，宝洁公司实质上已经达到了垄断者的地位。

三、多品牌战略中“多”与“少”的辩证

宝洁公司多品牌战略是打击对手、保护自己的最锐利的武器。一是利用多个品牌的频频出击，使公司在顾客心目中树立起实力雄厚的形象；二是利用“一品多牌”，从功能、价格、包装等各方面划分出多个市场细分，能满足不同层次、不同需要的各类顾客的需求，提高了市场占有率，有利于培养消费者对宝洁品牌的偏好，有利于提高顾客忠诚度；三是有利于遏制竞争对手，尤其是像洗衣粉、洗发水这种“一品多牌”的市场，宝洁公司的产品摆满了货架，就等于从销售渠道上减少了竞争对手进攻的可能。从功能、价格诸方面对市场的细分，更是令竞争者难以插足。这种高进入障碍大大提高了竞争对手的进攻成本，对自己来说就是一块抵御对手的盾牌。

多品牌竞争会引起品牌之间自相残杀的局面，宝洁公司则认为，最好的策略就是自己不断攻击自己。但是，实施多品牌战略要注意趋利除弊。一是实施多品牌战略的企业要有相应的实力，品牌的延伸绝非朝夕之功。从市场调查，到产品推出，再到广告宣传，每一项工作都要耗费企业大量的人力、物力。这对一些在市场上立足未稳的企业来讲无疑是一个很大的考验，运用多品牌战略一定要慎之又慎。二是要根据企业所处行业的具体情况决定。例如，宝洁公司所处的日用消费品行业，运用多品牌策略相对易于成功，而一些生产资料的生产厂家则没有必要选择这种策略。三是在具体操作中，一定要通过缜密的调查，寻找到产品的差异和“特性”。有差异的产品品牌才能达到广泛覆盖产品的各个子市场、争取最大市场份额的目的。没有差异的多种品牌反而增加企业的生产成本、营销成本，造成顾客心理上的混乱。

要正确处理“多”与“少”的辩证关系。宝洁公司对品牌数量的处理上也曾经走过弯路，曾有31种不同的海飞丝香波，有52个版本的佳洁士牙膏，这显然超出了应有的“度”，于是开始了缩减品牌的工作：在美国本土的产品名单较20世纪90年代初已减少了1/3。单是在头发护理用品一项上，它就砍掉了近1/2的产品品种。宝洁公司不但砍掉了低收益的品种与品牌，而且也通过在经理们推行新产品时实施预算监控的方法来对新产品实行所谓的“生育控制”。宝洁公司的一位经理说：“在公司内确实有真正的趋势在做更少、更大的事。”宝洁公司正在全世界范围内将其产品的配方和包装标准化，出售边缘品牌，砍掉低效的促销活动，并减少新产品推行。它甚至将其广告支出预算置于严格的审查之下，争取将总营销成本由占收入的25%压缩到20%。多品牌战略的目标是不断提高市场占有率，而宝洁公司一直向这个目标前进。

讨论题：

1. 结合案例，分析实施多品牌战略的优缺点。
2. 宝洁公司是如何一步步地进行多品牌战略的？

第九章 品牌延伸

【本章要点】

(1) 品牌延伸的定义、动因。
(2) 品牌延伸的优势与劣势。
(3) 品牌延伸的策略。

【导入案例】

迪斯尼——文化产品品牌延伸[㊀]

美国迪斯尼公司是在文化产品延伸中做得最好的、最有代表性的公司之一，如今迪斯尼的文化产品已经在世界范围占有一席之地，迪斯尼的文化产业链已经发展得相当成熟，已为迪斯尼创造出了巨大的财富。2003 年 11 月《福布斯》杂志公布了全球十大虚拟人物财富榜，米老鼠登上了荣誉榜榜首。

米老鼠已经扩展到了众多领域中，如食品、玩具、服装、文具等。如今迪斯尼在不断生产动画片、电影的同时，也在不断将这些文化产品进行延伸，迪斯尼乐园与其他主题公园最大的不同就是迪斯尼的品牌基础、鲜明的主题与独特的卡通资源。迪斯尼乐园里面每一个游乐设施都是基于迪斯尼有影响力的动画片或者电影而建立的。整个公园的建设都是以迪斯尼的动画或电影为基调的，它的理念就是让人们进入了迪斯尼乐园就如同进入了童话世界，进入了迪斯尼的动画片中。每当迪斯尼推出一部成功的大片，迪斯尼乐园里就会出现相应的游乐设施。每当一部新电影或动画片成功后，与之相关的周边产品立即会出现在迪斯尼乐园或者商场里的迪斯尼店铺中。动画人物玩偶是最具代表性、最传统的一种周边产品。迪斯尼在每一个游乐设施旁会设置一家店铺，以加勒比海盗为例，走出加勒比海盗游乐区，会进入一个商店，商店里的商品都是与该影片、该游乐设施相关的产品，加勒比海盗里人物的服装、宝物、帽子、宝剑、鞋子、T 恤衫、DVD、玩具、玩偶等，应有尽有。对电影喜爱并且在玩的过程中有愉快体验的人都会从店里买一些纪念品回去。

迪斯尼乐园会定期举办各种不同类型的主题活动，例如公主与海盗的化装舞会，游客们需要购买比普通门票贵一些的门票入场，同时装扮成动画片中的公主或者海盗的样子在公园里参加各种各样的娱乐活动。门票仅是迪斯尼的一部分收入，而购买这些特殊的服饰是其更大的收入点，迪斯尼的商店为游客提供了各式各样的服装与道具，有白雪公主的裙子、睡美人的裙子、加勒比海盗里杰克船长的衣服和帽子，这些服装和道具与电影中的一模一样。一件公主的裙子或海盗的服装至少 100 美元，而这些公主与海盗的服装，几乎只有在迪斯尼的

㊀ 杨扬，迪斯尼——文化产品品牌延伸，中国商界（下半月），2009（8）。

商店中才能买到。迪斯尼在这方面的产品延伸是非常巧妙的，由于这些裙子在现实生活中根本不能每天穿，而迪斯尼还想卖出这些几乎一辈子都不会有机会穿的衣服，于是设计出了这些主题舞会，为人们创造了一次穿迪斯尼昂贵服饰的机会。不仅增加了门票收入，也出售了大量相关商品。

迪斯尼对其文化产品的延伸并不仅仅局限于周边产品和迪斯尼乐园的收入。迪斯尼还会在其成功的电影或动画片的基础上推出各种新的衍生文化产品进行再次销售。1992 迪斯尼推出了《狮子王》这部动画片，这是迪斯尼历史上最成功的一部动画片之一，迪斯尼在《狮子王》大获成功后没有停留在原地，而是对其进一步开发，经过几年的时间，创造出了一部经典的音乐剧《狮子王》，以音乐剧的形式将《狮子王》重新演绎，这种新的形式也极为成功。《狮子王》音乐剧使得《狮子王》动画片的生命力延续至今。继《狮子王》的音乐剧取得成功后，迪斯尼又推出了《小美人鱼》、《歌舞青春》等与电影相对应的歌舞剧，并且已经在全世界巡演，票房都非常高。这种类型的产品延伸使得一种文化产品的影响越来越广，产品的生命周期立即延长了数倍，而且其给商家带来的额外收入是巨大的。

由此可见，迪斯尼文化产品的成功延伸使得迪斯尼品牌价值大增。随着人们生活水平的逐步提高，人们消费（投资）时越来越重视品牌，在这样一个大环境中，企业推陈出新的速度也是越来越快，在新产品进入市场时采用哪种策略能以最快的速度打开市场成为企业越来越关注的问题。

第一节　品牌延伸概述

品牌延伸是企业发展的重要战略之一，国外资料显示，一些出类拔萃的消费品公司所开拓的新产品中，有95%是采用品牌延伸进入市场的。品牌延伸通常是在企业多元化战略下产生的，而多元化战略是大企业普遍采用的战略之一，同时也是中小企业积极实施的战略。那么，什么是品牌延伸？为什么要进行品牌延伸？品牌延伸有哪些类型？这些正是本节要学习的内容。

一、品牌延伸的定义

什么是品牌延伸？学术界有很多种定义，但还没有一个具体经典的说法。

著名营销专家科特勒认为：品牌延伸就是指一个现有的品牌名称使用到一个新类别的产品上，它并不是简单地借用表面上的品牌名称，而是对整个品牌资产的策略性运用。

大卫·艾克认为：品牌延伸是指企业利用购买者对某一等级现有品牌名称的熟悉，推出另一等级的产品线。

国内学者薛可认为：品牌延伸是指在已经确定的品牌地位的基础上将原有品牌运用到新的产品或服务，从而期望减少新产品进入市场的风险，以更少的营销成本获得更大的市场回报。

借鉴、综合这些专家学者的观点，本书认为，所谓品牌延伸就是指品牌所有者对已经确定品牌地位的原品牌，利用消费者的熟悉与认可，将其使用到刚推出的新产品中，以降低新产品营销成本、减少市场风险为目的的品牌策略。在品牌延伸过程中，不只是借用表面上的品牌名称，更是整个品牌资产的策略性使用。例如，海尔集团利用“海尔”这一品牌效应，从冰箱延伸到电视、洗衣机、空调、计算机等多个行业，成为我国家电企业的一面旗帜。又如，我国台湾的康师傅集团以“康师傅”的品牌推出了各种快餐食品和休闲食品，如3+2饼干系列、饮用水等。

二、品牌延伸的类型

根据品牌延伸的定义，可以将其分为两类：一类是新项目的现有品牌，即线延伸；另一类是新类别的现有品牌，即大类延伸。

(一) 线延伸

线延伸是公司在同样的品牌名称下面，在相同的产品总类中引入增加的项目内容，如新口味、形式、颜色、增加成分、包装规格等。线延伸的结果通常是产生了不同的口味、不同的成分构成、不同的形式、不同的大小、不同的用途。但是原产品和新产品在某种程度上存在着共同点。例如，索尼公司的产品包括电视、计算机、摄像机、数码产品等，这些产品功能不同、外观不同，目标顾客也不同，但是都是用“索尼”这一个品牌，都是电子产品，反映了索尼公司在电子领域中无人可比的技术优势。实际上，企业在营销中更常用的就是线延伸。线延伸能够通过在一个品牌名称下提供更多不同的产品，来满足消费者的愿望，而且，管理者经常利用线延伸作为短期竞争工具，来提高一个品牌对有限的货架空间的控制，这也是众多公司热衷于线延伸的主要原因。

线延伸常常有风险，它可能使品牌名称丧失其特定的意义。在过去向店主要一杯可乐时，他会毫不犹豫地给你一杯可乐；今天，必须要说明是可口可乐还是百事可乐，甚至是健怡可乐（在冬天，有的人还需要热可乐）。还有可能因为原有的品牌联想过于强大，使得新的线延伸失败。在进行线延伸时，尽量弱化产品类别、强调核心联想，会降低延伸的失败率。例如，麦当劳现在尽量弱化鸡类食品的形象，以快乐、愉悦为主题，推出了猪肉汉堡等产品，这样，在一些意外情况（如禽流感）到来时，就不至于造成过大的损失。

(二) 大类延伸

大类延伸是指公司使用相同的品牌名称，从原产品大类进入不同的大类。例如英国著名品牌登喜路，从汽车周边产品延伸到了香烟、男士饰品、香水和服装，与原有产品相比，这些都属于另外的产品类别。娃哈哈旗下有很多产品：饮用水、碳酸饮料、乳品、果汁饮料、茶饮料、香瓜子、医疗保健品、罐头食品和童装，它的产品几乎都用“娃哈哈”来统一命名。

大类延伸的风险比线延伸大，因为当公司从一个产品类别延伸到新的产品类别，缺乏经验、广告支持，甚至会引起消费者的猜疑。并且，大类延伸的品牌延伸方式由于产品之间联系很少，利用原有品牌影响力的难度较大，所以比线延伸要难成功，不易被市场和消费者接受。因此，使用这种品牌延伸的公司相对较少。

借助原有品牌在顾客中影响大、知名度高等优势，可以节省创建新品牌所需的大量资金、人力和物力，并降低因创立新品牌失败所带来的风险。这在线延伸中非常普遍。但是，在大类延伸中，原有品牌的这些优点既是企业进行品牌延伸的原因，也有可能成为企业品牌延伸战略失败的隐患。因此，要更加谨慎地了解已有产品在顾客心目中的地位，避免在另一类产品上使用已有品牌时对顾客造成的心理冲击和引起顾客心理不适。

【品牌视野】

活力：从洗衣粉到纯净水

湖北沙市“活力28”是著名的生产洗涤产品的厂商，公司进行多元化经营时进入了饮料行业，生产“活力”纯净水。如果单看这个牌子，“活力”作为纯净水的品牌是合适的，能够展现产品解渴、补充水分、恢复体力等方面的功能，可以利用这些诉求进行广告宣传。但是，实际的市场反应却很冷淡。顾客反映，他们看到这个厂商生产的“活力”纯净水，就有一种喝洗衣粉水的感觉。究其原因，“活力28”公司运用品牌延伸战略，在新的纯净水产品上使用已有的品牌，却忽视了原有的洗涤用品对消费者的影响力。人们在面对不同的产品时会自发地将同一品牌的产品进行联系，尤其是当这个品牌的已有产品在顾客中影响大、知名度高、使用广泛时，那么顾客在心理上必然会将企业新引进的产品和原有产品进行某种程度上的联系，这可能会造成不当的联想。“活力28”公司的顾客就是将已有的洗涤用品和新引进的纯净水作了不当的联想，从而造成了“活力28”公司品牌延伸的失误。这是大类延伸中常出现的失误。

三、品牌延伸的背景

品牌延伸的提出是市场经济的必然，其背景主要表现在以下几个方面：

1. 品牌成为市场竞争的焦点

随着全球经济一体化进程的加速，市场竞争愈加激烈，现代企业之间的竞争已由产品竞争、质量竞争逐步演变为品牌的竞争。同类产品在性能、质量、价格等方面的差异越来越小，厂商的有形营销的影响力大大减弱。品牌的独占性使得无形品牌成为厂商间竞争力较量的一个重要筹码。于是，品牌延伸成了企业推出新产品必须使用的策略。

2. 产品生命周期缩短使品牌延伸的重要性增强

全球信息化时代的到来，使得产品寿命周期缩短，产品的开发、上市节奏加快导致了下列矛盾的产生：一方面，新产品要被市场接受并不断扩大市场份额，要培育自己的品牌优势，而品牌培育工程又难以在短期内完成；另一方面，产品寿命周期缩短又增加了品牌培育的风险和代价，甚至出现品牌刚树立却又恰逢产品转入衰退期的尴尬境况。品牌延伸较好地缓解了这一矛盾。

3. 品牌延伸是实现品牌无形资产转移和发展的有效途径

品牌也受到生命周期的约束（具体内容见第十一章第一节）。品牌作为无形资产是企业的战略资源，如何充分发挥企业的品牌资源潜能并延续其生命周期便成为企业一项重大的战略决策。品牌延伸一方面在新产品上实现了品牌资产的转移，另一方面以新产品形象延续了原有品牌的寿命，因而成为企业的现实选择。

第二节　品牌延伸分析

一、品牌延伸动因分析

在实施各种品牌经营策略的过程中，品牌延伸策略是极其有效但却是难以把握的。只有正确分析品牌延伸的动因，才能把握品牌延伸策略运用的实质，带来更多的利润。下面从战略、市场、品牌三个层面来分析品牌延伸动因。

（一）战略层面

1. 扩大企业规模

宝洁公司被普遍认为是多品牌战略的成功运用者。它的经营特点有两个：一是种类多，二是许多产品大都是“一品多牌”。以洗衣粉为例，它推出的牌子就有碧浪、汰渍等近十种品牌。目前宝洁公司在洗涤品的市场份额已达到55%，这是单个品牌无法达到的。因而运用品牌延伸能够抢占市场份额、扩大企业规模。

2. 顺应公司业务战略调整和转移的需要

当公司的业务战略需要调整和转移时，最好的解决办法就是利用品牌延伸，借助原品牌的知名度在新行业取得较好的竞争地位。

【品牌视野】

欧莱雅为什么能“男女通吃”㊀

欧莱雅中国如今拥有巴黎欧莱雅、美宝莲、卡尼尔、小护士四个品牌，并且都在各自的定位区间占有强势地位。从彩妆到染发产品、个人护肤品、个人清洁产品、洗护发产品，欧莱雅致力于在个人护理品类产品市场与宝洁全面进行对抗。如果说欧莱雅在女性市场的大受追捧是因为其经年苦心经营、品牌沉淀的必然结果，那么欧莱雅男士为什么在短短时间内就有着势不可挡的出色表现？许云峰品牌实验室认为，主要有以下五大原因：

（1）选对了产品切入的时机。随着人们审美观念的发展，广大男士越来越注重自己的“面子”，个人护理产品不再是女人的专利。这样的消费大环境为欧莱雅男士的成功奠定了坚实的基础。由此可见，切入市场的时机极为关键。做品类首创者固然最有可能占有先机，但耐心的市场教育过程必不可少，并且有自己栽树、他人乘凉的风险存在。而一旦市场成熟再行切入，看似最为保险其实恰恰是陷阱连环，品牌格局已经相对稳固，后进入者要颠覆格局所付出的代价可想而知。

（2）选对了产品的定位。欧莱雅男士的准确市场定位，让其产品价格比碧欧泉男士稍低，又比碧柔、妮维雅男士等稍高，其“中上”市场位置的界定，让欧莱雅男士处在了消费者心理中的绝佳位置。既不需要支付不菲代价才能拥有，又绝非人人皆可享的“大路货”，通过价格定位有效规避了同品类产品的竞争，可谓使用了巧力而非蛮干。

（3）顺应了消费者的认知规律。欧莱雅男士的成功，更是基于准确地把握了男性消费者的消费心理。一个人人皆认同的事实就是，男士对护肤品的要求远远低于女人，于是男士们就暗自琢磨了，欧莱雅既然做女人的个人护理用品都如此专业、如此出色，为男士做出专业的产品就更不在话下了。正是出于强烈的心理暗示和自我说服，欧莱雅男士的被接受也就是自然而然的事情了。

（4）选对了“非他莫属”的代言明星。欧莱雅男士的品牌代言人选择，堪称精准。吴

㊀ 许云峰，欧莱雅为什么能男女通吃？中国广告网，2009-11-27，http://www.cnad.com/html/Article/2009/1127/20091127155202301.shtml。

彦祖作为在国外长大的华人明星，有着俊朗的外形、完美的身材、健康的形象，加之美国俄勒冈州立大学的学历，外在内在兼备。如此号召力的代言人，一句“你值得拥有”，无形中为品牌加了很多分。而吴彦祖演绎的欧莱雅男士广告片，着重传达了产品的功效，真实真切，毫无做作之态，让人信服。

(5) 欧莱雅男士的渠道选择是无需选择的选择。只需紧靠着欧莱雅女士的形象专柜就是了，将其终端拉力自然过渡到自己身上，最后形成整合的终端形象，二者相互作用，双双受益。

由此可见，只要顺应了市场规律，顺应了消费者的心理，做产品、做品牌都没有想象的那么难。如果有一天，在终端赫然发现了欧莱雅BABY品牌，我们也一定不要惊讶，因为对欧莱雅来说可能已经水到渠成。

(二) 市场层面

1. 培育潜在消费者

知道万宝路牛仔系列服饰卖得不错的人不少，但知道宝马轿车延伸到服饰的就不多了。宝马把品牌延伸到服饰行业，中国的第一家专卖店就开在北京东方广场，产品有男女正装、运动休闲与配饰系列，车和服饰都能传神地体现宝马核心价值观——“潇洒、优雅、时尚、悠闲、轻松”的生活方式。这种延伸无疑是正确的，宝马延伸到服饰不仅能获得额外的利润，还有另一层深意，那就是通过涉足服饰领域向更多的消费者推广宝马的生活方式与宝马品牌。宝马希望通过宝马服饰向人们直接展示宝马精良的品质和完美的细节，从而将人们培育成为宝马汽车的潜在消费者。宝马希望在消费者还很年轻的时候，就钟爱宝马这个品牌，成为宝马汽车的潜在消费者。刚从大学毕业的男士，要购买一辆宝马汽车可能力不从心，但他可以先购买一件宝马服饰，从中感受宝马所代表的生活方式。因此可提前培育对宝马品牌的信任和忠诚度，等到消费者事业有成，能消费高档汽车时，由于先入为主，就会对宝马汽车情有独钟。

2. 占领更多细分市场

企业在市场营销初期，一般都是针对特定的细分市场，在细分的基础上选定与公司资源最匹配的目标市场率先进入，并在这一市场站稳脚跟，占据明显优势，建立自己的品牌。之后，企业如果发现其他的细分市场有利可图，往往会通过品牌延伸的方式占领更多的细分市场。例如，汰渍洗衣粉推出了特定号的家庭装、小袋装和专门针对洗衣机用户的专用包装；德芙巧克力推出了不同包装和重量的巧克力；喜之郎推出了散装和精装的果冻等。

3. 防止顾客流失

顾客通常都会经常转换产品，对品牌100%忠诚的顾客是不存在的。一个公司如果只有单一品牌、单一产品，其所面临的顾客流失的风险就高。为了防止这种情形的发生，企业往往通过品牌延伸的方式提供多种不同功能和形象的产品。例如，宝洁公司的洗发产品就有“飘柔”、“海飞丝”，“潘婷”等多个品牌。

4. 快速进入市场

品牌延伸有利于新产品快速进入市场并降低进入市场推广的费用，并避免了开发新品牌的成本，使新产品进入市场的风险降低。因此，可以利用原始品牌已经建立起来的知名度和忠诚度，并将其转移到延伸品牌，这样可以凭借消费者对原始品牌的好感与印象降低对新产品的抵触而增加接受程度。乐百氏一位营销经理曾经说过，“推广新品牌的投资很大，要把一个新品牌培育成全国性品牌，一年没有2亿元的营销和广告预算是不可能的。”利用品牌延伸就可有效降低营销成本，包括广告成本和渠道再建成本等。

（三）品牌层面

1. 最大限度地利用品牌优势

一个品牌特别是知名品牌的创立，是一个企业经过产品开发创新、营销努力、质量严格控制、广告巨额投放、企业制度革新等努力之后才实现的。企业可以借助主品牌的知名度和美誉度来开发新的产品，进军新的行业，从而获取更多的收益。

2. 挽救或激活主品牌

某些曾经是市场领导者的品牌随着市场竞争的加剧或企业对大环境判断的失误，存在退出市场或萎缩的危险。这时企业便会采取品牌延伸战略来维护、挽救和激活主品牌。“蔡林记”是武汉市有名的老字号，以做热干面而闻名，其一度也被洋快餐“麦当劳”、“肯德基”及国内一些新餐饮企业所“淹没”。后来“蔡林记”通过增加服务品种和运用连锁加盟的方式，延伸“蔡林记”品牌，才使品牌知名度和市场份额得以回升。

3. 增值品牌价值

品牌延伸的成功可为主品牌注入许多新的元素，增加品牌价值，特别是那些容易与某一产品产生强烈联系的品牌，可有效摆脱“品牌就是产品”的束缚，为品牌的提升奠定基础。实际上品牌的最高境界是品牌个性，品牌个性是超越品牌定位层次的。具有个性的品牌在消费者认知中才能深入和清晰。海尔传播的是“真诚到永远”，TCL 则是“科技取悦你”，这些理念随着海尔、TCL 品牌延伸的成功而日渐强化并进入消费者大脑中。

二、品牌延伸的优势与劣势

品牌延伸是企业快速发展的有效途径，但品牌延伸又是一把“双刃剑”，运用合理就是企业发展的“加速器”，反之则可能是企业发展的“绊脚石”，甚至是企业经营的重大阻碍，使企业面临倒闭的风险。对企业而言，品牌延伸有利有弊，因此企业在进行品牌延伸时，一定要考虑到延伸的两面性。

（一）品牌延伸的优势

品牌延伸得当，对企业来说如虎添翼，能使企业的产品在短时间内得到消费者认可，市场份额在短时间内得到快速提升，无疑能加速企业的发展。品牌延伸对企业收益而言，主要有以下五个方面的作用：

1. 利用原有产品的影响力，提高延伸产品的认知度，加速新产品进入市场

根据心理学家对消费者的研究发现：消费者往往对某种品牌具有忠诚心理，即在商品选择时，反复表现出对某一品牌的钟爱。中国中小企业在进行延伸时，延伸品牌可以借助原来主产品的影响力来提升自己，也就是把消费者对主产品的一切印象和好感均转移到延伸的品牌，这样可以避免消费者对新产品或新品牌产生防卫和不信任的心理，从而使延伸品牌在短时间内得到认可。例如，当 IBM 推出新款便携式计算机时，如果还是沿用 IBM 这个品牌，消费者就会根据自己对 IBM 产品的经验，对这个新产品作出判断，这将会比 IBM 公司为新产品创立一个新的品牌更容易被消费者接受。

2. 品牌延伸可以满足消费者多样化的需求，防止品牌产品过于单一

企业如果长时间地为消费者提供一个大类的产品，即便这些产品拥有不同的品牌，消费者还是会感到厌倦，希望换一种产品。例如，某个消费者在吃遍了上好佳、妙脆角、可比克

等各种品牌的薯片之后，已经对薯片没有任何兴趣，这时，他可能想要果冻或者其他零食。企业采用品牌延伸战略，就可以为消费者提供更全面的选择，防止消费者的流失。即便消费者没有上诉需求，企业采用品牌延伸，扩充品牌家族的产品，也可以促使消费者更多地购买产品，刺激消费。这样，在扩大企业销售额的同时，也可以增加品牌的影响力。

3. 扩大产销能力，提高市场占有率

一般说来，很少有消费者对某一品牌忠诚到对其他品牌不想试一试的程度。截获这些品牌转换者的唯一办法就是进行品牌延伸，为目标市场提供多种品牌。一个著名的、被消费者所熟知的品牌，很容易得到市场的认同，而一个在市场上已有良好信誉和知名度的品牌，又为产品进一步开拓市场、占领更多的细分市场、提高市场占有率起到了重要的作用。品牌延伸会使消费者产生一种信任的感觉，并对新产品的品质放心，这非常有利于企业的新产品尽快占领市场。而且，品牌延伸对新产品进入流通渠道也是非常有利的。市场调查表明，使用品牌延伸的新产品更容易获得分销商的支持。

4. 增强企业实力，实现收益最大化

品牌延伸在一定程度上使企业扩大规模，充分利用闲置资源，合理进行资源配置，从而实现规模效益，而规模效益可以使企业降低成本，扩大生产能力，实现低成本扩张，提高整体竞争力。

俗话说："不要把所有的鸡蛋都放在同一个篮子里。"企业在品牌延伸中，实现了"多条腿走路"，企业在多个方面发展，降低了单一经营带来的风险，抵御外界变动的能力也增强了，从而使企业实力得到了增强，进而实现收益最大化。

5. 借助对原有品牌的忠诚度，减少企业的推广成本

品牌忠诚度是指消费者在购买决策中，多次表现出来对某个品牌有偏向性（而非随意的）的行为反应。品牌延伸可以降低新产品进入市场及经营时的推销成本，并且避免了开发新品牌的成本。在新产品进入市场时，要为其作市场调查、确定品牌名称、设计包装、作宣传等，这些需要花费大量的人力、物力和财力。而利用品牌延伸，借助消费者对原有品牌的忠诚度，就可以节省大量的新品牌推广成本，让顾客尽快接受了解。日本索尼公司一贯奉行"多品一牌"策略，依靠不断创新的技术优势和牢固的品牌忠诚度，通过品牌延伸，形成了一系列为消费者所信赖的高质量产品，从而引领了电子产品技术发展的潮流。

（二）品牌延伸的劣势

尽管品牌延伸可以给企业带来很多优势，但是品牌延伸也是一把"双刃剑"，企业在经营运作时，如果把握得好，一荣俱荣，尽享其益；否则一损俱损，备受其害。现代市场的快速发展，使部分产业的进入门槛放低，许多企业抵抗不住品牌延伸正面效应的诱惑，在条件不成熟时草率延伸品牌，结果落入陷阱之中。那么，不适当的品牌延伸对企业都有哪些风险呢？

1. 使主品牌的定位模糊，个性不突出

当一个品牌在市场上取得成功后，在消费者心目中就有了特殊地位，消费者的注意力也集中到该产品的功用、质量等特性上，成功品牌一般都蕴涵着明确的定位，有的甚至成为某种产品的代名词，如"海澜之家——男人的衣柜"、"海飞丝——头屑去无踪"、"康师傅——方便面"，这种品牌定位已经深嵌消费者心中，形成定式。那么在品牌延伸以后，消费者就会对主品牌产生新的认识，甚至是错误的认识，这就会模糊消费者对品牌的定位，自然也会影响消费者作出购买决策。这样的错误延伸在我国企业中比较常见。例如，娃哈哈原本是非

常个性的儿童品牌定位，它曾错误地向冰糖燕窝、白酒、房地产等领域延伸，这显然是一种不当的品牌延伸，不但模糊了原有品牌定位，而且也损坏了主品牌的形象。

2. 可能损害原有品牌的形象和声誉

这主要是由于心理学上的“首因效应”引起的。所谓“首因效应”是指在某个行为产生的过程中，最先接触到的事物给人留下的印象是最深刻的，并且是不容易被改变的。如果企业在创建品牌的过程中，已经在潜在消费者的心目中形成了一定的定位，那么消费者一旦接受了某个品牌，这个品牌就成为它的第一种产品的代名词，在消费者的心目中，趋向于把某个品牌看成某种特定产品，赋予某个商品一定的个性。

品牌形象是品牌延伸的根基，但在品牌的垂直延伸过程中由高端市场向低端市场延伸，会大大影响品牌高端形象，就会失去高端市场。例如，某品牌曾以卓越的品质和昂贵的价格作为人物身份的象征。为了吸引更多的消费者，该品品牌延伸到了普通的生活用品上，后果是该品在大多数市场上丧失了高档品牌的形象，也丢失了追求独特的品牌忠诚者。

3. 会让消费者产生排斥心理

品牌延伸要与原有产品属性具有相关性或一致性，能使消费者产生联想，并认可和接受，这样就可以带动企业整个产品的销售。但在实际的品牌延伸过程中，企业往往脱离了相关性和一致性的原则盲目进行，导致消费者产生心理矛盾或心理冲突。如果企业不顾消费者的感受和期望的满足，把品牌延伸到与原有品牌毫不相干甚至不相容的产品上，那么消费者的品牌思维定式会出现紊乱，从而难以承认新产品与原有品牌的相似性，产生心理冲突。例如，三九集团进行品牌延伸，把999胃泰延伸到了啤酒行业，可能会让消费者有一种不舒服的感觉，因此就产生排斥的心理。又如活力28由洗衣粉延伸到纯净水，让消费者喝纯净水时总感觉有洗衣粉的味道。

4. 一损俱损，产生株连效应

在单一品牌策略下进行延伸时，某一产品一旦出现问题，就会影响到其他产品在消费者心目中的形象，正所谓“城门失火，殃及池鱼”。因为众多产品共有一个品牌，那么其中某一个产品出现问题，就会损害原品牌及其他产品的声誉，产生株连效应。

5. 阻碍企业的创新意识，使企业错过开发新品牌的机会

相对于创建新品牌，品牌延伸的成本和风险都较低，企业在推出一个新产品时会趋向于使用原有品牌，而放弃创新的品牌，这样会导致企业的品牌单一，给企业带来潜在的风险，在某些情况下，特别是当原品牌已经过时或即将退出市场时，创建一个新的品牌会对企业有利。

总之，品牌延伸没有绝对的利与弊，关键在于企业如何做，选择采取何种延伸策略，作正确的延伸就利大于弊。

第三节 品牌延伸决策

一、品牌延伸的影响因素

（一）母品牌因素

1. 品牌知名度

品牌知名度是指潜在消费者认识到或记起该品牌是某类产品的能力。品牌知名度使得消

费者对产品有熟悉感，在购买时不会考虑太多而经常购买，这种熟悉感将直接影响消费者的购买决策；在购买其他商品时，这种熟悉感将有助于确定将哪些品牌纳入考虑购买的范畴。高知名度可以引发消费者的熟悉和好感，体现品牌背后的实力，因此知名度越高，可转移的资产就越大，品牌延伸就越容易成功。

2. 品牌的品质认知度

品质认知度可以定义为消费者根据特定目的，与备选方案相比，对产品或服务的全面质量或优越程度的感知状况。品牌品质认知度越高，其延伸的领域越广，成功的可能性越大。大卫·阿克和凯勒开展了一项研究，研究涉及麦当劳、佳洁士、沙宣、哈根达斯、喜力等品牌，就这些品牌设计了 18 种品牌延伸方式。研究表明，只要所设计的原产品和延伸产品比较相符，那么品牌在原产品中所获得的品质认知度就可以作为重要的预测品牌延伸能否取得成功的指标。

3. 品牌核心价值

品牌核心价值是在企业的引导下（或自发的），通过长期的品牌经营而在消费者心中形成的区别于其他品牌的印象、理念，是一个品牌的灵魂，具有不可复制性。根据 Kapferer 的有关理论可知，随着品牌核心价值的提升，品牌延伸力也不断增加，特别是当品牌带给消费者的是利益和价值理念的体验时，品牌延伸的空间就会变得相当大。

4. 品牌宽度

如果母品牌已进行了延伸（成功的），就需要考察延伸产品的异质性和品牌宽度。品牌延伸的异质性是指已有延伸产品在属性、类别上的差异和不同，而这个差异和不同的程度就构成了品牌的宽度。已有延伸产品的异质性越大，品牌宽度也越大，品牌潜在的延伸空间也越大。

5. 品牌属性

根据品牌给予人们生理和心理满足程度的不同，可将品牌分为功能性和表现性两个属性。其中功能性是指品牌产品具有的科技含量、实用性，而表现性则主要在于其象征意义、社交价值，两者不同权重的组合就构成了品牌的综合属性。其中，由于高表现型（如宝马、都彭）具有很强的象征性，其品牌延伸受产品具体属性、类别的限制较少，品牌延伸空间很大；低表现——高功能型品牌（如海尔）则可按照其核心的优势技术进行品牌延伸；而低表现——低功能型品牌由于没有明显的优势，一般不主张其进行延伸。

（二）延伸产品因素

1. 产品质量与功能

名牌的本质就在于它能为消费者提供可感知（真实或虚拟）的更高的质量和更好的功能，这也是消费者愿意选择名牌并为之支付更高价格的主要原因。因此，延伸产品必须要能提供给消费者新的利益或不同的功能，使他们能体会到品牌带来的差异化优势。

2. 与母品牌之间的相关性和适应性

延伸产品与母品牌之间的相关性和适应性决定品牌优势可否利用和被利用的程度。包括以下几方面：

（1）产品的相关性和适应性。延伸产品同母品牌的相关性和适应性越高，品牌延伸成功的可能性越大。

（2）销售渠道的相关性和适应性。相关性好，保证了延伸产品与母品牌类别上的相近或相关，从而使利用销售渠道有了可能和条件；适应性好，使渠道在性质、档次上一致或相近，从而使渠道能被利用。

(3) 目标市场的相关性和适应性。相关性使品牌消费者对品牌的已有知识、经验能有效地被用来认知延伸产品，实现品牌知识与延伸产品知识的认知交接；适应性好，一方面有助于认知交接的实现，另一方面能促使消费者将已有的品牌情感、态度顺利地转移到延伸产品上去，从而促使品牌延伸的实现。

3. 产品风险度

由于延伸产品本身的科技含量、价格和与身体接触的亲密度不同等因素，会给消费者带来不同程度的认知风险。研究表明，非相关企业进行科技含量高或价格昂贵产品的品牌延伸时，将遇到巨大的阻力，成功的可能性较小。而当产品的价值不是十分昂贵时，产品与身体健康的关系对品牌延伸的影响就会显得特别突出，越是与身体健康状况有联系的产品，消费者就越难以接受非相关企业或品牌的延伸产品。这就不难理解一些家电企业向房地产、医药行业延伸所遭遇的失败。

(三) 市场因素

1. 市场容量

市场容量越大，延伸也越容易。但如果从发展潜力来看，如果市场足够大，而企业也具备实力，则完全可以采用其他品牌策略，以更全、更多地品牌占领目标市场，如宝洁在洗发水市场所采用的多品牌战略。

2. 市场饱和度

市场饱和度是指延伸产品的市场是否饱和，企业是否能够满足需求。市场饱和度是动态的而非静态的，有些市场看似饱和，但是价格的需求弹性相当大，降价到一定程度，会刺激强劲的需求。

3. 市场生命周期

市场生命周期大致可分为引入期、成长期、成熟期和衰退期四个阶段。从直观上理解，在市场早期会更有利于品牌延伸，许多学者也支持这个观点。但另一种观点却认为待到市场成熟时再进入更有利。国外曾有人在调查的基础上，通过分析发现：相对于较早引入的品牌延伸的新产品，较晚引入的生存可能性会较大；并且，在市场成长的早期，采用品牌延伸和使用新品牌相比较，前者获得超过平均市场份额的可能性也较小。

(四) 产品宣传因素

1. 宣传力度

正如克鲁格曼所说的，“消费者在市场中是以不规律性对品牌进行购买的，必须进行连续的广告宣传，以便能恰好在消费者准备购买的那一刻——这已是无法预测的时间——抓住他们的注意力。”

2. 传播途径

有研究表明，消费者会因为不同类型的产品而寻求不同的信息源。对于价格昂贵的产品，消费者会更多地通过间接途径来获得产品的相关知识，如消费期刊中的评论文章、有使用经验者的建议等；而对于单位价格较便宜的产品，如洗发水、洗衣粉，消费者可能就会更多地通过广告这种直接的途径对产品进行判断。

3. 宣传内容

当产品的技术含量较高时，广告应以那些能促使人们对问题进行理性思考的事实、数据等确凿证据为主要内容；而对那些技术含量较低的日用品进行广告时，则应在消费者还没有进行深入思考的情况下提供暗示，引导消费者以情感体验作为购买决策的依据。广告内容的诉求也不宜太过超前，否则容易因为消费者的无法接受而失败，如宝洁“激爽”的失败案例。而反自身利益的广告也能很好地取得消费者的信任。

（五）品牌延伸的特殊考虑

对某些特殊行业的品牌延伸，要有其特殊的考虑，如为了规避国家法规、政策的限制，以母品牌原有核心产品进行宣传。烟草行业就是其中一个典型代表，例如万宝路通过向打火机、服装等领域的延伸，以规避法律对烟草广告的限制。此外，企业的实力、零售商的形象和支持、消费者对品牌的忠诚度等，也对品牌延伸有重要的影响。

二、品牌延伸的原则

品牌延伸是许多企业的选择，成功的品牌延伸帮助企业的新产品顺利进入市场，并占领更多的细分市场，防止顾客的流失，但是失败的品牌延伸的例子也很多，为了确保品牌延伸获得成功，就需要遵循以下原则：

1. 新旧产品之间要有关联性

原有产品与延伸产品，在产品构成上应当有共同的主要成分，即具有关联性。关联性是指新产品与原有产品在工艺流程、促销手段、服务理念等方面的相关程度。原有产品与延伸产品关联性较高的时候，就可以在营销宣传上相互配合、相互支持，品牌延伸就容易得到消费者的接受。如果品牌延伸产品跨度比较大，消费者就不会理解两种不同的产品为何存在于同一品牌下。例如巨人集团由计算机软件向“脑黄金”口服液延伸，就显得特别勉强，因为二者共同的主要成分太少了。

2. 新旧产品要有相同的服务系统

品牌延伸是要能够找到原有品牌产品和延伸产品的相同点，达到各品牌与产品之间相辅相成的整体效果，使消费者在接触到一个品牌和产品时能够联想到另一个产品。相同的服务系统中的延伸产品容易让人接受。从营销到服务，如果能联系在一起，品牌延伸理所当然，否则，就显得不伦不类。例如，雅戈尔从衬衣延伸到西服，服装业的营销和服务是一致的，品牌延伸自然到位。

3. 新旧产品在技术上要密切相关

原有品牌与延伸品牌在技术上的相关度是影响品牌延伸成败的重要因素。例如，三菱重工在制冷技术方面非常优秀，因此，它自然将三菱冰箱的品牌延伸到三菱空调。海尔品牌延伸也大致如此。相反，春兰空调与其“春兰虎”、“春兰豹”摩托车的形象没什么相关性，很难使消费者产生技术优势联想。

4. 新旧产品的使用者要相似

使用者在同一消费层面和背景之下，也是品牌延伸成功的重要因素。例如金利来从领带到腰带到衬衣到皮包，都紧盯白领和绅士阶层的消费，延伸得比较成功。它从产品品质到价位，都定位于“成功的、成熟的男士”，这样定位准确的品牌延伸不会“乱套”。

5. 避免原有产品已高度定位

如果一个品牌已经成为这个产品的代名词，则最好不要再将另一产品冠名这一品牌的名称，否则非常危险。例如索尼在日本代表收音机或彩色电视机，现在也代表有品牌的视听产品。假如将微波炉、冰箱、洗衣机等家电产品冠名索尼将非常冒险。

6. 新旧产品的质量档次应相当

开发出来的新产品系列必须具有与原品牌产品不相上下的质量，才能使品牌延伸成功。质量是品牌的生命，是品牌存在和发展的关键，开发出的新产品必须具有一流的质量，得到广大消费者的认可，这样的产品才能将原品牌成功地冠到它的头上，否则必错无疑。

7. 品牌延伸要适度

用一个知名品牌领导不同种类的产品，加速了品牌认知过程的同时，也降低了产品的市场风险。在企业快速发展的阶段，品牌延伸经常会被广泛使用。但任何品牌的内涵都不是无穷无尽的，品牌的延伸也要有“度”。品牌延伸不能只追求数量的增多，而应首先努力培养旗舰产品，这首先是为了增强品牌的形象，其次是培养核心产品。可见，品牌延伸主要是为了获取利润，维护旗舰产品和核心产品，避免遭受其他竞争品牌价格的影响而进行的。如果能够把现有的几个产品做强、做大，就远远胜过多个没有影响力的产品。“脑白金”一个品牌就做到 10 亿元，胜过拥有很多产品但每个价值都没有超过几百上千万元的品牌。

8. 品牌名称要联想所及

要注意品牌延伸和品牌所造成的联想关系，即消费者由这一品牌名称能成功地联想到延伸的产品。例如 IBM 这一计算机品牌，提起它就会让人想到计算机，而不会想到复印机。因此，可以将它延伸到各种与计算机相关的产品上去，如个人计算机、便携式计算机，甚至延伸到各种计算机的周边设备上。

三、品牌延伸策略分析

我国企业界在品牌经营方面应树立正确的观念，因为企业所处的市场环境和品牌现状各不相同，而且企业的资源和总体品牌发展战略思路各有差异，所以应选择不同的品牌延伸策略。主要可以从以下三方面选择不同的品牌延伸策略：

（一）单一品牌延伸策略及选择的对策

单一品牌延伸策略是最普遍的，也是争议最大的。一方面它能尽可能地将原品牌的市场信誉转移到延伸产品上，因为对于消费者而言，品牌是一种经验，他们相信如果在一棵树上摘下的一颗果子是甜的，那么这棵树上的其余果子也都是甜的；另一方面，也使得品牌延伸的负面影响暴露无遗，风险因素也格外大，如果品牌下的某一产品运作不成功，那么所有该品牌所涵盖产品的经营都要受到一定程度的负面影响。采取这种策略的企业，最典型的有美国的“3M”和日本的索尼。

一般说来，当企业试图跨产品延伸，即生产不同种类的产品时，对具有同等质量或能力的不同产品实施单一品牌策略，容易取得良好的效果。因为虽然产品不同，但这些产品的形象和承诺是一致的，因而使用同一品牌的所有产品具有共同的市场沟通的主题。由于使用同一品牌产品的质量和能力相同，而品牌又代表了一定的质量，这样不会产生质量形象的冲突，不会由于高档产品品牌使用于低档商品而带来不良效应，损害品牌高质量的形象。海尔集团通过七年的冰箱生产创立了“海尔”这一著名品牌之后，开始向冰柜、空调、电视机等家电领域延伸，主要采用单一品牌策略，并取得了巨大的成功，原因就在于海尔的家电产品都以高品质的形象和优质的服务出现在消费者面前。对于产品的纵向延伸，实施单一品牌策略有时是很困难的，为了避免不同档次的产品造成的品牌冲突，这时往往需要注意对原有品牌进行重新定位，有以下几项内容需要注意：

1. 注意对低档品牌重新定位

企业如果想把一个主流市场或低价市场的品牌直接重新定位于一个更高端的市场几乎是不可能的。通常的情况，主流品牌的形象缺乏那些与高端品牌联系在一起的特性，如使用者形象、品牌个性和公认的质量等。而且，由于主流品牌在当前的市场上已经具有了相当的地位，它本身的品牌形象已经深入人心，很难扭转。除此之外，进入高一级市场的行动，即使是成功的，也会有牺牲主品牌现有消费者的风险，当公司的品牌为了吸引一个新市场而改变形象时，公司现有的消费者可能会对这一品牌感到不舒服。西尔斯—罗巴克公司是在这个领域取得成功的少数公司之一。通过大量的广告宣传以及为了改变商店的环境而进行的巨大投资后，公司向高端市场前进了一小步，特别是在女性服装领域。这对中国企业在进行单一品牌延伸时具有重要的指导意义。

2. 注意对高档产品的重新定位

从品牌各种延伸因素上看，品牌的盈利能力一般由两个因素决定，即市场份额和这类产品的性质（或者说是品牌参与竞争的产品市场的性质）。企业为了扩大市场规模，把自己的高档品牌重新定位，放弃品牌原来的高档形象，使其完全进入到新的低一级的市场，这种情况常发生在高档品牌的市场占有率很低的情况下，有时也是出于企业在市场中竞争的需要。企业对高档品牌进行重新定位，最直接的做法就是降低品牌产品的价格。为了减小品牌向次级市场延伸时损害主品牌形象的风险，一种有效的方法是企业降低产品价格时，提供一个合理的解释，来暗示产品的质量并未因价格的降低而受影响。例如，宝洁公司曾推出过“天天低价”活动，作为它创造针对消费者和零售商的更为有效的配送系统战略的一部分。对于零售商而言，这一活动减少了他们进行高成本行动（如提前购进和转向别的厂家）的动力；对于消费者而言，则使得购买简单化。零售商和消费者都认为，宝洁的降价行动是一项前后连贯的战略的一部分，而不是由于牺牲了产品质量和功能而降低了成本。

3. 品牌延伸时应注意产品定位与品牌定位的一致性

一般知名品牌都是在品牌的核心价值定位方面取得成功的品牌，这种核心价值在社会公众心目中占据着主导地位，使社会公众甚至把该品牌看成同类产品的代名词或同类产品的领导品牌。一旦形成这样的思维和情感定式，则该品牌的市场影响力就非常巨大。若在品牌延伸中不与该品牌定位一致，会动摇人们心目中对该品牌的思维和情感定式，从而使该品牌的市场影响力降低，危及该品牌的市场地位。如果品牌被用在另一类别产品上，那么这一品牌在消费者心中就难以再成为原类别的替代物，在这种情况下，其他品牌就会趁机而入，抢占原品牌在消费者心目中的位置，同样，品牌延伸也使原品牌无法再成为某一产品特定属性的“挂钩”，使该产品在消费者心目中原本清晰的形象变得模糊不清，逐渐被消费者淡忘，留出来的心理空隙就会被其他品牌填充。

4. 品牌延伸时注意产品种类的适度

为了避免株连的风险，进行品牌延伸的产品质量必须是同行业中的佼佼者，如果新产品的质量还不成熟，加工工艺尚需进一步改进，这时进行品牌延伸就很危险。这样的品牌延伸宣传越广，销售量越大，更多的消费者会对品牌产生不满，从而远离这一品牌，品牌延伸失败。因此，企业在采用单一品牌延伸策略进行品牌延伸，尤其是进行纵向延伸时，尽管企业可以采取以上的一些方法对品牌进行重新定位，但是风险也是巨大的。因为原有的品牌形象在消费者的头脑中已经根深蒂固，很难转变，品牌延伸的结果往往是失去了消费者的信任。一个品牌参与次一级市场竞争的最好方法，就是为消费者创造更大的价值和产品差异化，从而使得次一级市场的消费者不再认为这一品牌的价位定得过高，这些都是中国企业在实施单一品牌延伸策略时应当注意的事项。

（二）多品牌延伸策略及选择的对策

多品牌策略将市场进一步细分，满足不同类型的消费人群，从而使自己的产品在市场上多点开花，较大范围地占领市场。例如，宝洁公司的洗发水有海飞丝、飘柔、潘婷、沙宣四个品牌，通用汽车公司有凯迪拉克、别克、雪佛兰等品牌。

1. 注意多品牌延伸策略的适用范围

当企业试图把自己的品牌延伸到不同的产品甚至是与原产品的性质截然不同的产品时，使用多品牌战略是明智的选择，这样可以减弱因产品性质的不同而造成的品牌形象的模糊，减少消费者的不良联想和心理冲突。也就是说，当企业的产品质量、性能、服务存在较大的差别，或者当企业试图把同一种产品销售给不同的目标市场、为不同的消费者提供服务时，适合选择多品牌策略。

2. 在进行品牌延伸之前，注意做好品牌实力评估

品牌延伸的目的就是要借助已有品牌的声誉和影响迅速向市场推出新产品，因此，品牌延伸的前提就是这一品牌具有较高的知名度，在消费者心中有很高的地位，进行多品牌延伸时，原有品牌可以作有力的支撑。当某一品牌并不强大并且受到很多同行强有力的挑战时，品牌延伸就是冒险的。

（三）主副品牌延伸策略及选择的对策

主副品牌延伸策略是一种以主品牌展示系列产品的社会影响力，以副品牌凸显各个产品不同个性形象的营销策略。采用这种策略的企业，最典型的莫过于海尔。海尔用一个成功品牌作为主品牌，涵盖企业所生产的系列产品，同时又给不同产品起一个生动活泼、富有魅力的名字作为副品牌。例如在空调上，海尔有“小超人”变频、“小状元”健康、“小英才”窗机等。企业采用主副品牌策略进行品牌延伸时，副品牌的作用就是帮助管理者利用主品牌的资产影响消费者的同时，将新产品与主品牌产品区别开来。这样可以大大减少延伸产品对主品牌形象可能造成的损害，而且当延伸产品和主导产品是同种产品时，副品牌的使用会减少延伸产品对主品牌产品的挤占。要正确地实施主副品牌策略，要求中小企业应该首先清楚两者之间的关系，根据延伸产品的特点及延伸的目标市场的性质，确定主副品牌之间的联系，以便取得最佳的延伸效果。

1. 主品牌与副品牌两者之间担保关系的实施

在担保关系中，主品牌对副品牌提供担保，副品牌在二者中占更主导的地位，它促使消费者作出购买这一产品或服务的决定，并形成使用这一产品或服务的经验理念。当企业提供一种受担保的品牌时，会有两个品牌在起作用，即主品牌本身被分为两个：一个产品品牌和一个企业品牌。其中产品品牌是能提供特定的形象和相关利益的高品质品牌。

2. 主副品牌之间的驱动者与解释者之间关系的实施

在驱动者与解释者的关系之中，主品牌可以保持它的主要影响力，成为驱动者，副品牌则充当解释者的角色。所谓解释者，就是告诉消费者公司提供了一种与他们所熟悉的产品或服务略有不同的新品种。当主品牌向低端市场纵向延伸时，采用主品牌作为驱动者、副品牌作为解释者，而且这二者的关系非常紧密，很难被区别开，此时应该注意对副品牌的设计，一定要突出产品的特色，突出作为解释者的副品牌，它象征着一种不同的应用。

四、品牌延伸的步骤

当企业选择了品牌延伸的策略后，就要进行品牌延伸。品牌延伸主要包括三个步骤：确定品牌联想、识别相关产品、选择候选品牌名称。

1. 确定品牌联想

这个阶段就是要调查消费者头脑中与品牌有关的所有联想，包括品牌的名称、印象、个性和隐藏的潜力等方面。

2. 识别相关产品

确定了品牌联想后，就要识别哪些产品与品牌有着密切的关系。

3. 选择候选品牌名称

选择候选品牌名称时，要注意以下两个方面的问题：

（1）延伸品牌的名称要使消费者感到舒服。如果延伸品牌的名称可以使消费者产生良好的品牌联想，消费者就会比较容易接受新产品。这个问题可以通过市场调查来进行。例如康佳彩色电视机给消费者的印象是优良的品质，那么消费者就会觉得该品牌的音响也会具有同样的品质水平。

（2）延伸品牌名称应为延伸品牌提供相应的优势。一般来说，如果原有品牌是成功的，它在消费者心中留下了好的印象，而延伸品牌名称就应该使这种良好的印象加强，这将会成为消费者购买新产品的原因之一。如果品牌名称可以帮助消费者树立品牌意识和促进新产品销售，那么品牌延伸在市场上就具有较大的优势了。

【本章小结】

（1）品牌延伸策略现在受到越来越多企业的青睐，很多大型企业也通过品牌延伸获得了很大的成功。什么是品牌延伸？品牌延伸就是指品牌所有者将已经确定地位的原品牌，利用消费者的熟悉和认可，将其使用到刚推出的新产品中，以降低新产品营销成本、减少市场风险为目的的品牌策略。在品牌延伸过程中，不只是借用表面上的品牌名称，更是整个资产品牌的策略性使用。根据品牌延伸的定义，可以将其分为两类：线延伸和大类延伸。

（2）在实施各种品牌经营策略的过程中，品牌延伸策略是极其有效但却是难以把握的。只有正确分析品牌延伸的动因，才能把握品牌延伸策略运用的实质，带来更多的利润。它的动因可以从三个层面去分析：①战略层面，扩大企业规模、顺应公司业务战略调整和转移的需要；②市场层面，培育潜在消费者、占领更多细分市场、防止顾客流失、快速进入市场；③品牌层面，最大限度地利用品牌优势、挽救或激活主品牌、增值品牌价值。

（3）品牌延伸是企业快速发展的有效途径，但品牌延伸又是一把“双刃剑”，运用合理就是企业发展的“加速器”，反之则可能是企业发展的“绊脚石”，甚至是企业经营的重大阻碍，使企业面临倒闭的风险。对企业而言，品牌延伸有利有弊，因此企业在进行品牌延伸时，一定要考虑到延伸的两面性。

（4）企业在进行品牌延伸时会受到多种因素的影响，纵观国内外的研究主要有母品牌因素、延伸产品因素、市场因素、产品宣传因素的影响，另外还受到一些特殊因素的影响。

（5）我国企业界在品牌经营方面应树立正确的观念，因为企业所处的市场环境和品牌现状各不相同，而且企业的资源和总体品牌发展战略思路各有差异，所以应选择不同的品牌延伸策略。主要可以从以下三方面去选择不同的品牌延伸策略：单一品牌延伸策略、多品牌延伸策略、主副品牌延伸策略。

【思考题】

1. 谈谈你对品牌延伸的理解。
2. 企业为什么要进行品牌延伸？
3. 企业进行品牌延伸有哪些好处？是否所有的企业都能进行品牌延伸？
4. 企业怎样使用品牌延伸策略？试举例分析。

【案例分析讨论】

娃哈哈品牌延伸之路[㊀]

品牌延伸对于成功的企业总是充满诱惑：如果你在某个市场上大获成功，为什么不把成功延伸到另一个市场呢？娃哈哈就是在这一诱惑下不断前进和成长的企业。娃哈哈企业的成长之路，就是一条不断进行产品扩展和品牌延伸之路。

1. 从营养液到果奶

“娃哈哈”品牌诞生于1989年。宗庆后在当时发展迅速的营养液市场上发现了一个市场空白——儿童市场，遂开发出以“给小孩子开胃”为诉求的儿童营养液产品，并起名为“娃哈哈”，同时企业也更名为杭州娃哈哈营养食品厂。得益于那首“喝了娃哈哈，吃饭就是香”的著名的儿歌以及娃哈哈品牌天然的亲和力，在强力的广告宣传下，娃哈哈儿童营养液的销量急速增长，1990年销售额便突破亿元，1991年更是增长到4亿元。娃哈哈在两年之内也成功成长为一个有极大影响力的儿童营养液品牌。

1992年，娃哈哈又开发出针对儿童消费者的第二个产品——果奶。虽然当时市场上已存在不少同类产品，但凭借娃哈哈营养液的品牌影响力，再加上两年来建立的销售渠道和规模生产的优势，果奶上市并没遇到什么困难，一度占据市场的半壁江山。显然，这次品牌延伸，由于目标市场没有变，新产品的核心诉求“有营养，味道好”和营养液契合度非常高，相对于娃哈哈日后的延伸跨度不过是“迈了一小步”，甚至于宗庆后事后都不把它看做一次真正意义上的延伸，“而更应该说是产品线的扩张”。并且，当时推出果奶的原因是娃哈哈

㊀ 根据百度文库《娃哈哈的品牌延伸》整理，http：//wenku. baidu. com/view/7a62dc1a6bd97f192279e968. html。

在杭州市政府的安排下收购了一家已经资不抵债的国有企业，“一下子增加了2000多个员工，光是依靠营养液的生产、销售消化不了这么多人员”，这是宗庆后事后透露的。所以，这次品牌延伸，得到了大部分业内人士和第三方咨询专家的认同。

2. 突入纯净水市场

但1995年，当娃哈哈决定进入成人饮料市场，并沿用“娃哈哈”品牌生产纯净水时，受到了几乎一边倒的非议。一个儿童品牌如何能打动成人的心，是娃哈哈面临的最大挑战。针对这个垂直性的品牌转型，很多人认为此举并不能利用娃哈哈原有的品牌优势，只会让品牌个性变得模糊，建议娃哈哈采取多品牌战略。但考虑到创造新品牌所涉及的巨额推广费用（估计每年要在1亿~2亿元），以及娃哈哈当时的资金情况，宗庆后决然地坚持了品牌延伸之路。相应的，在广告宣传上，娃哈哈纯净水淡化了原先的儿童概念，采用了“我的眼里只有你”、“爱你等于爱自己”等宣扬年轻、活力、纯净的时尚感觉，寻找在成人特别是年轻人心中的品牌认同。先不论这次延伸的是非对错，娃哈哈依托纯净水使企业规模和实力都完成了一次飞跃。

3. 挑战“两乐”

1998年，娃哈哈制定的销售目标是1996年的十倍。在市场日渐饱和、竞争日趋激烈的情况下，纯净水和正从成熟期迈向衰退期的儿童饮品都无法实现这一宏大目标。这时候，娃哈哈在宗庆后的带领下又义无反顾地杀入被“两乐”把持的碳酸饮料市场，在市场上引起轩然大波。这次，娃哈哈没有单纯地进行品牌延伸，而是引入了在娃哈哈品牌下的隐性品牌——“非常可乐（Future）”。

在市场的怀疑声中，娃哈哈的“非常可乐”艰难地成长起来。2003年，“非常可乐”全年的产销量超过了60万吨，直逼百事可乐在中国的100万吨。同时，娃哈哈在“非常可乐”下又延伸出“非常柠檬”、“非常甜橙”等产品，完善“非常”产品线，全面挑战两乐旗下的“雪碧”、“芬达”、“七喜”和“美年达”。另外，娃哈哈还推出了“非常茶饮料”，向统一、康师傅主导的茶饮品细分市场渗透。

至此，娃哈哈已成为一个总资产60多亿元的饮料巨头，并且无银行贷款、反拥有近20亿元的现金储备。但娃哈哈的目标是在未来五年内将业务规模增长三倍。而这时候，仅靠饮料产业显然无法完成。

4. 拓展童装市场

为了拓展利润来源，娃哈哈在业务上又进行了一次大胆地跳跃。2002年8月，娃哈哈决心进军童装市场，并宣称要在2002年年底在全国开2000家专卖店，完成跑马圈地，为塑造一个儿童服装品牌奠定基础。娃哈哈运作童装的思路进行贴牌生产，以同专业童装设计单位合作的方式完成设计，以零加盟费的方式尽快完成专卖店在全国的布局。但一年多过去了，娃哈哈在全国仅开设了800多家专卖店。初次受挫后，宗庆后并不承认是品牌延伸上的问题，坦言是“对整个市场需求的估计不足”，并对娃哈哈童装在一年内创造了两亿元的收入还是感到满意。

5. 进入其他市场

一直以来，娃哈哈也在尝试进入其他市场，并已经开始启用新的品牌。例如，娃哈哈一直在生产大厨艺牌方便面，但只是出口国外市场。2004年11月，娃哈哈的大厨艺方便面正式在杭州、上海、徐州等地开始试点销售。产品类别还颇为丰富，有非油炸、鲜湿、营养健康，口味有小鸡炖蘑菇、番茄烩牛肉、片儿川、鲜汤虾仁等。为此，娃哈哈还专门成立了市场拓展部，以便为新品方便面进行系统化推广。

讨论题：

1. 请你结合案例谈谈娃哈哈品牌延伸的得与失。
2. 试分析娃哈哈的品牌延伸策略体现了哪些原则。

第十章　品牌国际化

【本章要点】

(1) 品牌国际化的内涵。

(2) 我国企业品牌国际化面临的挑战。

(3) 品牌国际化的策略。

【导入案例】

波司登男装国际化之路[㊀]

2009年7月15日，波司登男装在北京鸟巢举行品牌战略发布会。波司登男装加快国际化步伐，自如应对国际金融危机的成功经验，令与会近千名中外嘉宾深受鼓舞。中国服装协会常务副会长蒋衡杰认为，波司登男装吸收国际先进的设计、营销等新理念，自主创新男装品牌，进入市场五年来，取得了每年销售利润以40%以上速度增长的业绩，闯出了振兴中国服装业的新路。

多年来，波司登坚持自主创新，实施名牌战略，抢占国内外市场高地，成为中国服装业唯一的“世界名牌”，在全国服装行业中率先夺得质量最高奖——全国质量奖，被中国纺织工业协会授予“中国纺织服装领军品牌”称号。在美国纽约公布的睿富全球排行榜中，波司登品牌入选“2008中国最有价值品牌”，品牌价值达到160.6亿元。今年，据国际权威顾问机构最新发表的“2009全球企业声望调研”，波司登国际控股有限公司获评为“全球最具声望大企业”之一。2009年6月18日，中国品牌研究院公布中国企业至高荣耀的“国家名片”名单，波司登榜上有名。

中国服装协会副会长、波司登国际控股有限公司董事局主席高德康的目标是：实施进军全球市场战略，为中国服装业争光。2009年5月26日，波司登国际全资收购了波司登男装业务，并把波司登男装业务列为加速国际化的“排头兵”。

波司登男装作为“波司登”旗下的品牌延伸重点项目之一，进入市场五年来，呈现出了强劲的发展势头。为加快国际化步伐，波司登男装有意识地激发设计师的艺术灵感，不定期邀请法国、韩国、中国香港等地的著名设计师现场指导，多次选派优秀设计师去法国、意大利考察学习、参加国际专业展会，收集流行信息，吸收艺术养分，整合国际流行趋势和民族传统元素，探索中国服装品牌迈向国际化的新路，并与国际知名设计公司合作，应用国际最前沿的设计理念，将中华经典民族风格与欧洲时尚完美结合，不断提升产品档次和竞争力。自2005年开始，波司登男装与英国大型连锁专卖店格林伍兹产销强强联合。2008年9

㊀ 王鹤鸣，波司登男装加快国际化步伐［N］，科技日报，2009-07-15。

月 23 日，两家波司登男装专卖店在英国开业迎客，开创了中国自主男装品牌专卖店登陆欧洲市场的先河。四年来，波司登男装设计师携手格林伍兹聘用的欧洲顶级服装设计师，精心打造高品质男装，在遍布英国的 87 家格林伍兹连锁店，波司登男装销售年年攀升，市场份额已占格林伍兹服装销售总额的 1/3。

2009 年时波司登男装总经理甘利民曾表示，未来三年中，波司登男装将完善一、二、三线城市营销网络，店铺总数预计将达到 2000 家，努力成为中国男装行业领军品牌。据了解，2009 年 4 月，波司登男装上海品牌营运中心已投入运作。该中心集产品研发设计、营销策划、品牌推广功能于一体，借助国际大都市强大的人才、信息资源优势，为波司登男装的全面升级和市场拓展提供强有力保障。

波司登男装品牌真正做到了从“中国制造”到“中国创造”，中国服装品牌正迈向新的里程。随着经济全球化和科学技术的不断进步，企业之间的竞争已经由小区域扩大到更大的范围，甚至全球。世界经济已进入品牌竞争时代，品牌已成为各国间竞争的核心，成为企业保持和提升竞争优势的源泉，成为一种更具战略意义的资本输出形式。品牌国际化正在成为全球经济一体化的载体，成为国家和民族竞争力不断提升的重要标志。

第一节　品牌国际化概述

随着世界经济、科技的飞速发展，快捷的通信、高效的运输、全球间的资本流动已成为现实，经济全球化已经成为当今世界发展的一种必然趋势。随着我国改革开放的不断深入，国内市场的国际化程度不断提高，立足国内、面向世界、创建国际名牌、实施国际化经营战略已经成为越来越多国内企业的必然选择。

一、品牌国际化的定义

品牌国际化又称为品牌的全球化经营，是指企业在国际化市场营销活动中，利用各国的资源与市场，树立自己的品牌形象，其目的是通过品牌向不同国家、不同区域进行延伸扩张，来获取规模经济效益，进而实现低成本运营。

品牌国际化和品牌的跨国经营是有相互联系但并不相同的两个概念。品牌国际化是用统一的品牌、统一的市场营销组合开拓不同的国家、地区，甚至全世界的市场，它将全球视为无差异化的统一市场；而品牌的跨国经营则是利用统一或者不同的品牌、市场营销组合策略去开拓不同的市场，它将全球各国视为差异化的不同的市场。

品牌国际化有以下三个基本的含义：

（1）品牌国际化首先是一个长期的历史过程。说它是一个长期过程，是因为品牌国际化不可能一蹴而就，需要企业付出几年乃至几十年的艰辛努力，才能真正完成国际化的目标。像麦当劳就耗费了 22 年才将这一国家品牌塑造成一个具有国际化特征的全球品牌。即使在新兴的 IT 业，像微软、戴尔、英特尔等这些世界级公司，也是具有几十年的历史，更不用说惠普、IBM 了。所以，将品牌国际化视为一种短期的提高销售量和经济效益的应对策略是不正确的。

（2）品牌国际化具有不同的形式。最低级的形式是产品的销售，即有品牌商品的输出，国际贸易是其实现手段；较高级形式是资本的输出，即通过在品牌延伸国投资建厂达到品牌扩张的目的；最高级形式是通过无形资产输出，即签订商标使用许可合同等方式，实现品牌扩张的目的。从全球经济发展趋势来看，发达国家的企业已经基本上完成由商品输出到资本输出再到无形资产输出的过渡。当然，风险最小、回报最高、最理想的方式自然是品牌输出方式。

(3) 产品国际化不等于品牌国际化。目前，许多中国企业选择 OEM。在国际市场上，日本品牌、美国品牌上贴着“中国制造”的标签随处可见。我国有 200 多种制造业产品产量跃居世界第一位，但却少有世界水平的品牌。在 2008 年度“世界品牌 500 强”中，美国有 243 个，居世界第一，法国和日本分别居第二位和第三位，我国仅有 15 个品牌入围。

二、品牌国际化程度的度量

品牌国际化是一个历史过程，不可能一蹴而就。品牌的国际化程度究竟怎样衡量，迄今为止，理论界尚无定论，有的学者提出从以下几个方面进行衡量：

（一）以企业产品外销的比重进行衡量

国外销售额占全部销售额的比重越高，该品牌的国际化程度就越高，反之，则相反。例如，1990 年“埃克森”（Exxon）在国外的销售额比重高达 77%，“高露洁”为 67%、“吉列”为 67%、“可口可乐”为 61%，“施乐”品牌的海外销售额占总销售额的比重仅为 38%。从这个角度来看，在这个公司中，“埃克森”的品牌国际化程度最高，“施乐”的品牌国际化程度最低。

（二）以品牌在全球的知名度进行衡量

有些公司虽然在海外的销售额非常大，但全球知名度却非常低。作为衡量品牌在消费者心中认识程度的一个重要指标，认知度的高低也会在一定程度上反映企业品牌的国际化程度。

2010 年，在世界品牌实验室（World Brand Lab）编制的《世界最具影响力的 100 个品牌》中，“可口可乐”荣登排行榜第一名，“麦当劳”排名第二，“诺基亚”排名第三，“百事可乐”第四，“苹果”第五，“索尼”第六，“微软”第七，“IBM”第八，“奔驰”第九，“宝马”第十，“海尔”成为唯一入选的中国本土品牌，排在第 95 名。这说明，像“可口可乐”品牌，虽然在海外的销售额占总销售额的比重不一定有“埃克森”品牌那么大，但其知名度和认知率却远远超过了后者，因此，其国际化程度是非常高的。

（三）以品牌国际化的区域分布进行衡量

有些品牌虽然在海外的销售额非常高，但是其销售分布却极其有限。例如，中国有很多企业，虽然每年的产品出口量很大，但绝大部分局限在亚洲或者非洲，出口到欧美的很少，这类品牌也只是处于国际化的初级阶段。因此，品牌的国际化，不仅要求走出国门，更要求在广泛的国际市场上参与竞争。

（四）以资源的国际化程度进行衡量

前面几点都是从贸易的角度来衡量品牌的国际化，但是必须认识到品牌销售国际化只是品牌国际化的初级阶段。随着国际化进程的深入，它必须逐步向资源和人才的国际化方向迈进。资源的国际化主要是指品牌运营所需要的资本、劳动力和原材料的来源实现本土化的程度，也是指品牌生产经营的本土化程度。

随着世界经济一体化进程的不断深入，国家与国家之间的经济技术联系不断加强，品牌国际化中的本土化运营几乎成为所有跨国公司的必然选择。典型的如雀巢公司，其品牌运营的本土化情况非常突出。在许多国家，雀巢连一美元的投资也没有，它所投入的只是雀巢这个品牌的使用许可权，以及雀巢的管理和经营经验，资本投入、厂房设备等全部是由所在国的合资方自己解决。与那些只靠出口来获取知名度和经济效益的品牌来说，实现资源国际化的品牌在品牌国际化的过程中已经步入了一个更高的层次。

（五）以人力资源的国际化程度进行衡量

有学者认为，人力资源国际化是品牌国际化的最高层次，企业雇员、特别是高层雇员中外籍人员比重越大，外籍人员的来源分布越广，该品牌的国际化程度越高；相反，品牌的国际化程度就越低。瑞典 ABB 公司的人力资源国际化程度主要体现在以下两个方面：第一，公司最高决策层人才来源已经实现了国际化。公司执行委员会 12 个委员分别来自瑞典、瑞士、德国和美国，文化背景截然不同。第二，子公司管理人员的国际化。ABB 公司所属的上万家海外子公司中，管理人员已经实现了本土化及流动化。一个中国的工程师，可能今天是 ABB 中国分公司的员工，明天则成为 ABB 日本子公司的职员。

三、品牌国际化的意义

1. 实现生产与流通的规模经济

在经济全球化的今天，对许多行业来说，在世界范围内开展经济活动所带来的规模经济效益，已经成为获得竞争优势的重要因素。根据学习曲线（Learning Curve）理论，大规模运作能够实现生产和流通的规模经济，即可以有效地提高生产率，显著地降低生产成本，使品牌产品更具有价格竞争力。

2. 降低营销成本

实施品牌国际化，可以在包装、广告宣传、促销以及其他营销沟通方面实施统一的活动。如果在各国实施统一的品牌化行为，其经营成本降低的潜力很大，实施全球品牌战略成为分散营销成本最有效的手段。例如，可口可乐、麦当劳、索尼等企业分别在世界各地采取了统一的广告宣传。通过全球化的广告宣传，可口可乐公司在 20 多年里节省了 9000 万美元的营销费用。

3. 大范围的感染力

全球品牌向世界各地的消费者传达一种信息：它们的产品和服务是信得过的。品牌产品之所以能够在全球范围内畅销，为广大消费者所接受并拥有忠诚的顾客群，说明该产品具有强大的技术能力或专业能力，说明该产品能够给消费者带来生活上的便利，从而反过来又增强了品牌在其母国的影响力。

4. 品牌形象的一贯性

在全球市场遵循同样的营销战略有利于保持品牌形象和公司形象的一贯性。一个统一的产品形象，使顾客无论身在何处，都能购买到他/她熟悉的产品或服务，感受到独特的产品文化带来的精神愉悦。

5. 知识的迅速扩散

品牌国际化可以使一个国家产生的好建议或构想，无论是研发、生产制造方面的，还是营销或销售方面的，都能迅速广泛地被吸取或利用。另外，国际化还可以做到，在品牌及其营销组合宣布后，立即覆盖各大目标市场，不给竞争者留下抢先的时间，从而能提高企业整体的竞争力，如微软视窗产品的推出、英特尔计算机芯片的推出等，都得益于国际化的品牌策略。

6. 营销活动的统一性

由于营销者对品牌产品的属性、生产方式、原材料、供应商、市场调查、价格定位等都非常熟悉，并且对该产品的促销方式也有详细的记录，因此，在品牌国际化过程中，就能够最大限度地利用公司的资源，大大减少和消除重复性的工作，以便迅速在全球开展该品牌的营销活动。

第二节　品牌国际化的动因、障碍和挑战

一、品牌国际化的动因

品牌国际化是品牌的区域延伸。促使品牌延伸的因素也是品牌国际化的基本动因。品牌国际化的动因主要有以下一些因素：

（一）发展动因

品牌国际化最根本的动因是出于发展的需要。任何一个品牌的成长都经历由小到大、由弱变强的过程。品牌的成长也总是先在其熟悉的环境中，在天时、地利、人和条件下壮大起来。当一个品牌发展到相当的程度后，有了一定的实力，就开始放眼世界。很少有品牌一开始就是国际化的。可口可乐如此，微软亦是如此。只有当品牌在国内市场发展潜力受制时，才会去突破国界，寻求国际发展空间，日本企业在第二次世界大战后的发展就是一个典型。在日本，松下、东芝、夏普、三洋等电器产品的国内竞争白热化后，先是大量产品出口，然后实行国际化投资和经营。

因此，公司持续发展的要求促使企业走向海外，从产品出口转向海外投资，从产品经营走向品牌的国际化经营。

（二）利润动因

中国的改革开放从“三来一补”开始，从国外知名品牌加工制造产品开始，现在，我们称之为OEM。经验证明，贴牌生产的企业利润微薄，品牌企业收获了丰富的利润，是生产企业的几倍甚至是几十倍。产品的国际化经营利润远低于品牌的国际化经营利润，这也是我国企业努力实现品牌国际化的主要动因。

对一些已经有相当国际化经验的欧、美、日品牌来说，品牌的国际化已带来丰厚的收获，因而，更坚定了其国际化的信念，如可口可乐的全球扩张，日本由家电到各类电子产品、汽车和日用品的国际扩张。它们在国内市场饱和的情况下，通过向发展中国家的品牌延伸，借其已形成的优质信誉，获得了巨大的商业利润。

（三）规模经济动因

规模经济是一个战略杠杆。一家打算进入世界市场的汽车设计公司比只定位在当地市场的公司更有竞争力。理由十分简单，当地市场比世界市场小得多，品牌国际化后，同样的研发费用可以在众多的市场分摊。同样根据学习曲线理论，大规模运作能大大降低制造成本，使品牌产品更具有价格竞争力。这对大众品牌而言，意义尤为明显。

在品牌国际化经营中，还有一个突出的成本节省点是营销创新的国际化推广。众所周

知，产品创新难，研发成本高，而成功率低。殊不知，营销创新更难。但是，品牌的国际化可以及时将在某一个国家获得的成功营销创新经验迅速推广到其他国家，以获得规模效益。

品牌国际化还可以大大减少和消除重复性的工作。例如公司可以在潜在的销售地区使用同一广告，而不必在每一个国家制作不同的广告。考虑到制作广告的高成本，其节约额是很可观的。例如万宝路的牛仔广告一播就是半个世纪。

（四）竞争时间动因

品牌国际化还有一个十分重要的原因是信息和技术传播速度的加快。以前科技扩散速度较慢，产品可以由生产国向消费国逐渐输出。然而，在速度就是优势的21世纪，如果品牌产品不能在主要消费国同时推出，就会给竞争对手以充裕的时间，他们会作出事先对策，并可能推出相似或相同的产品。国际化就是要在品牌及其营销组合宣布后，即覆盖各大目标市场区域，不给竞争对手留下时间。例如，微软视窗产品的推出、英特尔奔腾芯片的推出等，都采取了国际化的品牌策略。

（五）品牌国际化的其他动因

品牌国际化除了上诉四大动因外，还有一些其他动因。

1. 风险分散

由于世界经济发展不平衡和各国经济周期不同步，因此，品牌国际化可以分散市场风险，求得市场需求的相对均衡，避免因一国或一个地区的需求波动而危及品牌或使品牌陷入困境。

2. 显示实力，增强市场影响力

品牌国际化可以增强消费者的信任度。当一个国家的品牌进入多个国家时，通常该品牌被认为有实力、产品高质量，说明该品牌不仅为国内消费者接受，而且为国外消费者所接受，从而又反过来增强了品牌在国内的影响力。事实上，海尔、海信、春兰等都属此类。日本、韩国甚至欧洲国家的一些品牌为了显示其实力和世界级的地位，也以进入美国市场为标志，一旦成功，该品牌就较易为世界其他国家所接受。

二、品牌国际化的障碍

品牌国际化面对的是一个纷繁复杂的国际环境，每个国家在经济、社会、文化方面存在着巨大的差异，消费者对品牌的了解、认知和理解也不完全一样，而且其需求和使用目的也不尽相同，这为品牌国际化的实施增加了难度。因此，品牌国际化虽然对企业有利，但同时也面临着各种障碍。

（一）环境性障碍

1. 法律环境

不同国家有不同的法律体系，在一个国家合法的营销行为、品牌内涵、定位的表达方式，在其他国家可能是非法的。例如，在英国不允许用英雄人物作为烟草广告的代言人，即使是万宝路中的牛仔也不允许；在新加坡、中国不允许做"对比性"广告，以显示品牌优势；在奥地利，不允许用儿童做广告；波兰要求广告片中的插曲必须以波兰语演唱等。这就很可能使在一国极为成功的品牌及其营销组合无法延伸到他国。

2. 竞争结构

品牌竞争的市场结构主要包括竞争对手的数量和实力、品牌知名度、分销类型和水平、产品生命周期阶段，在品牌国际化过程中需要对其作一定调整，除非这种产品没有任何竞争对手，是一种全新的产品，如微软的视窗、英特尔的奔腾，能够刺激并满足跨国界的需求。

有学者曾对美国、欧洲、日本甚至世界范围的品牌进行了调查，调查显示，品牌的心理位置（Share Of Mind，简称SOM）和受尊敬程度有明显的差异。美国排名前十的品牌全为美国公司；在欧洲有三个品牌属美国和日本公司，其余七个均为欧洲品牌；在日本除了两个欧洲品牌外，其余均为日本品牌。在世界十大品牌中，雀巢和IBM均未能出现在欧、美、日三大市场的前十位。可见，世界不同国家和地区对品牌地位的认知有明显的差异。事实上，除了可口可乐、索尼、奔驰和柯达出现在其中的两大市场之外，其他品牌均未能同时具有这样的地位。这说明在品牌国际化过程中，要根据当地的竞争格局，适当调整品牌定位，品牌促销的模式和品牌联想的建立方式也应该有所不同。

3. 社会文化环境

社会文化因素对品牌国际化的影响实际上是多方面的。

首先是语言障碍。语言是利用广告进行有效沟通所遇到的主要障碍之一。几乎在许多国家都存在因为忽视语言翻译而产生的问题，从而妨碍沟通。可口可乐公司在使用其著名的口号“享用可口可乐”（Enjoy Coca-Cola）时发现，在有些国家Enjoy即“享用”一词带有“性感受”的含义。为解决这一问题，公司将“享用可口可乐”更改为“请喝可口可乐”（Drink Coca-Cola）。高露洁的“CUE”牌牙膏在法国销售时遇到了问题，因为在法文里，CUE是对烟头的一种粗俗叫法。

其次是风俗不同。文化差异远比语言差异复杂、深刻得多。文化涉及范围很广，包括某一社会内部行为的各个方面。在实施全球性营销策略时，若不了解文化差异，将会招致更严重的问题。例如，AT&T在俄罗斯和波兰不得不修改其广告，在这则广告里有出示手掌的镜头，这种方式被认为带有侵犯的意味。又如，百事可乐的销售曾在南亚遭受重创，原因之一是它将其销售设备和冷藏箱的颜色由原来很庄重、豪华的蓝色改为浅蓝色，而浅蓝色在南亚与死亡、奔丧相联系。

最后是媒体传播的差异。不同的国家和地区的媒体在受众偏好、发展水平、广告效力以及时间和空间的成本上都是不一致的。例如，美国的媒体因素不同于非洲的国家，也不同于日本等国家，因为各国媒体有各国的特点和发展水平。又如，广播在非洲是人们最普遍接触的媒体，其权威性也相对较高；而在中国，广播收听者基本上都是老人、学生、司机等。

（二）品牌性障碍

所谓品牌性障碍是指由品牌的构件（图案、名称、色彩和包装等）所带来的品牌国际化障碍。例如，某种文字或图案在不同的国家有不同的含义和不同的理解，在此国是一个非常优秀的品牌元素，国际化后，在彼国却可能成为很不利的因素。

1. 品牌图案

品牌图案是品牌的基础，又是品牌重要的构件。对不认得文字的人来说，品牌就是品牌图案。品牌图案虽然是品牌国际化中最易于被接受的要素，但在其传播和推广过程中并不是没有任何障碍。在不同国家，它们会有不同的象征，引发不同的联想，有的图形甚至成为禁忌。例如大象，在中国和东南亚国家，是人们最喜爱的动物之一，是大力士的象征；但在英国，大象象征笨拙、大而无用的意思。又如兔，在我国是一种深受小朋友喜爱的动物，因而，用兔作为品牌图案对产品的销售是有利的；但在澳大利亚，由于经常遭到兔害，庄稼被毁坏，因此，有“兔”标志的品牌图案在澳大利亚经常被冷落。

2. 品牌名称

公司在为其产品选择品牌名称时，未必考虑到未来的国际化经营需要，往往取了一个很有当地文化色彩的品牌名称。这样的品牌在本国可能会非常成功，然而在国际化时就可能遇到严重障碍。例如，“长虹”作为彩电品牌，能给人一种色彩斑斓的美好联想，但是“changhong”就让人感觉不到这种寓意，因此品牌名称是国际化中必须面对和跨越的一道障碍。

3. 品牌色彩和包装

品牌是一个完整的统一体。一个好的品牌总是借助于一定的色彩和包装来传达其内涵。例如可口可乐以其特有的外形和红颜色遍布全世界，即使略去可口可乐的曲线字样也能迅速地被认知和感觉。所以，在品牌国际化中，对于色彩和包装应适当加以注意。

4. 品牌的内涵诉求

在品牌国际化过程中，对品牌内涵诉求的不同理解是品牌的又一内在障碍。以品牌内涵中的“健康”诉求为例。“健康”的理念是东西方所有品牌的共同诉求，但“健康”具体意味着什么，在东西方却有很大的不同。在欧、美等发达国家，肥胖已成为影响消费者健康的一大公害，因此，对他们来说，健康食品就是低热量的食品；但对发展中国家的消费者而言，健康则有完全不同的内涵，它要求营养丰富，含有较高热量。因此，对不同国家的消费者而言，同一个品牌在消费者眼里有不同的内涵诉求。

这些就决定了品牌在国际化的进程中，要因时因地恰当修改同一品牌内涵在不同国家的不同诉求，从这个意义上讲，这也是品牌国际化的本地化过程。

三、我国品牌国际化面临的挑战

（一）企业品牌观念认知滞后，自我保护意识淡薄

我国的一些优势大型企业已经具备了较强的国际化品牌意识。例如，从1999年起，李宁公司就将“品牌国际化”提到了战略议程上，把“国际化”看做是一种有明确方向的行为，而并非是一个简单目标或标志性的符号。像奥林匹克精神一样，运动是无国界的，运动品牌也如此。赞助中国国家队让李宁品牌开始踏出国门，并开始在国际市场找寻机会。但是我国大部分大型企业还没有这样的观念意识，成为我国大型企业品牌国际化所面临的一个挑战。

（二）企业品牌经营规模较小

经过20多年的发展，我国企业品牌已经形成一定的规模，具有一定的影响力，中国正在成长，出现了联想、海尔、TCL、华为这样一些初具国际影响力的企业品牌，这对中国企业品牌竞争力具有重要意义。但是把中国优秀品牌放在全球企业群里看，这些企业的影响力仍然有限。统计显示，2009年世界500强企业的营业收入为25.18万亿美元，美国500强企业营业收入为10.69万亿美元。2009年中国企业500强的营业收入总额折合成美元为3.68万亿美元，相当于世界企业500强的14.62%，相当于美国企业500强的34.42%。虽然2009年中国企业500强相对于世界和美国企业500强的规模有了大幅度的提升，但是仍然存在很大差距。

（三）企业管理模式发展滞后

企业管理模式发展滞后具体表现为管理思想传统、制度脱节、手段落后、职责不明以及效率低下等。诸如将人的管理与物的管理混为一谈，个人意志高于制度意志，团体意识高于制度意识，团队意识与集体决策意识淡薄，以及重私情、轻规范与重制约、轻沟通等现象，存在于企业的管理实际中，从而在很大程度上削弱了企业管理的效能和品牌竞争力发展的制度基础。

（四）研发投入与执行机构问题

发达国家的企业是研发活动投入和执行的主体，而我国则为政府主导型，中国的企业还没有担负起研发主力军的重担。中国企业的研发经费主要用于现有产品和技术的完善，仅有1/3用于属于创新范畴的新产品开发和基础研究。我国企业研发活动能力不足，制约了企业技术创新的发展。

（五）企业信息化及电子商务水平发展滞后

我国有些企业对信息化认识不足，定位不明确，不少企业将之视为可有可无或仅仅是显示自己实力的象征物品；有些企业认为只要使用计算机、使用网络就可带来高效率，不考虑管理、业务和技术的配套发展。与发达国家相比，我国企业信息化和电子商务面临的问题还很多。

（六）企业文化竞争力弱

世界名牌在世界范围内，能够融合当地文化，引导消费观念，影响消费行为。然而，我国很多企业对品牌的认识尚没有上升到文化层次，大多数企业在塑造品牌文化时常常忽视我国深厚的文化积淀和企业本身的文化积淀，市场流行什么，文化就朝什么方向努力，很难有属于自己独特的企业文化，最终使自己的品牌形象不够专一，品牌文化不够深刻，反而有些外国品牌在进入中国市场时却把中国文化研究得相当透彻。

（七）中国企业生存的外部环境导致品牌竞争力的外生弱势

这主要表现在：①地方保护主义壁垒的存在，假冒伪劣、走私现象时有发生，以及国家保护品牌的各项政策未能发挥有效的保障作用，削弱了品牌的信誉和市场的影响力；②我国区域产业链、价值链未成体系，区域产业结构粗放，导致中国企业在国际上缺乏产业品牌，行业整体形象有待提升。例如，德国品牌是世界精密制造业的代表，美国品牌是世界高科技产业的集中代表等；而“中国制造”在国际品牌市场中等于低价、低质的观念还根深蒂固地存在于某些领域。

【品牌视野】

中国品牌国际化的“四个强化”㊀

中国以一种负责任的、开放的国际形象为中国品牌走向世界创造了非常好的前提。全球金融危机使国际经济变得更加复杂、多元。但是，由于经济全球化所产生的全球产业链和供应链的运作没有发生根本性的变化，这就为中国的品牌在跨国的产业链和供应链、打造中国

㊀ 龙永图，品牌国际化的几个条件［J］，商周刊，2009（17）。

产业国际化的进程奠定了更加有利的条件。因为在国际产业链上许多环节出现了大动荡局面，在混乱的局面下，中国企业走向国际变得更加有利。因而在金融危机条件下中国品牌国际化应该抓紧以下四个问题：

第一，强化中国企业的团结。首先要解决观念上的问题，中国的企业包括国有企业、民营企业、外资企业，但无论是哪种所有制的企业，只要是在中国政府注册，通过中国的法律法规雇佣中国的员工，那么他们就是中国企业，就是民族企业，所以应该淡化企业所有制这种概念，使我们中国所有企业在打造国际品牌、发展中国经济方面作出更大贡献。另外，同一个行业的企业不要内斗，“内斗猛于虎”，要强调打造强有力的中国品牌，首先要强化中国企业的团结。

第二，要强化国际标准。因为参与国际竞争、参与国际品牌的打造，最重要的条件就是企业和产品要符合国际标准，包括质量标准、安全标准等。要不断地研究国际标准。例如，现在国际上十分关注低碳氢产品，注重节能，所以在这个问题上要不断与时俱进，研究新标准，达到新的国际标准。

第三，要强化金融知识。这次全球金融危机使我们进一步地了解到金融是多么重要，中国继续发展金融产业，使其成为最有竞争力的一部分。要加快品牌国际化的进程，要加强风险投资意识，利用资本市场来加快企业的发展，使它成为中国品牌的基础。此外，要强化金融知识，使中国企业能够构建国际品牌，这可能是加快品牌国际化进程的一个捷径，但是前提是我们必须熟悉国际金融领域的游戏规则和知识。

第四，加快中国品牌国际化的进程还必须强化公众的支持。在强化公众的支持方面，更应该强调舆论的支持。各种媒体都应该多多地支持中国企业，支持中国品牌，让中国品牌在国际上占有一席之地。在品牌没有知名度、没有名气的情况下，老百姓也要支持中国品牌，支持中国品牌国际化的进程。我们可以做两件事情：重视中国形象；爱护中国企业。让中国成为一个受人尊重的负责任的大国，成为一个经济大国，成为一个经济强国，使中国品牌能够在一个强大的国际竞争市场中做强、做大。得市场者得品牌，相信中国13亿人口的大市场一定可以培育出国际品牌。

第三节　品牌国际化战略

一、品牌国际化的方式

实施品牌国际化战略，建立国际性品牌就能获取全球的竞争优势。而获取全球的竞争优势就要面临各种各样的障碍，企业应根据自身的优势和所面临的障碍选择合适的进入新市场的方式。总的来说，企业进入国际市场的基本方式有出口、许可生产、特许经营和直接投资四种。近些年来，我国不少企业（特别是国内经营成功的品牌）采用兼并收购的方式进入国际市场，目前这种进入方式越来越多地被理论界所关注。

（一）出口

这种形式适合于任何规模的企业，也是企业进行国际化经营的第一步。通过出口，企业可以规避已处于饱和状态的国内市场，或者为处于衰退阶段的产品重新找到市场。我国家电业在国内一直是供过于求，很大一部分都靠出口销往国外，虽然由于金融危机的影响我国家电出口下滑，但是海外出口仍然占我国家电销售较大份额。

选择出口途径的优点是风险较低，企业如能通过专业经销商出口，不但能获得良好的服务，而且能获得更加完整的信息。出口途径的缺点是当出口数量较大、同时出口采用的主要竞争方式是价格竞争时，会受到其他国家的关注和抵制，如我国与主要贸易伙伴之间的局部冲突（曾经发生在西班牙的焚烧中国鞋的事件）；也易造成进口国采取各种贸易补贴措施和贸易壁垒，对出口国企业扩展国际市场形成政策和法律的障碍。

（二）许可生产

许可生产的方式是指通过签订许可证、收取使用费用的方式让其他企业获得使用自己企业发明的、受专利保护的技术生产产品的权利。许可生产一般受时间限制，在超过专利保护期后是否维持原许可证条件，取决于双方的谈判能力。采取许可生产的方式，将企业的技术卖给他国，不但可以使自己企业的专利技术得到更广泛的运用，补偿技术研发的费用，还可以通过所提供的技术，特别是这些技术的后续发展，对受许方的生产经营进行控制。但是，采取许可生产形式可能会为企业培养出一个新的竞争对手；另外，将专利提供给缺乏有关专利保护法律的国家，可能发生专利被侵权的情况。

（三）特许经营

特许经营是指企业将自己的某一专利以合同的形式准许其他企业使用的一种经营方式。这种权利可以涉及很多方面，包括专利、技术秘密、商标与品牌、组装加工、管理模式等。受许方对这种权利的使用往往受到许可方规定的时间和区域的限制，同时许可方可收取受许方一定的费用作为回报。

特许经营属于一种双赢的经营方式，对于许可方来说，不必投入大量的资金就可以快速地进入国家市场，快速复制成功的管理经营模式，在国际市场扩展品牌知名度，使自身的经营特色发挥最大的经济效益和社会效益。而对于受许方来说，不必投入大量的精力和时间探索特色的经营管理模式，只需投入一定的资金就可以借助他人的先进技术和商标来增强企业自身的竞争力。

很多跨国公司就是通过特许经营来开拓国际市场。例如，快餐业中的麦当劳和肯德基就是通过特许经营连锁的方式造就了全球品牌；可口可乐公司以“特约代营装瓶业务”的特许形式，保证了不泄露原糖浆配方的前提下成功地向世界市场不断扩张。

（四）直接投资

直接投资可以分为两种形式：在国外建立合资公司和在国外建立独资公司。合资企业是指由两个或两个以上的企业共同拥有或控制的企业，投资方中至少有一方位于合资企业的所在地。独资企业是指企业（跨国企业）在海外投资并完全控制所投资企业活动的方式。跨国企业可以通过两种方式在海外建立独资企业。第一，跨国企业在国外设立独立的企业实体。采取这种方式，跨国企业可以按照自己的需要安排独资企业的规模、技术、设施和企业所在地，在较小的阻力下将自己的管理方式应用于这个新企业，建立起适合跨国企业经营战略和目标的企业文化。第二，跨国企业购买当地的已经存在并已经营的企业，获得对该企业的所有权。采取这种方式不仅能够迅速进入国外市场，而且在进入的同时还至少能减少一个当地的竞争对手。

（五）兼并收购

兼并是指一个企业采取各种形式有偿接受其他企业的产权，使被兼并方丧失法人资格或改变法人实体的经济行为。采取兼并方式，跨国企业还可以利用企业中的留用人员协调两国之间由于社会、文化差异造成的矛盾。企业兼并的形式主要有承担债务式兼并、购买式兼并、吸收股份式兼并、控股式兼并四种形式。收购是指一个企业能够通过购买上市公司的股票而使该公司经营决策权易手的行为。

目前，我国企业实施的品牌国际化主要选择海外品牌兼并与收购。海外品牌兼并与收购是指通过收购国外具有知名度但经营不善的品牌，利用廉价劳动力在中国生产。通过收购和兼并国外企业，达到收购国外品牌的目的；收购后使用对方品牌以开拓当地市场。在当今的国际市场，兼并和收购已成为跨国资本流动的最主要方式。兼并和收购也将是打通国际市场的主要手段，采用该种模式的典型代表是联想和 TCL。

二、品牌国际化策略的确定

选择合适的品牌国际化方式后，企业应确定采取何种品牌国际化策略。品牌国际化策略一般分为标准化策略、本土化策略、标准化和本土化相结合的策略。

（一）标准化策略

1983 年，莱维特（Theodore Levitt）教授在《哈佛商业评论》上发表了经典论文《市场国际化》。文中指出，现在世界各国的人们正在变得越来越相像，总体上，人们的需求也变得一致起来，这使得全球化的营销计划是可行的。因此，企业必须学会将世界看做一个大市场并在其中运作，忽视各个国家和地区表面上的差异，并在整个世界上按相同的方式出售相同产品。

标准化策略是指在所有的营销组合要素中，除了必要的战术调整外，其余要素均实行统一化和标准化，即将目标国视为一个完全相同的市场，每一个国家或地区都是无差异性的。具有独特的世界性品牌、规模化生产能力和强大销售网点的全球企业，往往会采取此种策略。例如美国可口可乐公司的可乐饮料的原汁配方、包装、销售方式和定价，在世界各国都几乎完全相同；沃尔玛、家乐福等国际商业连锁企业，麦当劳、肯德基等国际餐饮服务连锁企业，都在以无差异服务策略拓展全球市场。

企业实行标准化策略，可以使企业实现规模经济，赢得成本优势，具体体现在产品研发与生产、定价、广告、促销、包装以及品牌的设计、宣传等方面；有利于树立品牌在国际上的统一形象，提升企业的声誉，有助于消费者对品牌的识别，从而使品牌在全球享有较高的知名度；标准化还可以使企业对国际营销进行有效的控制。国际市场营销的地理范围较国内营销扩大了，如果产品种类较多，则每个产品所能获得的营销资源相对较少，难以进行有效的控制。标准化一方面降低了营销管理的难度，另一方面集中了营销资源，企业可以在数量较少的产品上投入相对充足的资源，从而提高了营销活动的成效。但标准化策略忽视了全球需求的区域差异性，即难以满足不同市场消费者的需求，因此，其营销组合的制定与实施是比较困难的，有时甚至会出现与当地文化相冲突的情况。

（二）本土化策略

本土化策略是指企业向世界范围内不同国家和地区的市场提供不同的营销组合，以适应国家或地区市场的特殊需求。在开拓任何一个国家的市场时，必须重视当地的民俗风情、生活习惯、消费方式等社会文化差异。只有尊重这些差异，充分地了解、分析消费者对企业品牌及产品的认识，企业才可能赢得消费者的信赖与推崇，这是品牌本土化的基本信条。从实践来看，成功的本土化运营的主要做法是产品本土化、品牌名称本土化、人力资源本土化、促销活动本土化等方面的组合并用。

1. 产品本土化

产品本土化是指企业根据不同目标市场营销环境的特点，生产和销售满足当地消费者需求的产品。这种产品策略更多地从国际消费者需求个性角度来生产和销售产品，能更好地满足消费者个性需求，有利于开拓国际市场，也有利于树立企业良好的国际形象，是企业开展国际市场营销的主流产品策略。然而，产品本土化策略对企业的能力提出了更高的要求。首先是要鉴别各个目标市场国家消费者的需求特征，这对企业的市场调研能力提出了很高的要求；其次是要针对不同的国际市场开发、设计不同的产品，要求企业的研究开发能力能跟上；最后是企业和销售的产品种类增加，其市场成本及营销费用将高于标准化产品，企业管理的难度也将加大。因此，企业在选择产品本土化战略时，要分析企业自身的实力以及投入产出比，综合各方面的情况再作出判断。例如人人皆知的肯德基，有效排除炸鸡产品在中国市场的适应性障碍，以需求为导向，不断推陈出新，提高当地消费者的满意度，“老北京鸡肉卷”、“四季鲜蔬”、“烤翅”、“芙蓉鲜蔬汤”等就是专门针对中国消费者口味推出的新品。

2. 品牌名称本土化

不言而喻，品牌名称作为消费者广为传颂的称谓，它是目标市场文化的反映。因此，设计令消费者感到亲近（融入当地文化）的品牌名称是本土化运营的重要环节，可以说是品牌国际化的基础性工作。宝洁公司在中国市场的本土化就非常成功。从 1988 年宝洁进入中国市场后，它在产品品牌方面的本土化的确不遗余力，在宝洁铺天盖地的广告中，看不到“美国”的字样，而且，中国宝洁模特无一人是西方人。另外，20 多年来，宝洁公司向中国市场推出了很多品牌的产品，其中产品名字都是广泛调研后产生的，也有不少是中国消费者参与的结果。

3. 人力资源本土化

人力资源本土化就是指对参与品牌国际化的相关人员在当地进行招聘和雇佣。采用当地人力资源可以大大降低成本，有效提高当地市场人员对品牌的接受程度，增加企业的渗透力。当地人力资源具有相同的文化与风俗，相似的思维方式、行为模式、生活习惯等，使信息沟通和工作合作更为顺畅，管理也得以顺利实施，管理更加有效。世界知名快餐品牌肯德基的人才本土化着力培养、提拔和使用本地人才，充分发挥其熟悉政策环境和市场特点的优势。雇佣本土的总经理，其中直接负责餐厅营运的高级管理人员如营运经理、区经理和餐厅经理，全部本土化。

4. 营销活动本土化

品牌营销本土化是指在充分考虑品牌国际化的总体战略目标的前提下，在不同市场环境，结合本土化的特点进行品牌营销活动。品牌营销在广告内容的制定、营业推广的方式选择、促销方式的安排等，更容易在当地的文化基础上进行品牌文化传播，例如，可口可乐推出过以中国传统 12 生肖过年形象的产品包装，体现了中国民风民俗，增加了中国味道。

（三）标准化和本土化相结合的策略

随着企业全球市场观念的逐步成熟，它所采取的态度可能是能标准化就标准化，该调整适应的就调整适应。尽可能从标准化中获益，同时又要满足当地文化的不同需求。据有关学者对亚洲市场的研究表明，多数的跨国公司采用标准化和本土化相结合的策略，即在战略决策方面（如选择目标市场、产品定位、确定广告目标和主题等）较多使用标准化策略，在战术决策方面（如广告表现形式和媒体选择等）较多使用本土化策略。这种折中的思想也就是所谓的"思考全球化，营销本土化"（Think Global，Sell Local），意思是首先要有全球意识，在全球范围内作整体计划，在实施计划的时候则要因地制宜。

目前，越来越多的企业采用标准化与本土化相结合的策略实现其品牌国际化。例如，麦当劳的汉堡包基本上是标准化的产品，但是在德国可供应啤酒，在法国可供应葡萄酒，以适应当地消费者的需求；在某些国家，可口可乐的甜味、碳水化合物含量实际上也进行了适应性的调整。

三、品牌国际化的趋势及启示

（一）趋势

1. 品牌国际化的门槛不断抬高

品牌国际化可分为三个阶段，即商品输出、资本输出和无形资产输出。由于长期的商品输出、资本输出和无形资产输出，发达国家跨国企业逐步将产业链中低附加值的加工制造环节对外转移，牢牢掌握高附加值的研发和销售环节，获取高额利润，并进一步强化了知名品牌对世界市场的垄断地位。在这种情况下，新生品牌成长的世界市场空间趋于狭小，进入成本和代价逐步加大，致使大多新生品牌只能徘徊于次主流或非主流市场。

2. 品牌国际化的方式不断更新。

目前，跨国公司主导的资本输出有新的内涵，即理念、标准、技术、制度、运营机制、管理等综合性输出。其本质就是品牌的输出，这是一种更具战略意义的资本输出类型，是国际化与本土化的有机结合。跨国公司通过新的竞争方式加快了品牌国际化的进程，巩固了其在世界品牌竞争中的地位。其中，跨国并购能够使企业迅速获得技术、渠道等关键性资源，增强比较优势，成为其实现品牌国际化的重要途径。然而，后进入者通过品牌并购实现跨越式发展的门槛被不断抬高，它们将面临成长机会缩小和难度加大的局面。

（二）启示

1. 品牌国际化是一个系统工程

品牌国际化实质是一个系统工程，不仅需要企业强大的实力做后盾，而且企业要具备良好的品牌国际化经营战略并予以有效实施，才能在国际市场上获得长期收益。综观全球国际化品牌，没有一个是一蹴而就的，几乎都经历了几年、几十年甚至上百年的积累。鉴于此，把握消费者需求，创新产品是首要任务。消费者的需求是永无止境的，如何抓住这些需求，对于一个品牌能否成为国际化品牌至关重要。另外，创造流行符号，引领全球消费者生活方式也是必备要素。国际化品牌对于消费者来说，就是一种符号、一种流行或一种文化，很多品牌都因为制造了流行而受到消费者的青睐。因此一个国际化的品牌，一定要做成一个流行的符号，要有丰富的品牌文化。

2. 加快本土化进程是品牌国际化成功的关键

由于不同国家和地区之间存在诸多的差异，所以跨国品牌的运营不可能完全标准一致。从品牌的译名到品牌的宣传，都无不面临着国际品牌本土化的抉择。品牌国际竞争的本土化首先表现为品牌文化的本土化，品牌文化应当符合当地的审美、风俗习惯，才能被逐渐认识和接受，毕竟如今的市场竞争是消费者心理的竞争。但是以个性化、本土化的品牌营运模式迎合当地消费需求，虽然带来了顾客较高的满意度，但同时随之急剧上升的是高昂的运营费用。因而，差别化的本土经营模式还需要与全球统一定位结合起来。

3. 品牌国际化模式需要保持创新

针对目标市场的经营难度，可以选择不同的品牌国际化模式。对于一个国际化的品牌来说，最大的成功就在于能将它的品牌模式与国际市场上的环境相适应。例如，欧美市场是非常成熟的市场，由于进入艰难，进入欧美市场之前一般都要充分考虑当地市场的具体情况，而亚洲等国家本土化压力小，可以更多地进行品牌标准化。例如海尔在美国的宣传更多地考虑到当地的技术标准，而在亚洲其他国家则更多地考虑通行标准。在通常情况下，品牌国际化中标准化能够带来巨大的规模效应，而本土化则可以更好地贴近目标消费者，获得更大的市场占有率。企业国际标准化的程度越高，品牌具有的国际核心竞争力也就越强。我国企业在品牌国际化过程中，应强化国际化经营理念，根据自身的实力和特点来采取灵活多样的国际化发展模式，在世界范围进行资源优化配置与整合，以便尽可能降低成本，培育国际市场竞争优势，提高企业的综合竞争力。

品牌国际化是我国企业参与国际竞争的战略选择，没有完全可以效仿的模式。虽然品牌国际化模式可分成欧美模式和日韩模式，但是企业自身资源与战略的不同，其模式的选择也就不同。可通过对世界著名品牌国际化过程的深入分析，从中发现品牌国际化的一般经验。例如，区域品牌国际化的一般方法可提供包括品牌战略的选择、品牌国际化路径、品牌在新区域市场不同成长阶段的促进策略等经验。在此基础上，需结合企业自身实际加以创新。

【本章小结】

(1) 品牌国际化又称为品牌的全球化经营，是指企业在国际化市场营销活动中，利用各国的资源与市场，树立自己的品牌形象，其目的是通过品牌向不同国家、不同区域进行延伸扩张，来获取规模经济效益，进而实现低成本运营。品牌国际化有三个基本的含义：①品牌国际化首先是一个长期的历史过程；②品牌国际化具有不同的形式；③产品国际化不等于品牌国际化。

(2) 品牌国际化是品牌的区域延伸。促使品牌延伸的因素也是品牌国际化的基本动因。品牌国际化的动因主要有以下一些因素：发展动因；利润动因；规模经济动因；竞争时间动因；风险分散；显示实力，增强市场影响力等。

(3) 企业在品牌国际化过程中会遇到种种障碍，所以企业在进行品牌国际化时要考虑到可能会遇到的障碍，避免这些不利因素给企业所带来的困境。而我国的很多品牌在国际化中也面临着很多挑战：①企业品牌观念认知滞后，自我保护意识淡薄；②企业品牌经营规模较小；③企业管理模式发展滞后；④研发投入与执行机构问题；⑤企业信息化及电子商务水平发展滞后；⑥企业文化竞争力弱；⑦中国企业生存的外部环境导致品牌竞争力的外生弱势。

(4) 企业进入国际市场的基本方式有出口、许可生产、特许经营和直接投资四种。近些年来，我国不少企业（特别是国内经营成功的品牌）采用兼并收购的方式进入国际市场，目前这种进入方式越来越多地被理论界所关注。选择合适的品牌国际化方式后，企业应确定采取何种品牌国际化策略。品牌国际化策略一般分为标准化策略、本土化策略和标准化和本土化相结合的策略。越来越多的企业采用标准化与本土化相结合的策略实现其品牌国际化。

【思考题】

1. 什么是品牌国际化？如何去度量一个品牌的国际化程度？

2. 结合你所熟悉的国内品牌，谈谈我国的企业要进行品牌国际化可以选择哪些方式进入国际市场。

3. 品牌国际化可以采取哪些策略？

4. 谈谈一个你所知道的实施品牌国际化战略失败的案例，分析什么原因导致了失败。

【案例分析讨论】

联想的国际化之路[㊀]

如果要历数2004年中国IT界最令人瞩目的头等大事，联想收购IBM全球PC业务无疑是大多数人的首选答案。事实上，这场中国企业收购国际巨头的事件不但意义重大、鼓舞人心，更将在中国IT史上写下浓墨重彩的一笔。这一事件一经披露，就成为国内各大媒体的头条，并引起了国外媒体的广泛关注和报道，经由媒体的强势传播，在媒体、业界和公众中均引起了强烈反响，并在2004年的重大新闻事件中占据了重要的一席之地，更被权威专家和媒体评为“2004年中国十大经济新闻”，成为尽人皆知的焦点事件。

一、从Legend到Lenovo

2001年，联想制定了新的三年发展目标“高科技的联想，服务的联想，国际化的联想”。联想国际化的必备条件之一，是拥有一个全球通行的品牌标志，但联想沿用18年的英文标志“Legend”已在多个国家被抢先注册。同时，经过18年的快速积累，联想已经成为一家在IT领域多元化发展的大型企业，“联想”品牌在中国消费者中的知名率已达90%，但在面对“你认为联想的品牌代表什么”这样的问题时，不同消费者给出的答案却不尽相同。基于以上背景，联想决定推出全球品牌新标志，并对联想品牌架构进行全面的梳理和系统的推广。

联想将换标的发布活动设计成一个联想品牌管理的系统工程，分为四个阶段进行。第一阶段，2003年4月28日，冲破“非典”（SARS）阴霾，在北京借助网络媒体发布新标志。平面、网络、影视媒体三管齐下，深入传播引起社会各界广泛关注。同时，安排在同一天发布首批带有Lenovo标志的产品——多款自主研发的联想手机精品。第二阶段，从7月31日开始，借联想2003年科技巡展之机，在巡展所到之处深入传播和集中展示联想的品牌内涵，诉求联想“创新科技，畅想未来”的理念。第三阶段，10月15日，利用神舟五号火箭成功发射的契机，同步在全国开展以“只要你想”为主题的系列推广活动，诉求“人类用想法改变世界”的创新理念。第四阶段，10月18日，启动品牌沟通日活动，安排联想高层与北京各大媒体进行面对面的互动式沟通，进一步传达“Lenovo联想”的内涵，并宣传联想新的品牌战略。

㊀ 摘自：联想品牌国际化公关案例，百度空间博文，2009-11-09，http：//hi. baidu. com/s12304560/blog/item/19338200f238a48de950cd85. html。

二、签约奥运，搭载国际化推广平台

成功换标后，通行证问题已经解决，此时如何搭建一个与联想新的品牌形象匹配的传播平台，将国际化的品牌形象传播出去，成为联想思考的重要问题。在国外，人们并不知道来自中国的Lenovo是一家专业的计算机产品生产企业。解决这一问题的关键是要在全球范围内树立Lenovo品牌的知名度和美誉度。很容易被想到的一个方式是投放海量的广告，但全球范围内海量广告的投放对于尚未在海外开展具体业务的联想来说，风险也很大——消费者无法对联想的产品和业务产生直接、有效的认知。有没有更好的方式呢？奥运“TOP”㊀进入了联想的视野。作为全人类四年一次的体育盛会，奥运会连同它的奥林匹克标志已经成为世界上最有影响力的“品牌”，而2008年的奥运会第一次在中国举行，如果能够成为2008年的奥运“TOP”，不但有助于树立联想在海外的品牌知名度和美誉度，联想在国内的影响力也将得到有力提升。三星即是先例。

对于传播来讲，联想成为奥运“TOP”绝对是一个强势的新闻事件，丝毫不用担心它的受关注程度。但舆论的方向是否会按照联想期望的方向发展？是否会有很多质疑联想花费不菲而收效可能甚微的声音出现？面对这些疑虑，内容的精心梳理就变得尤其重要。奥运选择联想是对联想实力的认可；联想选择成为奥运“TOP”是认真分析、理性决策的结果；奥运“TOP”是国际顶级品牌的俱乐部，奥运“TOP”合作伙伴长期为奥运发展作贡献成为联想决定向公众传播的三个最重要的核心信息。在实际操作过程中，针对不同层级媒体的不同保密措施、海外媒体和外地媒体的大规模参会、会后相关采访的安排、重要媒体的一对一的深入沟通等措施的采取，确保了良好宣传效果的实现。

三、收购IBM PC，国际品牌终成王道

2004年12月8日，以“强强联手共赢未来”为主题的联想收购IBM PC业务新闻发布会在北京举行，由于在此前联想与IBM的谈判中约定，在双方未达成最终的并购协议前，如果有任何关于本次交易的信息被泄漏，谈判将中止，因此这一交易正式公布前的保密工作就显得尤为重要，得益于严密的信息安防措施和事先准备的规范的媒体应对制度，在此次交易长达一年多的谈判过程中，没有发生任何严重的泄密事件，而本次新闻发布会的邀请也同样采取了反常规的做法，仅提前16小时通知记者。为使这一重大新闻能够深入影响最广泛的公众，此次发布会不仅邀请了所有重要的在华境外媒体，同时利用联想遍及全国的18个分区的庞大宣传体系使不能到现场参会的其他地区的媒体也在第一时间获得了本次发布的全部信息。“忽如一夜春风来，千树万树梨花开”，在本次新闻发布会举行后的第二天，几乎所有的媒体都对此事作了及时的深度报道，从中央级的大报到县市一级的地方党报，从千里冰封的北国边陲到万里海疆的南国小城，中国的联想收购了曾经是美国文化象征的IBM PC的消息令国人振奋。自古好事总多磨，就在联想宣布并购IBM PC业务不久，2005年1月，美国政府以涉嫌国家安全为由，宣传将对此次交易进行审查，消息传来，舆论哗然。在此期间，联想采取了有理、有利、有节的积极应对策略并组成了以杨元庆为首的对外新闻发言体系，及时向媒体沟通联想对此的态度，并于3月初在众多国内媒体的广告版面刊登了一封由杨元庆和新联想候任总裁沃德亲手签名的致THINKPAD用户的公开信，联想选择这一方式

㊀ TOP的英文全称为The Olympic Programme，即奥林匹克全球合作伙伴计划。

向用户传达他们的承诺和目标，充分表达了对交易能够通过审查的信心，赢得了舆论的广泛支持，有效配合了“正面战场”的谈判工作。2005 年 3 月 9 日，联想正式对外宣布，与 IBM PC 业务的收购交易获得美国政府批准，2005 年 5 月 1 日，联想又对外宣布，联想顺利完成对 IBM PC 业务的全部收购交易，至此，历时将近半年的收购宣告结束。

当收购的尘埃落定，一个新的问题又摆在了联想的面前，那就是公众对联想关注视角的转换：收购了 IBM PC 业务的联想会不会消化不良，新联想能否在海外再续辉煌，放眼全球 PC 行业，联想的核心竞争力又是什么。这些成为人们普遍关心的话题。从这一刻起，联想的品牌推广特别是公关工作的目标被界定为“建立公众对联想未来发展的信心”。信心源在何处？通过深入的调查与分析，联想认为，首先要重新定义联想的身份特征，今天的联想已经是位列世界 500 强的全球第三大 PC 厂商，联想的一言一行都应该代表一个国际化企业的风范。基于这一判断，联想制定了“源自中国的全球品牌”这一联想新的身份特征并由此提出构建由“新联想整合成果、联想在中国的业务发展战略及联想海外业绩”为基础的新的更广阔的话语体系，在这一原则的指导下，针对客户、合作伙伴、精英公众等首要目标人群，联想分别设定了以创新为核心，以授业（针对合作伙伴）、解惑（针对客户）、布道（针对精英公众）为诉求的信息架构，希望以此来体现新联想全球视野下的国际形象。在随后的联想中国战略媒体沟通会、新联想首次中国合作伙伴大会、联想全球首次业绩发布、联想全球组织架构公布及科博会、高交会等一系列具体的推广活动中，“联想的国际化战略设计”、“驾驭战略管理，从优秀到卓越”、“全球 PC 格局之变”、“让世界联想中国”等主动传播内容的规划与实施成功实现了这一新的话语体系的转变，有力提升了联想的国际化企业形象。

讨论题：

1. 联想是如何做到国际化的？
2. 你认为联想还可以在哪些方面做得更好来提高在全球的知名度？

第十一章 品牌老化与更新

【本章要点】

(1) 品牌生命周期的含义。

(2) 导致品牌老化的成因。

(3) 品牌强化和品牌激活的含义。

(4) 品牌激活的策略。

【导入案例】

“周杰伦”品牌需要宋祖英吗?[㊀]

周杰伦继2009年春节晚会与宋祖英首次“英伦组合”后,于2009年6月30日再次与宋祖英合作,并和多明戈、郎朗一道,在北京鸟巢举行了有六万观众参加的音乐会。

周杰伦真的需要宋祖英吗?为什么在各领风骚三两年的流星式娱乐界,周杰伦这个“老”品牌久盛不衰,其品牌价值和影响力不仅没有衰减,反而不断得到巩固和提升,并且与日俱增。周杰伦在第22届金曲奖上还独揽了最佳国语男歌手奖和最佳国语专辑奖。

周杰伦出道之际,便不走寻常路,旗帜鲜明地确立了自己的品牌“DNA”:周杰伦,绰号“小天王”,小眼睛,酷酷的发型和服饰,以及“杰”骜不驯的动作和节奏,明确区分于传统的“四大天王”品牌,树立了新偶像标杆,既站在天王的肩上,又恰到好处地表明自己是新秀。后来的“周董”,则是一种更高层面和更高一筹的品牌塑造,有些调侃,有些赞赏,有些专业,有些品位。周杰伦品牌像流行时尚,在歌迷的口碑相传中不露声色地形成了。

周杰伦及其品牌团队一手用“中国风”彰显中国传统文化,一手演绎魅力十足的周氏个性风格,传统与时尚、经典与流行、历史和未来穿插交覆,在貌似“恶搞”的混合气场中,用主流创造个性、用个性蔓延流行,在混搭和拓展中实现品牌塑造。所以,周杰伦的“产品”很多样也很深沉,如《菊花台》的历史记忆、《本草纲目》的中药、《青花瓷》的古艺术、《大灌篮》的篮球、《爸我回来了》的家庭暴力、《双截棍》的武术、《爱在西元前》的世界历史、《梯田》的环保、《四面楚歌》的娱乐新闻记者等。

周杰伦在《千里之外》与费玉清成功合作,后又与宋祖英组成“英伦组合”。他不仅做娱乐明星和青春偶像,更要做内涵,在品牌价值上下工夫,不断创新和升级,输出价值观。周杰伦还在电视剧《熊猫人》中担任导演、制作并参与演出,周杰伦的理念是“要打造一个前所未有的属于这个时代的华人英雄人物”,这是一个大胆而又颇有高度和难度的雄伟

㊀ 根据娄向鹏《周杰伦为什么需要宋祖英?》整理,来自腾讯财经特约,2009-07-03,http://finance.qq.com/a/20090703/005536.htm。

目标。

那到底是什么让周杰伦这个“老”品牌的品牌价值和影响力久盛不衰呢?

第一节　品牌生命周期

变化是人类社会和自然界永恒的旋律，品牌也有一个生老病死的必然过程，就是其生命周期。对品牌生命周期的分析，可以更清楚地认识品牌在各个成长阶段的特征，有的放矢，可以提高品牌管理效率。

一、品牌生命周期理论

欧洲经济学院德国籍教授曼弗雷·布鲁恩（Manfredo Buluen）首先提出了品牌生命周期理论，并指出品牌生命周期由六个阶段组成，即品牌的创立阶段、稳固阶段、差异化阶段、模仿阶段、分化阶段以及两极分化阶段。

美国著名的营销学家菲利普·科特勒则认为，应该用产品生命周期的概念来分析品牌，即品牌也会像产品一样，经历一个从出生、成长、成熟到最后衰退并消失的过程。因为品牌隶属于产品，或者说品牌是产品整体一个不可分割的部分。产品生命周期概念实际上可区分为产品种类生命周期、产品形式生命周期和产品品牌生命周期。产品种类具有最长的生命周期，而产品形式周期更能准确地体现标准的产品生命周期的历史，产品品牌则显示了最短的产品生命周期。然而，科特勒也承认，现实情况是，许多老品牌仍经久不衰。事实上，现代经济生活中的品牌已能脱离某种具体形式的产品而独立存在（见图11-1）。当某一产品品牌原来所代表的产品完全退出市场后，它又代表其后的更新产品；或者该品牌名下本来就有其他同类或不同的产品，因此会有某种产品退出市场但品牌不会退出市场的现象。

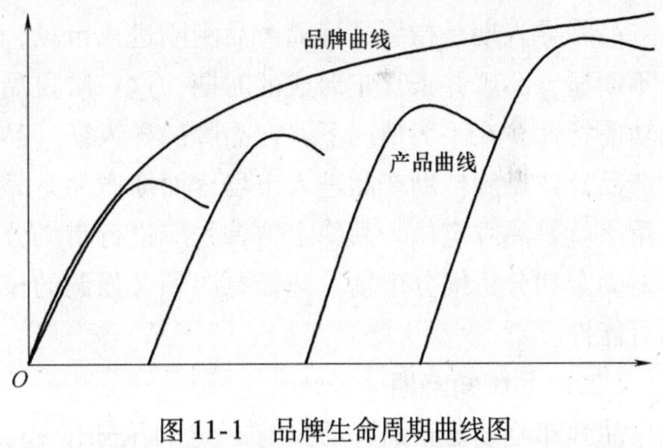

图 11-1　品牌生命周期曲线图

英国学者约翰·菲利普·琼斯（John Philip Jones）对传统的品牌生命周期理论作了较为深入的实证研究，结果发现，品牌发展过程并不完全遵循成熟后必衰退的规律，它是一个自我实现的概念，而不是一个自然生长的概念，不一定会随产品进入衰退期；基于产品的品牌生命周期理论往往会诱导企业不恰当地将旧品牌向新品牌转移，造成真正的资源损失。由于品牌生命周期理论的存在，人们往往会会错误地认为任何品牌都将不可避免地走向衰退，从而不恰当地将对已有品牌的投资转移到新品牌上去，结果导致已有品牌附加价值的下降。更糟糕的是，做出如此之大的牺牲而对新品牌进行投资，在许多情况下得到的是一个不成功的品牌，或者是一个平庸的品牌。约翰·菲利普·琼斯认为品牌发展过程应分为孕育形成阶段、初始成长周期阶段（只从品牌进入市场到销售量下降至最高销量80%的这段时间）和再循环阶段。

我国学者潘成云认为，品牌生命周期可分为品牌的市场生命周期和品牌的法定生命周期。品牌的市场生命周期是指新品牌随从产品或企业进入市场到该品牌退出市场的过程。品牌的法定生命周期是指品牌按法律规定的程序注册后受到法律保护的有效使用期。一般研究的品牌生命周期就是指品牌的市场生命周期，并假定品牌的市场生命周期始终处于品牌法定生命周期的有效范围内。在以上的假定条件下，品牌完整的生命周期应包括导入期、知晓期、知名期、维护与完善期、退出期五个阶段。

黄嘉涛、胡劲认为，品牌实质上是一个消费者概念，反映了消费者在其生活中对产品与服务的感受，这种感受涵盖了消费者使用或享受某一特定的产品或服务时形成对品牌的理解，这种理解构成了消费者对品牌的综合印象。品牌生命周期依消费者品牌态度的不同而呈现不同的特点，也就是说，在品牌生命周期的各个阶段，消费者的品牌态度各不一样。如果以时间为横轴以品牌态度为纵轴，那么品牌生命周期可以用一条类似S的曲线表示，称之为品牌生命周期曲线。他们认为随着时间的推移，品牌生命周期依次经历品牌认知期、品牌美誉期、品牌忠诚期、品牌转移期四个阶段。

二、品牌生命周期各阶段的含义和品牌特征

综合以上各种观点，本书认为，品牌生命周期是指品牌伴随产品或企业进入市场到该品牌退出市场的整个过程，与所代表的核心产品相比，品牌具有相对独立的生命周期。从理论上说，完整的品牌生命周期依次经历品牌导入期、品牌知晓期、品牌知名期、品牌维护与完善期、品牌衰退期五个阶段。

（一）品牌导入期

品牌导入期是指新品牌随产品刚刚进入市场，有待于被消费者认识和接受，此时品牌特征不明显，品牌并未真正形成的时期。这一阶段品牌策略的一个重点就是让消费者了解产品的功能特性。在一般情况下，在品牌的导入期，品牌与产品二者是合一的，认识品牌就是熟悉产品，即品牌借助产品进入市场，而新产品是靠其功能特性进入新市场的。品牌策略的另一重点就是品牌定位，品牌定位首先应进行市场分析、企业内部分析和品牌竞争者分析，其次是确定和分析细分市场、选择要向顾客强调的核心价值并分析竞争者之间实现有效差异化的可能性。

（二）品牌知晓期

品牌知晓期是指品牌已具有一定的认知度和美誉度，开始脱离产品并逐步积累附加价值，品牌特征基本明朗、差异化特征形成、影响力逐渐加强的时期。这时，应进一步增强消费者的品牌认知，提高品牌美誉度，促使消费者“再购买”，最大化地创造顾客品牌经历的感知价值。这期间的策略包括促销、强势公关和口碑传播。促销包括交易促销和消费者促销，前者常常通过直接或间接给批发商、零售商打折得以实现，后者由生产商向消费者提供某种刺激（折价或商品赠送），以吸引消费者试用其品牌。从回报率的平均水平来看，促销有提高销量的短期显著效果，仍不失为有效途径。公关是指企业或品牌通过新闻报道和对社会公共活动的参与而进行品牌传播，并由此建立品牌与公众的互动关系。与广告相比，信息上更具互动性和客观性，情感上更具社会性和真诚性。同时，口碑传播作为客体性的“他说”，利用熟知的“证人”、眼见为实的“证物”和信得过的“证词”三者相结合的优势，能够说服或促进其亲朋好友、同事、邻居等人对品牌产品的使用和购买。

（三）品牌知名期

品牌知名期是指品牌各方面都得到了充分的发展，品牌所代表的产品占有较高的市场份额，整体市场接受度高，品牌成为消费者选择该产品的主导因素，产品的盈利能力达到较高水平的时期。企业应采取品牌维护与完善策略，提高品牌忠诚度，创造品牌的高附加值，推行适当的品牌扩张方案，以提升品牌资产价值，努力巩固和提升品牌地位；企业应高度重视品牌忠诚度的经营开发，通过完善服务体系，使消费者自产品购得直至消费完毕的各个环节都处于满意、放心的状态；此外，常客奖励计划、会员俱乐部、顾客资料库等举措不仅能够提高品牌价值，而且能使企业了解并及时满足顾客的需求，提高顾客的参与感，巩固消费者的忠诚，也能在一定程度上带动其他顾客的忠诚度。

（四）品牌维护与完善期

品牌维护与完善期是指品牌在经历一段时间的市场运作后发展减缓，对品牌进行维护与完善的时期。随着时代的变迁，品牌的内涵和形式也非一成不变。当原有品牌定位不能带来消费者认同并开始丧失市场竞争优势时，企业就必须考虑根据竞争形势以及时代特征、社会文化的变化对定位进行修正创新。“创新是企业生存与发展的灵魂”。品牌创新是指从企业生存的核心内容来指导品牌的维系与培养，包括与品牌有关的形象更新、观念创新、技术创新、制度创新等多项内容。但如果能确认品牌的核心产品处于衰退行业，品牌前景黯淡，难以改良，就应该削减品牌营销的费用支出，避免对该品牌的额外投资，以便及时把资源转移到其他新的或发展中的品牌运作中去。

（五）品牌衰退期

品牌衰退期是指品牌在经历一段时间的市场运作后步入衰老状态，品牌陷入低落，表现为品牌老化和品牌退出。

1. 品牌老化

老化是每个品牌都会面临的问题，即使时尚的奢侈精品也不能幸免。品牌老化不仅仅与品牌的创立时间有关，而且与消费者认知也有一定的关系。有学者指出，品牌开始被消费者忽视，即表明它开始衰老。有关品牌老化的内容将在本章第二节详细阐述。

2. 品牌退出

品牌退出是指品牌退出市场的过程。这有两种情况：一是企业经营管理不善，导致品牌及其所代表的产品或企业已无法生存，而不得不一同退出市场；二是企业为适应内外环境的变化而主动放弃原来的品牌，代之以新品牌。两种情况在实践过程中都存在，只不过第一种情况较常见。

将品牌作为一个生命体，对其进行生命周期分析，有助于根据各个阶段的特征将品牌战略的长期目标与阶段目标统一起来，明确各个阶段的重点，有的放矢。

三、品牌生命周期的变异形态

品牌并非一成不变地按照以上时期演进，有时候它会出现以下一些变化：

（1）夭折型。产品进入市场不久就出现滞销而不得不退出市场。

（2）发育缓慢型。产品虽然进入了市场，初期表现也没有什么异常，但没能够在此基础上进一步发展而进入知名期。

（3）快速成长型。有的品牌由于企业的整体形象很好，导入期可能很短，因为消费者很快就会接受它。有的品牌可能知晓期很短，迅速从导入期进入知名期。还有一种可能是：品牌在经历了知名期后，影响力逐渐下降，然后又进入一个新的知晓期，即出现一个循环现象。

（4）未老先衰型。产品没有经历知名期而迅速进入衰退期。

（5）永葆青春型。一个企业的产品如果能够较长期地处于知名期，而长久没有进入衰退期的迹象，那么这个企业就是经营得最成功的了。

品牌管理者应在其品牌生命周期的不同阶段采用不同的市场营销战略，开发新的市场，制定新的竞争对策。他们必须经常对企业各类产品的市场状况进行分析，用新的品牌逐步代替老的品牌，使企业总能在任何时候在市场上保留自己的品牌。最佳的策略是：当某种品牌进入衰退期时，企业的其他品牌正处于导入期、知晓期或知名期。这样，企业就不会因为某一种品牌进入衰退期而处于断档的艰难处境。

第二节 品牌老化的概念与成因

随着竞争环境的日趋激烈，品牌的创意形象、广告口号、外在包装等历经多年，自然难以适应消费者需求偏好的变化，面临着老化问题。睿智的品牌管理者，就应该直面这些问题，早诊断、早发现，避免发生重大危机。

一、品牌老化的概念

从消费者的角度来看，品牌老化意味着提起这个牌子谁都知晓，但买的时候却记不得它，高知名度和低认可度是老化品牌在市场上最为突出的表现特征。从企业的角度来看，所谓老化的具体表现就是：一个原来有较高知名度的品牌，在市场竞争中出现销售量、市场占有率及美誉度和忠诚度的持续下降。营销学的生命周期理论认为，品牌老化，是因为品牌与产品一样，具有市场寿命。与产品不同的是，品牌的生命周期表现形态更为复杂，其市场寿命或长或短，弹性相当大。许多历史悠久的品牌在今天的市场竞争中依然充满生机和活力，国际名牌如宝洁（始于1837年）、雀巢（始于1867年）、奔驰（始于1886年），中华老字号如同仁堂（始于1669年）、恒源祥（始于1927年）等。

世界品牌发展的历史证明，品牌比产品的衰老过程要曲折得多。一般来说，品牌所包含的产品不止一种。企业可以在品牌名下不断推出新产品，在产品更新换代的过程中，使品牌得以延伸和发展壮大。从国内外企业的成功经验来看，只要品牌管理得当，品牌的市场寿命是不会轻易衰老的。尽管品牌有生命周期的局限，但品牌却可以超越产品生命周期，永葆青春，延续生命。

二、影响品牌老化的成因

品牌老化现象可以从消费者和企业两方面来分析原因。

（一）从消费者看品牌老化的成因

市场是动态的，而不是静止的。消费者转移品牌偏好，舍弃老品牌、尝试新品牌是极其自然的事情。需求是变幻莫测的，企业不变化最终将导致失败。

1. 消费者有“喜新厌旧”的特性

消费者对客观事物的认知以感觉为起点，通过人的感觉器官所获得的信息，再经过个体的理解和综合最终形成人对客观事物的认识。恰恰是这个决定人的认知能力的感觉过程，存在着适应性这样一种特性，所谓“入芝兰之室，久而不闻其香”、“视若无睹”等词语，就是对此特性的生动写照。而此特性表现在消费者的行为上，就是“喜新厌旧”。如果企业长时间没有向消费者传播新的信息，不能给消费者带来新鲜感，那么，消费者很快就会将这个品牌忘掉，转向更具新鲜感和吸引力的品牌。

2. 消费者需求呈现复杂性和多变性

韩非子说过“世异则事异，事异则备变”。社会在进步，市场在发展，消费者的价值取向和审美品位也在变化。消费者对商品的需求已经由单纯追求其功能和质量，转向追求个性化、追求更高的精神需求和环保需求（见品牌视野：马斯洛品牌发育理论）。面对人们消费观念、生活方式如此深刻的变化，企业如果不能及时调整自己的商品特性，以适应消费者需求的变化，而墨守成规、一成不变，就会流失许多潜在的消费者，并动摇现有的品牌忠诚者，最终导致品牌老化。

【品牌视野】

马斯洛品牌发育理论

根据马斯洛的研究，人的需求自高而低分为生理的需要、安全的需要、社交的需要、尊重的需要、自我实现的需要，而且需要会随着社会环境与经济水平的发展不断变化和升级。相应的，作为消费资料的品牌必须随消费者需求的变化不断发育，当消费者的需求层次超过品牌所能提供给消费者的消费快感后，品牌就会逐渐老化。

马斯洛品牌发育理论是指，消费者的需求和欲望决定了品牌的发展，品牌的核心是消费者消费意识与需求在市场上的一种集中，它的发展，具有如下五个由低到高的基本层次：功能型品牌、规模型品牌、技术型品牌、情感型品牌、精神型品牌。

（1）功能型品牌。它是为满足消费者最底层的生理需要而产生的，其品牌价值主要用于界定产品的功能，基本只能在以下几种情况下出现：一是市场需求大于市场供应；二是全新产品刚刚诞生之时；三是生产原材料，如钢材、水泥、化工原料等；四是能满足消费者某种特殊需求的产品，如药品、化肥、农药等。

（2）规模型品牌。同类产品的出现导致了竞争，当消费者在众多同类产品的面前取得了挑选的权利后，消费者的需求出现了第一次升级，即要求产品的物美价廉。在消费者的要求下，在同类企业和产品的竞争下，企业不得不扩大生产规模以提高产品质量、降低生产成本。

（3）技术型品牌。规模经济发展到一定程度后，会导致社会生产力产生过剩，市场竞争愈演愈烈，消费者因为需求的提升，将不仅仅满足于产品的物美价廉，更要求产品在基本功能上有所创新。因此功能创新和提升产品的技术含量成了企业的制胜关键，而这些必须要求企业在科技和观念上进行创新才能得以实现。因此，此阶段企业和品牌形象主要围绕科技，在最尖端的科研技术、最新的生产设备、最前沿的技术创新以及最高素质的技术人员上做文章。技术的发展，使得同类产品在市场上出现和更新的速度越来越快，竞争也越来越激烈，由此导致的是品牌发展的前三个阶段越来越快，品牌各阶段之间的界限也越来越模糊。

(4) 情感型（价值型）品牌。因为行业成熟而导致了企业和产品的同质化，围绕品牌而产生的附属价值成了消费者购买品牌的主要理由。情感型（价值型）品牌以满足人的情感需求为核心，并以附加于产品之外的情感价值作为品牌之间的区别。情感型品牌跳出了产品功能的束缚，直接针对消费者的心理进行诉求，因此其带给消费者的消费快感也更加强烈，品牌内涵的发展空间也更加宽阔。例如，喝百事可乐代表的是年轻和激情，喝可口可乐代表的是火一样的活力。目前市场上的大部分知名品牌都处于情感型品牌阶段。

(5) 精神型品牌。这是品牌发育的最高阶层，只有极少部分的品牌能够达到这个层次。精神型品牌已远远地超出了产品的实物功能需求，能给消费者带来精神需求上的极大满足，即自我实现的快感。在这类品牌的价值构成中，附加价值要远远超越实物价值，且实物价值与附加价值之间没有必然的因果关系，甚至无需实物价值的存在。

（二）从企业看品牌老化的原因

从企业的角度来看，所谓老化的具体表现就是：一个原来有较高知名度的品牌，在市场竞争中出现销售量、市场占有率及美誉度和忠诚度的持续下降。从企业来看，品牌老化的原因有以下三个：

1. 品牌建设欠缺战略规划

企业在品牌管理过程中忽视对品牌建设的长远规划。他们只重视眼前利益，轻视长远利益；只重视品牌外表，轻视核心内容。把品牌的创建仅仅看做是追求知名度，忽视了产品开发、销售管理、财务和员工素质的提高等方面的工作，从而使得整个企业不能平衡发展，不能在产品质量服务保障等方面对品牌给予有力的支撑。企业应时时提醒自己真正强势的品牌所应拥有的资产，不仅包括品牌知名度，而且包括消费者对产品品质的肯定、品牌的忠诚和丰富的品牌联想等。

2. 品牌维护缺乏创新

“不求最好，只争第一”，这是企业在日益白热化的竞争中立于不败的不二法则。消费者从来都有先入为主的行为特征，谁最先推出新产品、新功能，谁就能牢牢抓住消费者的心。而很多企业恰恰输在创新上，尽管品牌忠诚者会容忍自己所钟爱的品牌一时落后，但他们不会永远支持一个缺乏新意的品牌。

3. 目标市场没有及时更新

就产品生命周期理论而言，当产品处于成熟期时，企业应该采取改良策略，也就是改良产品、改良产品组合、改良目标市场。而大多数企业在实际操作中，对于目标市场的更新却往往做得不够，这样就造成了一些潜在顾客的流失。

三、品牌老化的对策

市场竞争的激烈迫使企业不断推陈出新，新产品、新技术不断涌现，品牌如逆水行舟，不进则退。一个成功品牌或老品牌只有不断创新，才能不被消费者抛弃。

（一）不断进行技术创新，保持品牌活力

长虹在中国品牌之林中无疑是引人注目的，然而一度，在新品开发上没有新举措，在市场上的表现不佳。后来，长虹“精显”彩电与背投上市，一改其僵化、衰退的形象，迅速

提高了品牌的活力感、高科技感、价值感，成为依靠技术创新重塑品牌活力与价值感的典范。对于企业，尤其是高科技企业来说，品牌老化往往是致命的，提高产品的技术含量是保持品牌活力的关键。

（二）运用品牌策略焕发品牌生机

1. 品牌延伸策略

品牌与产品之间的相对独立性，使品牌延伸成为可能。品牌延伸的好处是可以利用消费者长期积累形成的品牌认同和品牌偏好，不断推出新产品，节约新产品市场导入的成本。除此之外，品牌延伸能丰富品牌旗下的产品，给消费者带来完整的选择，给品牌注入新鲜感。娃哈哈的品牌延伸策略无疑是成功的，当娃哈哈集团公司最初生产儿童饮品——娃哈哈果奶时，品牌只作为产品名称的一部分。如今，娃哈哈已成为饮料、食品、童装等众多产品的共用品牌，娃哈哈这一品牌大树亦常青常绿。

2. 多品牌策略

例如，宝洁的多品牌策略众所周知，堪称经典。在中国市场上，仅洗发水就有若干个品牌，值得指出的是，它的多品牌策略不是把一种产品简单地贴上几种商标，而是追求同类产品不同品牌的差异，追求每个品牌的鲜明个性，这样，每个品牌都有自己的发展空间。又如，五粮液集团相继开发了“五粮春”、“五粮神”、“五粮醇”、“浏阳河”、“金六福”等一系列白酒新品牌，不但占领了更广阔的中档白酒市场，也使“五粮液”这一老字号焕发了新的活力。

（三）更新品牌形象

1. 更改品牌名称

提起摩托罗拉，或许你心目中积累起来的感觉更偏向于严谨的、高档的、技术雄厚的、令人尊敬的、与成功人士相匹配的这些充满质感的“刚性”元素，少了些亲和力。为了缩短企业与消费者之间的差距，摩托罗拉公司将原来“MOTOROLA”的名称简化为“MOTO”。“MOTO”是中国台湾地区年轻消费者之间流传的对摩托罗拉的昵称，是消费者在感受到摩托罗拉人性化移动科技后发自内心的声音。“MOTO”用一种消费者自己的语言，向公众传递着“全心为你”的公司理念，它给品牌带来更多的活力，更加贴近消费者，更通俗易懂，更富有人性色彩。

2. 变换品牌标志

变换品牌标志是为了适应时代进步和发展潮流，从而摆脱品牌老化的尴尬境地。2003年，可口可乐公司在中国启用了新标志，标志最大的变化体现在文字上。中国香港著名广告设计师陈幼坚设计的全新流线型中文字体和英文字体，使商标整体风格更加协调，取代了可口可乐自1979年重返中国后沿用了24年的中文字体。公司试图通过此举扭转消费者认为可口可乐活力不足、传统、老化的形象。可口可乐改变的不仅仅是标志，更是与消费者的沟通方式。

在品牌经营中，品牌标志变与不变，什么时间变，都是需要企业决策者在反复权衡机会与风险之后才能作出的重大抉择。更新品牌标志要注意的问题是：不管如何变，都不能背离品牌的精髓——核心价值，如耐克挑战极限的体育精神、诺基亚“科技以人为本”的人文精神。品牌标志的每项要素都要与历史的和现在的识别形象进行比较，明确哪部分需要改动，哪些品牌风格应当保留，使新品牌标志既能保持消费者对品牌的忠诚度，又能给人以新鲜感。

3. 改进品牌产品包装

包装就像产品的脸，是产品品质的外部表现形态，也是消费者识别品牌、与企业进行沟通的媒介，因此，改进包装是改变品牌形象老化的直接手段。改进包装应该遵循的思路是：人性化设计，体贴消费者；现代化设计，表现时代感；配合产品升级换代，体现品牌的多层次性；加入新元素，传播品牌新概念、新主张等。在牛奶凭证供应的年代，闻名全国的上海冠生园大白兔品牌有“七粒大白兔奶糖等于一杯牛奶”的美誉；在牛奶广告铺天盖地的今天，大白兔奶糖销售额一直居全国同类产品市场综合占有率之首，这得益于冠生园集团实施的品牌战略。其中可圈可点的是大白兔的形象创新：在包装材料上采用不易皱褶的高档材料，包装图案由原来静卧的大白兔改为奔跑的卡通兔。通过包装的变化，大白兔品牌调整为高档、时尚、充满童趣的美好形象。

4. 创新品牌广告形式

新奇的创意总会给人以新鲜感。例如可口可乐，其广告语上的不断创新，广告片的不断翻新，无不赋予可口可乐无限的活力，百余年来，可口可乐活力无穷，正如其广告语：永远的可口可乐；百事可乐的核心价值“年轻、未来一派，紧跟时代步伐的精神特质”，十多年来一直未变，但广告片换了不下 50 个；耐克的核心价值“超越、挑战自我”，也是几乎每隔半年就会有一条新广告片。长时间不换广告，品牌会给人陈旧、呆板、不时尚、档次降低的感觉，会损伤品牌。只有围绕核心价值更换广告，不断地给消费者带来视觉、听觉的新鲜感，品牌才能茁壮成长，永葆活力。

第三节　品牌强化与品牌激活

世易时移，品牌发展进入一定阶段后，在内外各种因素的作用下，品牌常常会逐步丧失市场竞争优势，市场份额不断萎缩，显现出衰老弱化的迹象。这时，品牌管理者面临一个选择：是果断放弃还是维持创新？睿智的品牌管理者都能清醒地认识到创业的艰难，创建一个新品牌比利用一个旧品牌难度更大，风险也更大；而品牌的生命周期是无限的，只要措施得当，使其重焕生机与活力，是完全可能的。所以，有必要对品牌强化和品牌激活这两个卓有成效的策略作简要的介绍。

一、品牌强化

（一）品牌强化的含义

品牌强化就是指品牌管理者通过开展一系列的市场活动、品牌战略、产品开发战略等来加强品牌效应，避免品牌效应随着时间的推移而弱化。品牌管理者可以通过实施品牌强化来维护和加强品牌资产的基础，巩固品牌效应。

（二）品牌强化的策略

实施品牌强化的关键，在于识别与确定品牌资产的来源，即品牌认知与品牌联想。品牌认知是消费者对该品牌的认知，包括品牌的知名度、品牌所代表的产品属性、品牌所提供的利益以及品牌所满足的需求。而存在于消费者心目中的对该品牌所独有的、正面的与强烈的品牌联想，是该品牌与其他品牌的差异化所在。因此，实施品牌强化应把握好以下几个环节：

1. 保持品牌战略定位的一致性

在市场环境的改变尚不足以动摇品牌资产基础的情况下，实施品牌强化策略的关键在于保持品牌战略定位的一致性，即维持品牌认知与品牌联想中的主要因素不变。享誉百年至今仍充满活力的世界级品牌，如可口可乐、百威、万宝路无不遵从此项“金科玉律”。它们一旦获得市场领先者地位以后，往往坚守其战略定位不变。万宝路品牌资产的核心在于独立、自由、力量，而这一独有的、正面的、强烈的品牌联想与消费者心目中的美国梦紧紧相连，从而创造了巨大的品牌资产。创造这一品牌联想的关键环节在于菲利普·莫利斯公司在其广告活动中所使用的西部牛仔的形象。该公司为保持其品牌的战略定位不变，自20世纪70年代以来一直应用这一广告形象。

保持品牌战略定位的一致性，并不意味着避免营销组合策略的任何变化，恰恰相反，僵化地执行这一策略往往是品牌老化的主要原因。为保持品牌战略定位的一致性必须对品牌的市场活动进行策略性调整，包括改变价格政策、开发产品功能、延伸品牌、导入新的广告活动、宣传新的广告主题语等。通过策略性调整保持品牌的青春活力，保证品牌认知与品牌联想保持一致的战略定位。

保持品牌战略定位的一致性，关键在于把握变与不变的对立统一。德芙品牌在中国的广告沟通策略是一个很好的例子。通过仔细审视德芙巧克力前、后两支广告片，可以发现广告有整体氛围及主题广告语——“牛奶香浓，丝般感受”并未改变，从而加强了德芙在巧克力市场的高档形象，并保持了“丝般感受”这一正面的品牌联想。而两支广告片的不同在于第一支广告片注重于自我享受，而第二支广告片侧重于与人分享的概念，从而扩大了产品的使用面，实现了德芙进入新细分市场的目的，进一步加强了德芙品牌的战略定位。

2. 保持品牌资产的来源基础

品牌资产的基础存在于品牌认知与品牌联想之中，往往比较稳定、持久。品牌强化策略的一个关键环节就是识别品牌资产的来源基础，并采用各种措施保护这一基础。

然而，当品牌管理者在考虑品牌延伸策略、增加新的品牌联想、提高品牌盈利能力的时候，往往忽视品牌资产的基础，造成品牌资产的流失。宝洁公司几年前，曾在美国市场上犯了类似的错误。该公司为降低成本，改变了凯德（Cascade）牌洗衣粉的配方，从而减低了该洗衣粉的洁净能力。当宝洁的主要竞争对手利华兄弟（Lever Brothers）公司知得这一消息之后，掀起一场大规模的广告攻势，宣传该公司旗下的阳光（Sunlight）牌洗衣粉的洁净能力远远高于凯德牌，有力地提高了阳光牌的市场占有率。宝洁公司意识到强有力的洁净力是凯德品牌核心的品牌联想及品牌资产的来源基础以后，迅速恢复了凯德牌的配方，并以强大的广告宣传重新夺回了失去的市场份额。

3. 恰当地使用品牌延伸策略

公司利用已树立起来的品牌，将品牌资产转移到新的产品线上，从而节省广告宣传等大量的品牌建立费用。例如，娃哈哈将品牌从果奶延伸到瓶装水上，节省了大量的广告费用，加快了新产品的市场导入。然而，不恰当的品牌延伸策略将分散品牌的资源，模糊品牌个性，动摇品牌原有的基础，从而侵蚀品牌资产。例如，红塔山集团曾经将红塔山品牌延伸到矿泉水上，这一不恰当的品牌延伸策略遭受失败是意料中事。

恰当地使用品牌延伸策略，不但不会损害品牌资产的基础，而且还可以加强消费者对原有品牌的认知及联想，是实施品牌强化策略的一个手段。恰当实施品牌延伸策略关键在于新导入的产品线应是原有品牌认知及品牌联想的进一步证明。例如，英特尔芯片不断升级换代，进一步加强了英特尔创新、安全的品牌核心联想，从而增强了品牌资产。副品牌的导入是另一有效的品牌延伸策略。例如，大白兔品牌通过纯心副品牌的引入介入喜糖细分市场。一方面，纯心年轻、时尚、活力的品牌形象激活了已老化的大白兔品牌，为大白兔品牌注入了新的生命力。另一方面，大白兔纯心喜糖改变了大白兔奶糖老化的消费者结构群，将大白兔品牌植入年轻一代消费者的心中，从而巩固了品牌资产的基础，有效地实施了品牌强化策略。

4. 规划有效的市场支持活动

实施品牌强化策略有赖于市场活动的支持，这些活动包括广告宣传、价格调整、促销策略、渠道策略等。市场活动的规划主要取决于品牌联想的类型，产品相关的品牌联想与非产品相关的品牌联想对具体市场活动的规划有着不同的意义。

（1）产品相关的品牌联想。对于以产品相关的品牌联想为品牌核心的品牌来说，产品设计、制造及营销中的创新活动是品牌强化策略的有效市场支持活动。面对卡西欧（Casio）手表采用以数字技术及时尚的市场定位，天美时（Timex）手表采用了如夜光显示等一系列新技术，推出一系列新品种，在其广告活动中大胆使用了更为现代的新模特，并通过发展天美时专卖店进一步加强其品牌形象，这一系列在产品设计及营销方面的创新活动加强了天美时品牌的资产。

同时，应当注意的是对产品的改变不能过于随意，特别是在品牌消费者特别忠实于产品本身的情况下。1985 年，可口可乐公司推出了新配方的“新可乐”，但遭受了可口可乐品牌忠实消费者的强烈反对。从此事例可以看出，成功的产品改变应使品牌的忠实消费者感到新产品更好，而不是不同。产品改造的导入时机也是非常重要的，如果产品变动过快，消费者将停止购买现有产品；而产品变动过慢，将给竞争对手抢先导入新产品的机会。

(2) 非产品相关的品牌联想。对于以非产品相关的品牌联想为品牌核心的品牌来说，以广告活动为主的品牌沟通策略是品牌强化策略的有效市场支持活动。公司可以通过广告活动与消费者进行沟通，广告中采用符合品牌联想的品牌使用者及使用场合，从而巩固该品牌的资产。然而，对广告活动过于频繁的改变将模糊品牌的形象，伤害品牌资产的基础。

二、品牌激活

(一) 品牌激活的含义

消费时尚的变化、新的竞争对手、新的革命性技术等对市场环境的影响过于激烈时，品牌资产所依赖的根基将会动摇，品牌强化策略将失去作用。这时往往需要实施品牌激活策略来重构新的品牌认知与品牌联想，赋予老品牌新的生命力。

实施品牌激活策略之前需要进行品牌审计（见品牌视野：品牌审计）。品牌审计是指对包括品牌认知及品牌联想在内的品牌资产的基础进行的全面检查。通过品牌审计可以准确搞清品牌认知的宽度与深度以及品牌联想的独特性、强烈性和正面性状况，并回答以下问题；

品牌原有的核心品牌联想是否依然是该品牌的基础？这一核心的正面品牌联想是否已失去了其独特性与强烈性？是否已有负面的品牌联想与该品牌相连？品牌审计的目的是确定品牌目前的战略定位以及品牌未来目标性的战略定位。

【品牌视野】

品牌审计

品牌审计（Brand Audit）是品牌管理的一个重要内容。它是品牌实践活动在理论上的概括、反映和科学总结，并用来指导今后的品牌活动。菲利普·科特勒在2006年出版的专著中指出：品牌审计是以消费者为聚点的演习，包括一系列程序来确定品牌的健康，并展示品牌资产的来源，给出方法来改进并且调控它的权益。

理想的品牌审计概念应具备的特征有：从品牌的构成要素出发推导或再现品牌的过去、现在和将来；该体系一经形成，应可以采用逻辑的方法从中推导出可以遵循的具体规则、标准和程序；审计概念之间应有密切的联系，并形成不同层次、密切结合的系统结构。

品牌审计主要是对企业品牌发展现状进行深度的分析。首先，它要对企业品牌资产进行客观评价，包括对品牌知名度、品牌认知度、品牌美誉度、品牌联想集中度、品牌忠诚度、品牌溢价、品牌价值等资产要素发展情况的了解。其次，它要找到企业品牌形象的现状与理想状态之间的真实落差，以此找到品牌形象改善和提升的途径和方法。再次，还需要了解企业战略和文化发展的现状，只有将战略、品牌和文化三位一体彻底打通来系统思考，品牌的制定才有方向、有灵魂。最后，还要研究行业品牌的发展趋势，找到品牌发展的关键驱动因素。

（二）品牌激活的策略

品牌激活策略主要有两种实施方法：一种是挖掘与拓展品牌认知的深度与宽度，另一种是改善与建立新的品牌联想。

1. 挖掘与拓宽品牌认知的深度与宽度

品牌的老化最初往往体现在品牌知名度的降低与品牌使用场合和使用数量的减少。通过挖掘品牌认知的深度，可提高品牌知名度；通过拓宽品牌认知的宽度，可增加品牌的使用场合与使用数量。这样才能达到激活品牌的目的。

（1）挖掘品牌认知的深度。随着品牌的老化，品牌知名度有下降的趋势，而品牌知名度的下降往往从年轻一代开始。老品牌通常在年龄较大的消费者中知名度较高，而年轻一代却对此缺乏了解，品牌的消费者结构呈老化趋势。因此，挖掘品牌认知深度的关键在于关注年轻消费群体，提高品牌在年轻消费群体中的知名度，从而达到激活品牌的目的。例如，阿迪达斯是世界运动鞋的领导品牌，一度成为运动鞋的制作标准。但进入20世纪80年代以来，在产品开发及市场营销方面的落后导致该品牌的市场占有率迅速下降，被耐克及锐步（Reebok）等竞争对手远远抛在身后。为重振雄风，阿迪达斯公司选择了十几岁的城市年轻人作为市场的突破口，针对这一市场进行了产品开发、广告创意、促销设计，并重组销售渠道，从而迅速提高了该品牌在年轻消费群体中的知名度与美誉度，使该品牌重新恢复了活力，在短短四年内将市场占有率提高了13个百分点。

（2）拓宽品牌认知的宽度。拓宽品牌认知宽度就是指通过各种措施提高品牌使用频率，以达到激活品牌的目的。通过在广告中采用新的使用场合与使用者，促使消费者产生有利的品牌联想，增加该品牌使用机会与使用量，同时也提高品牌的首次提及率。通过精心策划的广告活动与消费者进行沟通，打破消费者心中不利的品牌联想，从而促使消费者在更多的使用场合使用该品牌，达到提高品牌使用量的目的。

而拓宽品牌认知宽度的另一个有效方法是识别与开发品牌全新的使用方法。例如，当维兹（Cheez Whiz）公司发现其作为普通调味品的产品可以被用做奶酪伴侣时，该公司发动了一次广告活动，以推广该品牌的这一用途，使该品牌的销量在短期内上升35%。另一事例来自汉莫（Arm & Hammer）公司，该公司发现其面包苏打产品具有清洁的特性，于是将该产品作为厨房清洁剂来推广。

2. 改善与建立新的品牌联想

随着品牌所面临的市场环境的动荡与变迁，品牌原有的正面联想往往丧失了其存在的基础，某些负面联想开始与品牌相连，品牌资产的基础产生了根本性的动摇。这时，就必须通过改善与建立新的品牌联想来重建品牌资产的基础。老品牌虽然给人以质量可靠的印象，但消费者尤其是年轻一代往往认为老品牌是过时的、无新鲜感的与缺乏个性的，这些负面的品牌联想往往困扰着大多数老品牌。因而，使品牌“时髦”起来是大多数老品牌所面临的重大任务，必须通过新的产品导入、新的包装设计、新的广告活动等一系列组合营销策略来达到这一目的。改善与重建品牌联想的决策取决于对该品牌目标市场的确定，不同的细分市场需要建立不同的品牌联想，形成不同的品牌资产，可以从以下几方面进行：

（1）保留现有消费者与吸引流失消费者。要达到保留现有消费者与吸引流失消费者的目的，品牌管理者应检讨已失效的品牌联想，重建与原有消费者相关的新的正面品牌联想。一个有效的方法是奖励忠诚的消费者，鼓励他们的重复购买行为。例如，万科房产公司不但为已购买该公司房产的消费者提供优良的物业服务，而且在他们购买新的万科房产时可以享受更低的销售折扣。研究表明，在汽车行业里，将汽车卖给一个新客户的费用是卖给一个老客户的五倍，这一研究结果充分说明了保留忠诚消费者的重要性。

（2）进入被忽视的细分市场。为进入被忽视的细分市场，往往需要建立新的品牌联想。强生公司为此开创了很好的先例。该公司对其儿童洗发水建立了柔和与不伤发的品牌联想，并将这一品牌联想与成人消费者进行了沟通，成功地进入了成人消费市场。打破原有的品牌联想，进入新的细分市场往往是不容易的。耐克公司一直努力进入女性消费市场，然而受该品牌原有品牌形象的影响，至今未取得实质性进展。

（3）吸引全新的消费者。当老品牌背负太多的负面联想时，品牌管理者往往选择放弃品牌原有的消费群体，建立新的品牌联想去吸引全新的消费者。例如，吉列（Gillette）公司通过品牌审计，认为其旗下的品牌帝郫德（Dippity-Do）在原来消费者中的负面联想太深，于是决定放弃原有目标消费者，通过树立起有趣、时尚的新的品牌联想来吸引年轻一代的消费者。

【本章小结】

（1）品牌也像动植物一样，也会经历一个出生、成长、成熟和衰退的过程，品牌在经历品牌导入期、知晓期、知名期、维护与完善期后，不可避免进入品牌衰老期。品牌管理者应在其品牌生命周期的不同阶段采用不同的市场营销战略，开发新的市场，制定新的竞争对策，维持品牌的生命活力。

（2）品牌的老化是每个品牌都要面临的，是品牌管理中不容忽视的问题。源于消费者“喜新厌旧”的生物特性和复杂多变的需求，难以保证消费者对某品牌始终如一的忠诚，品牌老化在消费者心中不可避免。企业在品牌管理过程中缺乏对品牌建设的长远规划和不断创新，无法维持品牌的活力和生命力，是导致品牌老化的另一原因。

（3）品牌管理者通过开展一系列的市场活动、品牌战略、产品开发战略等来加强品牌效应，避免品牌效应随着时间的推移而弱化。而消费时尚的变化、新的竞争对手、新的革命性技术等对市场环境的影响过于激烈时，品牌资产所依赖的根基将会动摇，品牌强化策略将失去作用。这时往往需要实施品牌激活策略来重构新的品牌认知与品牌联想，赋予老品牌新的生命力。

【思考题】

1. 试比较品牌生命周期与产品生命周期。
2. 在品牌生命周期各阶段的品牌营销策略有何不同?
3. 更新品牌形象后如何保持消费者对品牌的忠诚度?
4. 在增加新的品牌联想中如何避免对品牌原有核心价值的损害，从而导致品牌资产的流失?
5. 对品牌强化与品牌激活两种策略进行比较。

【案例分析讨论】

从柯达换标谈品牌的老化和再造㊀

作为世界影像业界最著名的品牌，柯达的品牌形象早已随着那一盒盒包装显眼的黄色柯达胶卷、一张张记载着无数人欢笑的相片以及遍地开花的柯达冲印店深入人心。其黄红相间的品牌标志也成为全世界人民最熟悉和最喜爱的品牌标志之一。可以说，柯达 K 字盒子型的品牌标志是柯达公司最有价值的资产之一。但是在 CES㊁ 2006 的展会上，柯达公司的首席执行官彭安东却突然宣布，柯达公司将启用新版的品牌标志。柯达公司用了 36 年的黄色方框和“K”图形，将彻底从人们视线中消失，转而被简单的“Kodak”标志所代替。对于此次更换标志，柯达公司是这样表示的：“新标志体现了柯达向多元化品牌形象转变的最新发展，也表示柯达已经成为跨多种行业的数码影像领导者。”

柯达为什么要换掉这个用了 36 年的著名标志？这背后代表着柯达什么样的举动？其实这一切从柯达最近几年所作出的艰难战略转型就不难得出结论。

一个世纪前，伊士曼·柯达公司创始人乔治·伊士曼创造了一个口号——“你只要按下按钮，其余的都交给我们!”这句口号成为 100 多年来贯穿柯达公司发展历程的核心精神。在胶卷时代，柯达设计了冲洗和打印负片的体系，令拍照变得十分简单。在此基础上，

㊀ 梅江，中国营销传播网·文库，http：//www. emkt. com. cn/article/250/25097. html。

㊁ CES 全称为 International Consumer Electronics Show，即国际消费电子产品展。

柯达通过低价位相机销售，再从相片冲印所需的药水和相纸中获取巨大利润，从而将柯达缔造成了一个处于绝对垄断地位的影像王国。

可能是“独孤”太久了，当数字影像蹑着脚步轻轻走来的时候，柯达并没有意识到这一切对它将意味着什么。结果当数字影像时代真正到来的时候，柯达已明显地落后于富士、佳能等竞争对手。

其实，柯达并不是没有数字影像方面的技术和能力，相反柯达早在1976年就开发出了数字相机技术，并将数字影像技术用于航天领域；柯达在1991年就有了130万像素的数字相机。但是倚重传统影像业务的柯达高层并没有给当时还没有民用价值的数字技术予以足够的重视。结果到2000年，柯达的数字产品只卖到30亿美元，仅占其总收入的22%；即便到了2002年，柯达的产品数字化率也只有25%左右，而竞争对手富士已达到60%。柯达这种在数字影像技术前面的迟疑不决的态度与100年前伊士曼果断抛弃玻璃干板转向胶片技术的速度，形成莫大反差。

结果可想而知，当拍照从胶卷时代大踏步地进入数字时代，昔日影像王国的辉煌随着胶卷的失宠，一夜间灰飞烟灭，柯达也不得不从影像王朝的宝座上退了下来。

当然，柯达公司最终还是意识到了问题的严重性。面对着传统影像市场的不断萎缩，数字影像市场的节节失利以及股票价格的不断走低，柯达终于在2003年9月26日宣布实施了一项重大的战略性转变：放弃传统的胶卷业务，重心向新兴的数字影像产品转移。该战略的具体步骤如下：

(1)“以变应变”，增加在非影像业务领域的投资。

(2) 不再向传统胶卷业务进行任何重大的长期投资。

(3) 公司重组，将原来的胶片影像部门、医学影像部门、商业影像部门重组为商业影像、商业冲印、医疗影像、数字及胶片影像系统、显像及零部件五大数字科技部门。

(4) 向消费者推出系列型号的数字相机和喷墨打印机，与富士、惠普、施乐、佳能和爱普生等在数字业务领域展开正面较量。

(5) 坚持其胶卷特许经营业务，积极开展私有品牌胶卷经营业务，例如，胶卷将可以以非柯达品牌的商标在国外出售。

(6) 通过跨行业联盟，使消费者足不出户就可以得到全面解决方案，即形成如下的产业链，包括：数字相机（柯达或非柯达品牌）——联邦快递派送——连锁冲印店输出；彩信（摄影）手机——网络传输——连锁冲印店输出——联邦快递派送——客户。

(7) 在中国市场，传统业务与数字业务两者兼顾，建设一个柯达全球生产中心，主要业务为组装核心型号的数字相机，同时开始零部件的本地化生产工作和数字冲印；柯达传统的民用影像业务部门继续扩大在中西部和二级城市的市场占有率，实现由“影像”到“影像+零售服务”的战略转型。

(8) 实现“双T”（全面解决方案和全面满意度）和“双E”（延伸和扩张）的战略规划，加强终端输出。

在转型后的一年中，柯达还展开了以下一系列活动：并购Algotec系统公司、SCITEX数字印刷公司，与VERIZON WIRELESS建立战略合作关系，完成对NEXPRESS和HEIDELBERG公司的并购，从美国国家半导体公司购买图像传感器业务，购买OREX公司，卖掉AUNTMINNIE. COM业务，购买CREO公司等。

至此，柯达公司全面由传统影像公司向数字影像公司转型，而在 CES 2006 展会上将沿用了 36 年的品牌标志进行更换，正是这一转型战略的延续和深入。

讨论题：

1. 品牌标志的更换在柯达公司全面由传统影像公司向数字影像公司的战略转型中起到什么作用?

2. 柯达新标志的启用对柯达的品牌联想和消费者的品牌认知有何影响?

第十二章　品牌保护

【本章要点】

（1）品牌保护的定义与意义。

（2）品牌的法律保护的内容。

（3）品牌的经营保护应坚持的基本原则。

（4）品牌自我保护的策略。

【导入案例】

“狗不理”的困窘㊀

“狗不理”是赫赫有名的“中华老字号”。然而真真假假的“狗不理”、鱼龙混杂的加盟商，加上国外的商标抢注，曾着实让“狗不理”头痛。2006年左右，全国经许可使用“狗不理”的仅40余家，但挂着“狗不理”牌匾的数不胜数，仅东莞就几十家。“狗不理”曾是国内首批十大服务商标之一，年收取商标使用许可费达到最高600万元，与当时全年店面的营业额相等。

在利益的驱使下，这一品牌的滥用现象也尚未得到遏制。在天津本地著名的食品街，虽然狗不理集团授权许可使用服务商标的只有一家店，却有几家店悬挂“狗不理”牌匾，消费者难辨真假。还有一种变相侵权的情况，例如，一些店面取名为“狗不理老职工包子铺”、“狗不理下岗职工包子铺”等。

日本大荣株式会社与狗不理集团从1983年至1994年，曾有过合作关系，1995年在未取得狗不理集团授权的情况下，就将“狗不理”商标（43类餐馆）在日本注册。后来双方就此事多次接触，大荣株式会社表示愿将商标转让给狗不理集团，狗不理集团认为，“转让”意味承认大荣株式会社是“狗不理”商标的原始权利人，这与事实不符，要求大荣株式会社“注销”。2005年7月31日，商标注册期满，大荣株式会社将“狗不理”商标自行注销。8月，大荣公司表示不会对“狗不理”商标进行新的注册申请。之后狗不理集团作为正当权利人，这才启动在日本注册“狗不理”服务和商品商标程序。然而，日本还有其他公司抢注“狗不理”商品类商标，用于包子、速冻肉、禽、调料等。在澳大利亚、美国，“狗不理”商标都有被抢注的现象。

俗话说：“小洞不补，大洞吃苦”！“老字号”的这种遭遇，应该给正在或已经创立自主品牌的企业以警示。商标是品牌的一个符号，如果商标保护不力，不仅会损害企业的合法权益，更可能对辛辛苦苦创立的品牌带来毁灭性的影响。所以，企业不仅要有强烈的品牌保护

㊀ 根据《老字号的苦恼：令人头痛的天津“狗不理”泛滥》一文整理，来自人民网·天津视窗·新闻中心，http://www.022net.com/2006/7-31/433525412862530-2.html。

意识，而且要及早确立品牌战略，形成规范的品牌保护和使用的制度。缺乏品牌保护意识，不仅仅是“老字号”过去犯过的错误，也是现在很多企业成长发展中的“软肋”。

第一节 品牌保护的背景及意义

品牌具有极大的经济价值，是企业一项十分重要的无形资产。自从品牌的概念一出现，品牌保护就应运而生了，因为它是品牌管理的一项重要职能，既关系到企业品牌的延续，也关系到企业的生存与发展。所以，学习和了解品牌保护的科学内涵，显得很有必要。

一、品牌保护的含义

品牌不是常青树，它有脆弱性的一面，而市场竞争却是无情的。一些默默无闻的品牌会在一夜之间突然走俏，一些知名品牌也可能悄然不知去向。品牌，特别是知名品牌，有着很高的价值，是一笔巨大的财富、一项重要的无形资产。任何一家企业都不愿让自己苦心经营的品牌被市场无情地淘汰，经营者们在不断探索着维护品牌形象、品牌市场地位的各种方法和途径，实施品牌保护。

所谓品牌保护，就是指对品牌的所有人、合法使用人的品牌实行资格保护措施，以防范来自各方面的侵害和侵权行为，促使品牌的保值和增值。它包括品牌的法律保护、品牌的经营保护和品牌的自我保护三个组成部分。

二、品牌保护的背景

（一）“黑色经济”下假冒伪劣产品的猖獗

之所以要实施品牌保护，是因为侵扰品牌的现象存在，严重时会威胁到品牌的生存。品牌存在于市场中，而市场是复杂的，泥沙俱下，鱼龙混杂，包罗万象，变幻莫测。在各种现象中，对品牌威胁最大的是假冒现象。

假冒现象被经济学家比喻为“黑色经济”。这黑色夜幕般的“经济”不是仅仅笼罩着某个国家或地区，而是全世界，对品牌构成了极大威胁。假冒产品已在世界许多地方形成了生产、运输、走私、批发、销售的严密网络。

在我国，在经济蓬勃发展的同时，也伴随着假冒产品的产生。从假烟、假酒，到假种子、假农药、假化肥，到假汽车、假摩托车……从生活用品到生产资料，从低档产品到高档产品，从普通产品到高科技产品，从实物到货币，假冒产品无孔不入，无所不在。假冒产品成本低，利润高，因而造假者往往会暴富，牟取不义之财，坑害广大消费者。这些假冒产品侵害了原品牌，严重影响了企业的经济效益，也影响了我国产品在国际上的声誉。一些名牌产品也因此被挤出市场，企业倒闭。

假冒现象对品牌造成的冲击和危害可想而知。如果不采取有效的保护措施打假扶优，任假冒产品肆意泛滥，后果不堪设想。因此，品牌保护不但非常重要，而且十分迫切。品牌也是在和危害因素的斗争中不断强化自身素质、提高竞争力的。

（二）外资并购背景下企业品牌的丧失

在资本全球化的现实背景下，中国吸引了大量的外资，其中外资并购中国企业的方式越来越活跃。在外资规模扩大的同时，许多为人们所熟悉的国内名牌在被外资并购之后却逐渐从市场上消失了，有的名牌即使还在市场上抛头露面，也是今非昔比。外商却利用合资的机会，采取“一箭双雕”的市场发展战略，既遏制对自己品牌构成威胁的中国本土品牌，又最终达到垄断中国市场的目的。[⊖]

1. 中国品牌被无偿买断，或者价值被严重低估

我国许多企业由于缺乏知识产权意识，根本没有认识到品牌对企业发展的重要作用。有的企业合资过程中，将自己的品牌拱手让给外商无偿使用，导致企业巨大利益的流失；有的企业急于引进外资，结果在品牌作价问题上节节让步，使自己品牌的评估价值大大低于应有的价值。

2. 外资取得控股权和决策权，从而控制中方品牌

有的外企是在并购之初就取得控股权，有的则是利用中方企业资金不足的弱点，在日后的经营过程中逐步加大自己的资金投入，增加自己的股份，以降低中方所持股份，通过扩股，达到挤股、逼股的目的，最终取得对合资企业的控股权。外商一般会利用自己的控股决策权，作出对中方品牌不利的决策，如有意把中方品牌安排在低档产品上使用，减少对中方品牌的投资和技术革新、压缩中方品牌产品的产量，或干脆将中方品牌打入冷宫，弃之不用，同时大力培育外方品牌。中方知名品牌合资后若几年不用就渐渐失去生命力并最终陨落。于是，中方企业就沦为外企品牌的加工厂。

3. 外资控制营销渠道

合资后，外资往往充分利用中方几十年积累下来的销售渠道、人力资源和强大的销售队伍等各种营销渠道来推出自己的品牌产品，并为其品牌大搞促销活动，却将中方品牌搁置一边。而没有营销的支持，消费者会逐渐将其淡忘，中方品牌就这样失去了市场，失去了生命力。

4. 对中外品牌的差异化操作

外资在鲸吞营销渠道的同时，把中方品牌定位于低端，把自己的品牌定位于中高端，并用专柜分割进行推广。由于推广力度、费用存在着明显差异，中方品牌最后在市场慢慢消失了。

联合利华与上海牙膏厂合资建厂，联合利华的品牌是“洁诺”，上海牙膏厂是“中华”和“美加净”。为给自有品牌“洁诺”让路，联合利华把美加净的价格从4.5元压到了3元一支，“美加净”在合资前，占了全国化妆品销售总量的10%，出口也列全国第一，但是在合资以后，原来处于中高档的“美加净”销售额大幅下跌，品牌价值有所折损，上海家化不得不以原价三倍的价格回收“美加净”品牌。

三、品牌保护的意义

（一）品牌是保护消费者权益的第一道屏障

品牌承载着从履行质量保证到推动技术创新多种功能，品牌的价值体现在其声誉上。品牌如果能够始终保持良好的声誉，不断满足或超过消费者的期望，那么拥有这个品牌的企业就有可能获得成功；反之，拥有这个品牌的企业就将尝到失败的恶果。消费者对品牌的选择

⊖ 牛瑞瑞，外资并购中的中国品牌保护问题研究［J］，北方经贸，2009（1）。

是相当严格而残酷的。“如果一个品牌的经营方式不符合民意，那么它很快就会在消费者的压力下受到惩罚。”

敢于采用直接问责制的品牌一般都在维护产品质量和保护消费者利益等方面具有雄厚的实力。如果一个品牌的形象受到了损害，降低了自己在消费者中的声誉，那么它可能要花上几年的时间才能恢复过来。

虽然法律法规也在保护消费者方面起到重要的作用，但任何事情都是有底线的，消费者的自我保护意识是一种很强大的力量，同时也是应该得到鼓励的。

品牌赋予消费者力量。品牌除了能为消费者提供多样化的产品选择之外，还赋予他们一定的权利。它能确保消费者可以从一系列零售店里买到自己所需的产品。尤其是名牌产品选择在马路上进行促销有助于小型便利店获得一线生机。这种商店的一大特点就是严重依赖名牌产品，并借此来吸引客户，因为消费者对名牌产品的认识度和信任度都比较高，如果不销售名牌产品，这些便利店和街角商店将很难参与到市场竞争中去。

名牌产品的主要特点就是能在任何一个地方买到。住在加的夫的消费者可以买到与他们在加利福尼亚时使用的相同的洗衣粉。可口可乐公司在1923年时的目标是满足人们“近在咫尺的欲望”。而现在，它想让世界上每一个角落的人都能以最便捷的方式买到可口可乐，因此它没有把自己局限在特定的连锁店铺里。品牌能为消费者提供一个比较竞争对手和零售店的重要尺度。如果一个店铺只销售自有品牌或非品牌产品，那么消费者又怎么能通过比较来作出正确的决定呢？品牌促成了不同零售店之间的比较——这也是良性竞争的基础。在购买一辆新汽车之前，很少有人会花大量的时间去研究和比较这台车的每一个技术指标，他们只能依靠这台车的口碑来快速地作出判断。其他产品也是一样，如手机、谷物早餐、笔记本电脑和巧克力等。人们根据产品的声誉——也就是它的品牌——来作出购买决定。

（二）品牌已成为企业资源配置和战略发展的驱动力

一个成功品牌代表着企业的市场竞争力，代表着企业无穷的财富，企业塑造强势品牌的过程需要投入大量的人力、物力、财力。不少企业从创始之初就精心打造品牌，品牌成为名牌之日，就有了假冒、侵权等企业未设防的法律纠纷的困扰。有人笑称：“被假冒是一种商品成功的标志，没人来假冒，证明你的产品有问题”。但假冒带给企业的更多的无尽的烦恼，如淡化企业商标、诋毁企业声誉、冲击企业的销售等，最终给企业的品牌资产带来伤害。

近年来，随着金融资本市场的健全，各种经济主体、法人、自然人的互相持股以及信息工具的发展和多种合作形式的出现，企业间界限日趋模糊，市场作为需、求和买、卖的中介，市场竞争中真正的利益主体已难于区分。市场竞争的主体由最初的企业开始发生变化，各种品牌成为可以明确辨别的市场主体。品牌成为企业在市场中最稳定的营运要素和经营核心，企业间的竞争逐渐演变成为品牌间的竞争：以品牌为核心已成为企业重组和资源重新分配的重要机制：市场营销战略的重心已开始转向品牌策划和推广；企业资源的评估与重组，引出了品牌资产的新概念。产品的国际竞争力除了一国的自然资源禀赋、人力资源开发、经济体制、宏观经济运行等外部因素外，最主要的是取决于企业自身的经营管理，最终归结于企业的品牌战略。如何管理战略性资源——品牌，制定适时的品牌塑造与发展策略已成为企业总体发展战略的一个重要组成部分。

因此，企业品牌的法律保护对企业意义重大。企业忽略品牌的法律保护甚至会给企业的多元化战略、营销战略略带来一些意想不到的法律障碍。每一个注重企业品牌管理的企业都应该从法律保护的角度对品牌施以相应的保护策略。

（三）民族品牌是国家经济安全的战略资源

除了满足消费者的特定需求以外，品牌还应该为社会作出更广泛的贡献。“品牌既是消费品质量的指示器，也是创新技术的源泉。”一方面，品牌制造商是企业世界里的原始艺术家。它们总是在开发和尝试着新鲜事物，虽然有时候会失败，但他们最终推出的新产品和新服务总是能成为消费者的最佳选择。另一方面，消费品或自有品牌产品的制造商更像是封面艺术家，他们喜欢照搬别人的做法，虽然有时这样也能收到良好的效果，但决不会推动技术的创新和新市场的开拓。

在这个全球化日益加剧的时代里，一个国家既可以依靠原材料价格参与市场竞争，也可以通过技术创新来走高附加值的发展路线。如果一个国家已经决定要把主要精力放在高质量、高附加值的市场竞争上，那么品牌将起到至关重要的作用。它们能够推动创新，为人们提供获得高质量和高附加值解决方案的机会。

第二节　品牌的法律保护

品牌的法律保护是品牌保护的经典含义，顾名思义，就是指品牌所有者运用法律武器对自己品牌合法权益的正当维护。为了准确理解品牌法律保护的内涵，本节有必要对企业在品牌法律保护中面对的问题及其对策进行较全面的分析与介绍。

一、品牌法律保护的内涵

企业品牌的法律保护是指企业在具体经营活动中运用法律手段保护品牌市场地位的活动。因为法律保护具有权威性、强制性和外部性，品牌法律保护是品牌保护最强有力的手段。

广义上的品牌法律保护包括对商品特质形成的精神成果及该种特质商品外部标志所共同代表的权利利益的保护。而狭义上的品牌法律保护具体是指对品牌外部标志的保护，即对商业标记的保护，它包括对企业商标、商号、企业徽标、知名商品特有的名称、包装装潢、域名、地理标志、商业广告语等因素的法律保护。

品牌的法律保护着眼点在于使企业品牌的外部标志得到法律的确认和保护，巩固并提高品牌的竞争力与市场影响，延长其市场寿命，使品牌资产不断增值。对企业而言，即要求其善于通过法律手段，了解、掌握与品牌保护相关的法律、法规，运用法律保障自己的合法权利，为品牌的发展营造一个良好的宏观环境。

二、品牌法律保护面对的问题

（一）商标抢注

商标抢注是指行为人使用不正当的手段，将他人已经使用并具有一定影响的商标，抢在先使用人之前，在相同或类似的商品上向工商机关申请注册的行为。商标抢注人从主观动机而言是一种恶意抢注。从空间范围来区分，包括域内抢注与域外抢注，前者是指在本国范围内将他人未注册的商标或与商标相同、近似的文字、图形、标志抢先注册；后者是指利用知

识产权具有地域性保护的特征，在本国之外的地域对他人的注册商标进行注册。[⊖]

商标抢注行为的实质是利用法律对商标专用权的保护，抢先取得某品牌名称的商标专用权，从而获得要挟他人的筹码。一旦企业的商标遭抢注成功，企业面临的只有两个尴尬的选择：要么接受高价的专用权使用许可费，要么终止对品牌名称的使用，改弦更张。名称是品牌最基本的核心内容之一，也是企业品牌宣传获取品牌知名度的基础，品牌名称的法律表现形式之一即商标。商标抢注行为是企业在品牌建设过程中遭遇的最大障碍，如果企业不能取得自己品牌名称的商标专用权，也就失去了建设品牌的基础。尤其当企业的品牌名称已经产生了相当大的市场潜力，甚至已经建立了相当好的销售业绩，却因为他人的抢注导致不具备法律效力而不得不改变名称或花费巨资获得品牌名称的合法使用权，这对企业品牌建设的杀伤力是致命的。

（二）域名抢注

域名是一种用于互联网上识别和定位计算机的地址结构，表示一个单位、机构或个人在互联网上有一个确定的名称或位置，网络技术和电子商务的发展使众多企业将竞争领域扩大到了网络虚拟空间。设计及注册一个合适的域名，对企业开拓网络品牌及延伸原有品牌的影响力尤为关键。

企业品牌的区分主要是通过商标的识别功能来完成的，而域名则是在网上进行识别与区分的，域名是企业在互联网上的“商标”和品牌，每一特定域名下都有某一特定的网络资源供网上查询和使用，具有全球有效性、唯一性、排他性等特征。同一顶级域名下不可能存在完全相同的域名，这使域名成为一种稀缺性资源。由于域名注册遵循的是先申请、先注册的原则，而且依照现行法律，域名的管理机构对申请人提出的域名是否违反了第三方的权利不进行任何实质审查，这使域名存在被抢注的可能性。域名抢注是指将他人未注册的域名抢先注册。从实务中发生的案例来看，域名抢注主要集中在域名与知名品牌商标之间的冲突，基于知名品牌商标的知名度，抢注者往往是将与一些知名品牌商标相同或类似的文字、符号作为域名抢先注册。域名注册与商标注册分属不同的登记管理机构，登记程序中也无实质审查过程，因此类似的域名注册是可能成功的。从企业品牌资产管理的角度来看，一般会将域名与企业的商标或商号统一，将商标（商号）或商标（商号）的拼音、英文译名等直接注册为域名，这对企业网络品牌推广无疑是事半功倍的，既能充分利用本企业的已有商誉，又能防止他人“搭便车”，企业还可借助于商标的影响力来扩大网络品牌的推广。因此一旦域名抢注成功，将会给企业网络品牌建设带来阻碍与不可估量的损失。

（三）其他不正当竞争行为

品牌的法律保护还必须面对商标、域名抢注以外的其他不正当竞争行为，主要有以下几方面：

（1）在同一种或者类似商品上，将与他人注册商标相同或者近似的标志作为商品名称或者商品装潢使用，误导公众的。

（2）将与他人注册商标相同或者相近似的文字作为企业的字号在相同或者类似商品上

⊖ 刘燕，企业品牌的法律保护［J］，广西轻工业，2009（8）。

突出使用，容易使相关公众产生误认的。

（3）复制、模仿、翻译他人注册的驰名商标或其主要部分在不相同或者不相类似商品上作为商标使用，误导公众，致使该驰名商标注册人的利益可能受到损害的。

（4）擅自使用知名商品特有的名称、包装、装潢、商标或者使用与知名商品近似的名称、包装、装潢，造成和他人的知名商品相混淆，使购买者误认为是该知名商品的。

以上列举的不正当竞争行为从侵权形态来看，都是围绕知名品牌的商标、名称、包装、装潢而产生的不正当竞争行为。品牌是一个市场概念，是包括商标、名称、包装、价格、声誉、符号、广告风格、渠道模式等因素的无形总和。它不仅仅是一个易于区分的名称和符号，更是一个综合的象征，需要赋予其形象、个性、生命，以使其在消费者心目中形成一种价值、一种理念。以上这些侵权行为对品牌资产最大的伤害就是可能淡化知名品牌所具有的识别性和显著性，甚至损害、玷污其商誉、有形价值与无形价值。例如：武汉某无名小厂将"麦当劳牛肉薄片"作为产品名称，将麦当劳的"M"图形商标作为包装、装潢突出使用在产品外包装上，自己的商标却藏在不起眼的角落里。这种搭知名品牌便车的行为很可能会给知名品牌带来潜在的伤害。

三、品牌法律保护的对策

（一）企业要树立事前防御、主动保护的法律意识

在品牌保护的过程中，企业首先要树立起事前防御、主动保护的意识。品牌法律保护分为事前保护、事中保护和事后保护。事前保护的意义在于"防患于未然"。建立了必要的事前保护手段有利于企业在品牌保护中处于主动地位，防止陷于复杂的诉讼或维权纠纷中，因此事前保护的意义大于事中保护和事后保护。一些企业家对法律存在的意义还存在误区，总认为只有自己的企业深陷官司纠纷中了，才需要和法律发生联系，却忽略了其实法律手段对企业最大的功效在于"防患于未然"。企业如果一开始就能从思想意识上认识到法律保护的前瞻性意义，对企业建立起完整的品牌法律保护系统是有利的。

（二）及时注册商标及域名

商标保护是品牌法律保护的核心，商标专有权的确立是品牌得以保护的根本保证。企业应做到以下几方面：

（1）在品牌初创阶段及时注册商标及域名，获得商标、域名的专用权。

（2）重视企业商标的域外注册。商标专用权作为知识产权具有地域性，其效力仅及于本国地域范围内。在全球化背景下，企业如果要推动全球化品牌战略，一定要及时地在产品出口前将商标在域外注册，获得在域外相关国家的商标专用权，避免因域外专用权的缺失而遭遇他人恶意抢注，狙击企业的海外品牌战略。

（3）利用商标注册的优先权原则把握注册先机。《保护工业产权巴黎公约》第四条规定，公约成员国的任何人或其权利继承人，已经在本联盟某一成员国正式提出商标的注册申请的，可以在六个月的期间内，在其他国家享有优先申请权。我国也是《保护工业产权巴黎公约》的成员国之一，在域外注册时，企业应该充分了解有关国际或地区性条约、协定或法规，利用商标优先权为自己获取最大利益。

（4）扩大商标注册范围。企业注册商标在成名之后，在同一种或类似商品上会出现一些近似商标。从事前防御的原则来看，企业可以通过注册联合商标的方式避免类似情况的出

现。联合商标一般是指同一商标所有人在同一种或类似商品上注册的若干近似商标。这些商标中首先注册的或者主要使用的为主商标，其余的则为联合商标。注册联合商标的目的不是为了使用注册的每一个商标，而是在主商标周围建起一道防火墙，起到积极的主动防卫作用，阻止他人注册和使用近似商标，使动机不纯者无机可乘。从品牌延伸的角度来说，联合商标也具有储备作用，一旦企业需要子品牌或副品牌，可以主动、方便地调整商标策略，推出备用商标。

（三）积极进行驰名商标认定

驰名商标是指在中国为相关公众广为知晓并享有较高声誉的商标。我国对驰名商标制定了有别于一般商标的特殊保护规定，即对驰名商标扩大了保护范围（见品牌视野：驰名商标及其法律保护）。

【品牌视野】

驰名商标及其法律保护

驰名商标是中国国家工商行政管理总局商标局，根据企业的申请，由官方认定的一种商标类型，在中国国内为公众广为知晓并享有较高声誉。对驰名商标的保护不仅仅局限于相同或者类似的商品或服务，就不相同或者不相类似的商品申请注册或者使用时，都将不予注册并禁止使用，因此驰名商标被赋予了比较广泛的排他性权利。而且“驰名商标”持有企业的公司名称以及网址域名都会受到不同于普通商标的格外法律保护。截至 2011 年 7 月 19 日，获得中国“驰名商标”认定的商标共有 2930 个，其中国外品牌占 105 个。

美国制定法没有明确的驰名商标的概念，无论是在《美国商标法》还是在反不正当竞争方面的法律中，都没有给出驰名商标的定义，其对驰名商标的界定，主要是通过具体的判例来体现。美国对驰名商标概念的大致理解，即在相关公众中具有较高声誉的商标，该商标不以在美国实际使用为条件。

《日本商标法》第四条第一款第 10、11、15、19 项及第三十二条第一款等对驰名商标驰名的范围规定为“在需要者之间广泛知晓”，明确了驰名商标知晓范围是“相关公众”。在 1999 年日本特许厅公布的《关于周知商标、著名商标的保护的审查标准》中，内容同时涉及了保护驰名商标不以注册为前提，以及该驰名商标的认定不以本国驰名为必需条件。

德国、法国、希腊通过本国的商标法或反不正当竞争法对驰名商标进行保护，对驰名商标的概念也都没有作出界定。但是，通过这几个国家对驰名商标的保护来看，这些国家法律对驰名商标界定为在相关公众范围享有较高知名度的商标。

我国对驰名商标保护的立法较晚，《驰名商标认定和管理暂行规定》对驰名商标的扩展保护主要体现在以下三个方面：

（1）禁止不当注册。将与他人驰名商标相同或近似的商标在非类似商品上申请注册，且可能损害驰名商标注册人的权益的，商标局可以驳回其注册申请。已经注册的，驰名商标注册人可以请求商标评审委员会予以撤销。

（2）禁止不当使用。将与他人驰名商标相同或者近似的商标使用在非类似的商品上，且会暗示该商品与驰名商标注册人存在某种联系，从而可能使驰名商标注册人的权益受到损害的，驰名商标注册人可请求工商行政管理机关予以制止。

(3) 禁止作为商号使用。自驰名商标认定之日起，他人将与该驰名商标相同或近似的文字作为企业名称的一部分使用，且可能引起公众误认的，工商行政管理机关不予登记；已经登记的，驰名商标注册人可以请求予以撤销。我国修正后的《商标法》第十三条中将驰名商标的保护扩展至非类似商品或服务上，正式以立法形式确立了对驰名商标的扩张保护。

《商标法》第十三条规定，就相同或者类似商品申请注册的商标是复制、模仿或者翻译他人未在中国注册的驰名商标，容易导致混淆的，不予注册并禁止使用；就不相同或者不相类似商品申请注册的商标是复制、模仿或者翻译他人已经在中国注册的驰名商标，误导公众，致使该驰名商标注册人的利益可能受到损害的，不予注册并禁止使用。这表明我国对驰名商标的保护扩大到了未注册商标和非同类商品上：对未注册的驰名商标，保护范围限于禁止在同类商品上注册和使用；对已注册的驰名商标，保护范围则延伸到了在非同类商品上禁止注册与使用；驰名商标所有人甚至有权禁止他人将驰名商标作为企业名称的一部分使用。

世界各国法律和相关的国际条约对驰名商标采取了特殊保护的方式。我国目前对驰名商标有行政认定与司法认定两种方式，分属国家工商行政管理总局和人民法院。对众多针对知名品牌的不正当竞争行为，企业一定要积极主动地申请对本企业品牌商标的驰名商标认定，以使企业品牌获得更大范围的保护。这对维护企业品牌的显著性和生命力是非常有利的。

第三节　品牌的经营保护

品牌的经营保护是指企业经营者在具体的营销活动中所采取的一系列维护品牌形象、保持品牌市场地位的活动。品牌形象的塑造和市场地位的确立是在一系列经营活动中完成的，因而品牌经营者要在经营过程中树立品牌保护意识，采取有效措施对品牌实施保护。不同的品牌，由于其所面临的内部和外部环境的差异，自然其经营者所采取的保护活动也各不相同，保护措施要根据企业实际而定。一旦企业的环境变化了，保护措施也要随之变化。不能保护不足，也不能保护过度，要有效而适度。

一、品牌的经营保护的基本原则

（一）消费者导向是品牌的经营保护的核心

消费者是企业品牌经营者的上帝，以市场为中心，也就是以组合消费者需求为中心。品牌的经营保护是与消费者的兴趣、偏好密切相关的，消费者的“口味”是不断变化的，这就要求品牌内容也要随之作出相应的调整，否则，品牌就会被市场无情地淘汰。

以市场为中心，完全满足消费者需求，就是要求品牌经营者建立完善的市场监察系统，随时了解市场上消费者的需求变化状况，及时调整自己的品牌，以使品牌在市场竞争当中获胜，这样企业才能顺利完成品牌保护的工作，随时掌握消费者对质量要求的变化趋势。

市场是无情的，不管中国品牌还是世界品牌，只要违反了市场变化的规律，就必然会导致企业经营的失败。李维斯是大家十分熟悉的牛仔服装品牌，在 20 世纪 80 年代中时期，随着美国摒弃正装、崇尚休闲流行、美国西部影片的全球热映，李维斯公司在一年内的时间内股票狂升 100 多倍，市值由每股 2.53 美元上涨到每股 262 美元，创造了举世闻名的“李维斯神话”。然而，市场上没有永远英雄的品牌，由于李维斯品牌没有抓住其主要消费者即 14 ~ 19 岁年轻人的心理，依然故步自封，导致它的风光不再。20 世纪 90 年代开始走向没落，到

1997年李维斯公司被迫关闭了设在欧美地区的29家工厂，裁员1.6万人，1998年李维斯公司的销售额又下降了13%。李维斯遭受这样的重创多半是因为它忽视了年轻顾客的心理变化，忽视了流行时尚，忽视了消费者偏好的变化。

（二）创新是品牌的经营保护的原动力

创新是企业品牌的灵魂，是企业活力之源，只有不断创新，才能使企业品牌具有无穷的生命力和永不枯竭的内在动力，发展和壮大企业品牌，它是企业经营保护当中最为有效的策略。创新是一个系统工程，包括多方面内容，主要有观念创新、技术创新、质量创新、管理创新、服务创新、市场创新、组织创新、制度创新等。

二、以高品质为核心的生产经营方面的保护

（一）苦练内功，维持高质量的品牌形象

质量是品牌的灵魂，高质量的品牌往往拥有较高的市场份额。反之，一个品牌的知名度很高，但它的产品质量出了问题，这样会大大降低品牌形象，使品牌受损。对品牌经营者而言，维持高质量的品牌形象，可以通过以下几方面进行：

1. 评估产品目前的质量

目前生产的品牌产品中，是否严格按照本企业的生产质量管理体系进行？与ISO 9000系列国际质量认证体系是否还有差距？在品牌组合中，目前被消费者认为质量差的是哪些品牌？是整个品牌还是某个方面？企业的销售人员是否完全具备与产品品牌有关的业务知识？品牌经营者应该从内部挖潜，即全力贯彻实施内部质量管理体系，从根本上了解消费者对品牌产品的意见和建议。

2. 产品设计要考虑顾客的实际需要

海尔集团针对不同地区、不同国家推出了小小神童洗衣机和在部分地区才用得着的可以洗红薯的洗衣机，正是由于海尔从顾客的实际需求出发，才使它每推出一种新产品都颇受消费者的欢迎。无独有偶，东京麦肯锡顾问公司决定改进电动咖啡壶，以适应人性化需要。在设计时，负责设计的技术人员提出一大堆问题，诸如壶应该大一点儿好还是小一点儿好。后来，经过讨论，大家一致认为咖啡爱好者普遍对味道香醇的咖啡感兴趣，于是该公司负责人大先研一先生问设计人员，哪些因素影响咖啡的味道？设计小组研究的结果表明，有很多因素会影响咖啡的味道，如咖啡豆的品质和新鲜度、研磨方式、加水方式和水质等，其中水质是决定性的因素。所以该品牌产品设计了一个去除水中氮化物的装置。另外新产品还附有一个研磨装置，消费者要做的，只是加水和放咖啡豆。实践证明，改进后的电动咖啡壶受到广大顾客的欢迎。

3. 从品牌广告、营销、公关、策划等多种角度，建立独特的高质量形象

知名品牌主要由“品位高雅”、“质量可靠”、“设计入时”等内在因素起主要作用，但品牌也要善于包装自己，也就是通过各种有效的手段把自己宣传出去。国美电器在这方面是相当成功的，它所经营产品的价格并非最低，质量也并非最好，但它通过媒介向消费者宣传自己，用彩色电视机等几个家电品牌价格的低廉换取了消费者认为“国美的东西都便宜”的印象，从而扩大企业的知名度，使国美成为销售终端大户的杰出代表。

（二）严格管理，锻造强势品牌

企业品牌的经营保护最强势要素就是企业对企业品牌进行全方位的严格管理，以保持和

提升品牌竞争力，使品牌更具活力和生命力，锻造出市场上的强势品牌。

1. 坚持全面质量管理和全员质量管理

“以质取胜，价格公道”是巧手产品品牌的广告语，相信大家都已经很熟悉了。为什么呢？因为“以质取胜”是永不过时的真理，要牢固树立“质量是企业的生命”的观念，并把它贯彻到企业的一切活动和全部过程之中。企业要制定切实可行的质量发展目标，积极采用国际标准和国外先进标准，形成一批高质量、高档次的名优产品，提高产品品牌的市场占有率。要深入开展全面质量管理、质量改进或降废减损活动，认真贯彻质量管理和质量保证系列国家标准，积极推进质量认证工作，并借鉴国外企业科学的质量管理新法，推行“零缺陷”和可靠性管理，提高企业的质量管理水平。

反之，忽视质量控制，降低品牌产品质量，对于企业品牌来讲就是一种自杀行为。有的企业一看到产品供不应求，就降低质量管理，结果很快就被淘汰出局。

2. 坚持成本控制和成本管理

最低成本优势是企业品牌保护的一大法宝。优势品牌必须实施成本最低领先战略，采用先进技术，提高劳动生产率。我国的格兰仕企业品牌就是推行成本控制的最好例子。格兰仕通过规模扩张和成本控制成为微波炉行业的领导者，在我国占有60%以上的市场份额，在欧洲的市场份额也在60%左右。在坚持成本控制的基础上，要加强企业的资金管理、费用管理、财务管理、劳动管理、设备管理、原材料管理和其他管理，把成本降到最低水平。

三、品牌营销策略方面的保护

（一）实施差异化定位策略，抢占消费者的心智资源

一种品牌在市场上的定位不论其最初是如何适宜，但到后来往往由于消费趋势的变化、消费者的兴趣变化、偏好转移以及市场占有率的变化不得不对它进行重新定位或者实行差异化策略。

国内饮料市场被可口可乐、百事可乐占领了大半市场空间，达能集团在国内连续收购更是惊心动魄，众多民族品牌遭受严重打击。在这种情况下，椰树集团统借其独一无二的椰子汁在国内饮料市场发展起来，在其进入市场之前该类产品在市场上是一块空白，这使之具备完全差异化优势，终于跻身全国十大饮料企业之列。如果说椰树是依靠产品本身差异化取得成功的，那农夫山泉即是在产品本身差异不大的情况下，利用概念差异化取胜的案例。首先，农夫山泉在瓶装水市场上毫无竞争优势，上有娃哈哈和乐百氏两大品牌的压制，下有各地区域品牌的蚕食，在这样恶劣的环境下，农夫山泉利用人们一直以来对纯净水是否有益于身体健康的疑虑，提出了“天然健康”的概念，通过一系列外在表现手段，打造出“天然水”的概念，广泛宣传“千岛湖水下80米的天然水”。正是由于实施了差异化策略，进行了品牌再定位，农夫山泉在短时间内崛起，并成为国内瓶装水市场的三强之一。

（二）在经济“全球化”的并购热潮中保持品牌的独立性

当前，在引进外资的过程中，有些企业由于只注重眼前利益，市场经济观念淡薄和市场经验缺乏，没有保持品牌独立性，导致中国品牌频频告急；有些由中国企业培育多年、享有较高知名度的品牌从市场上消失，导致经营保护的失败。吸引外资和技术对企业有利，这毋庸置疑，但我们的企业应提高警惕，切不可盲目引资，把自己的品牌资产轻易丢失。分析发达国家对发展中国家的经济战略，可以发现它们一般采用输出产品、输出资本、输出品牌三种手段，而它们认为其中最有利的方式就是输出品牌。

所谓品牌的独立性是指品牌占有权的排他性、使用权的自主性以及转让权的合理性等方面内容。保持品牌独立性的原因是由于品牌是企业的无形资产。在市场上享有较高知名度和美誉度的品牌能给企业带来巨大的经济效益，而只有保持品牌独立性，才能保持品牌形象，使品牌不断得以发展壮大。企业要保持品牌的独立性，实施有效的品牌保护策略，其根本的办法和出路归纳起来有两条：

1. “强身壮骨”

所谓“强身壮骨”，就是指千方百计发展自己，强壮自己。首先要扩大规模，走规模经济之路。其次要从产品质量、规模品种、生产成本、价格和销售渠道上下工夫，开拓市场、占领市场，提高品牌的知名度和美誉度。

2. “联合抗衡”

所谓“联合抗衡”，就是指国内企业联合起来，以知名企业为中心，以名牌产品为依托，携手跨地区、跨行业的大企业集团，共同捍卫国家民族品牌。

（三）恰当运用品牌营销策略，捍卫品牌阵地

21 世纪，品牌已成为企业最有力的竞争武器。品牌不仅涵盖了产品概念，而且人格化，是消费者心中认可的一种印象，品牌要寻求更大发展，往往是通过品牌延伸和品牌扩张来进行的。这是因为实施品牌延伸和品牌扩张具有节省宣传推广费用、吸引原有品牌忠诚者、使新产品迅速进入市场以及可以较大范围内调动企业人力、物力资源进行大规模建设等诸多优势。

1. 品牌延伸

品牌延伸是企业界常用的对品牌进行开发利用的策略。很多知名企业正是因为成功地运用了品牌延伸策略，才取得了市场竞争的优势地位。各企业品牌适时、适地地推出延伸策略，就可以把市场做大，打造出成功的品牌。

2. 品牌扩张

品牌扩张能帮助企业实现市场和利润的快速增长，它强调的是企业对已实现的基本品牌资源的开发和利用，使品牌生命周期不断得以延长，品牌价值得以增加，市场份额不断扩大。

经过几年的整合，在今天的冷饮市场上，地方性、小规模的产品已经大大减少，呈现出强强竞争的格局，国内品牌伊利以及国际品牌和路雪、雀巢等都在生产、价格和销售方面不断改革，寻求品牌实力壮大的途径。而这其中发挥重大作用的就是收购重组的扩张行为。

第四节　品牌的自我保护

品牌经营者一直致力于营造高知名度品牌，然而“枪打出头鸟”，品牌的知名度越高，假冒者就越多，技术失窃的可能性也就越大，品牌搏杀竞争、品牌之间相互斗争、两败俱伤的现象也就越普遍。企业品牌经营者们不能完全依靠政府提供保护，也不能静观消费者觉悟，而应该主动出击，做好防范工作，全力保护自身品牌。因此品牌经营者为使品牌健康成长，必须注意进行自我保护。

一、主动防伪，积极打假

（一）积极开发和应用专业防伪技术

有些品牌和包装的技术含量低，制假者轻易能伪冒，这是假冒伪劣产品屡禁不止的一个

重要原因，所以必须采用高技术的防伪技术有效保护企业品牌。采用现代高科技含量的防伪技术是有效保护品牌的重要手段，要求企业品牌经营者们能够有清晰的认识、保持高度的警惕，综合运用多种高科技尖端技术，使一般人难以仿制。例如，娃哈哈纯净水就采用电子印码、激光防伪、图案暗纹等多种防伪技术，事实上，世界上几乎所有的知名品牌都采用了各种防伪标志，对保护品牌本身起到了一定的积极作用。

然而，拥有防伪技术并不是万能的，针对所有的防伪技术，也有反防伪技术、造假技术。目前我国产品市场上，防伪技术的应用比较混乱，防伪技术专业企业良莠不齐，使这个本应具有严格保密的行业失之监控，许多防伪产品陷入了防伪——假冒——再防伪——再假冒的恶性循环，迫使一些企业频繁更换防伪标志，消费者难以鉴别，监督部门也难以监督。所以，必须不断加强对防伪技术应用情况的监督和管理，使之真正成为防止假冒、保护名优产品的有力武器。即使如此，企业还应积极打假，把防伪和打假结合起来。

（二）运用法律武器参与打击

假冒伪劣作为一种社会公害，是长期存在的，不可能一谈打假，假货者就会退出市场。打击假冒伪劣是一场持久的战斗，企业经营者们更要有长期作战的思想准备，成立打假办，有组织地进行打假。假冒伪劣历来都是一股毒瘤，渗透在市场的每一个角落，若没有一定的机构和专门人员去负责打假的话，其效果绝对是大打折扣的。鉴于此，我国许多知名企业都吸取了被假冒的经验教训，成立了专门的打假机构，配备专职打假人员，运用法律武器，如《中华人民共和国商标法》等积极参与打假，取得了显著成效。企业也可以向公安或质量监督系统提供假冒产品线索，为打假提供便利条件。有的企业以悬赏的形式鼓励消费者提供线索，参与打假。

（三）企业必须加强对知名品牌商标的管理

企业要制定专门的商标管理制度，把商标管理纳入全面质量管理之中。对商标的使用，标志的印刷、出入库，废次标志的销毁等，都要进行严格管理。为了加强企业内部的商标管理，企业应设立科学的、完善的商标档案，设立专门的商标管理机构，配备熟悉商标知识和商标法规的管理人员，使他们成为品牌的捍卫者。

品牌经营者应借助于新闻媒体、公关等形式向消费者宣传有关商品的专业知识，让消费者了解产品，掌握基本的商品知识，能区分真假优劣。与消费者结成联盟，协助有关部门打假，从而组成强大的社会监督和防护体系。

二、控制品牌机密

当今世界是信息的世界，信息和技术是当今经济竞争和全球发展的关键，商战就是信息战，谁掌握了信息，谁就掌握了商战中的主动权，谁就可以因时造势、发展名牌、创造名牌，谁就会在竞争中取胜。在和平年代，经济情报已成为商业间谍猎取的主要目标，因而品牌经营者要有保密观念，提高警惕，保护自己品牌的秘密，防止自己的专有技术失窃。

（一）要有保密意识

在当今社会，商业间谍手段高超，技术发达，防不胜防，企业稍有疏忽，就可能会给品牌造成无法挽回的损失。有时重要信息失窃是由于缺乏保密意识造成的。

（二）严防“家贼”

俗话说：“家贼难防”。有些名牌产品信息的泄漏就是由“家贼”所为。“家贼”有两种：一种是竞争对手派来的卧底，另一种是跳槽后的企业技术人员，他们向竞争对手泄密。

（三）谢绝技术参观和考察

技术参观和考察也是商业间谍们获得情报的途径之一。因此，国外许多名牌产品的生产过程是谢绝外人参观的，任何人都不例外。对于无法谢绝的参观，一般都有专人陪同，实则监视。一次，一批外国人参观法国一家著名的照相机生产企业，在观看一种新的显影溶液时，有位参观者的领带尖轻轻沾了一点溶液，精明的陪同人员发现后马上作了汇报。当参观快结束时，一位服务员走上前对他说："先生，您的领带弄脏了，请换条新的。"于是就让那位外国人换下了沾有技术信息的领带，保住了新型显影溶液的配方。

【本章小结】

（1）品牌保护，就是指对品牌的所有人、合法使用人的品牌实行资格保护措施，以防范来自各方面的侵害和侵权行为，促使品牌的保值和增值。它包括品牌的法律保护、品牌的经营保护和品牌的自我保护三个组成部分。

（2）企业品牌的法律保护是指企业在具体经营活动中运用法律手段保护品牌市场地位的活动，其着眼点在于使企业品牌的外部标志得到法律的确认和保护，是品牌保护最强有力的手段。广义上的品牌法律保护包括对商品特质形成的精神成果及该种特质商品外部标志所共同代表的权利利益的保护。而狭义上的品牌法律保护具体是指对品牌外部标志的保护，即对商业标记的保护，它包括对企业商标、商号、企业徽标、知名商品特有的名称包装装潢、域名、地理标志、商业广告语等因素的法律保护。

（3）品牌的经营保护是指企业经营者在具体的营销活动中所采取的一系列维护品牌形象、保持品牌市场地位的活动。不同的品牌，由于其所面临的内部和外部环境存在差异，保护措施也各不相同。不能保护不力，也不能过度保护，要有效而适度。

【思考题】

1. 试阐述品牌保护与消费者权益的关系。
2. 分析在外资并购背景下民族品牌保护的意义。
3. 试分析我国现行法律体制下品牌法律保护的困境。
4. 在企业经营管理中如何保护企业品牌？
5. 可以从哪些方面加强品牌的自我保护？

【案例分析讨论】

"娃哈哈"：扛起保护民族品牌的大旗㊀

2007年，娃哈哈的创办者及掌门人宗庆后，遭遇了一件忧心的事：法国达能公司欲强行以40亿元的低价并购杭州娃哈哈集团有限公司总资产达56亿元、2006年利润达10.4亿元的其他非合资公司51%的股权。"由于当时对商标、品牌的意义认识不清，使得娃哈哈的

㊀ 根据王新刚《"娃哈哈"：扛起保护民族品牌的大旗》一文整理，来自中国营销传播网·品牌经纬，http：//www.emkt.com.cn/article/310/31034.html。

发展陷入了达能精心设下的圈套”，宗庆后提及当年签署的一份合同追悔莫及，“由于本人的无知与失职，给娃哈哈的品牌发展带来了麻烦与障碍，现在再不亡羊补牢进行补救，将会有罪于企业和国家！”“一旦得逞，中方将丧失对娃哈哈的绝对控股权。”宗庆后对此显得忧心忡忡。

“我们陷入了它精心布置的圈套”，宗庆后说。1996年，娃哈哈与法国达能公司、香港百富勤公司共同出资建立了五家公司，共同生产以“娃哈哈”为商标的包括纯净水、八宝粥等在内的产品。当时，娃哈哈占到了49%的股份，达能与百富勤加起来占51%。亚洲金融风暴之后，香港百富勤在境外将股权卖给了达能，使达能上升到了51%的绝对控股地位。当时，达能立刻提出，将“娃哈哈”商标权转让给与其合资的公司，但遭到了国家商标局的拒绝，因此后来双方改签了一份商标使用合同。

让宗庆后没有想到的是，合同中一项看似不经意的条款，却让娃哈哈在日后陷入了被动。双方在合同上签署有这样一条“中方将来可以使用（娃哈哈）商标在其他产品的生产和销售上，而这些产品项目已提交给娃哈哈与其合营企业的董事会进行考虑……”“这一条款简单地说，就是娃哈哈要使用自己的商标生产和销售产品，需要经过达能同意或者与其合资。”宗庆后说。因此这十年来，娃哈哈相继又与达能合资建立了39家合资公司，占当时娃哈哈集团公司下属公司总数的39%。

然而，合资以后，双方的合作并不愉快。20世纪90年代中后期，伴随着企业实力的迅速增强、产品营销网络的日渐健全和产品形象的深入人心，娃哈哈亟须通过规模扩张和跨地区设厂来扩大产能。然而在投资建厂等诸多问题上，达能却与娃哈哈意见相左。例如，为了响应国家号召，同时也为了完成企业产品在中西部地区的产业布局，娃哈哈的决策层希望能够参与到西部大开发、对口支援革命老区、国家贫困区、三峡库区建设等项目中去。但达能因为顾虑这些地区的消费能力，不愿意进行投资。因为是合资方，达能不愿意投资，娃哈哈也不能自行投资，双方发生了尖锐的矛盾。

而就在此时，达能收购了当时娃哈哈最大的竞争对手乐百氏。这让宗庆后隐隐约约感觉到了不安。在意识到与达能的合作不仅不能产生积极的意义，甚至还限制了娃哈哈的发展之后，1999年，宗庆后和中方决策层领导商量决定，由职工集资持股成立的公司出面，建立一批与达能没有合资关系的公司。

这些公司大多建立在西部、对口支援的革命老区、国家贫困区以及三峡库区等当初达能不愿意投资的地区，并取得了良好的经济效益。到2006年，这些公司的总资产已达56亿元，当年利润达10.4亿元。或许是良好的业绩引起了达能的高度关注，几年后，达能突然以商标使用合同中娃哈哈集团“不应许可除娃哈哈达能合资公司外的任何其他方使用商标”为由，要求强行收购这几家由娃哈哈职工集资持股成立的公司建立的、与达能没有合资关系的公司。这让宗庆后恼火不已。

宗庆后说，这些年来，娃哈哈为了履行合约，即使不是与达能合资公司生产的产品也是通过双方合资的销售公司进行销售的，这已经为达能赚取了巨额利润，现在达能又要以低价并购其他公司，完全没有道理。此外，娃哈哈与达能公司都是合资公司的股东，一方股东限制另一方股东的发展亦有失公允。

“达能公司一直压低在娃哈哈的投资额，而且员工的工资、福利也不愿考虑。”宗庆后给记者算了一笔账：十年来，达能在娃哈哈仅投资了1.7亿美元，连买设备、建厂房的钱都不够，至今缺口尚达16.04亿元人民币，全靠娃哈哈的资金在周转，而这十年来达能已获分红3.8亿美元，折合人民币31.39亿元，而且合资公司的资产还增值了51%。

"我们当初的许多投资决定，都曾遭到达能的抵制和反对，并拒绝投资。但当娃哈哈将企业办好了，产生经济效益了，达能却又要强行投入。对于一些暂时还产生不出效益的，达能已投入的也要求退出。"宗庆后对于达能的功利做法表示出强烈的不满，同时，近十年的接触也使其对达能的管理能力和实际目的产生了担忧。

达能公司在中国除了收购娃哈哈的39家企业之外，还收购了娃哈哈当时最大的竞争对手广东乐百氏饮料公司的98%股权，"但它接管后，乐百氏就一直亏损，这让我不由为'娃哈哈'的品牌担忧。"

讨论题：

1. 我国在外资并购案中应采取哪些法律措施来保护我国的民族品牌？
2. 我国企业应从哪些方面加强对企业品牌的经营保护和自我保护？

第十三章　品牌危机管理

【本章要点】

（1）品牌危机的含义与特性。

（2）危机管理的4R模式。

（3）品牌危机管理的含义、内容与原则。

（4）品牌危机公关策略。

【导入案例】

美泰玩具“召回风波”与中国玩具企业的危机管理㊀

2007年8月对美国玩具巨头美泰玩具有限公司（Mattel）和它的中国生产商来说是个炎热无比的夏天，用“热锅上的蚂蚁”来形容这些公司的领导人一点儿也不为过。

美泰玩具有限公司为美国500强企业之一，在儿童产品的设计、生产、销售方面处于领导地位，总部位于美国加利福尼亚州EL Segundo，并在30多个国家设有销售机构，产品销往150多个国家和地区。它的主要品牌包括Barbie Doll，Harry Potter，Hot Wheel，Match Box，Fisher Price等。

2007年的夏天，一批问题玩具浮出水面，美泰玩具有限公司的子公司费雪公司迅速采取措施，全面召回由合作厂商生产的近100万只费雪品牌（Fisher Price）（96.7万件）的玩具。美国消费者安全委员会称，之前并没有接到有关由这些玩具引发的事故报告。据费雪公司称，召回的理由主要是因为中国制造商使用的颜料未经批准，不符合该公司的安全标准。美泰玩具有限公司表示，费雪公司已经停止销售这些玩具，并正在对此事进行调查。

据悉，此次召回涉及了众多的国家，除了美国、中国还有英国、爱尔兰、墨西哥及加拿大。虽然美泰没有提及中国供应商的具体名字，但据称该供应商已与美泰合作达15年之久。

这次召回事件，对美国企业来说，主要是涉及它的品牌形象，而对中国企业来说更多的是涉及社会责任问题。在整个事件中，美国公司并没有提到中国生产商的名字，但在实际处理问题时，中国玩具生产商成为众矢之的。从国内外媒体报道来看，各大媒体使用的标题骇人听闻，如“涉美召回玩具的两家中国企业已被暂停出口”、“国产玩具被美商大规模召回”、“中国玩具油漆铅含量超标从美被召回工厂老板自杀”、“美公司召回中国产150万件玩具”等。

从上述标题可以看到中国玩具生产商在整个危机中的处境十分艰难。尽管在此次事件中

㊀ 根据《2007年“美泰”玩具召回事件回顾》（中国婴童网，http：//www. baobei360. com/Articles/Html/2010-06-22/28701. html）、《新媒体时代企业的危机公关——美泰玩具召回事件的启示》（一大把·大把资讯，http：//info. yidaba. com/newscenter/3851594. shtml）等整理。

只有一两个生产商涉及其中，但给全球留下的印象是：中国制造等于质次价廉。媒体对消费者的误导显而易见。

面对危机，美国美泰玩具有限公司采取了召回方式，在全球范围内收回问题产品，这是一种对消费者负责任的态度。这对于该公司维护其品牌形象极为有利。这种处理方式是企业危机管理的重要策略。但美泰玩具有限公司只字不提自己在此次事件中应负的责任，则是不可取的。

直至2007年8月15日，媒体以及国际舆论一致针对中国企业，中国生产商成为替罪羊。为什么会有这样的结果？又有哪些教训值得我国玩具企业品牌管理者吸取呢？

第一节 品牌危机概述

品牌是公司拥有的最具价值的无形资产和资源，从一定意义上说，现代企业的竞争就是品牌的竞争。因此，维护品牌的健康成长对企业的生存、发展非常重要。然而，在品牌的成长、壮大的过程中，虽然企业对品牌小心谨慎、百般呵护，但百密难免一疏，有些非企业自身的影响因素很难被企业发觉，在市场这只“看不见的手”的搅动下，危机往往不期而遇，如果应对不及时、处理不妥当，还往往会给品牌带来灭顶之灾。例如，曾经名噪一时的三株、秦池、爱多、巨人等品牌都是在一场突如其来的危机之后一蹶不振，销声匿迹。因此，企业进行品牌危机管理势在必行。正所谓“预防胜于治疗”，企业实践证明：品牌危机管理的重点不在于如何处理已出现的危机，而在于如何深刻认识品牌危机，了解其发生的深层原因，辨别品牌运营过程中的危机因素，并针对性地采取有效的应对策略，做到未雨绸缪，防患于未然。为此，我们有必要学习、了解一些品牌危机和危机管理方面的知识和技能。

一、品牌危机的定义

1. 危机的含义

什么是危机（Crisis）？很多学者从各自的角度对它进行过探讨。

罗森塔尔（Rosenthal）认为，危机就是指对一个社会系统的基本价值和行为准则架构产生严重威胁，并在时间压力和不确定性极高的情况下，必须对其作出关键决策的事件。

赫尔曼（Charles F. Hermann）将危机定义为一种形势，在这种形势中，决策者的根本目标受到威胁，作出反应的时间有限，形势的发展出乎决策者的意料。

斯格（Seeger）等人认为，危机是一种能够带来高度不确定性和高度威胁的、特殊的、不可预测的、非常规的事件或一系列事件。

巴顿（Laurence Barton）提出，危机是一个引起潜在负面影响的具有不确定性的大事件，可能对组织及其员工、产品、服务、资产和声誉造成巨大的损害。巴顿明确地将危机的影响扩大到组织及其员工的声誉和信用层面，并认为组织在危机中的形象管理是非常必要的。危机有其明确的特征表现。巴顿把危机特性界定为以下的状态：一是惊奇；二是对重要价值的高度威胁；三是需要在短时间内作出决定。

里宾杰（Otto Lerbinger）将危机界定为：对企业未来的获利性、成长乃至生存发生潜在威胁的事件。他认为，一个事件发展为危机，必须具备如下三个特征：一是该事件对企业造成威胁，管理者确信威胁会阻碍企业目标的实现；二是如果企业没有采取行动，局面会恶化且无法挽回；三是该事件具有突发性。里宾杰的定义尽管是针对企业提出的，但实际上对各类社会组织都具有借鉴意义。

福斯特（John Bellamy Foster）认为，危机具有四个显著特征：急需快速决策；严重缺乏训练有素的员工；严重缺乏物质资源；时间极其有限。

可见，危机是一种状态，它往往是由特定事件引发的，其表现形式也主要是威胁性事件。危机是社会组织内部与外部的构成要素、运作规则和发展环境由常态异化，进而裂变为威胁性系统的过程。

2. 品牌危机的含义

如同企业危机、产品危机、财务危机、人才危机等一样，品牌也会发生危机。那么，什么是品牌危机（Brand Crisis）呢？本书认为，品牌危机是危机的一种类型，是指由于企业外部环境的变化或企业品牌运营管理过程中的失误而致使品牌形象损害和品牌价值降低，甚至危及企业生存的窘困状态。

二、品牌危机的特性

1. 突发性

危机的发生都有其诱因，在危机没有爆发之前，虽然可以预见其发生的可能性，但无法确定其一定会发生，更无法确定其发生的具体时间、形式、强度和规模等。因而危机的来临常常让人始料不及。

2. 危害性

品牌危机的根本在于品牌信任度的丧失。这种信任度的丧失不仅只限于某个品牌本身，而且还会推衍至更大的范围和更久的时间。从范围来看，当一个品牌出现严重危机的时候，相关的产品都将受到株连，例如山西的“假酒案”使得汾酒、竹叶青、杏花村等各种山西白酒著名品牌都无辜受到重创。从时间来看，品牌危机在解决之后还会在一定时期内产生余波。例如尽管金华地方政府和企业为解决“毒火腿”事件想方设法，但数年后人们对金华火腿仍然心有余悸。

3. 关注性

品牌一旦出现危机，就很容易成为众矢之的。品牌原来的美誉度和知名度必然引起广泛的舆论关注。媒体的报道转载、消费者之间的口口相传都会加速品牌负面信息的传播，使得危机处理很棘手，社会的关注度和舆论的导向甚至会影响到品牌的存亡。

4. 冲击性

品牌危机一旦爆发，常常会引发多米诺骨牌效应。其来势之迅猛、发展之快速、涉及面之广、影响之深远、冲击力度之大，往往使企业首尾难顾，无招架之功、无防守之力，从而使企业陷入生死关头、悬崖边缘。

三、品牌危机生命周期

1986 年，美国学者斯蒂文·芬克（Steven Fink）提出了企业危机生命周期理论。他把企业危机的过程分成品牌危机酝酿期、品牌危机爆发期、品牌危机扩散期、品牌危机处理期、品牌危机处理结果和后遗症期五个阶段。国内品牌学学者运用这一理论来描述品牌危机所经历的阶段及特征。

（一）品牌危机酝酿期

所有危机的发生都有一个从量变到质变的过程，品牌危机也不例外，量变就是品牌危机的酝酿过程。由于危机是由内、外多个因素动态发展的结果，因此对潜藏于企业自身的内部危机因素的预警和控制是品牌危机管理的重要阶段；那些非企业自身的外部影响因素很难被企业发觉，即使及时发觉了也无能为力，这就使得危机变得难以预测、难以防范。

（二）品牌危机爆发期

突破危机的预警防线，品牌危机便进入爆发期。爆发的速度会令企业始料未及，惊慌失措，如中毒案迅速给泰诺带来了严重的负面影响。

（三）品牌危机扩散期

危机如果不能立即处理，媒体将增加更多的负面报道，公众将产生更多的猜疑，危机的程度将更加恶化，危害将会扩大。

（四）品牌危机处理期

如果处理及时，危机的扩散期将大大缩短。在处理期，一个训练有素的危机处理小组，一种主动、真诚、迅速的工作态度，一套有条不紊的危机公关活动，都将使危机得到妥善解决。

（五）品牌危机处理结果与后遗症期

品牌危机经过紧急处理后，可能得到解决，这时的工作变成了品牌关系的维护和提升。但如果是无效的处理，可能使品牌危机的残余因素经过“发酵”，使危机重新进入新一轮酝酿期。预防得好，危机生命周期可能不会发生或推迟发生，从而为企业赢得更多时间；如果发生了，处理得当，危机生命周期可以被压缩得很短；处理不当，危机生命周期将影响长久和广泛，不断损害品牌资产，直至品牌死亡。

第二节　品牌危机的表现、原因与类型

品牌一旦出现危机，会有哪些表现？会对品牌造成怎样的损害？哪些原因最终造成了品牌危机的发生？这是每个品牌管理者最关心的问题，弄清楚这些问题，有利于企业未雨绸缪，提前预防。

一、品牌危机的表现

1. 品牌形象受损

所谓品牌形象受损，是指不利事件的发生使品牌的形象在消费者心目中大打折扣，使品牌的增值效应受到严重阻滞，品牌的经济和战略优势大为降低。所以品牌形象一旦受损，品牌管理者就必须积极应对，如果处置不当，就会进一步激化矛盾、深化品牌危机。

2. 品牌美誉度下降，顾客信任度降低

品牌危机的发生，一般会让消费者对品牌产生一些物质的和非物质的联想。物质的联想，导致消费者对品牌产品或品牌产品的功效失去信心，对品牌的信任度下降；非物质的联想，导致消费者对品牌的信任度、接受度下降。这些都可能使品牌危机事件逐步升级。

3. 销售利润率下降

品牌危机使消费者对企业品牌信任度、对品牌产品接受度的降低，这必将导致品牌商品

销售量减少，使销售利润率下降。

4. 企业内部人员流失

当企业品牌危机发生时，企业的内部员工是最直接的感受者，员工的情绪会受到影响。如果企业管理层对危机管理不当，往往会导致危机影响程度加深，员工对企业管理层失去信心，对企业的忠诚度下降，造成企业内部人员流失。

5. 媒体的负面报道

媒体是连接企业与公众的桥梁。当企业的品牌发生危机、消费者对品牌的信任度产生怀疑时，媒体可能会首先站在公众的角度，发表一些对企业品牌不利的报道。如果这时企业不能与媒体进行有效沟通，及时消除舆论对品牌的不利影响，就会进一步激化品牌危机。

二、品牌危机产生的原因

（一）企业外部的原因

企业外部的原因主要是指企业外部的伤害，它包括来自企业外部与企业直接或间接相关的企业和个人的恶意与非恶意的伤害、由宏观原因所引起的组织外部伤害及自然灾害等。

1. 恶意伤害

恶意伤害是指进行这些伤害活动的目的是使该企业受到破坏和损失。这种情况多来自竞争对手，也有公众或其他对企业出于报复心理或嫉妒心理进行的诬蔑和陷害，这是每一个企业都应该警惕的。但如果是非竞争对手所造成的恶意伤害，则不能仅仅归结为外部原因，它在很大程度上可能是由于企业内部的公共关系工作没有做好所造成的，如与相关企业沟通渠道不畅引起的误解等。

2. 非恶意伤害

非恶意伤害是无心的过失造成的，可能是由和品牌有关的个人自身的错误、谣言或灾祸引发的，也可能是由社会上与企业生存发展本无直接关系的原因造成的，由于某种巧合或相似性，祸及企业，造成品牌危机的灾难。

3. 由宏观原因所引起的组织外部伤害

这是指由社会不可抗力所造成的企业外部伤害，如国家方针政策的变化、新法律条文的颁布、战争、恐怖主义等，这些改变与发生不是针对某个品牌，也不是只对某个品牌或某些品牌造成伤害，而是会造成全社会性的变动或伤害，属于社会背景的变化。

4. 自然灾害

这里的自然灾害是一个广义的概念，是指非人为原因造成的品牌危机的总称，既包括地震、台风、火灾、洪水、瘟疫等自然现象带来的狭义的自然灾害，也包括迫于其他自然规律的非人力所能控制的原因造成的伤害，如企业关键人物的突然死亡、经济规律导致的国际经济形势的变化、流行趋势的变化、社会的不断发展进步等。

（二）企业内部的原因

企业内部的原因主要是企业内部的错误，它是指企业内部成员造成的对品牌形象、品牌价值的损害，包括错误决策、低水平管理、生产性错误、广告公关策略不当等引起的危机。

1. 错误决策

错误决策是最可怕的一种错误，它是由企业最高层作出的，极具权威性，常常是有关整个企业生存和发展的全局问题、战略问题，因而影响范围大、程度深，纠正时往往要伤筋动骨。错误的投资、不适当的新产品开发、错误的品牌定位、漠视市场变化而故步自封、盲目扩大规模等都属于决策性失误。

2. 低水平管理

低水平管理包括机构设置的不合理、企业文化的败坏、规章制度的不严格等。例如：企业内部矛盾导致的企业成员对本组织的恶意报复（如纵火、设置计算机病毒、制造流言）；企业内人员贪污腐化、挪用公款、做假账；泄漏组织机密、产品秘方、特殊工艺等；生产工具设备长期不检修；高级人才的突然离职。

3. 生产性错误

它是指由产品质量、数量、技术或服务等生产性原因造成的企业内部错误，如以次充好、以假乱真的弄虚作假行为，故意减少产品数量，不履行服务承诺等。由于品牌的实质是承诺，是企业就其产品特征、利益和服务等对顾客作出的一种保证。正是品牌的这种承诺，才使得企业与消费者联系在一起，也是企业获取效益的源泉，而这种关系能否维系或保持取决于企业是否履行承诺以及履行承诺的程度，如果企业提供给顾客的产品或服务未能履行或未能全部履行其品牌承诺，那么该品牌的整体形象在消费者心目中就会受到损伤。所以，生产性错误是产生品牌危机的重要成因之一。

4. 广告公关策略不当

广告是一种很好的打造品牌、美化品牌的手段，但广告使用不当则会导致品牌的灾难性后果。例如，跨国企业的品牌广告不符合当地的风土人情，不了解东道国政治法律、法规、文化禁忌等造成与政府及公众之间产生误解，导致消费者对品牌产品进行抵制等。

（三）品牌危机的深层原因

要有效防范品牌危机的发生，必须探究其发生的根源。从品牌危机的表现形态可以看出，大多数品牌危机看似由企业外部原因所致，但其根源还是在企业内部。有研究发现，由于企业内部因素引发的品牌危机占品牌危机总数的72.5%。从发生和发展过程看，品牌危机是从企业内部管理不到位与品牌管理不善开始的，并在外部环境波动的冲击下，失误现象逐渐累积和放大，最终导致品牌危机的爆发。因此，品牌环境突变（外因）是品牌危机发生的直接诱因，企业管理和品牌管理不善（内因）才是品牌危机发生的深层次原因。具体看来表现在以下几个方面：

1. 企业品牌文化淡薄

品牌不仅是产品的标志，也是文化的载体，优秀的品牌通常都有深刻的文化内涵。品牌文化是企业围绕品牌建设所体现出来的企业文化及经营哲学的综合体，只有将产品当做一种文化形象来宣传，借助文化传递产品，使品牌文化紧紧地与消费者所关注的内容联系在一起，才能提高产品的价值，增强产品的市场亲和力。然而，目前我国很多企业在品牌经营中，忽视品牌文化内涵的建设，致使品牌形象模糊，品牌定位不清，也因此导致品牌美誉度和忠诚度下降，品牌危机抵御能力微弱。

2. 品牌核心价值缺乏

一种产品能够为消费者带来的价值可能是多方面的，但任何品牌都应该具有核心价值，例如，“宝马”传递的核心价值是“安全舒适”，而“劳斯莱斯”则代表“庄重大气”。品牌的核心价值是品牌忠诚度和美誉度的基础。国内很多企业简单地把品牌知名度等同于品牌价值，只注重商品显性特征（如包装、外观等）的差异化，而对品牌资产的价值缺乏应有的理解和重视。品牌核心价值缺乏通常有几种情形：①品牌没有核心价值，严重缺乏个性，或者一味追求浅表的“奇异”卖点，结果导致品牌空壳化；②品牌建设过程中一味地宣传商品名称，而忽视了品牌背后蕴涵的独特价值和利益的有效传递，所以即使产品知名度很高，销售量也不尽如人意，结果往往是商家在投入巨额广告之后草草收兵，退出市场；③企业在品牌传播过程中，对品牌的核心内涵把握不准，总期望把品牌的所有价值全部传播出去，结果造成品牌核心利益松散，品牌信息混乱，使消费者无所适从。

3. 品牌战略规划缺失

品牌建设绝不是一朝一夕的事情，不能操之过急，而要根据品牌成长的外部因素，结合企业本身的技术和资源优势，以及品牌的生命周期特点制定严密的战略规划。然而我国许多企业为了在短期内获得利润，不顾企业的产品、促销、价格等营销策略能否跟上，盲目加大广告投入，甚至依赖炒作手段，期望现代传播工具能在一夜之间把品牌催熟成名牌。缺乏战略规划的品牌炒作，虽然能提高品牌的知名度，但由于忽视品牌成长的客观规律和品牌赖以生存的内涵建设，造成品牌畸形发展，生命力极其脆弱，多变的市场环境很容易触发品牌危机因子，从而加速品牌从成长到死亡的过程。

三、品牌危机的类型

分类必须依据一定的标准，分类标准不同，类型自然也就各异。品牌危机的分类也一样，标准很多，所以品牌危机的类型也就多种多样。

（一）按引发危机的直接主导因素来划分

1. 品牌产品质量危机

如果品牌危机的发生是由产品质量引起的，这类危机统称为品牌产品质量危机。

品牌产品质量危机与人们的日常生活息息相关，直接关乎消费者的身体健康和生命安全，所以危机一旦发生，就会直接引发消费者的不信任和不购买，随之造成销售量的大幅下滑，进而引发企业经营危机，陷入困境。

2. 品牌战略危机

这是由于品牌战略的制定和执行失误而导致的品牌危机。从狭义上讲，品牌战略制定失误是指所制定的品牌战略本身的失误；从广义上讲，品牌战略制定失误包括品牌战略展望提出的失误、品牌战略目标体系建立的失误。品牌战略执行失误是指在具体执行品牌战略的过程中而出现的失误。

3. 品牌延伸危机

这是品牌延伸策略失误造成的危机。品牌延伸使用得当不仅能使新产品迅速进入市场，事半功倍，而且可利用品牌优势扩大生产线，壮大品牌支持体系。但是企业一定要注意品牌延伸安全；否则，就会进入品牌延伸误区，出现品牌危机。这主要表现为三种情况：①品牌本身还未被广泛认识就急于推广该品牌的新产品，结果可能是新、老产品一起死亡；②品牌延伸后出现的新产品的品牌形象与原产品的品牌形象定位互相矛盾，使消费者产生心理冲突和障碍，从而导致品牌危机；③品牌延伸速度太快，超过了品牌的支持力。

4. 品牌扩张危机

这是由企业品牌扩张失当或失误造成的一类危机。企业的品牌扩张策略主要有两种：

①收购品牌进行扩张的策略；②自创品牌进行扩张的策略。两种方式实质都是通过收购、兼并、控股等资产重组的方式，实现产品的规模扩张。此外，品牌扩张还可以通过授权经营、品牌共享、联盟等方式扩大品牌的控制规模。品牌扩张的风险有很多方面，如品牌扩张策略本身的失误、消费者需求重心的转移、国家及地方政策的影响等。一些具有代表性的品牌，如巨人和春都就是在多元化道路上越走越远，偏离了核心业务，丢弃了赖以生存的根本，结果导致资源分散、战线拉长、管理失控、核心竞争力锐减，最终发生危机。

5. 品牌环境危机

这是由企业品牌内、外环境恶化引发的危机。品牌的内部环境是指品牌持有公司的内部状况；品牌的外部环境主要包括消费者、竞争对手、分销商、市场秩序、舆论和宏观环境等主要因素。企业内部环境状况是对品牌未来发展具有重要影响的一个因素，如果没有一个良好的组织环境，品牌就不可能健康成长和发展。

6. 品牌法律权益危机

这是由于品牌的法律权益受到了侵害，从而引发危机。品牌资产中的一个重要组成部分就是品牌的法律权益。品牌商标（或者品牌名称或标志）一旦被假冒和盗用，就会出现严重的品牌危机，甚至被假冒盗用者拖垮品牌。因此，企业应该建立一套商标安全监控系统，搜集各种损害和有可能损害企业品牌商标安全的行为，尽可能在实际损害发生之前消除有损品牌商标安全的各种诱因，做好品牌商标安全的防御工作。

以上第二类至第六类危机的发生，都与品牌产品质量无关，所以有学者将它们归入一类，命名为非品牌产品质量危机，与品牌产品质量危机对应而成两大类。

比较而言，非品牌产品质量危机是由于企业外部原因或内部非产品因素引发的，如某方面决策失误，或资金问题、法律诉讼、人事变动、公共关系和广告等引起的经营危机和困难。这类危机，因为不直接关联普通消费者，其影响只存在于一部分相关群体之中，广大消费者对它的关注程度较之品牌产品质量危机要低得多。

（二）按品牌危机发生时呈现的形态来分类

1. 形象类品牌危机

该类危机是指品牌形象力的减弱现象，往往由反宣传事件引发。一般来说主要表现为：品牌知名度下降，认知度降低和品牌联想度下降。而反宣传一般有两种：一种是对品牌的不利情况的报道（情况是属实的），如品牌产品生产条件恶劣、企业偷税漏税、财务混乱、贪污舞弊等报道；另一种是对品牌的歪曲失实的报道，对这些不实传闻和报道如不加以及时处理，对品牌形象、产品信誉十分有害，并导致公众对品牌丧失信心。

2. 质量类品牌危机

该类危机是指在企业发展过程中，由于企业自身的失职、失误，或者内部管理工作中出现纰漏，而造成产品在质量上出现问题，从而引发的突发型品牌危机。

3. 技术类品牌危机

该类危机是指已经投放市场的产品，由于设计或制造技术方面的原因，而造成产品存在缺陷，不符合相关法规、标准，从而引发的突发型品牌危机。

4. 服务类品牌危机

该类危机是指企业在向消费者提供产品或服务的过程中，由于其内部管理失误、外部条件限制等因素，造成了消费者的不满，从而引发的突发型品牌危机。此类危机与企业品牌意识和服务意识相对薄弱有关。

四、品牌危机的防范与准备

品牌危机的防范是品牌危机管理的首要任务。如果没有快速、有效的危机防范和预警系统，一旦危机发生，企业只能仓促上阵，被动应付。因此，企业一定要从以下几个方面做好危机防范工作：

1. 以良好的品牌形象，提高消费者的忠诚度

树立良好的品牌形象，培育与提高消费者对品牌的忠诚度，是企业能够成功渡过品牌危机的一个重要的先决条件。企业是否能够安然渡过其面临的品牌危机，一个很重要的因素就在于企业在发生品牌危机时是否已经建立起足够的信誉。

要更好地防范品牌危机的发生，保障品牌健康稳定的成长，企业必须综合运用技术、产品、服务、创新等方式来提升品牌竞争力，避免过度的价格竞争，采用消费者至上的经营理念，使消费者获得最大程度的满意，从而树立良好的品牌形象，培养消费者忠诚度，提升品牌价值。这是企业打造品牌的最基础工作和核心内容，也是企业防范品牌危机的良方。有许多具体方法可供选择，如生产好的产品、制定顾客奖励计划、赞助有价值的公益活动、致力于公共慈善事业等。

2. 做好品牌的保护工作

品牌保护，首先要培养消费者的品牌忠诚。先入为主的观念和思维惯性对人们的行为影响很大。一旦消费者对某品牌产生忠诚，一些风吹草动就很难对其产生影响。一些世界性的大品牌，如可口可乐、麦当劳、强生等都曾遇到过危机，但最终都解决了，这一方面是由于它们的危机预警和处理工作较好，另一方面也是由于有一大批忠实的消费者。除此之外，还要采取以下一些保护措施：

（1）法律保护。法律保护包括商标及时注册、及时续展、异国注册、全方位注册等。

（2）生产保护。生产保护是指产品的质量、包装保护等。名牌产品首先得有好的质量，这是使消费者忠诚、保持产品长盛不衰的关键。质量一丝一毫的差别都可能被细心的消费者发现，或是被对手利用，引发危机。质量保护主要依靠生产过程中的严格把关。在包装保护中使用防伪标志已是通用的方法，但也可以采用一些高技术的方法，如“五粮液”的一次性防伪酒瓶就是很好的例子。

（3）技术保护。有些品牌就是靠一些秘密而保持长盛不衰的，如果这些秘密被公开，这个品牌就很难存在了。在对于秘密的保护方面，许多著名的品牌都有自己一套行之有效的方法。例如可口可乐公司规定可口可乐的配方只能让两个人知道，并且这两个人不能同时乘一架飞机，以免飞机失事，秘方失传。如果其中一人死亡，剩下的这个人就要为秘方选择另一名继承人。

3. 注重品牌的创新与品牌开发

当品牌缺乏创新而逐步老化时，企业也会因不能很好地满足消费者变化的需求而引发品牌危机。当企业本身对自己的品牌不再创新、缺乏创意时，消费者就会对品牌逐渐失去兴趣。当品牌失去活力、消费者失去兴趣时，品牌也就毫无魅力可言了，品牌发生危机也就为期不远了。

由于品牌生命周期与产品生命周期相关联，许多品牌可能随着产品的消长而消长。但

是，产品与品牌毕竟是两个不同的概念，有许多品牌产品，经营者已经换了好几代，但是品牌依旧不变，如通用汽车、松下、福特等。这说明品牌的生命可以通过不断创新加以延长。企业可以通过不断创新延长品牌的寿命，重振品牌，使品牌价值得到保值和增值，更好地规避品牌老化带来的品牌危机。

在品牌的不同发展阶段，品牌的创新策略也是有所不同的。

（1）品牌初创期的品牌创新。这个时期的品牌创新，强调的是创造出不同于竞争对手的、有鲜明个性的品牌，品牌个性的差异是界定品牌的重要因素。

因此，在品牌初创时期，传播中的创意取向应从产品优势入手，找准市场空当，通过相应媒体策略做介绍性工作，以求得到消费者认同，并区别于其他竞争对手。也就是说，品牌在这一状态时的创意，首要的是对产品、对市场、对消费者明确定位，整体上通过各种手段和方法，一是快速提升品牌的知名度，力争在较短的时间内，将广告信息送达到目标消费群体；二是快速提高品牌认知度，并适当建立和引导品牌联想。

（2）品牌成长期的品牌创新。在品牌成长阶段，创意策略应在进一步提升品牌知名度，加强品牌认知，完善、明晰品牌联想上下工夫，并在整体上把握、平衡区域市场之间的认识差别，谋求重复购买人群，加强与消费者的当面沟通和直接利益沟通，检索各项方案及品牌状态，不断作出调整，灵活运用创意策略，推动品牌更快、更好地发展。

（3）品牌成熟期的品牌创新。本阶段，创意策略应在不同区域认识的融合、品质认识提升和品牌联想完整化上下工夫，尤其是要在上一阶段的基础上，下大力气巩固消费者的品牌忠诚度，让越来越多的消费者认同品牌的观点，从根本上认同购买和再购买的理由，甚至形成先导意识或习惯，创造转移成本及转移惰性。

4. 唤起“全员危机意识”，加强全员危机训练

意识决定行动，品牌危机意识是进行有效品牌危机管理的前提条件。只有企业全体员工真正意识到市场竞争的残酷性，感觉到危机时刻在他们身边，才能防微杜渐，防患于未然。在激烈的市场竞争中，一个企业如果在经营红火时缺乏忧患意识、不能居安思危，那就意味着危机即将出现。因此，企业的决策者和全体员工要树立危机意识，接收品牌危机管理教育。为此，企业管理者应该注意给员工灌输危机意识，并制定和实施严格的品牌管理制度。在生产中严把质量关，确保投入市场的都是高品质的产品和服务；加强产品核心技术的保护管理；做好商标注册维护工作，对于假冒伪劣等侵害自身商标权益的产品和行为及时处理。

另外，企业在灌输危机意识的时候也不应该忽视对员工的相关培训和预案的演练。如果员工不具备应有的应变能力和应急处理的知识、技巧，那么即使他们具有很强的危机意识，在危机发生的时候，企业品牌危机管理实施的效果也肯定会大打折扣。因此，企业要组建一个由职位相对较高的公司经理或其他专业技术人员组成的品牌危机管理小组，并通过规章制度的制定、灌输和执行，以及组织短期培训、专题讲座、知识竞赛等活动，加强对员工的危机培训，增强企业员工的应变能力和心理承受能力。

5. 建立有效的品牌危机预警系统，实施品牌自我诊断制度

信息是品牌危机防范的生命线。为了及时发现企业经营过程中潜伏的危机，疏通信息交流的渠道，企业必须建立有效的危机预警系统，及时捕捉企业危机征兆，未雨绸缪、策划应变，为各种危机提供切实有效的应对措施。其具体措施如下：

（1）建立信息监测系统。建立高度灵敏、准确的信息监测系统，及时搜集相关信息，

并加以分析、研究和处理，全面、清晰地预测各种危机情况，捕捉危机征兆，为处理各项潜在危机制定对策方案，尽可能确保危机不发生。

危机信息监测系统要便于对外交流，适于内部沟通。其信息内存要突出“优”，信息传递速度要强调“快捷”，信息的质量要求“再确认”，分析后的紧急信息或事项要实施“紧急报告制度”，将危机隐患及时报告主管领导，以便能及时采取有效的应对措施。

（2）实施品牌自我诊断制度。通过实施这一制度，从不同层面、不同角度进行检查、剖析和评价，找出薄弱环节，及时采取必要措施予以纠正，从根本上减少乃至消除发生危机的诱因。这种自检、自诊不是有了问题才检查，而是通过检查防止问题的发生。一个有效的办法就是调查研究品牌危机的历史，其目的有两个：①以自己或他人的历史为前车之鉴，避免再犯类似错误；②从以往的危机处理中吸取经验、教训，找出有效的解决危机的方法。

第三节　品牌危机管理的策略

1962年“冷战”时期，在美国、苏联与古巴之间爆发了一场极其严重的政治、军事危机，史称古巴导弹危机。当时任哈佛大学肯尼迪政府学院院长的格雷厄姆·阿利森（Graham T. Allison）教授，对这次危机事件展开了深入研究，出版了《决策的本质》（The Essence of Decision）一书。20世纪90年代，罗伯特·希斯（Robert Heath）的专著《危机管理》一书提出了著名的危机管理4R模式。国内学者如吴宜蓁、朱德武、苏伟伦等也对危机管理展开了较深入的研究，取得了一些成果。下面将具体介绍一些危机管理与品牌危机管理的相关知识。

一、危机管理的4R模式

罗伯特·希斯在其专著《危机管理》一书中，提出了危机管理的4R模式。4R具体包括缩减（Reduction）、预备（Readiness）、反应（Response）、恢复（Recovery）四个管理环节，涵盖了危机管理的全过程。

（1）缩减。缩减是指减少危机的成本和损失。这个工作在危机发生之前进行，这是整个危机管理的初始阶段。如何减少危机带来的损失？一个重要的工作就是对组织内可能存在的风险进行评估，利用科学的方法，把组织中可能存在的风险列出来，按可能产生的危害大小进行分级，通过风险管理，减少或避免危机的发生。

（2）预备。通过建立预警系统，对组织内可能产生的风险进行监视和控制，并组织员工进行培训和针对危机情景的演习，加强员工应对危机的能力，可以将损失控制在最小的范围之内。

（3）反应。反应指的是危机发生时的管理，对于危机的发生要迅速作出反应，及时分析危机的类型和影响程度，选择应对危机的方法，制定危机应对计划，评估计划是否可行，最后付诸实施。这一系列的工作要在极短的时间内完成；否则，会错过处理危机的良机，使危机进一步扩大，造成更大的危害。

（4）恢复。恢复是危机管理的最后一步，在危机消除后，要评估危机对组织的影响程度，了解企业在这一次的危机中损失有多大、应该吸取的教训和在处理危机中值得借鉴的地方，制定恢复计划，尽快地恢复组织的正常运转，稳定员工心态，使组织中的各个系统尽可能地恢复到危机发生之前的状态。

二、品牌危机管理的内涵

1. 品牌危机管理的含义

品牌危机管理是一种使危机对品牌造成的潜在损失最小化并有助于控制不良事态发展的职能的管理。从最广泛的意义上来说，品牌危机管理应该包含对危机事前、事中、事后所有方面的管理。传统的品牌危机管理强调危机发生时的应对管理，而忽视了危机发生的前因后果。有效的危机管理应该是一个有始有终的过程，而不仅仅是对某个单独的危机事件的反应。品牌危机管理是一个品牌用以帮助识别自身弱点，为最可能发生的危机作好详尽的计划，在危机发生过程中及时作出有效的应对，在危机过后重新塑造品牌形象，监控、评价形势，防范同类危机的再次发生，根据情势的变化作出必要调整的、不断循环往复进行的、系统的训练过程。

品牌危机管理的目的旨在使危机对品牌价值造成的损害降到最低，维护品牌价值的稳定。

2. 品牌危机管理的内容

具体来说，品牌危机管理主要涉及以下六个方面：

（1）品牌危机管理者要具有危机意识，对危机情境要防患于未然，识别和改善品牌管理中存在的薄弱环节或弱点，做好品牌管理的每一个环节，尽量避免危机的出现。

（2）品牌危机管理者要未雨绸缪，提前投入时间和预算，在危机发生之前就作好响应和恢复计划，对内部所有人员进行危机处理的培训，随时准备应对可能出现的危机及其冲击。

（3）建立品牌危机预警系统，使品牌管理者能够在危机的萌芽状态即感知危机，及时出击，迅速控制危机的扩展。

（4）当危机风暴不可避免地到来时，品牌危机管理者必须做到面面俱到，不能忽视任何一个方面；及时调动每一个相关的部门以及所需的资源，寻求沟通，达成谅解，将危机的破坏性降到最低，维持品牌的生存。

（5）危机过后，品牌管理者需要对品牌恢复和重建进行管理，重新塑造品牌形象，寻求新的增长点。

（6）在上述过程中，始终注意监控主要公众的观点和行为，并据此不断对品牌危机管理的具体方式作出必要修正。在危机的影响已经平息之后，对危机及危机的管理过程进行评估，完善品牌管理的结构，防止类似危机的再度发生。

三、品牌危机管理的原则

针对企业在品牌危机处理过程中出现的问题，国内营销实战专家韦桂华提出了以下品牌危机管理的七个原则：

1. 主动性原则

主动性是一种处理问题的积极态度，表明企业的诚意和决心。任何危机发生后，都不能回避和被动性应付，而要积极地直面危机，有效控制事态。可任命专门负责的发言人，主动与新闻界沟通，并且开辟高效的信息传播渠道。然而，很多企业在危机之初总是一味地躲避，不是不接受媒体采访，就是无可奉告。企业这种单方面的逃避并不能避免公众对危机了解的渴望。在信息反馈不足的情况下，公关专家帕金森（Parkinson）认为，传播失误所造成的真空，很快会被颠倒黑白、胡说八道的流言所占据。这种态度将使得企业无法控制恶劣局势的蔓延，使得品牌形象大大受损。

2. 快捷性原则

媒体的参与加速了品牌危机的蔓延和恶化，如果不尽早将危机处理，那么关注事件的媒体、公众、机构将越来越多，疑问也越来越大。尽管在危机出现后，企业确实有很多核实、布置、联络的工作要做，但在公众看来，企业却是在拖延时间。因此，企业必须对危机采取紧急措施，在最短的时间内将问题解决。

3. 诚挚性原则

"家丑不可外扬"的观念被应用到企业危机管理中则会造成比危机本身更为严重的影响，使企业不但继续受到危机的影响，而且还会出现诚信危机。要想取得公众和新闻媒介的信任，就必须采取真诚、坦率的态度，切不可只关心自身品牌形象的损失，那样将得不偿失。在2005年的"苏丹红事件"当中，有很多"涉红"的跨国公司与国内企业，但真正挺身而出、自曝家丑并诚恳、真挚地向广大消费者公开致歉的，只有肯德基等。和另外一些企业形成鲜明对比的是，肯德基的自曝家丑体现出了一个跨国品牌公司高度的社会责任感和诚信操守，它并未因此而失去市场，恰恰相反，它的诚信与真挚赢得了人们的尊重和信赖。将消费者的利益放在第一位，是成功处理品牌危机的关键。

4. 真实性原则

危机爆发后，必须主动向公众讲明事实的全部真相，不能遮遮掩掩或做"虚假声明"。企业声明一旦被发现是虚假的，危机将急速恶化，品牌资产会严重受损。

5. 统一性原则

危机处理必须冷静、有序、果断，指挥协调统一、宣传解释统一、行动步骤统一，而不可失序、失控，否则只能造成更大的混乱，使局势恶化。危机发生时必须立即启动危机处理小组，由该小组规划危机处理的步骤，统一指挥对外的一切行动，特别是对外的宣传解释；否则，局势更加恶化，难以收拾。

6. 全员性原则

搞好内部公关，以争取内部员工的理解。处理危机不只是危机处理小组的事，它关乎整个企业的安危，因此企业上下全体成员都应当参与而非旁观。企业员工不应是危机处理的旁观者，而是参与者，做到"群防群治，群策群力"。让员工参与危机处理，不仅能将员工与公司的命运捆绑在一起，而且能够上下同心协力，尽快将危机解决。

7. 创新性原则

在危机处理过程中，需要结合危机的实际情况进行处理方式的创新。例如，有些问题可能需要连同政府主管部门一起解决，有些问题只是与媒体之间的沟通，还有些则需要请公众实际体验来澄清谣言，不一而同。

四、品牌危机公关策略

危机公关（Public Relations for Crisis）属于危机管理系统的危机处理部分，它是指企业针对危机所采取的一系列自救行动，包括消除影响和恢复形象。危机一旦发生，企业就需要立即按照计划和步骤启动公关行动。国内著名品牌实战专家曾朝晖将危机公关分为三个阶段进行，即危机公关准备期、危机处理期和形象恢复期。

（一）危机公关准备期

企业在遇到危机时，首先应该立即启用危机处理小组，对危机的原因、类型、影响作出分析，并制定相应计划。此外，还应做到如下几点：

1. 加快响应速度

在危机处理当中，时间就是生命。越是拖延，危机的程度将越恶化，影响范围将越广。特别是网络的普及，使得危机造成的负面影响更加严重。因此危机公关的第一要义就是反应要迅速，在最短的时间里介入危机，避免事态的扩大。

2. 确定危机级别

危机的严重程度不同，速度有疾有缓，且随着时间推移发生动态变化，危机处理小组必须根据危机级别判定方法对危机予以定级。不同级别的危机有不同的处理方案，适当的处理方案更能有效处理危机。例如，一些消费者因产品质量问题上门投诉，只能算轻度的危机，只需售后服务人员接待就能妥善处理；而如果消费者将产品问题在媒体上曝光，则危机的程度就加重了，这时只是售后服务人员未必能处理好危机，还需要公司高层出面。

3. 加强内部沟通

危机关乎公司的发展甚至存亡，所以需要公司上下团结一心渡过难关，因此在危机发生以后，及时向公司上下沟通，告知事态的进展是很有必要的。从公司外部来看，每一个员工都是公司的代表，他们的一举一动都表明了公司对危机的态度。如果他们不知情，那么他们无意做出的举动可能会加深危机的程度；而且，外部的不利信息也会使得他们自身对公司产生怀疑。所以，通过员工大会、公开信等方式加强内部沟通，依靠公司全体成员的力量，上下一心、共渡难关，才是明智之举。

4. 明确信息的内容

面对危机，企业要规划哪些话是可以对媒体说的，哪些话是不能说的，但最忌讳的是什么都不说。保持与外界的沟通，表达出积极处理问题的意愿和态度是非常必要的。有些企业在危机发生时不懂得与外界沟通，出现危机后，往往是“铁将军把门”，或者是让两个保安用手封堵记者镜头，万般无奈之下让一两个无关紧要的人物出场，而言辞都是一律的“无可奉告”。这样的行为只会加重危机的程度。

5. 明确新闻发言人

危机处理小组当中应当选出一名企业新闻发言人，由他（或她）全权代表企业来发布企业的信息。这样能够保证信息的统一性和权威性。有一些危机没有处理好，就是因为企业对外传递信息的人太多，高层领导一个态度，公关经理另一个态度，内部缺乏信息沟通和协调。

（二）危机处理期

面临危机，明智的企业不会回避，而应该把危机真相尽快告诉新闻媒体和公众。危机发生后，最关心此事的除了企业之外，还有公众舆论、受害者、竞争对手等。所以，在危机处理期，企业应处理好以下几方面的关系：

1. 受害者

受害者是危机的起源，解决好受害者的问题就可以从源头制止危机。目前，公开道歉、产品召回、赔偿损失都是常见的对受害者问题的处理方式。在处理过程中，企业应当站在受害者的角度，真心诚意地做好善后工作。只要受害者不是无理取闹，企业的真诚是能得到好的回报的。甚至，一些顾客还会因为问题的友好解决而对品牌产生更高的满意度和忠诚度。

2. 媒体

追踪热点报道事实是媒体的天职。在大量的危机当中，媒体都充当了一个“放大器”的角色，不仅让更多人知道了事件的发生，而且引发了更多的讨论和猜疑。所以，处理与媒体的关系是处理危机的重要一环。

3. 公众

在危机中受损害的消费者只是少数，但关注危机发展和参与危机讨论的公众却是多数。危机当中的信息传播容易演变成流言，很多信息会被人为扭曲。因此，如何与公众保持沟通，化解他们的疑虑是危机公关的主要任务。在很多危机处理的案例当中，公司都会开设几十条消费者热线来解答公众的疑问。

4. 专家

为了摆脱为自己辩解的嫌疑，有时，危机中的企业需要借助专业机构和专家的力量来获得公众的认同。这些机构和专家站在中立的角度，可以对导致危机的问题作出权威而专业的回答，这对企业危机的处理起到决定性的作用。

5. 政府

毋庸置疑，政府在绝大多数公众心目中还是最具权威性的。所以，企业应该积极寻求政府相关部门的帮助，让他们告知公众产品是安全的，至少危害不大。2005 年，以“非油炸”为卖点的方便面品牌五谷道场抛出“油炸方便面不健康”的论调，一时在中国方便面市场掀起轩然大波。后来，国家质量监督检验检疫总局、国家食品药品监督管理局等六部委、协会的官员专家联合召开发布会，强调“油炸方便面健康安全”，才使得公众对“油炸方便面可能致癌”的疑虑解除。

6. 竞争对手

一旦品牌发生危机，竞争对手有可能会抓住机会，进行反击，他们会想尽办法来引导舆论走向，可能加重品牌危机。所以，企业在进行危机公关时，不能忽视竞争对手的负面影响。对待来自竞争对手的质疑，企业需要动用更多第三方的力量，单凭自己与其展开论战可能收效甚微。

（三）形象恢复期

虽然危机处理已经结束，但留在品牌与消费者之间的关系裂缝可能还存在。因此，企业仍然需要做好善后处理工作，改进与消费者的关系，此外还要加固与媒体、政府及相关机构的关系，树立良好的品牌形象。同时，企业需要对整个事件作出总结和检讨，包括找出造成危机的原因以及分析危机处理的过程，从中吸取教训，加强企业管理，完善危机管理体系。

【本章小结】

（1）品牌危机是指由于企业外部环境的变化或企业品牌运营管理过程中的失误而致使品牌形象损害和品牌价值降低，甚至危及企业生存的窘困状态。品牌危机具有突发性、危害性、关注性和冲击性四大特性。

（2）品牌危机的过程一般要经历品牌危机酝酿期、品牌危机爆发期、品牌危机扩散期、品牌危机处理期、品牌危机处理结果和后遗症期五个阶段。

(3) 品牌危机产生的原因可以从企业外部与内部两方面来分析。外部原因主要包括来自企业外部与企业直接或间接相关的组织和个人的恶意与非恶意的伤害、由宏观原因所引起的组织外部伤害及自然灾害等；内部的原因源自企业内部的错误，包括错误决策、低水平管理、生产性错误、广告公关策略不当等。

(4) 品牌危机的类型按照危机的性质可分为品牌产品质量问题引发的危机和非品牌产品质量问题引发的危机两类。按危机发生时呈现的形态可分为形象类品牌危机、质量类品牌危机、技术类品牌危机、服务类品牌危机四大类。

(5) 品牌危机的防范是品牌危机管理的首要任务。企业的品牌危机防范工作一般从五个方面展开：以良好的品牌形象，提高消费者的忠诚度；做好品牌的保护工作；注重品牌的创新与品牌开发；唤起"全员危机意识"，加强全员危机训练；建立有效的品牌危机预警系统，实施品牌自我诊断制度。

(6) 品牌危机管理是一个品牌用以帮助识别自身弱点，为最可能发生的危机作好详尽的计划，在危机发生过程中及时作出有效的应对，在危机过后重新塑造品牌形象，监控、评价形势，防范同类危机的再次发生，根据情势的变化作出必要调整的、不断循环往复进行的、系统的训练过程。品牌危机管理的目的旨在使危机对品牌价值造成的损害降到最低，维护品牌价值的稳定。

(7) 品牌危机管理主要涉及六个方面的内容；品牌危机管理要遵守主动性、快捷性、诚挚性、真实性、统一性、全员性、创新性共七大原则。

【思考题】

1. 什么是品牌危机？品牌危机有何特性？
2. 品牌危机有哪些类型？
3. 品牌危机形成的原因有哪些？
4. 结合企业营销管理的实践，谈谈品牌危机管理的重要性。
5. 如何开展品牌危机公关？

【案例分析讨论】

"洽洽"香瓜子"甜菊风波"危机管理[㊀]

一、风波骤起，甜菊会使男性不育？

2002 年 3 月 21 日，从香港的经销商处传来消息，香港政府在全港查禁含有甜菊糖的食品，而洽洽公司出口到香港的"洽洽"香瓜子因在包装配料表上印有甜菊糖而遭到香港食物环境署（简称食环署）查禁。由于"洽洽"系列产品在香港拥有广大消费者，香港媒体对此事件高度关注，同时，马来西亚、新加坡的经销商也纷纷致电表示关注。

公司高层立即召开会议对问题进行了分析。公司管理层认为不能孤立地看待问题，有可

㊀ 百度文库，http：//wenku. baidu. com/view/e903ce68a98271fe910ef90f. html。

能由此会引发一次大的危机事件，因此决定成立以公司总裁为领导的“3·21危机处理小组”，立即着手处理此事。危机处理小组下辖三个小组，第一组由分管海外市场的副总裁带队赴香港，查清事件原因并在现场处理相关事务；第二组由分管销售的副总裁带队赴北京，向国家有关政府部门反映情况并做好与在京媒体的沟通工作；第三组则在本部由总裁亲自坐镇指挥，做好向当地政府的沟通和汇报工作，指挥全局。

第一组赴香港后，很快查明事件背景。2002年3月初，美国的一家科普网站刊登了一篇文章，称甜菊糖经过大剂量的小白鼠动物试验，可能会引起雄性不育及癌症，进而推断，可能会引起人类男性不育及癌症。而新加坡卫生部门得到这则消息后，为保障国民身体健康，以甜菊未被批准使用为由，在新加坡全面查禁含有甜菊添加剂的食品，同时有六种日本产食品被收回。甜菊事件在新加坡引起了很大风波，一时间成为媒体关注的焦点。

香港政府得知新加坡政府查禁含有甜菊添加剂的食品后，以同样理由作出决定，于3月19日宣布开始在香港全面查禁含有甜菊添加剂的食品，20日发现“洽洽”香瓜子的包装上标有甜菊添加剂的成分，同时对其他含有甜菊添加剂的16种食品进行全部收回。

但为何在新加坡政府的查禁中没有涉及“洽洽”产品，而在香港则将“洽洽”香瓜子列为查禁之列呢？经查公司输港产品的包装误用早期版本，其中食品标签成分中印有甜菊，香港政府据此将“洽洽”列在查禁之列，而公司出口新加坡的产品则不存在此问题，所以产品在新加坡没有被涉及。

二、三地出击，挽狂澜于未倒

情况了解清楚后，危机处理小组采取进一步的措施，向全国销售分支机构通报此事件，制定统一应对措施，如如何应对消费者提问、如何应对媒体等。

（一）在香港：堵住危机发生的源头

与此同时，第一组在香港和经销商一起认真分析研究后，正面回应香港食环署，首先确认输港产品不含此次遭禁的甜菊糖，而是误用包装，实事求是地承认自己的错误，请求香港食环署给予检验并发布澄清。食环署在随后的公告中，注明“洽洽”香瓜子被回收是由于食品包装上误印原料而违反食品标签规定，打消消费者的疑虑。

与此同时，处理小组在香港主要报纸《东方日报》、《苹果日报》上刊登声明，“洽洽”香瓜子不含有甜菊糖，是属于包装误用，请求消费者给予谅解。为了尽快消除负面影响，处理小组还在当地主要报纸和电视上播放广告，重点展示“洽洽”产品历年来获得的质量保证和各项荣誉，例如企业产品通过“ISO 9000国际质量体系”认证、荣获“中国中轻产品质量保障中心质量保证产品”、“中国知名食品信誉品牌”、“国家质量达标食品”、“出口产品检疫卫生注册证书”、“中国驰名商标”等。由于措施得力，香港市场“洽洽”香瓜子的“甜菊风波”逐步平息。

（二）在广州：借力两地政府重铸信任

3月22日，广州某报在没有调查和核实的情况下，突然发表一篇文章，以特大号黑字“‘洽洽’香瓜子含致癌成分？”为标题，宣称香港市场的“洽洽”香瓜子近日已回收，但在广州市场仍大量出售。文章中报道，在广州商场出售的产品未见含有甜菊，但配料成分表中含糖精钠，并写道：“大量资料显示过量吸收糖精钠会对人体造成极大的损害，摄入大量的糖精纳可以导致雄性大鼠患上膀胱癌。”此文一出，经网站发布，在全国引起轩然大波，经销商要求退货，消费者提出质疑。

其实，糖精纳和甜菊糖都是我国政府批准使用的食品添加剂，许多食品如饮料、乳品、肉制品等都使用这两种甜味剂。

为了尽快扭转局面，公司决定在广州召开新闻发布会。总部及时将这一计划汇报合肥市委市政府，得到了市领导的大力支持。为使发布会具有公信度，市政府决定以合肥市新闻办公室的名义召开新闻发布会。

3 月 27 日，合肥市政府新闻办公室在广州花园宾馆举行了新闻发布会，广东电视台、广州电视台、深圳电视台和《大公报》、《文汇报》、《广州日报》、《羊城晚报》等众多重量级媒体及广州市各界 70 余人参加了新闻发布会。合肥市委常委、市委宣传部部长主持了发布会，合肥市副市长作新闻发布，市技术监督局局长作“洽洽”产品质量监督情况介绍；广州市副市长和市委宣传部、市技术监督局的主要领导参加了发布会。

第二天，各大媒体都实事求是地报道了新闻发布会的有关情况。《香港商报》在 3 月 30 日以“‘洽洽’在港遭禁，事缘摆乌龙”为题刊登专访，专访写道：“这次新闻发布会由合肥市副市长率领质监局等部门领导及生产商一众人马专程从安徽赶往广州举行，作为一个民营企业，政府肯出面牵头为其召开新闻发布会，足见当地政府对其的重视，其公信度亦从中可见一斑。”

（三）在首都：行业协会和政府部门双管齐下

在此情况下，北京小组紧急开展工作，将此情况上报中国食品工业协会等行业协会以及国家卫生部门，请求国家权威部门给予客观、公正的答复。

3 月 23 日，中国食品添加剂生产应用工业协会和中国甜菊协会迅速召集专家召开紧急会议。专家指出，甜菊糖的安全性是相当肯定的，我国及日本科研机构均对甜菊糖进行过严格安全性试验研究，结果表明，甜菊糖是安全的，无致畸、致突变及致癌性。

3 月 26 日，中国食品添加剂生产应用协会和中国甜菊协会联合举行新闻发布会，国家卫生部就近来关于甜菊糖安全性问题引发的公众疑虑作出解答，未发生甜菊糖危害健康的证据；同时在发布会上，行业协会指出中国加入 WTO 后，企业将面临更为激烈的全球性竞争，未来技术和贸易壁垒问题将会增多，“甜菊风波”的发生不排除这种因素的存在，应引起我们的警觉。

三、化危机为商机，成民族品牌代表

危机事件至此已扭转被动局面，让公众知道了事实真相，但危机处理小组并未就此了事，而是继续工作，恢复品牌形象，增加企业美誉度和知名度。他们对“甜菊风波”的始末进行了深入调查，专家认为甜菊糖致癌纯属误导，炒作背后疑有财团操纵。对于这些情况，危机处理小组积极阐明了自己的立场。

3 月 30 日，《中国食品报》报道，此次“甜菊风波”并不简单，认为是美国其他代糖生产商一手炮制的旨在攻击竞争对手、保护自己市场的事件，美国代糖产品每年销售额达 10 多亿美元，而由于该甜味剂是合成的，经高温后甜味全失，甜菊则是天然提取的，且具有耐高温特点，有取代此合成甜味剂之势，影响美国产品的销售，所以炮制了甜菊安全问题。

我国是甜菊糖出口大国，占世界市场份额的 70%，所以此次事件的背后隐含有商业竞争的贸易壁垒。在此后几天里，国内主要媒体纷纷报道，认为此次“甜菊风波”实际上是中国加入 WTO 后的三大贸易战之一，之前有过“钢铁反倾销案”、“DVD、VCD 技术壁垒案”，甜菊乃是安全壁垒，提醒人们加入 WTO 后中国所面临的贸易环境，虽然明的壁垒没有了，但暗的贸易壁垒还是存在，要求人们提高警惕，不要以为我国甜菊在境外遭禁，而内地的一些媒体不明事理、大量报导，这样伤害的是民族产业。

由于“洽洽”受“甜菊风波”影响最大，因而在此时被媒体宣传成了民族品牌和产业的代表和精英，受到人们的普遍尊敬。之后的市场调研表明，无论是品牌知名度和美誉度还是企业形象，“洽洽”香瓜子较之以前都有较大的提升，这是做广告很难达到的效果。

讨论题：

1. “洽洽”香瓜子面对“甜菊风波”采取了哪些的危机管理策略？
2. “洽洽”香瓜子应对“甜菊风波”的策略体现了哪些危机管理原则？

第十四章 品牌资产

【本章要点】

（1）品牌资产的概念。

（2）品牌资产的构成要素。

（3）测量品牌资产的方法。

【导入案例】

农夫山泉品牌资产的成功推广㊀

2002年恰逢韩日世界杯和亚运会，一贯擅长赞助体育赛事的农夫山泉没有在电视、报纸等媒体上投放与世界杯和亚运会相关的广告，而是静下心来做了一件相对默默无闻却有意义的事——推出“阳光工程”，并且呼吁更多企业和社会力量关注贫困地区体育事业的发展。这是农夫山泉继2001年“一分钱支持申奥”以来的又一项“一分钱”活动，只是其关注对象转移到了贫困地区渴望运动的孩子们身上。

由于“阳光工程”是代表消费者群体来支持公益事业，使消费者对农夫山泉有很强的认同感，他们把农夫山泉同公益事业和体育事业紧密联系在了一起。这些活动的不断开展不仅使农夫山泉的知名度上升到了前所未有的高度，而且也持续提升了农夫山泉的品牌形象，为其品牌忠诚的树立奠定了坚实的基础。

很显然，为了建立优良的品牌资产，企业就必须围绕着品牌定位，充分利用品牌资产的各种要素，向品牌持续地注入新的元素、新的内容，并借用各种机会、各种手段，不断地展示和提升品牌形象。

品牌资产的价值正是在产品销售的促进和品牌延伸中体现出来的，因此各企业都十分重视建立品牌资产，利用直接和间接的品牌联想，使品牌具有较高的认知度，具有强烈的、积极的、独特的品牌形象和品牌忠诚度。

第一节 品牌资产概述

“在未来，拥有市场比拥有工厂重要多了，而拥有市场的唯一途径是先拥有具备市场优势的品牌。”企业与投资者都认识到品牌才是企业最珍贵的资产，品牌资产关系到企业的未来与发展。为了充分了解、建立并利用品牌资产，有必要先对品牌资产的内容作一下简单的介绍。

㊀ 根据慧聪网《农夫山泉重大营销事件》一文整理，http：//info. ceo. hc360. com/2005/08/24073015761. shtml。

一、品牌资产的概念

品牌资产概念最初由广告从业者提出，是由需要刺激、产品信息选择、动机、对产品的信心水平、选择标准和品牌理解等因素组成（Barwise，1993）。之后，品牌资产的实践意义促使不同领域的学者相继投入到品牌资产的研究中。国内外学者对品牌资产概念的界定，各有不同。从总体上说，可归纳为两种类型：一种是基于企业从财务的角度进行定义，另一种是基于顾客从营销的角度进行定义。

（一）基于企业从财务角度进行定义

这种定义类型主要是将品牌资产用货币的形式表现出来。Farquhar（1989）将品牌资产定义为一个产品的品牌名称所赋予的增加价值；Simon 和 Sullivan（1993）将品牌资产定义为：相对于没有品牌名称的产品，拥有品牌名称的产品带来的增加现金流；J. Walker Smith（1991）将品牌资产定义为凭借成功的计划和活动、产品和服务的交易所带来的可度量的财务价值；范秀成（2000）认为品牌资产是企业以往在品牌方面的营销努力产生的赋予产品或服务的附加价值：他们的概念是建立在一个财务会计的角度，考虑了市场表现而没有强调顾客对于品牌的态度。

（二）基于顾客从营销的角度进行定义

大卫·阿克（1991）将品牌资产定义为一组能为产品或服务增加价值、并与品牌名称或标志相连的五种品牌责任；凯勒（1993）将基于顾客的品牌资产定义为品牌知识在消费者对品牌营销反应中的作用；T. Erdem 和 J. Swait（1998）认为品牌资产是品牌作为产品定位可靠信号的价值；美国营销科学学会将品牌资产定义为购买品牌的顾客、渠道成员及母公司产生的一组联想和行为，它使得品牌能够获取比没有品牌时更大规模或更大边际的利润，以及优于竞争者的一种强有力、持续及差异化的优势；美国品牌资产委员会将品牌资产定义为具有资产的品牌提供给消费者“一种自我拥有的、可以信赖的、相关的、独特的”承诺；符国群（1999）认为品牌资产是附于品牌之上，能够在未来为企业带来额外收益的顾客关系；于春玲和赵平（2003）认为品牌资产是“消费者对企业营销活动在认知、情感、行为意向、行为方面的差别化反应”；张传忠（2002）认为品牌资产能够给顾客和企业带来不同于产品的特别价值或利益；黄合水、彭聃龄（2002）从人类认知的角度对品牌资产进行定义，认为品牌资产是在品牌名字的基础上经过营销活动和消费者产品购买、使用经验的共同作用形成的。

可见两个学派在定义品牌资产时从不同的角度利用了不同的方法，每个角度的提倡者均根据他们的定义和概念发展了测量工具。本书认为，一个全面的品牌资产的定义和概念必须满足两个主要目标：一是统一未来对品牌资产测量的研究；二是引导实践者利用有意义的、全面的和可信的品牌资产评估标准，以便不同品牌之间进行精确的比较。

二、品牌资产的构成

品牌资产是由品牌形象所驱动的资产，它形成的关键在于消费者看待品牌的方式而产生出来的消费行为。因此品牌资产有别于有形的实物资产，它是一个系统概念，由一系列因素构成。品牌名称和品牌标示物是品牌资产的物质载体，品牌知名度、品牌美誉度、品牌认知、品牌联想、品牌忠诚度和附着在品牌上的其他资产是品牌资产的有机构成，为消费者和企业提供附加利益是品牌资产的实质内容。它们之间的联系如图 14-1 所示。

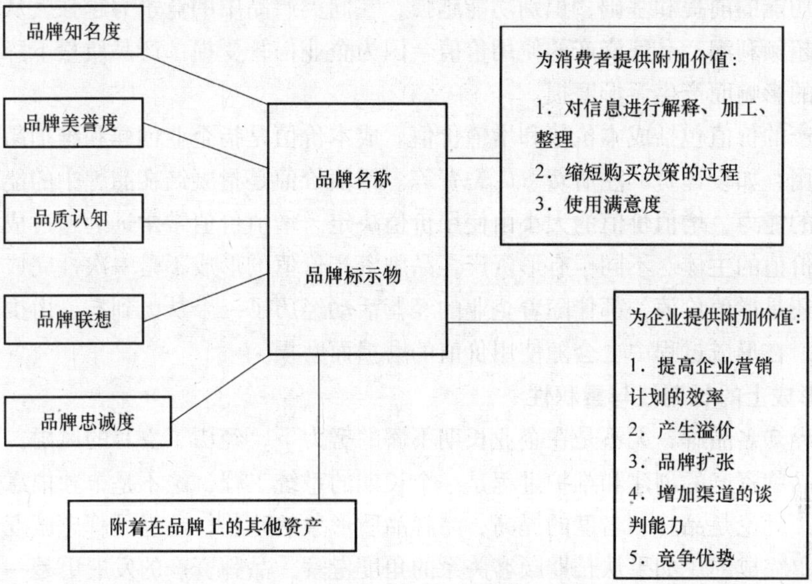

图 14-1　品牌资产系统

三、品牌资产的特征

品牌资产作为一项重要的无形资产，是企业的资产负债表应当核算的对象，在试图弄清楚该如何核算它之前，有必要了解它有哪些具体特征。

（一）无形性和附加性

品牌资产是一种无形资产，它不同于厂房、设备等有形资产，无法用眼看、用手摸。它必须通过一定的载体来表现自己。直接载体是品牌名称、符号等品牌元素；间接载体是与产品和企业有关的品牌知名度、美誉度和忠诚度等。从取得的方式来看，有形资产通常通过市场交换的方式得到，而多数品牌资产是通过企业的经营活动自创的，只有极少部分是通过收购、兼并等方式取得的。另外，品牌资产兼具可确指和不可确指无形资产的特点。一方面，它常常需要和特定的产品（或企业）结合在一起（强势品牌与其所代表的产品或企业密不可分，一旦建立，竞争企业很难模仿或复制）；另一方面，品牌资产在某些时候也可以游离于企业之外而单独存在（其他企业通过购买或接受转让等方式直接获得品牌的所有权或使用权）。

（二）构成与估价上的特殊性与复杂性

品牌资产反映的是一种顾客关系，而顾客关系的深度和广度是通过品牌的知名度、品牌的美誉度、品牌的忠诚度、品牌的品质形象等多方面的内容予以反映的。所以品牌资产在构成上是非常特殊的。这些部分是相互联系、相互影响、彼此交错的，很难截然分开。

同其他资产一样，品牌资产具有使用价值和价值。同时，作为一种特殊的无形资产，品牌资产的价值和使用价值又不同于企业其他资产。

品牌资产的使用价值表现为它具有识别功能、竞争功能和增值功能。识别功能主要是对顾客和经销商而言的，竞争功能和增值功能主要是针对企业而言的。其中，识别功能是竞争功能和增值功能的前提和基础，识别功能越强，在同类产品中的竞争力越强，从而为企业创造出更多的超额利润。品牌资产的使用价值会因为企业信誉受损、产品质量下降、品牌宣传低效等因素的影响而产生无形磨损。

品牌资产的价值包括成本价值和增值价值。成本价值是指企业创建和维护品牌资产时投入的各种费用，如设计费、注册费、广告费等。增值价值是指凝结在品牌中的能够为企业带来超额收益的能力，增值价值的大小由使用价值决定。增值价值常常远远超过成本价值，成为品牌资产价值的主体。不同于有形资产，品牌资产价值的形成不是一次性完成的，无论是成本价值，还是增值价值，都伴随着企业的经营活动经历了一个从无到有、由少到多的渐进过程。同时，在形成过程中也会随使用价值的磨损而磨损。

（三）形成上的长期性与累积性

纵观世界知名品牌，无不是在企业长期不懈的努力下，经历了岁月的风雨，才拥有了今天的地位。品牌资产的创建和维护过程是一个长期的系统工程，绝不是单独依靠某个因素就可以得到的。无论是品牌知名度的提高、品牌品质形象的改善，还是品牌忠诚度的增强，都不是一朝一夕完成的。如果从长期顾客关系的角度考察，品牌资产的发展更是一个不断演进的过程。品牌从无名到有名，从被部分消费者了解到逐步被消费者所熟悉并对其产生好感和偏好，期间无不伴随着企业的不断努力与长期投入。所以说，品牌资产是企业长期投入人、财、物的沉淀与结晶。

（四）投资与利用的交叉性

不同于有形资产在使用中通过折旧的方式实现价值，品牌资产在使用过程中必须对其进行持续投资和维护，根据市场情况的变化制定有效的策略，并持续投入相应的资源，避免品牌资产贬值。同时，对品牌资产的科学管理和使用（如成功的品牌延伸和市场扩张等）还会使品牌资产不断增值。

就总体而言，品牌投资会增加品牌资产存量，品牌利用会减少品牌资产存量，但如果管理得当，品牌资产不仅不会因利用而减少，反而有可能获得增加。一些企业在品牌大获成功后，不失时机地将其延伸使用到其他产品上，品牌影响力不但没有因此下降，反而有所提升。

（五）品牌资产价值的波动性

品牌资产的价值不是一成不变的，它会随着时间的推移而增大或减小，也会随着空间的变化而发生变化。品牌的价值不是终身制，价值的大小由每年的市场情况决定。世界著名品牌都不可能高枕无忧，更何况知名度一般的品牌呢？所以，企业要有一定的忧患意识，不断进取。

第二节　品牌资产测量

品牌资产是无形资产，尤其是其增值价值，更抽象，难以衡量。但只要掌握了科学的测量工具，具体测量品牌资产的多寡也不是不可能。下面将介绍一些品牌资产测量的相关知识。

一、品牌的知名度

品牌的知名度是指某品牌被公众知晓、了解的程度，它表明为多少或多大比例的消费者所知晓，反映的是顾客关系的广度。品牌知名度是评价品牌社会影响大小的指标，品牌知名度的大小是相对而言的。

（一）品牌知名度的层级

一般将品牌知名度分为四个层级，如图 14-2 所示，这四个层次呈金字塔形。

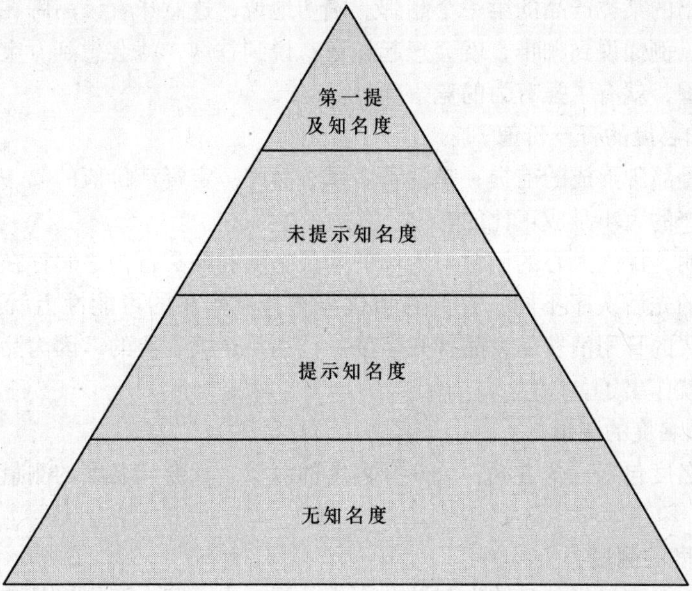

图 14-2 品牌知名度层级图

1. 无知名度

无知名度是指消费者对品牌没有任何印象，原因可能是消费者从未接触过该品牌，或者该品牌没有任何特色，根本无法引起消费者的兴趣，十分容易被消费者遗忘。消费者一般不会购买该品牌。

2. 提示知名度

这是根据提供帮助的记忆测试确定的，如通过电话调查，给出特定产品种类的一系列品牌名称，要求被调查者说出他们以前听说过哪些品牌。虽然需要将品牌与产品种类相连，但其间的联系不必太强。品牌识别可以让消费者找到熟悉的感觉。人们喜欢熟悉的物品，尤其是对于香皂、口香糖、纸巾、糖等低价值的日用品，有时不必评估产品的特点，熟悉这一品牌就足以让人们作出购买决策。研究表明，无论消费者接触到的是抽象的图画、名称、音乐还是其他，接触的次数与喜欢程度之间呈正相关关系。

例如，在评估计算机系统时，通常要考虑三四个备选方案。在这一步，除特殊情况外，购买者可能没有接触到更多品牌。此时，要进入备选组的品牌回想就非常关键。哪个厂商生产计算机？能够想到的第一家公司就占有优势，而不具有品牌回想的厂商则没有任何机会。

3. 未提示知名度

在这一层次，通常是通过让被调查者说出某类产品的品牌来确定品牌回想，但这是“未提供帮助的回想”，与确定品牌识别不同的是，不向被调查者提供品牌名称，所以要确定回想的难度更大。品牌回想往往与较强的品牌定位相关联。品牌回想往往能左右潜在购买者的采购决策。采购程序的第一步常常是选择一组需考虑的品牌作为备选组。

4. 第一提及知名度

这是一个特殊的状态，是品牌知名度的最高层次。它是指消费者在没有任何提示的情况下，所想到或说出的某类产品的第一个品牌。确切地说，这意味着该品牌在人们心目中的地位高于其他品牌。例如说到咖啡，就会想起雀巢；说到香烟，就会想到万宝路。企业如果拥有这样的主导品牌，就有了强有力的竞争优势。

（二）品牌知名度的资产价值

品牌知名度是品牌形成的前提，是消费者赋予品牌一定资产价值的第一步，品牌知名度的高低与品牌资产的大小是成正比的。

大量研究表明，深入人心的记忆与人们的购买态度和购买行为之间存在着关系，各品牌在测试中被记忆的先后次序不同，它们在被优先选择和购买的可能性上就表现出很大的差别。对于经常购买的日用消费品，品牌知名度的作用是至关重要的，因为品牌购买决策一般是在去商店之前就作出了。

（三）品牌知名度的测量

测量品牌知名度包括三个方面：公众知名度的测量、社会知名度的测量和行业知名度的测量。

1. 公众知名度的测量

品牌的公众知名度是指某品牌在相关公众中的影响力，即主要指该品牌在顾客中的影响力，通常采用简单测量法和复合测量法来测量。

（1）简单测量法。简单测量法只是测量被访问者是否知道品牌的名称。

您知道××品牌吗?

◇知道 ◇不知道

品牌知名度的计算方法为：

$$\text{品牌知名度}=\frac{\text{知道该品牌的人数}}{\text{被调查的总人数}}\times 100\%$$

简单测量法由于测量的指标过于简单，得出的结果过于笼统，而使得在进一步考察影响知名度的更深层次的因素时无法发挥作用。

（2）复合测量法。复合测量法是指运用多个指标的综合结果来反映品牌的公众知名度，通过总加测量法来进行。例如，可以在测量表中列出几个问题，供调查对象选择：

1）您对××品牌的名称

◇很熟悉 ◇熟悉 ◇一般 ◇不熟悉 ◇很不熟悉

2）您对××品牌的标志

◇很熟悉 ◇熟悉 ◇一般 ◇不熟悉 ◇很不熟悉

3）您对××品牌提供的产品

◇很熟悉 ◇熟悉 ◇一般 ◇不熟悉 ◇很不熟悉

4）您对××品牌提供的服务

◇很熟悉　◇熟悉　◇一般　◇不熟悉　◇很不熟悉

5）您对××品牌的广告

◇很熟悉　◇熟悉　◇一般　◇不熟悉　◇很不熟悉

每道题的答案取值分别为4，3，2，1，0。根据回答者对每道题的回答结果记分，然后，计算总和分数。每个回答者的得分计算方法为：

$$X = \sum X_i N$$

式中，X_i为每题的得分；N为回答者的人数。

使用复合测量法，可以针对不同的情况设计不同的指标，指标数量的多少根据企业的实际要求而定。

2. 社会知名度的测量

品牌的社会知名度是指某品牌在社会大众中的影响力，通常用该品牌在大众媒体上出现的频率来表示。大众传播对社会大众的舆论导向作用巨大。传播的力度和深度是其他方式不能比拟的。品牌知名度的提高主要依赖于传播的力度。考察社会知名度，可以根据企业对品牌的定位，将有关大众传播媒体分类，然后分别计算出该品牌在各类别媒体上出现的频率，就可以得到该品牌的社会知名度。

3. 行业知名度的测量

品牌的行业知名度是指某品牌在相关行业（特别是在本行业）中的影响力，通常也是通过问卷调查的方法来研究。调查品牌行业知名度可以参照测量品牌公众知名度的方法。在每个行业中往往有若干个品牌的存在，行业知名度可以反映出某品牌的行业地位、本品牌与竞争品牌在知名度上的差异。

二、品牌的品质认识

（一）品质认知的含义

品质认知是指消费者对产品或服务的适应性和其他功能特性适合其使用目的的主观理解或整体反应，是消费者对产品客观品质的主观认识，它以客观品质为基础，但又不等同于产品的客观品质。同类产品的客观品质可能相差无几，但消费者对产品的品质认知却有可能相差甚远。消费者形成产品偏好和品牌忠诚的重要影响因素不是产品的客观品质，而是产品的认知品质。它不仅包括产品自身的品质，还包括产品服务的品质。P&G，世界一流产品；海尔，星级服务：都是消费者对品牌的一种认同。品质认知大体上包括如下内容：产品功能与特点、适用性、可信赖度、耐用度、外观、包装、服务、价格、渠道等。

（二）品质认知的资产价值

产品品质是品牌资产的基础，或者说是维系、发展长期顾客关系的一个重要方面。品质认知的资产价值体现在以下四个方面：

1. 提供购买的理由

好品质的商品是所有消费者的选择，如果没有质的认定，品牌是不可能被列入考虑的。

2. 产生溢价

对高价位的商品，通常消费者会期望具有较好的品质；相反的，较好品质的商品如果卖较高的价位，消费者会接受的。日本汽车就是应用这个策略进入美国市场，早期日本车以低价位、高品质成功又快速地渗透美国市场，待时机成熟，便逐步提高价位。

3. 提高渠道谈判能力

高品质的产品，代表着消费者的购买意愿，也正是经销商的最爱，所以具有高品质印象的产品在铺货力上拥有先机。

4. 提高品牌延伸力

具有高品质印象的品牌在品牌延伸上有更大的能力，因为消费者会将原有的品质印象转嫁到新的产品线上，这对新的产品线而言，大有助益。

三、品牌联想

（一）品牌联想的含义

品牌联想是指消费者在看到某一品牌时所能勾起的所有印象、联想和意义的总和，如产品特点、使用场合、品牌个性、品牌形象等。例如，万宝路总是让人想起孤独而阳刚的牛仔、男子气概、神采飞扬的群马、自由奔放的西部原野、新鲜的太阳与空气、男人的友谊；百事可乐则可以让人充分领略青春动感、活力无限的激情。品牌联想（或品牌联系）大致可分为三种层次：品牌属性联想、品牌利益联想、品牌态度。

1. 品牌属性联想

品牌属性联想是指对于产品或服务特色的联想。品牌属性可分为与产品有关的属性和产品无关的属性。与产品有关的属性是指产品的物理组成和服务要求，它决定着产品的本质和等级；与产品无关的属性并不直接影响产品性能，但它可能影响购买或消费过程，如品牌名称、产品价格、使用者状况、品牌标志、品牌原产地等，与此相对应，有以下几种品牌属性联想：

（1）品牌名称联想。品牌名称是市场营销者对品牌的初步接触，由于各地文化差异、风俗习惯、宗教信仰等的不同，由品牌名称带来的联想会导致消费者对品牌的偏好。家乐福、奔驰、好美家等品牌名称十分符合中国人的价值取向。

（2）产品价格联想。产品价格是市场营销组合中的重要组成部分，消费者常根据品牌价格的高低来判断品牌的档次，并将价格和产品质量联系起来。人们常说的“一分价钱一分货”就是这个道理。

（3）品牌使用者联想。消费者对品牌的感知在很大程度上受品牌使用者的个性、形象、地位的影响。

（4）品牌标志联想。

（5）品牌原产地联想。德国的汽车使消费者产生质量优异的联想，美国车给消费者的联想则是大气，购买日本车的消费者看重的是外形及省油的特性。

2. 品牌利益联想

品牌利益联想是指消费者认为某一品牌产品或服务属性给他带来的价值和意义。品牌利益联想又可分为产品功能利益联想、产品情感利益联想和体验利益联想。

（1）产品功能利益联想。产品功能利益是指产品或服务固有的、内在的可以提供给消费者的利益，如购买自行车代步，购买手机为了便利。有些品牌带有很强的功能利益，如可口可乐提供饮料解渴，迪士尼提供休闲娱乐，麦当劳供应新鲜美味的汉堡。

（2）产品情感利益联想。情感利益是指产品或服务能提供给消费者的相对外在利益，以满足消费者的社交需要、自尊需要等一些比较高层次的需要。例如，劳斯莱斯——皇家的坐骑；柒牌西服——成功男士的选择；劳力士——尊贵、典雅的象征。

（3）体验利益联想。体验利益是指消费者消费产品或服务后的感受，这些利益能使消费者获得感官愉悦或某种刺激。使用兰蔻香水后于人群中走过，在感受众人驻足品味的同时，也会流露出优雅、自信。

3. 品牌态度

品牌态度是最高层次也是最抽象的品牌联想，它是消费者对品牌的总体评价。通常建立在品牌属性和品牌利益上。品牌态度有一定的幅度，从厌恶到喜欢就有几个层次。

（二）品牌联想的资产价值

积极的品牌联想意味着品牌被消费者接受、认知，进而可形成品牌偏好和品牌忠诚。品牌联想的资产价值包括以下几个方面：

1. 品牌联想有助于品牌认知，扩大品牌知名度

例如，看到KFC的标志，我们就想到了新鲜美味的香辣鸡翅、汉堡，热情、快捷的服务，清洁、卫生的用餐环境。

2. 产生差异化

在产品越来越趋向于同质化的年代，只有形象差异才能对市场和销售者产生震撼，给消费者留下深刻的记忆。

3. 提供购买理由

无论是品牌属性联想还是品牌利益联想或消费者对品牌的态度，都直接与消费者利益有关，从而能提供一个特别的理由促使消费者购买或使用这一品牌。

4. 品牌延伸的重要因素

品牌所具有的联想可以用于其他产品上，它们可以共享某一品牌。

（三）品牌联想的测量

1. 品牌联想的几个方面

（1）联想的数量。消费者心目中对品牌名称所构成之联想集合是衡量品牌权益的一项变数。克瑞斯南（Krishnan，1996）认为人们的记忆是由许多的信息点相连而成的网状结构，例如，提到耐克时，会使得人们联想到运动鞋、耐久性、Michael Jordan、飞跃与希腊女神等，也就是说这些因品牌所唤起的种种联想与品牌之间即构成了一联想网状结构；而其中每一联想内容与品牌之间的联结即是联想过程。所以若一品牌所拥有的联想数量越多，表示这些联想对该品牌提供了更多样化的联结途径，则消费者越容易借由这些节点来唤起对该品牌的记忆。然而，迈尔斯·利维（Meyers Levy，1989）曾指出大量的联想将会因这些联想的互相干扰而使得对此品牌的记忆减少；但对于成熟品牌而言，这些干扰不至于太大，因为这些成熟品牌已经建立了相当高的认知水平。

（2）联想的净正面性。消费者对于品牌所拥有的联想集合，其中有的是正面的，但也有部分是负面的。因此，在衡量品牌联想时，若只将评定的重心置于联想的数量上，是有所不足的（Krishnan，1996）。一般而言，较高市场力的品牌具有相对比例较多的正面联想，低市场力的品牌则具有相对比例较多的负面联想；而此时，只单纯地以联想数量加以衡量，无法区分出市场力高低不同的品牌。因此，评定正面联想对于负面联想的相对存在是非常重要的。只有以联想的净正面性观点来加以检视，才能完

整地区别出这些品牌市场力的高低。

(3) 联想的独特性。在一品牌的联想集合之中，某部分是与该产品类别所具有的联想相同的，也就是说品牌与该产品类别之间需要拥有一些共有的联想，当共有联想的个数增加时，则此品牌在此产品类别内将渐渐成为一典型的品牌，也就是此品牌渐渐会被标准化产品的特性联想在一起，如此将会帮助此品牌容易地被回想，以及容易地被纳入顾客的购买考虑集合之内。若品牌所具有的一些联想导致消费者将该品牌分类至错误的产品类别中，将对品牌造成不利的影响。例如，一个以牙膏挤压式为包装的接着剂，由于它的外观造型设计并无凸显其产品性质，则有可能会使得消费者误认为是药膏类的产品。所以若品牌与该产品类别之间的共有联想数量越多时，则表示该品牌在此产品类别内已逐渐成为一个代表性、典型性的品牌，这将帮助消费者在购买该类别产品时，容易地联想起该品牌，进而纳入消费者的购买意愿内。

在一产品类别内具有许多的竞争品牌，可预期地，有许多联想是在品牌间所共同拥有的，例如："洗发水"以及"柔顺"是沙宣和飘柔两品牌所共有的联想，然而，"造型"、"模特儿"则是沙宣所拥有的独特联想，此为飘柔所没有的。品牌需具备有别于其他品牌之独特联想，使得其能在消费者心中建立起该品牌的特殊定位，因为这就是代表着该品牌的形象，所以，虽说不同市场力的品牌之间拥有多数目的共有联想，有利于该品牌被正确地分类至该产品类别中，但在产品类别中，它也必须具备在竞争品牌间脱颖而出的某些独特联想。而此独特联想也就是能在同一类别内指出该品牌之联想特性的衡量项目之一。

(4) 联想的来源。消费者对品牌的了解，均是来自于各种不同的渠道；消费者品牌联想的来源，扮演着重要的角色。联想的起源分为直接经验（如试用、实际购买使用）与间接经验（如广告、口碑）。以直接经验为基础所引发的联想，在消费者心中具有较确定的意义，也将会在消费者的记忆中构成较强烈的印象。因此，品牌拥有较高比例来自直接经验的联想，将会在消费者心中拥有相对较稳固的定位。

而在间接经验来源方面，可分为两种：一为口碑，二为广告。以消费者的观点来看，口碑是透过旁人或是亲朋好友的实际使用，相互传达其对于使用该品牌产品的经验，此过程并不存在任何的利益，且此种口碑通常来自于可信任之人，故此来源在消费者心中具有较高的可信度。而广告是推销的手段之一，对消费者而言，广告通常是站在营销者的立场，所以，消费者对广告来源的可信度相对较低。

(5) 联想的喜好程度。消费者对一品牌所产生之联想集合，可能包含正面的与负面的。而此联想内容会形成消费者对该品牌之整体态度。Keller 认为联想内容中有关的品牌属性与利益扮演着满足消费者需求的重要角色；因此，评定消费者对品牌联想的整体喜好度，亦即探讨消费者所被诱发的联想内容是否可满足消费者对该产品的需求；除非消费者对该品牌评估之后喜爱这些品牌联想，否则该品牌联想再特别并没有太大意义。因此高价值品牌所引发之联想将会使消费者对其拥有较高的整体喜好度。

(6) 联想的强度。品牌联想可借由联结至品牌节点的强度来描绘其特性。联想的强度关系到有关品牌的信息是如何进入消费者的记忆中（编码）以及是如何被记忆为品牌形象的一部分（储存）。强度是在编码中处理所接收到的信息总数或数量（如一个人回想到多少信息），以及在编码中处理所接收到的信息本质或质量（如一个人回想信息的方法）的函数。品牌的最终目的是促使消费者增加对其的购买机会，所以除非品牌联想能激起消费者的欲望，强烈到让消费者能确实感觉到它，否则无论该品牌的联想内容有多令人喜爱，都不具有太大的意义。

2. 对品牌联想的评价方法

（1）联想数量。评定联想数量的方法是经由询问受测者任一品牌时，受测者会想到的任何事物；而当受测者每新增一个联想之前，我们会要求受测者再一次确认该品牌名称。而在此过程中，是给予受测者一个自由联想的空间，并无给予任何联想的引导。受测者对品牌名称所拥有的总想法个数的数量，即是该品牌的联想数量。

（2）联想的净正面性。联想的净正面性是由该品牌所拥有的正面联想数量与负面联想数量予以整合衡量的。也就是说，在自由联想过程之后，每一品牌均拥有个别的联想，而在此联想数量内具有正面联想以及负面联想两种，正面联想的数目减去负面联想的数目，所得出的数目占总合联想数量之比例被称为联想的净正面性。

（3）联想的独特性。此独特性分为两种：一为产品类别方面的独特性，二为竞争品牌方面的独特性。对于产品类别方面的独特性，其衡量的方法为先计算出每一品牌与产品所共同拥有的联想数量，再进而算出共有比例，此共有比例等于一品牌与产品所共同拥有的联想数量占该品牌所拥有的总联想数量的比例；而最终可计算出该品牌来自产品类别之独特性比例（独特性比例 = 1 - 共有比例）。而此来自于产品类别方面的独特性比例越低，亦即共有比例越高，则对该品牌是越有利的。同样的，对于竞争品牌方面的独特性，其衡量的方法亦为先计算在一产品类别内，一品牌与其所比较的另一品牌间所共同拥有的联想数量，再计算出共有比例，此共有比例等于一品牌与另一比较品牌间所共同拥有的联想数量占该品牌所拥有之总联想数量的比例；最终可计算出该品牌来自竞争品牌方面的独特性比例（独特性比例 = 1 - 共有比例）。而此来自于竞争品牌方面的独特性比例越高，则对该品牌是越有利的。

（4）联想的来源。在前述评定联想数量的自由联想过程中，受测者所提供的每一联想，都有其被引导的来源，而这里将此来源分为直接经验、广告、口碑（来自于家人或是朋友）及其他四种来源。由于某些联想有可能是两种以上的来源所共同引导出的，而此时，我们要求受测者需确认何者为此联想的主要来源，这样方能将每一联想归属于唯一的来源范畴内。因为此四种联想来源的范畴在本质上有相当大的不同，若联想拥有多重来源，则无法进行研究（Krishnan，1996）。而联想的来源是以该来源被受测者所勾选的次数占总受测者的比例来衡量的。因此，四种来源之比例总和为 1。

（5）联想的喜好程度。以李克特（Likert）5 点量表加以衡量。要求受测者勾选出心中对品牌的整体性喜好程度。而此整体性喜好程度是受测者针对品牌自由联想的内容，在经由正、负联想的相抵消以及评估该品牌产品功能与属性可带给其多少的满足程度后，所给予品牌的总评分。

（6）联想的强度。以李克特 5 点量表加以衡量。要求受测者勾选出心中对品牌联想过程的整体性难易程度。而此整体性难易程度是受测者针对品牌自由联想的过程，在经由难易联想程度的相抵消以及评估该品牌能激发消费者对其多少的感受程度后，所给予品牌联想过程的总评分。

【品牌视野】

基于消费者行为和心理的品牌联想测量

早期传统的品牌联想测量方法主要有投射技术和结构化的方法（量表化方法）（Keller 1993；Nzuki，日期不详）。投射技术涉及对使用经历、决策过程、品牌用户或诸如把品牌想成一个人或一种动物的隐喻表征联想的测量，以及模糊刺激的使用，即在这些技术中投射经历、态度和认知，这些技术包括自由联想法、图画补笔法、主题统觉测验、句子完成法和故事完成法，是早期内隐品牌联想和联想内容测量的主要方法和常用方法。结构化方法“涉及对品牌联想一系列维度的量表化”（Aaker，1991；Nzuki，日期不详），包括语义差异量表、李克特量表、联合分析法（Conjoint Analysis）和自然分组法（Natural Grouping），是测量品牌联想维度常用的方法。但到目前为止，由于没有统一的维度模型，还没有一种通用的品牌联想维度量表。

随着理论和实践研究及统计技术的发展，学者们把一些新的心理学理论和测量技术应用于品牌联想测量中，主要有质的研究方法，包括拼贴法、团体焦点访谈法、快速连续视觉呈现法（Rapid Serial Visual Presentation，简称 RSVP）、反应时技术和多元统计学方法等。相比于传统的元素测量技术，这些方法更加精确化和客观化。质的研究方法能更全面和深入地引发品牌联想；新旧技术和理论间的相互结合，则增加了测量技术的灵敏性和精确性。例如，MeDowell（2004）把质的研究方法与自由联想法相结合，证明了自由联想法用于捕获和区别抽象媒体品牌联想的可行性。雷莉等的研究证实了反应时技术测量品牌联想的可行性，且反应时技术比自由联想法在测量的精确性与客观性上具有更大的优势（雷莉、樊春雷、王泳、马谋超，2004）。而多元统计学方法既可作为独立的方法对品牌联想的测量进行更加量化的研究（Ross，2007），也可作为其他测量方法的数据处理技术。此外，一直以来，由于年幼儿童的抽象概括和口头表达能力有限，先前的测量技术无法应用于儿童被试，但一种称作“品牌拼贴法”（Brand Collage）的儿童品牌联想的诱发技术却被证明在 3～8 年级年龄组儿童中可有效应用。

四、品牌忠诚

（一）品牌忠诚的含义

消费者在一段时间甚至很长时间内重复选择某一品牌，并形成重复购买的倾向，无论情境和营销能力如何影响，都不会产生转换行为，就可称之为品牌忠诚。它是品牌资产中最核心、最具价值的内容。它包括行为忠诚和态度忠诚两个方面。

（二）品牌忠诚的类型

按品牌忠诚的形成过程，品牌忠诚可以划分为认知性忠诚、情感性忠诚、意向性忠诚和行为性忠诚四种类型。消费者行为学者认为，在消费者态度形成过程中，消费者会首先收集相关品牌的信息（认知）；然后对这些零碎而复杂的信息进行重新整理、加工之后，会对该品牌作出肯定或否定的综合评估（感情评估）；并在这一综合评估的基础上产生某种行为意向。因而，品牌忠诚的形成过程是先有认知性忠诚、其次是情感性忠诚，再次是意向性忠诚，最后是行为性忠诚。

1. 认知性忠诚

它是指经由品牌相关信息直接形成的，认为该品牌优于其他品牌而形成的忠诚。

2. 情感性忠诚

它是指在使用某种品牌并获得持续满意后，形成的对该品牌的偏爱和情感。

3. 意向性忠诚

它是指顾客十分向往再次购买某个品牌，不时有重复购买的冲动，但这种冲动还没有转化为行为。

4. 行为性忠诚

它是指顾客将忠诚的意向克服障碍实现购买。

（三）品牌忠诚的资产价值

品牌忠诚是一项战略性资产，如果对它进行适当的经营开发，那么它就会给企业创造多项价值。品牌的资产价值如下：

1. 降低行销成本，增加利润

忠诚创造的价值是多少？忠诚、价值、利润之间存在着直接对应的因果关系。营销学中著名的“二八原则”，即80%的业绩来自20%的经常惠顾的顾客。对企业来说寻找新客户的重要性不言而喻，但维持一个老客户的成本仅仅为开发一个新客户的1/7。一个企业的目的是创造价值，而不仅仅是赚取利润。为顾客创造价值是每一个成功企业的立业基础。企业创造优异的价值有利于培养顾客忠诚观念，反过来顾客忠诚又会转变为企业利润增长和更多的价值，企业创造价值和忠诚一起构成了企业立于不败之地的真正内涵。

2. 易于吸引新顾客

品牌忠诚度高代表着每一个使用者都可以成为一个活的广告，自然会吸引新客户。根据口碑营销效应：一个满意的顾客会引发八笔潜在的生意；一个不满意的顾客会影响25个人的购买意愿。因此一个满意的、愿意与企业建立长期稳定关系的顾客会为企业带来相当可观的利润。品牌忠诚度高就代表着消费者对这一品牌很满意。

3. 提高营销渠道拓展力

拥有高忠诚度的品牌企业在与销售渠道成员谈判时处于相对主动的地位。经销商当然要销售畅销产品来盈利，品牌忠诚度高的产品自然受经销商欢迎。此外，经销商的自身形象也有赖于其出售的产品来提升。因此，高品牌忠诚度的产品在拓展渠道时更顺畅，容易获得更为优惠的贸易条款，如先付款后发货、挑选最佳的陈列位置等。

4. 面对竞争有较大弹性

营销时代的市场竞争正越来越体现为品牌的竞争。当面对同样的竞争时，品牌忠诚度高的品牌，因为消费者改变的速度慢，所以可以有更多的时间研发新产品、完善传播策略，应对竞争者的进攻。

（四）品牌忠诚度的测量

如果要对品牌忠诚度进行更深入的研究，企业就有必要按照一定的标准先将顾客的品牌忠诚度进行量化。综合起来，测量方法大致可以分为以下六类：

1. 按购买比例来测量

对顾客购买所有品牌量进行排序以确认忠诚度。例如，在一年中某顾客购买了几个品牌A、B、C，按比例排序为70%、20%和10%，那么他就最忠诚于A品牌，忠诚度为70%。

2. 按重复购买次数来测量

在一定的时间内，消费者对某一品牌产品的重复购买次数越多，说明对这一品牌的忠诚度越高；反之则越低。但是在确定这一指标的合理界限时，要根据不同的产品性质区别对待，不可一概而论。例如，快速消费品的重复购买次数至少要达到三次，才称得上品牌忠诚；但汽车、冰箱之类的耐用消费品，就不能用三次作为衡量指标了。

3. 按购买决策需要的时间来测量

通常，顾客的品牌忠诚度越高，购买决策所需要的时间就越短；反之，忠诚度越低，购买决策所需要的时间就越长。在利用这个指标测量顾客的品牌忠诚度时，也要考虑产品的价格、用途和使用时限等因素。例如，大多数女性在选购价格不高的日用品时能马上作出决策；而在购买服装时，即便面对自己忠诚度很高的服装品牌，也不能马上作出决策。

4. 按顾客对价格的敏感程度来测量

事实表明，对于喜欢和依赖的品牌，消费者对价格变动的承受能力强，即敏感度低；反之对于那些自己不是很喜欢或依赖性不高的品牌，消费者对其价格变动的承受能力很弱，即敏感度高。例如，每罐百事可乐价格上涨1角钱，这丝毫不会影响某位百事可乐忠诚消费者的购买；但当某品牌的茶饮料也涨了1角钱时，以前偶尔也会买点茶饮料的他便拒绝再次购买。

5. 按顾客对竞争产品的态度来测量

根据顾客对竞争产品的态度，可以从反面角度来判断对某一品牌忠诚度的高低。例如，当竞争品牌降价促销或推出品质更好的产品时，品牌忠诚度不高的顾客可能要“移情别恋”了，而品牌忠诚度很高的消费者却仍然不会产生转换行为。

6. 按顾客对产品质量的承受能力来测量

如果顾客对该品牌的忠诚度较高，当产品出现质量问题时，他们会采取宽容、谅解和协商解决的态度，不会因此而突然失去对它的偏好；如果顾客对该品牌的忠诚度较低，当产品出现质量问题时，极有可能产生反感情绪。

【本章小结】

（1）国内外学者对品牌资产概念有着不同的阐述。从总体上说，可归纳为两种类型：一种是基于企业从财务的角度进行定义，另一种是基于顾客从营销的角度进行定义。品牌资产包括五大特征：无形性和附加性；构成与股价上的特殊性与复杂性；形成上的长期性和累积性；投资与利用的交叉性；品牌资产价值的波动性。

（2）品牌资产是由品牌形象所驱动的资产，它是一个系统概念，由一系列因素构成，具体包括品牌知名度、品牌美誉度、品质认知、品牌联想、品牌忠诚度和附着在品牌上的其他资产。

（3）品牌知名度是指某品牌被公众知晓、了解的程度，它表明为多少或多大比例的消费者所知晓，反映的是顾客关系的广度。品质认知是指消费者对产品或服务的适应性和其他功能特性适合其使用目的的主观理解或整体反应，是消费者对产品客观品质的主观认识，它以客观品质为基础，但又不等同于产品的客观品质。品牌联想是指消费者在看到某一品牌时所能勾起的所有印象、联想和意义的总和。品牌联想大致可分为三种层次：品牌属性联想、品牌利益联想、品牌态度。消费者在一段时间甚至很长时间内重复选择某一品牌，并形成重复购买的倾向，无论情境和营销能力如何影响，都不会产生转换行为，就可称之为“品牌忠诚”。

【思考题】

1. 试述品牌资产的含义。
2. 简述品牌资产的五大特征。
3. 品牌联想的层次有哪些？
4. 品牌忠诚的类型有哪些？

【案例分析讨论】

金六福品牌资产的构建㊀

金六福自1998年上市以来，只用了短短数年时间，就跻身白酒市场前五强，品牌资产价值更是高达28.8亿元，并被中国食品工业协会授予“跨世纪中国著名白酒品牌”。金六福之所以能取得这样的成功，主要是依靠其高知名度和认知度以及与中国传统文化相一致的品牌联想铸造了极高的品牌忠诚度，在中国白酒业中掀起了一股金六福旋风。综合来讲，金六福品牌资产的构建成功有以下几个因素：

（一）运用营销手段提高金六福的知名度和认知度

金六福是较着眼于品牌战略规划的，一开始就将“福文化”确定为金六福的核心价值，然后就运用各种营销手段和方法，一系列的广告如“金六福——中国人的福酒”；穿着唐装的米卢蒂诺维奇（当时的中国国家男子足球队主教练）在中央电视台上广泛宣传：“喝金六福酒，运气就是这么好”；婚庆广告：“金六福，好日子，离不开他”；2002年底的广告“喝金六福明年更有福”等。这些广告急速提高了金六福的品牌知名度和认知度。因为播放该广告时正是中国足球有史以来第一次冲出亚洲走向世界的激动人心的时刻，金六福能引起全国上下的关注、知名度飞速上升也在情理之中。

（二）金六福的品牌联想符合中国人习惯

金六福通过形式多样的品牌体验营销活动，让消费者充分感受到“好日子离不开金六福酒”、“喝了金六福，年年都有福”、“中国人的福酒”等美好回忆。而且借着中国足球队第一次冲出亚洲的东风，米卢的“运气就是这么好”和“中国人的福酒”，使这种美好记忆更加深刻。而金六福的高明之处还在于它是在不断地演绎着“福运”品牌形象，将个人之福、家庭之福，提升到民族之福、国家之福，并进而延展为人类之福、世界之福，在这三级跳跃中，不断演绎和丰富金六福的品牌形象。

1. 第一阶段（1998~2000年）：个人之福，家庭之福

金六福最初的广告是中国人最熟悉的传统佳节、合家团聚的情景，在一派喜庆吉祥的气氛中，一句童稚的“好日子离不开它，金六福酒”，成为大江南北家喻户晓的佳句，也把金六福的品牌形象定格在个人和家庭最幸福的时刻。

㊀ 根据曾朝晖《金六福的领先之道》一文整理，来自中国酒业新闻网·专家专栏，http://www.cnwinenews.com/html/200707/4/20070704145918.htm。

2. 第二阶段（2001～2003年）：民族之福、国家之福

金六福通过赞助中国足球世界杯出线、中国申奥、中国奥委会2001～2004年合作伙伴等体育活动，将“福”文化理念提升到了民族之福，国家之福，一句“中国人的福酒”，成为这一时期的代表性口号。

3. 第三阶段（2004至今）：人类之福、世界之福

金六福通过赞助奥运会，把“福文化”推向一个更高的层次，提出了“奥运福·金六福”的新概念，使“福文化”上升为一种人类之福、世界之福。金六福认为，“福”文化和奥运精神是一脉相承的，是中西文化的不同表达方式。金六福站在一个新的高度对奥运精神进行了不同于以往的诠释，并将其演绎为新的“六福”：欢聚是福、参与是福、和平是福、进取是福、友谊是福、分享是福。于是，在金六福的电视广告中，人们从世界五大洲走到一起，不分种族、不分肤色，共同拥抱奥运会，巧妙地诠释了奥运给世界带来的福。在平面广告中，金六福将“自由绳操与中国传统京剧”、“奥运划艇与中国传统龙舟”、“奥运圣火火炬与中国传统烽火台”结合起来，传达现代奥运和“福”文化一脉相承的内涵。电视广告和平面广告交相呼应，使“奥运福·金六福”的理念以震撼之势迅速传播，金六福轻松将奥运精神归入到自己的品牌资产名下。

回首金六福所实现的三级跳跃，可以发现：金六福的成功，在很大程度上取决于它坚持对品牌始终如一的长期投资、对文化的深厚积累，消费者在购买金六福产品时已经超越了纯粹购买的范畴，而是和产品建立了无形的情感关系，这种关系包含了信任、喜爱，给消费者以共同的文化氛围和一种实质拥有的感觉，因而它随文化而流传。

北京申奥成功，金六福酒被中国申奥代表团高高举起，以示成功的喜庆，金六福成为人们为民族喜事欢呼雀跃之时的庆功美酒，其意义已经远远超出了酒的范畴，而成为一种象征，其品牌联想也从低层次的个人的福气上升到了民族和国家的高度。金六福的公关活动很好地将“福运”的理念带进这举世瞩目的时刻，这又使人们在幸福之中记起“金六福”。所有的这些活动都是为了在消费者心目中形成良好的品牌联想，这些联想就会在消费者心中组合出一些意义，这些有意义的印象就成为品牌形象。而正面的品牌联想就会形成正面的品牌形象，为消费者的品牌忠诚打下基础。

此外，金六福系列酒的包装设计很独特。外盒包装以黄、红、金为主色，一至五星采用系列化设计，突出系列酒的特点。其他星级的金六福酒也都以不同方式、不同角度强化和突出“福”字，营造了浓郁的欢乐喜庆的氛围，同样会引起消费者的正面联想。

（三）金六福的“福文化”是品牌忠诚的利器

品牌忠诚是品牌资产的核心。中国是一个酒文化氛围非常浓厚的国家，有“无酒不成宴”的说法，而金六福的“福文化”不仅满足了在宴会上的愉悦心情，而且也体现了中国老百姓最诚挚的祝福。在具体的品牌体验过程中，老百姓在喜庆的日子里，如亲朋聚会、逢年过节、结婚生子、国家节日、开张剪彩等日子里，希望留下一些非常亲切和深刻的记忆，所以众多消费者在为了表达特定心情的时候，自然会首选金六福来“借酒消费”，自然而然，消费者的品牌忠诚度就随之加强了。

纵观金六福的运作和崛起，不难发现，金六福的成功归根结底就是品牌资产建设的成功。金六福在短短几年时间里，迅速成为白酒业中的知名品牌，谱写新的酒业神话，最关键的是打造的“福文化”品牌资产，“福文化”品牌资产也将成为金六福以后发展的动力

之源。

讨论题：

1. 试分析金六福品牌资产的各构成要素在品牌资产中分别扮演了何种角色？

2. 文化是否可以成为品牌资产的核心内容？如果可以的话，它相对于其他种类的核心资产又有哪些异同？

第十五章　品牌价值评估

【本章要点】

（1）品牌价值的内涵。

（2）品牌价值评估的方法。

【导入案例】

《金融世界》对可口可乐品牌的估价[⊖]

《金融世界》杂志曾经根据与Interbrand公司提供的规则十分相似的方法对领先品牌的品牌资产进行了估价。该杂志根据专家预计的利润率，计算公司的销售额以及最终的营业利润，接着从营业利润中减去基本的无商标产品或者无品牌产品能够获得的收益。

例如，《金融世界》于1993年开始对可口可乐品牌进行估价，测得该品牌家族产品的全球销售额当时约为90亿美元。根据咨询人员和饮料专家的预测，可口可乐的营业利润率在30%左右，从而得出该品牌的营业利润为27亿美元。虽然可口可乐分布很广的灌装和分销系统能够产生另外270亿美元的收入和30亿美元的营业利润，但是在评估可口可乐品牌资产时没有考虑这些数据，因为这些数字并不能反映可口可乐直接增加的价值。

得到了与可口可乐产品相关的利润之后，《金融世界》接着从营业利润中扣除了基本的无商标产品或者无品牌产品能够获得的收益。根据分析专家的计算，假定每产生1美元的销售额，平均需要投入60美分的资本（通常略高于净资产、厂房、设备加上净营运资本）。《金融世界》从而计算出可口可乐用于生产的资本为55亿美元。另外，还假设相似的无品牌产品去除通胀因素后的资本净收益率为5%。因此，从可口可乐27亿美元的营业利润中减去用于生产资本的5%（2.73亿美元），即得出仅属于品牌名称的利润。

调整后的营业利润为24亿美元。再经税收调整后的剩余值，被认为是与品牌相关的净利润。最后的数字还要根据品牌强度加以调整。可口可乐获得了最高的乘数，因此其品牌价值为334亿美元。2001年，可口可乐的品牌价值上升至689.5亿美元，被认为是世界上最有价值的品牌。

除了《金融世界》评估法，本章还将介绍其他相关的评估方法。利用这些评估方法也可以评估这些品牌的价值。

第一节　品牌价值概述

在市场上，人们经常看到有品牌的产品价格要比没有品牌的产品价格高，知名品牌的产

⊖ 陈祝平，品牌管理，中国发展出版社，2005。

品价格比一般品牌的产品的价格更高。为什么不同品牌的产品，其价格不一样呢？一种解释是不同品牌的产品其品质不同，价格高的产品，质量更好一些。然而，即使把质量因素剔除以后，不同品牌名下的产品价格差异仍然十分明显。因此研究认为，这个差异即来源于品牌的价值，也就是说品牌为顾客创造了某种价值。不同的品牌为顾客创造的价值是不同的，在价格上会体现出来。有的品牌为顾客创造的价值多一些，那么其价格就会高一些。品牌价值是品牌管理要素中最为核心的部分，也是品牌区别于同类竞争品牌的重要标志。

迈克尔·波特在其品牌竞争优势中曾提到：品牌的资产主要体现在品牌的核心价值上，或者说品牌的核心价值也是品牌精髓所在。

那么品牌价值的内涵是什么呢？

品牌作为能够为企业带来长期超额收益的"第三态资产"，其概念自提出以来，理论界和企业界基于不同的目标和视角对其进行了不同的描述，美国营销科学学会将品牌价值定义为：品牌客户、渠道成员和母公司等方面通过采取一系列联合行为，使该品牌产品获得的比未取得品牌名称时更大的销量和更多的利益，以及使该品牌在竞争中获得的更强劲、更稳定、更特殊的优势（凯勒，2003）。这一定义强调了品牌价值的构成因素和形成原因。著名的品牌价值研究专家美国加利福尼亚大学伯克利分校教授大卫·阿克则认为品牌价值是与品牌名称和符号相联系的一系列资产和负债，它们可以增加或者减少通过产品或服务提供给企业或该企业客户的价值，品牌价值包括品牌忠诚度、品质认知或领导性、品牌联想或差异化、品牌认知度和市场状况五个方面，这些都提供给企业多种利益和价值。英国 Interbrand 公司的前任首席执行官米切尔·伯金（Michael Birkin）则从品牌价值评估的操作角度指出，品牌价值如同其他类似的经济资产一样，是未来所有权收益的现值。

上述定义表明了不同学者和研究人员从不同角度探讨的品牌价值的不同特征和属性。人们对品牌价值的不同理解，也说明企业的品牌价值具有极其复杂和丰富的内涵。综上所述，品牌作为一种无形资产之所以有价值，不仅在于品牌形成与发展过程中蕴涵的沉淀成本，而且在于它能为相关主体带来附加值，即能为其创造主体带来更高的溢价以及未来稳定的收益，能满足使用主体一系列情感和功能效用。所以，品牌价值是企业和消费者相互联系作用形成的一个系统概念，它体现在企业通过对品牌的专有和垄断获得的物质文化等综合价值以及消费者通过对品牌的购买和使用获得的功能和情感价值。

第二节　品牌价值评估方法

既然品牌具有价值，那么品牌的价值是多少，又是怎么计算出来的呢？本节将从三个不同的角度来探讨品牌价值的评估方法。

一、基于财务核算视角的评估方法

基于财务核算视角的观点，品牌价值的评估方法主要有成本法、溢价法、股票市值法和收益法。

（一）成本法

成本法将品牌价值看成是获得或创建品牌所需的费用（包括所有的研究开发费、试销费用、广告促销费等）。从具体操作上，又分为两种处理方法：①历史成本法，即沿用会计计量中的传统做法，把品牌价值看做是取得品牌所付出的现金或现金等价物；②重置成本法（现实重置成本），把品牌价值看做是如果现实获得相同品牌或相当品牌要花费的资金。从成本的角度估算品牌价值并不恰当，成本法考虑的是投入，但是品牌作用的发挥有赖于品牌使用者的能力，品牌价值取决于品牌的市场表现。品牌开创成本与其未来收益的不对称性以及大量的品牌投资并不必然带来品牌影响力同步增大的事实，使成本法在品牌测评方面具有不可克服的内在局限。

（二）溢价法

溢价法的使用有一个前提，那就是市场交易中，存在同类产品品牌的比较，并且比较所需要的信息得到充分的提供。在这样的前提下，如果要衡量一个产品品牌的价值，则可通过同其他产品品牌的比较后得到的溢价，得出该品牌的价值。溢价法的基本假定似乎是企业创立品牌主要是为了获得溢价，而实际情况并非如此。很多企业创立品牌是为了使未来的需求更加稳定和具有保障，并提高资产的运用效率。溢价法的另一局限是需要某一品牌的参照产品，以确定使用该品牌后，消费者愿意为品牌支付多少溢价，这在实际操作中是很难做到的。

（三）股票市值法

该方法适用于上市公司的品牌价值测评。以公司股价为基础，将有形资产与无形资产相分离，再从无形资产中分离出品牌资产、非品牌无形资产（如专利等）以及行业外可以导致获取垄断利润的因素（如法律等）三个部分，确定其各自的影响因素，建立股市价值变动与各影响因素的数量关系模型，就得到了品牌价值占总资产的百分比。利用股票市值法计算品牌价值，需要具备完善和成熟的资本市场，因此这种方法在不发达的国家和地区的使用受到限制。

（四）收益法

收益法认为品牌价值在于其提供了源源不断的未来收益的能力，测评品牌价值时应从其直接收益或净现值出发。因此收益法着重考虑品牌带来的未来收益，通过在企业有形资产和无形资产收益的总和中，剔除掉有形资产、能够降低成本的其他非品牌因素（如专利）和产业因素（如管制）等因素，就可以从企业的总体价值中识别出品牌的价值。在实际使用中，收益法的局限之处在于：①单纯由品牌带来的价值的估算有一定的难度；②采用何种适用折现率也值得讨论。

二、基于消费者视角的评估方法

根据品牌在消费者心目中处于何种地位，如消费者对品牌的熟悉程度、忠诚程度、品牌感知程度、消费者对品牌的联想等来评估品牌价值。从这一角度评估品牌，主要目的是识别品牌在哪些方面处于强势，哪些方面处于弱势，然后据此实施有效的营销策略以提高品牌的市场影响力或市场地位。写成公式形式如下：

品牌价值＝忠诚因子×周期购买量×时限内的周期数×理论目标顾客基数×（单位产品价格－单位无品牌产品价格）

以下对公式中的各个变量进行简要说明：

（1）忠诚因子。忠诚因子的确定是忠诚因子评估法的关键点与核心，表示全部目标顾客中在未来决定重复购买或开始购买本品牌产品的顾客的比例，它反映了整个市场对品牌的忠诚度和品牌的吸引力。

（2）周期。周期是指目标顾客两次购买之间所需要的时间，一般可以根据产品的性质事先设定。

（3）周期购买量。周期购买量是指目标顾客在一个周期内所购买的单位产品的平均数量。

（4）时限。时限是指事先规定好的时间段，时间长短原则上可以按照过去营销努力产生的、顾客头脑中已有的品牌知识持续发挥作用的时间为依据。

（5）理论目标顾客基数。理论目标顾客基数表示在品牌影响的范围内所有可能和已经在购买该品牌产品的顾客数量，它可以看做是品牌产品的目标市场规模。

（6）单位产品价格。单位产品价格是指单位产品的销售价格。

（7）单位无品牌产品价格。单位无品牌产品价格是指具有类似实体功能的无品牌产品的销售价格，通常可以看做是单位无品牌产品售价的最大值，以 OEM 价格为基准或通过顾客测试来确定。

三、基于市场角度的评估方法

随着人们对品牌市场力的重视，品牌评估方法开始考虑品牌给企业带来的市场利益，即品牌的市场表现，人们开始着手从市场的角度去评估品牌的价值。国内外比较常见和通用的有英特品牌价值评估方法、《金融世界》品牌价值评估方法、名牌法等。下面介绍两种方法：英特品牌价值评估方法和名牌法。

（一）英特品牌价值评估方法

1. 基本思路

依据英特品牌价值评估方法，品牌资产价值 = 品牌收益 × 品牌强度。品牌收益反映品牌近几年的获利能力，品牌强度决定品牌未来现金流入的能力。它的一个基本假定是品牌之所以有价值不仅在于创造品牌所付出的成本，也不仅在于有品牌产品较无品牌产品可以获得更高的溢价，而在于品牌可以使其所有者在未来获得较稳定的收益。就短期而言，一个企业使用品牌与否对其总体收益的影响可能并不很大。然而，从长期看，在需求的安全性方面，有品牌产品与无品牌产品，品牌影响力大的产品与品牌影响力小的产品，会存在明显的差异。以牙膏品牌为例，“中华”、“高露洁”等知名品牌会较一些地方性品牌具有更为稳定的市场需求。原因是今年购买这些知名品牌的消费者很可能明年还会继续选用这些品牌，而购买那些影响力较小品牌的消费者则更有可能转换品牌。需求稳定性较好，意味着知名品牌较不知名品牌能给企业带来更确定的未来收益。正是在这一意义上，成名品牌具有价值。

Interbrand 公司认为，应该以品牌未来收益为基础评估品牌资产。为确定品牌的未来收益，需要进行财务分析和市场分析。由于品牌未来收益是基于对品牌的近期和过去业绩以及市场未来的可能变动而作出的估计，品牌的强度越大，其估计的未来收益成为现实收益的可能性就越大。因此，在对品牌未来收益贴现时，对强度大的品牌应采用较低的贴现率；反之，则应采用较高的贴现率。结合品牌所创造的未来收益和依据品牌强度所确定的贴现率，就可计算出品牌的现时价值。具体而言，这一方法涉及三个方面的分析，即财务分析、市场分析和品牌强度分析。

（1）财务分析。财务分析是为了估计某个产品或某项业务的沉淀收益（Residual Earnings），即产品或业务的未来收益扣除有形资产创造的收益后的余额。换言之，沉淀收益反映的是无形资产，其中包括品牌所创造的全部收益。估计沉淀收益，需注意三方面的问题：①只应包括使用被评估品牌所创造的收益，由非品牌产品或不在该品牌名下销售的产品所创造的收益应排除在外。实际上，企业所销售的产品中，可能大部分使用该品牌，也有一部分不使用该品牌或使用副品牌，如果不将后者创造的收益剔除，就会夸大品牌所创造的未来收益。②合理确定有形资产所创造的收益。对与产品或业务相联系的有形资产如存货、分销系统、工厂与设备投资等应合理界定，对这些资产所创造的收益作出估计，并从总收益中扣除。③应用税后收益作为沉淀收益。这样做一方面可使品牌收益计算具有一致的基础，另一方面也符合品牌作为企业资产的本性。

（2）市场分析。市场分析的主要目的是确定品牌对所评定产品或产品所在行业的作用，以此确定产品沉淀收益中多大部分应归功于品牌，多大部分应归功于非品牌因素。对于某些行业的产品，如香烟、饮料、化妆品等，品牌对消费者的选择行为产生的影响较大，其沉淀收益的大部分甚至全部应归功于品牌的影响。对于另外一些产品，如时装、高技术产品和许多工业用品，品牌的作用相对较小，此时，产品沉淀收益中相当一部分可能应归因于专利、技术、客户数据库、分销协议等非品牌无形资产。对非品牌无形资产所创造的未来收益，无疑应从沉淀收益中扣除。Interbrand 公司采用一种叫做“品牌作用指数”的方法来确定非品牌无形资产所创造的收益在沉淀收益中的比重。其基本想法是从多个层面审视哪些因素影响产品的沉淀收益，以及品牌在多大程度上促进了沉淀收益的形成。“品牌作用指数”带有主观和经验的成分，但 Interbrand 公司认为，它仍不失为一种较系统的品牌作用评价方法。综合品牌在业务中的作用和业务所产生的沉淀收益，就可以确定由于品牌影响力所形成的未来收益。

（3）品牌强度分析。品牌强度分析是指确定被评估品牌较之同行业其他品牌的相对地位。其目的是衡量品牌在将其未来收益变为现实收益过程中的风险，用 Interbrand 公司所用的术语来说，就是据此确定适用于将未来收益贴现时的贴现率。

2. 评价品牌强度

Interbrand 公司主要从以下七个方面评价一个品牌的强度：

（1）市场性质。一般而言，处于成熟、稳定和具有较高市场壁垒的品牌，强度得分就高。例如，食品、饮料等领域的品牌通常比高技术和时装领域的品牌得分要高，原因是消费者在选择后一类产品时，更多地受技术和时尚变化等方面的影响。

（2）稳定性。较早进入市场的品牌往往比新进入的品牌拥有更多的忠诚消费者，因此应赋予其更高分值。

（3）品牌在同行业中的地位。居于领导地位的品牌，由于对市场具有更大的影响力，因此，它较居于其他位置的品牌得分更高。

（4）行销范围。品牌行销越广，其抵御竞争者和扩张市场的能力越强，因而得分越高。

（5）品牌趋势。品牌越具有时代感，与消费者需求越趋于一致，就越具有价值。

（6）品牌支持。获得持续投资和重点支持的品牌通常更具有价值，同时，除了投资力度外，投资的质量与品牌强度亦有密切的关系。

（7）品牌保护。获得注册、享有商标专用权，从而受到商标法保护的品牌，较未注册品牌或注册地位受到挑战的品牌价值更高。另外，受到特殊法律保护的品牌较受一般法律保护的品牌具有更大的市场价值。

对于上述七方面，Interbrand 分别规定了最高分值，表 15-1 列出了这些具体分值，也就是“完美品牌”或“理想品牌”所获得的分值。实际上，现实中的任何品牌很难达到这些“完美品牌”或“理想品牌”的强度和地位。

表 15-1　品牌强度的评价指标体系

（1）市场性质（10 分）	（2）稳定性（15 分）
市场份额	长寿性
知名度	内在一致性
定位	持续性
竞争者状况	品牌识别
地域的扩张力	风险
（3）品牌在同行业中的地位（25 分）	（4）行销范围（25 分）
什么市场	地域分布
市场性质	国际市场定位
市场容量	相对市场份额
市场动态性	尊重性
进入壁垒	志向和抱负
（5）品牌趋势（10 分）	（6）品牌支持（10 分）
长期市场份额	信息支持的持续一贯性
趋势预期份额	资金支持的一贯性
对品牌计划的敏感性	高于或低于基准水平
竞争者的行动	品牌许可
（7）品牌保护（5 分）	
注册和可注册性	
普通法律保护	
争议、诉讼	

Interbrand 还发展了一种 S 形曲线（见图 15-1），将品牌强度得分转化为品牌未来收益所适用的贴现率。纵轴为品牌强度得分，横轴为适用于将品牌未来收益折为现值的贴现率。可以看出，对于强度分为 100 分的“完美品牌”或“理想品牌”，假定其贴现率为 5%，类似于没有任何风险的长期投资所获得的回报。对于强度分为 0，也就是没有任何品牌价值的品牌，贴现率无穷大。另外，这一曲线还假定，适用于品牌未来收益的贴现率会随品牌强度的增强而降低，但当品牌强度达到一定的水平后，贴现率的下降速度呈递减趋势。

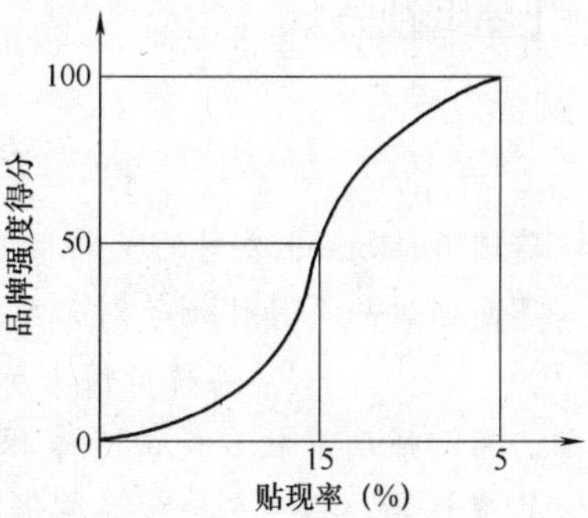

图 15－1　品牌贴现率的 S 形曲线

3. 简要评价

此方法是基于品牌的未来收益而对品牌进行评价的方法。这一方法涉及对过去和未来年份销售额、利润等方面的分析与预测，对处于成熟且稳定的市场品牌而言，它是一种较为有效的品牌评价方法。其突出特点表现在三个方面：一是对品牌强度的分析从七个层面考虑，并对每个层面规定最高得分，从而汇总出品牌的强度总分，这在现有品牌评估方法中比较独特，并且反映了品牌强度是由多个因素决定的事实。二是用S形曲线将品牌强度分与品牌未来收益所适用的贴现率直接联系起来，即据此将某一品牌的强度分与特定的贴现率相对应，从而用以对品牌未来收益转化为现实收益的风险作出估计，这一点也是颇具创造性的。S形曲线呈现其特定形状所依据的原则和假定虽然也存在一定的经验成分，但总体而言是符合现实情况的，并非主观臆测。三是考虑了品牌在不同行业和不同产品领域的作用存在的差异，并采用“品牌作用指数”试图从多个方面反映这种差异，这一做法也应予以充分肯定。对“品牌作用指数”具体应如何编制，Interbrand 公司未作详细介绍，但它的这一思想，是很有启发意义的。

但这种方法也存在一些局限性。首先，对未来若干年销售、利润情况的预测存在较大的不确定性。未来若干年内经济状况、市场环境、销量和成本结构等方面均可能发生急剧变化，现在和过去的销售态势在未来急剧变动的环境下不一定能够延续。Interbrand 方法的基础恰恰是产品或业务的未来收益，基于未来收益的不确定性，一些学者对这一基础的可靠性提出了质疑。虽然任何管理决策都存在风险和需要对未来作出某种程度的预测，但如何提高预测的可靠性和精确度却是 Interbrand 方法不容回避的问题。其次，Interbrand 评定品牌强度所考虑的七个因素是否囊括了所有重要的方面，以及各个方面的权重是否恰当，仍有商榷的余地。再次，品牌的价值可能与所有者及其使用目的存在密切关系，Interbrand 方法对此未予反映。同样一个品牌，如“雪碧”，掌握在可口可乐公司手里和掌握在其他公司手里，其价值会有很大不同。在当今兼并风潮迭起、品牌被作为重要兼并对象的条件下，品牌与所有者之间的关系并非固定不变，品牌价值评估过程中不考虑所有者这一因素恐怕有失偏颇。另外，企业在不同阶段的使用意图，如是否将品牌延伸使用到其他产品领域，是否扩大品牌行销的地域范围，无不影响品牌的价值。对此 Interbrand 方法同样没有反映。最后，品牌价值是否可以从其他无形资产中分离仍是有争议的问题。“奔驰”的影响与“奔驰”汽车本身的质量，与生产这种质量的技术、员工是难以截然分离的。在能否和如何分离的问题上，Interbrand并未提供最终答案。

【品牌视野】

万宝路的价值从何而来

英国 Interbrand 公司的英特品牌价值评估方法，是世界上得到最为广泛应用的评估方法。下面通过一个具体例子对必要的思路和步骤作简要的说明。计算公式为：

$$品牌价值 E = 品牌的利润贡献 I \times 品牌强度系数 G$$

式中，品牌强度系数 G 是由专家根据品牌性质、稳定性、品牌在同行业中的地位、行销范围、品牌趋势、品牌支持、品牌保护等因素，对品牌强度进行的一种评估。强度越大，系数越高。品牌强度系数在 12 ~20 之间取值。

下面以“万宝路”品牌评估为例，介绍英特品牌价值评估方法。

(1) 第一步：调查“万宝路”品牌产品全年在全球的销售收入为154亿美元。

(2) 第二步：计算“万宝路”品牌产品税前的营业利润。计算公式为：

品牌产品税前的营业利润 = 销售收入 × 营业利润率

税前利润：154亿美元 ×22% =33.88亿美元

为了评估的客观性，其中营业利润率的确定，是根据咨询人员、竞争对手和烟草行业专家的估计，认为“万宝路”的营业利润率应为22%。

(3) 第三步：从营业利润中扣除企业的正常投资回报，以计算“调整后的品牌营业利润”，其经济意义在于品牌所能够带来的超额利润。

1）估算与该销售收入规模相对应的企业的正常投入资本。

根据专家分析，1元的销售收入需要使用0.6元的资本，即每产生1元收益，需要使用0.6元的厂房、设备和营运资金等。

正常投入资本：154亿美元 ×0.6 =92.4亿美元

2）估算投入资本的正常回报。

在不考虑使用该品牌的前提下，资本投入的正常回报率5%。

资本正常回报：92.4亿美元 × 5% =4.62亿美元

3）扣除正常回报，计算品牌带来的超额收益。

品牌的超额收益：33.88亿美元 -4.62亿美元 =29.26亿美元

(4) 第四步：计算税后品牌净收益即品牌的利润贡献（I）。

公司所得税为43%。

品牌净收益：29.26亿美元 ×(1 -43%) ≈16.68亿美元

至此，“万宝路”的品牌利润贡献 I 已经求出，为16.68亿美元。

(5) 第五步：专家根据品牌影响因素打分确定品牌强度系数。

“万宝路”是世界知名品牌中最强的十个之一，因此品牌强度系数 G 定为19。

(6) 第六步：税后品牌价值计算。

品牌价值 E =16.68亿美元 ×19 =316.92亿美元

但是也应该看到：在品牌评估过程中。不论国内还是国外的评估方法还依然存在很多不尽如人意的地方。首先，这种评估方法虽然是广为人知的著名方法，但它也只是对品牌评估进行的一种有益尝试。其次，品牌强度系数并没有扎实的理论基础，主要是基于评估师或有关专家的主观判断。

（二）名牌法——国内使用比较广泛的品牌价值评估方法

1. 名牌法方法简介

国外的品牌价值评估方法虽然已经比较完善，但在我国使用时必须要考虑到国情。目前在国内品牌价值评估业中使用的方法主要有成本法、市场计量法、收益计量法以及在国内影响比较大的北京名牌资产评估有限公司所使用的方法。成本法由于其局限性使用率越来越低，市场计量法以及收益计量法的使用难度比较大，北京名牌资产评估有限公司参照Interbrand公司的评价体系，结合中国的实际情况，建立起了中国品牌的评价体系（下称名牌法）。这一评价体系所考虑的主要因素有品牌的市场占有能力（M）、品牌的超值创利能力（S）和品牌的发展潜力（D）。

一个品牌的综合价值可简单表述为：

$$P = M + S + D$$

式中，M 显示了品牌的历史业绩，主要通过产品的销售收入加以反映；S 与消费者的信任度有关，价值越高的品牌，消费者的品牌信任度越高，消费者对该品牌的价格敏感度就越低；D 的代表指标比较复杂，但所有指标都与利润有关，主要有商标国内外注册状况、使用时间和历史、产品出口情况、广告投入情况等，市场经济条件下，竞争越充分，行业之间的利润水平就越趋于平均化。

另外，该方法在评估过程中还提出了“行业修正系数”的概念。由于我国发展市场经济为时尚短，计划经济体制下造成的行业之间显著的利润率差异依然存在，因此，该评估方法对以上三部分指标都有行业修正系数，其系数采用3～5年的移动平均法计算而得。

名牌法将三指标的得分按照一定的权重相加后就得到了品牌的总价值。一般而言，三指标的权重分配约为4:3:3。同时，根据国内行业的不同情况进行调整，从而达到行业间的比值。例如某品牌所处的行业规模较大，如汽车行业，则与那些处于规模较小的行业内的品牌相比，前者“品牌的市场占有能力”指标的权重就须相对调低，后者相对调高，以达到平衡。

2. 名牌法方法评价

名牌法正是在参考《金融世界》品牌价值评估方法的基础上进行一些符合我国国情的改变和创新而得到的，体现了中国品牌市场的客观情况。

但是，从发展的角度来看，名牌法还是一种尚需完善的品牌价值评估方法，它还存在着以下一些局限性：首先，名牌法没有严格区分产品品牌价值和公司品牌价值；其次，名牌法所采用的是以市场份额即市场占有能力为主要依据的评估方法，市场占有能力仅是决定品牌价值高低的一个方面，但是仅考虑市场占有能力的品牌价值评估不是全面评估；最后，参与名牌法评估的品牌数量少，行业分布不均。

四、其他品牌价值评估方法

除了以上介绍的品牌价值评估方法之外，还有一种新的品牌价值评估趋势，即基于品牌价值与消费者关系研究的品牌价值评估方法，其中具有代表性的评估方法为 Young & Rubicam 公司的 Brand Asset Valuator（简称 BAV）模型以及大卫·艾克十要素综合评估法。

1. BAV 模型

BAV 模型的前身是朗涛形象力（Landor Image Power）模型。该模型使用邮寄自填问卷，每三年进行一次消费者调查，覆盖了 19 个国家 450 个全球性品牌及 24 个国家的 8000 多个区域性品牌。调查中由消费者用以下四方面指标对每一个品牌的表现进行评估：①差异性，即品牌在市场上的独特性及差异性程度；②相关性，即品牌与消费者相关联的程度、品牌个性与消费者适合的程度；③品牌地位，品牌在消费者心目中受尊敬的程度、档次、认知质量以及受欢迎程度；④品牌认知度，衡量消费者对品牌内涵及价值的认识和理解的深度。

在消费者评估结果的基础上，该模型建立了两个因子：①品牌强度，等于差异性与相关性的乘积；②品牌高度，等于品牌地位与品牌认知度的乘积。并进而构成了品牌力矩阵，可用于判别品牌所处的发展阶段。

BAV 模型强调了从品牌力的角度进行评估，有利于品牌资产的诊断和品牌战略管理。

它的优点是比较简单，可以覆盖品牌范围及产品的种类范围很广，模型摆脱了传统的认知——回忆模型，因而比较新颖。该模型的缺点是，必须以数据库作为基础，而且这一模型不能解释品牌选择及品牌忠诚的机制。

2. 大卫·艾克十要素综合评估法

品牌专家大卫·艾克认为：品牌资产主要由品牌忠诚度、品牌知名度、品质认知、品牌联想和专有资产五个部分组成。而以上五大组成部分，借助市场研究方法可以获得量化检测。特定的品牌有其特定的目标消费群体、定位、发展战略及营销策略。通过对目标消费群体作市场调查，可以获得该品牌在某一个、几个或所有特定项目中的表现（同期自比、竞品对比），通过一定的科学严谨的数理方法，即可检验出该品牌资产的变化情况。

以自己的品牌研究成果为基础，并综合各大公司品牌资产评估方法的优秀成果，大卫·艾克提出品牌资产评估十要素的指标系统。该评估系统兼顾了两套评估标准：基于长期发展的品牌强度指标，以及短期性的财务指标。十个指标被分为五个组别，前四组代表消费者对品牌的认知，该认知分别对应品牌资产的四个维度：知名度、联想度、品质认知、忠诚度。第五组直接反映品牌市场状况。其评估系统如表 15-2 所示。

表 15-2　大卫·艾克十要素综合评估系统

知名度评估	1. 品牌知名度、联想性
联想度评估	2. 价值认知　3. 品牌个性　4. 企业联想
品质认知	5. 品质认知　6. 领导性、受欢迎度
忠诚度评估	7. 价差效应　8. 满意度/忠诚度
市场状况评估	9. 市场占有率　10. 市场价格、渠道覆盖率

品牌资产十要素模型为品牌资产评估提供了一个更全面、更详细的思路。其评估因素以消费者为主，同时也加入了市场业绩的要素。它既可以用于连续性研究，也可以用于专项研究。而且品牌资产十要素模型所有指标都比较敏感，可以以此来预测品牌资产的变化。其不足之处在于，针对具体某一个行业的品牌资产研究，品牌资产十要素模型指标要作相应的调整，以便更适应该行业的特点。例如，食品行业的品牌资产研究与高科技行业的品牌资产研究所选用的指标就可能有所不同。

总之，由于品牌价值概念的多元化及评估要素组合的多元化，使得品牌价值的评估方法不尽相同，而且没有哪一个是十全十美的。但多种方法提供了测评的多种思路，可以采用不同的方法对品牌价值分别加以评估，然后再对比分析，取得一个合理的测评值。如果差距较大，则应该仔细寻找差距存在的原因，并进一步对各种方法中不合理的地方加以改进，最终采用何种方法评估品牌价值是由评估目的和现实条件决定的。例如，以未来收益现值为基础确定的品牌价值，是品牌发展战略的最高目标，也是企业未来获利能力的一个“指示器”，为此，就应该采用诸如英特品牌价值评估法、名牌法等未来收益现值法。另外，就是要考虑当前条件下所能够获得的资料和途径，这也是制约品牌价值评估方法实施的一个重要方面。

对于企业而言，最重要的是运用品牌价值评估方法更好地理解和管理所拥有的品牌。品牌评估要从营销、财务和法律等角度进行全面、细致的审视，同时也要考察品牌的业绩、前景、市场机会和竞争状况等。因此，不论品牌是组合发展还是单独成长，品牌价值评估都应成为促进企业品牌战略发展的很好的工具。品牌价值评估的目的应该是认识品牌价值的本质，寻找提高品牌价值的途径。品牌价值评估应该成为企业经营管理的工具。

品牌之所以有价值，归根结底是因为消费者的购买；品牌价值的来源自然也是消费者。目前的评估方法大多是从企业的角度出发，从企业的成本、销售额、市场占有率以及利润等方面分析、评价品牌的价值，而忽略了对消费者的研究。品牌价值评估要真正成为指导企业经营管理的工具，就应该加强对消费者购买行为和消费者对企业贡献的研究，这是提高品牌价值的方向。

【本章小结】

（1）品牌是重要的无形资产，完整的品牌价值评估可以填补短期财务评估和长期策略分析间的落差，取得一个平衡点，也是企业实现完整品牌管理的重要途径。

（2）品牌价值是企业和消费者相互联系作用形成的一个系统概念。它体现在企业通过对品牌的专有和垄断获得的物质文化等综合价值以及消费者通过对品牌的购买和使用获得的功能和情感价值。

（3）品牌价值评估有三种方法，基于财务核算视角的评估方法、基于消费者视角的评估方法和基于市场视角的评估方法。目前国际、国内流行的几种方法包括英特品牌价值评估方法、《金融世界》品牌价值评估方法和名牌法等，这几种方法都有各自的优势和局限。

【思考题】

1. 找一下你身边接触到的最新的品牌价值排行榜，观察相同的品牌在不同的排行榜中的位置有何不同，并结合本章所学到的知识分析产生这些不同的原因。
2. 结合你身边的品牌价值评估案例，叙述一下品牌价值评估的作用和意义。
3. 分析比较品牌价值评估方法。

【案例分析与讨论】

“北大荒”成为中国第一农业品牌㊀

“积极发展现代化大农业，建设国家可靠大粮仓。”2009 年 6 月 26 ~ 28 日，胡锦涛总书记在黑龙江考察调研期间，对黑龙江垦区未来的发展提出了殷切希望。

“现代化大农业”迅速在黑龙江垦区成为最热门词汇。

而就在此前的 6 月 16 日，世界品牌实验室发布的 2009 年（第六届）“中国 500 最具价值品牌排行榜”中，北大荒农垦集团总公司（黑龙江农垦总局的企业名称，称北大荒集团）的“北大荒”品牌以 103.37 亿元价值排名第 65 位，突破“双百”（品牌价值过百亿、品牌排名进百强）大关，是该榜单上排名第一的农业品牌。

㊀ 马玉忠，“北大荒”成中国第一农业品牌，价值 103 亿［J］，中国经济周刊，2009（30）。

这是“北大荒”品牌连续六年登上世界品牌实验室发布的“中国500最具价值品牌排行榜”。相比2008年，“北大荒”品牌价值仅一年时间就增加了58.09亿元，排名提高了95位，品牌的跨越式升值，引起了各界的高度关注。

世界品牌实验室主席、1999年诺贝尔经济学奖得主罗伯特·蒙代尔（Robert Mundell）也表示：“中国现在最大的竞争力是制造业发达，但确实缺乏一批全球化品牌。在经济转型中，我看好国家电网、苏宁电器、交通银行、北大荒等中国服务业或农业品牌。”

在公众印象里，广为人知的农产品品牌寥寥无几，在不少企业还在走无品牌、零散卖的营销路径时，北大荒集团——这家有着60多年历史、从事中国最传统行业的老公司，正在谋求品牌突破，建设现代化大农业。

一、政企分离带来的品牌萌动

北大荒是中国人耳熟能详的名字。“百里无人断午烟，荒原一望杳无边。”这句诗形象地描述了嫩江流域、黑龙江沿河平原与三江平原一带的广大荒芜地区。

1947年，解放军第一支垦荒部队进入北大荒腹地，创立了第一个公营农场，历经半个多世纪、几代人的艰苦奋斗与开发建设，昔日的北大荒，现已成为我国耕地规模最大、机械化程度最高、粮食综合生产能力最强的国家重要商品粮基地和粮食战略后备基地。

不过，与尽人皆知的地理名词“北大荒”相比，北大荒集团却不甚为公众所知。实际上，1998年，经国务院批准，黑龙江垦区在推进政企分离的基础上组建北大荒集团以来，至2008年，北大荒集团实现当年营收464亿元，在中国企业500强排行榜中名列第96位。

此前，“北大荒”品牌之所以不被公众关注，与其原有体制、地理区位以及品牌意识差等因素不无关系，加之北大荒产品主要依靠国家单一的计划渠道，上缴“原字号”（粗加工）农产品，没有形成具有市场竞争力的现代农业产业体系和销售网络，致使“北大荒”商标、“北大荒”品牌建设相对滞后。

“如果你要打开和占领全国市场，那么你的品牌一定要是国家级品牌；如果你要打开和占领国际市场，那么你的品牌一定要是世界级品牌。”黑龙江农垦总局党委书记、北大荒集团董事长隋凤富对记者说，“品牌需要经营”，北大荒集团作为现代企业，不能再局限于传统的经营模式，更要深入思考如何进行品牌运营，将其打造为一种着眼于未来、兼顾短期和长期利益的有效的企业竞争手段。

二、计划建设28列北大荒品牌列车

“从1965年将‘北大荒’三个字申请为商标注册到2006年‘北大荒’成为中国驰名商标，我们用了41年的时间；从2004年‘北大荒’品牌价值17.91亿元到22.13亿元，我们用了三年的时间；而从22.13亿元到45.28亿元再到103.37亿元，我们只用了两年的时间。”隋凤富告诉《中国经济周刊》，经过多年经营，集团管理层逐渐认识到品牌对于一个企业的重要性，近年来尤其重视品牌建设，“打造企业软实力的理念深入人心”。

“2007年，北大荒集团与北京一家知名企业策划公司达成了品牌整体规划合作项目，共同探讨我国农业集团化企业品牌管控新模式，不仅从视觉形象上规范、统一，还从品牌价值观、愿景、使命等方面强化全员达成共识，既要打造北大荒集团农业龙头企业的商业品牌，也要打造凝聚北大荒精神的文化品牌，使北大荒品牌成为推动集团发展的可贵资源。”隋凤富告诉《中国经济周刊》。据介绍，近几年来，北大荒集团不仅在国内规范企业统一标志，同时也积极开展商标国际注册，向80多个《国际商标注册马德里协定》成员提交了注册申请，将品牌建设上升到战略高度。

“我们在各农场、企业及公路旁设置形象标志牌，物流车队统一粘贴形象标志，不放过任何展示‘北大荒’形象的机会。例如在北京、上海等地举办绿色产品博览会，承办‘心连心艺术团走进黑龙江垦区’等活动，这些都是打造软实力的范例。”隋凤富告诉《中国经济周刊》，“下一步，我们计划建设28列‘北大荒’品牌专列，使每年输送数十亿旅客的铁路交通工具成为‘北大荒’品牌传播的载体。”

三、垦区2009年上半年GDP增速达19.2%

“前些年，北大荒绿色产品配送店很难打进江南地区，随着品牌的升值及公众对品牌的认可，目前配送店已在全国开花，2009年规模性绿色产品配送店可做到200家。”隋凤富说。为了提升北大荒的知名度及公众认可度和依赖度，近几年，北大荒集团除每年自行组织绿色产品推介会进行品牌宣传外，还组织旗下有实力的企业参加德国纽伦堡国际有机食品博览会、韩国有机食品博览会和中国哈尔滨国际经济贸易洽谈会、中国进出口商品交易会、厦门投资会等，2010年上海世博会的参展工作也在积极筹备中。

“如今，品牌价值的提升为北大荒集团引来了大量投资者、合作者，集团在外来项目的选择上也拥有了话语权。”隋凤富告诉记者，天津市津南区政府邀请他们前去洽谈合作事宜，宁波市也抛来合作“绣球”，而美国一家生物制药公司更公开表示“就是冲着北大荒的品牌和资源前来合作”，他们携资金和技术，将全球领先的“肝素钠”项目落户黑龙江垦区。

来自黑龙江农垦总局商务局的数据显示，2009年上半年北大荒集团外贸进出口总额实现8.04亿美元，同比增长84.5%。

“通过参加国际和国内大型经贸活动，北大荒集团在保持对俄贸易稳定增长的基础上，加大了对其他国家市场的开拓力度。”隋凤富告诉《中国经济周刊》，粮油等七大类80多种商品出口到19个国家和地区，日本、俄罗斯和韩国已成为北大荒集团最大的出口贸易伙伴。从品牌产品到品牌企业，从品牌企业到品牌产业，北大荒集团以品牌为载体，走出了一条以名牌战略带动北大荒集团经贸发展之路。

“品牌增值为我们带来的效益是实实在在的，北大荒集团所属14家重点龙头企业2008年实现销售额273亿元，利润9.5亿元，2009年销售额将达到363.3亿元，利润将达11.3亿元。”隋凤富表示，随着“北大荒”品牌的快速升值，品牌支撑作用越发明显，尽管遭遇金融危机的影响，但北大荒集团所属米业、麦业、油脂、乳业、商贸等各行业依然保持强劲的发展势头。

“周边环境及国家大形势对黑龙江垦区发展十分有利，我们既占工又占农，国家的三农政策及老工业基地政策为垦区的跨越式发展提供了发展机遇。”隋凤富告诉《中国经济周刊》，在全球经济萎靡不振的背景下，初步统计，黑龙江垦区2009年上半年GDP仍然同比增长19.2%，这一增速远远超过同期全国GDP增速的7.1%。

讨论题：

1. 仔细分析“北大荒”的品牌价值是怎样蒸蒸日上的。
2. 品牌价值的提升为北大荒集团带来了哪些利益？

参考文献

[1] 艾·里斯，杰克·特劳特. 定位［M］. 王恩冕，于少蔚，译. 北京：中央财政经济出版社，2002.
[2] 阿尔·里斯，劳拉·里斯. 公关第一，广告第二［M］. 罗汉，虞琦，译. 北京：人民出版社，2004.
[3] 陈祝平. 品牌管理［M］. 北京：中国发展出版社，2005.
[4] 大卫·阿诺. 品牌保姆手册：13种名牌产品推广重建范本［M］. 林碧翠，李桂芬，译. 台北：时报文化出版企业公司，1995.
[5] 杜纳E科耐普. 品牌智慧［M］. 赵中秋，罗臣，译. 北京：企业管理出版社，2001.
[6] 戴维·阿克. 创建强势品牌［M］. 吕一林，译. 北京：中国劳动社会保障出版社，2004.
[7] 大卫·阿克. 管理品牌资产［M］. 奚卫华，董春海，译. 北京：机械工业出版社，2006.
[8] 稻香. 品牌延伸法则［M］. 北京：机械工业出版社，2006.
[9] 大卫·奥格威. 一个广告人的自白［M］. 林桦，译. 北京：中信出版社，2008.
[10] 丁桂兰. 品牌管理［M］. 武汉：华中科技大学出版社，2008.
[11] 陈先红. 基于关系生态管理的公共关系理论研究［D］. 武汉：华中科技大学，2004.
[12] 菲利普·科特勒. 营销管理：分析、规划、执行和控制［M］. 梅汝和，等译. 上海：上海人民出版社，1994.
[13] 菲利普·科特勒，凯文·莱恩·凯勒. 营销管理［M］. 王虹，应斌，译. 北京：清华大学出版社，2007.
[14] 郭洪. 品牌营销学［M］. 成都：西南财经大学出版社，2006.
[15] 何佳讯. 品牌形象策划——透视品牌经营［M］. 上海：复旦大学出版社，2000.
[16] 黄静，王文超. 品牌管理［M］. 武汉：武汉大学出版社，2005.
[17] 杰克·特劳特，瑞维金. 新定位［M］. 李正栓，贾纪芳，译. 北京：中央财政经济出版社，2002.
[18] Burger Jerry M. 人格心理学［M］. 陈会昌，等译. 北京：中国轻工业出版社，2004.
[19] 凯文·莱恩·凯勒. 战略品牌管理［M］. 李乃和，李凌，沈维，等译. 北京：中国人民大学出版社，2006.
[20] 卢泰宏、李世丁. 广告创意——个案与理论［M］. 广州：广东旅游出版社，1997.
[21] 莱斯利·德·切纳托尼，M麦克唐纳. 创建强有力的品牌——消费品、工业品与服务业品牌的效益［M］. 管向东，等译. 北京：中信出版社，2001.
[22] 李倩茹，李培亮. 品牌营销实务［M］. 广州：广东经济出版社，2002.
[23] 罗伯特·希斯. 危机管理［M］. 王成，等译. 北京：中信出版社，2004.
[24] 李业. 品牌管理［M］. 广州：广东高等教育出版社，2004.
[25] 里克·莱兹伯斯. 品牌管理［M］. 李家强，译. 北京：机械工业出版社，2006.
[26] 李道国. 商标形象的视觉设计［M］. 南京：东南大学出版社，2006.
[27] 郎咸平. 本质Ⅰ——破解时尚产业战略突围之道［M］. 北京：东方出版社，2007.
[28] 宋永高. 品牌战略和管理［M］. 杭州：浙江大学出版社，2003.
[29] 唐·舒尔茨，海蒂·舒尔茨. 论品牌［M］. 高增安，赵红，译. 北京：人民邮电出版社，2005.
[30] 唐十三，谭大千，郝启东. 品类［M］. 北京：企业管理出版社，2007.
[31] 王海涛，王润涛，李天祥. 品牌竞争时代——开放市场下政府与企业的品牌运营［M］. 北京：中国言实出版社，1999.

[32] 万后芬，周建设. 品牌管理 [M]. 北京：清华大学出版社，2006.
[33] 约翰·菲利普·琼斯. 广告与品牌策划 [M]. 孙连勇，等译. 北京：机械工业出版社，1999.
[34] 余明阳. 品牌学 [M]. 合肥：安徽人民出版社，2004.
[35] 余明阳，姜炜. 品牌管理学 [M]. 上海：复旦大学出版社，2009.
[36] 杨晨. 品牌管理理论与实务 [M]. 北京：清华大学出版社，北京交通大学出版社，2009.
[37] 张映红. 公共关系管理 [M]. 北京：首都经济贸易大学出版社，2002.
[38] 张红明. 品牌人格化——品牌价值实证研究 [M]. 武汉：华中科技大学出版社，2007.
[39] 周志民. 品牌管理 [M]. 天津：南开大学出版社，2008.
[40] 曹垣. 我国企业品牌保护的对策研究 [J]. 经济师，2004 (1).
[41] 陈历清. 品牌沟通策略的诊断 [J]. 市场研究，2005 (8).
[42] 段洪波，韩晓杰，王晓英. 品牌延伸存在问题的分析及对策 [J]. 企业经济，2009 (9).
[43] 高松，庄辉. 品牌的长线管理——论品牌再加强与品牌激活策略 [J]. 外国经济与管理，2001 (2).
[44] 黄胜兵，卢泰宏. 品牌个性维度的本土化研究 [J]. 南开管理评论，2003 (6).
[45] 黄敏学，李小玲，朱华伟. 企业被“逼捐”现象的剖析：是大众“无理”还是企业“无良” [J]. 管理世界，2008 (10)：114-126.
[46] 刘怀宇，韩福荣. 品牌危机公关策略分析 [J]. 商场现代化，2005 (22).
[47] 刘良灿，黄亮. 品牌经理制演进 [J]. 商场现代化，2006 (1).
[48] 李光斗. 品牌沟通之道 [J]. 广告导报，2006 (2).
[49] 卢泰宏，高辉. 品牌老化与品牌激活研究述评 [J]. 外国经济与管理，2007 (2).
[50] 李江天，田翠翠. 品牌价值评估方法研究 [J]. 现代商业：品牌版，2007：234-236.
[51] 李艳娥. 品牌资产理论发展、梳理及展望 [J]. 生产力研究，2009 (7).
[52] 李静. 企业品牌国际化战略探析 [J]. 经济论坛，2009 (12).
[53] 李博，韩福荣. 品牌延伸影响因素浅析 [J]. 经济师，2009 (8).
[54] 李爱萍. 刍议企业品牌延伸策略 [J]. 生产力研究，2009 (8).
[55] 刘燕. 企业品牌的法律保护 [J]. 广西轻工业，2009 (8).
[56] 蓝燕玲. 品牌个性的测量模型及其适用性 [J]. 新闻界，2009 (3)：176-178.
[57] 牛瑞瑞. 外资并购中的中国品牌保护问题研究 [J]. 北方经贸，2009 (1).
[58] 秦萍，李萍. 品牌国际化的挑战与对策 [J]. 辽宁经济，2007 (8).
[59] 韦桂华. 三株为何枯萎——由三株官司看品牌的危机管理 [J]. 管理科学文摘，2001 (2).
[60] 汪明华，曹鸿星. 品牌形象模型的比较研究 [J]. 北京大学学报，2003 (3).
[61] 王蕾. 品牌延伸动因分析 [J]. 商场现代化，2005 (28).
[62] 韦晓菡. 浅论品牌危机管理的对策 [J]. 经济与社会发展，2007 (6).
[63] 万隆，万晓. 英特 (Interbrand) 品牌价值评估方法应用探讨 [J]. 时代经贸：学术版，2008 (21).
[64] 吴新辉，袁登华. 消费者品牌联想的建立与测量 [J]. 心理科学进展，2009 (2).
[65] 王海忠，刘红艳. 品牌杠杆——整合资源赢得品牌领导地位的新模式 [J]. 外国经济与管理，2009 (5).
[66] 王保利，江思恩，孙巍. 国外品牌人格研究述评 [J]. 心理科学进展，2009 (5).
[67] 王双武. 品牌沟通在营销战略中的功能和价值作用分析 [J]. 空运商务，2010 (3).
[68] 徐爱军，孙俊华. 品牌管理中的品牌价值评估方法探讨 [J]. 重庆工学院学报，2006 (7).
[69] 杨梅. 论危机处理和危机管理 [D]. 北京：对外经济贸易大学，2002.
[70] 易薇，周呈思. 受众认知在品牌沟通中的运用 [J]. 新闻前哨，2007 (7).
[71] 杨帅，范秀成. 基于关系网络记忆模型的品牌联想的构成及应用 [J]. 市场营销导刊，2008 (4).
[72] 杨旭. 品牌延伸的四利四弊 [J]. 中国中小企业. 2009 (2).

[73] 杨传卫，王詠．心理词汇法在品牌人格研究中的应用［J］．心理科学进展，2009，17（2）：460-466.
[74] 赵平，裘晓东．品牌价值评估方法［J］．中外管理导报，2002（5）.
[75] 曾朝晖．危机公关：态度最重要［N］．中国医药报，2004-05-20.
[76] 郑秋锦．企业品牌危机产生的原因及危机后管理［J］．洛阳师范学院学报，2008（3）.
[77] 张丽莲．企业品牌危机及其防范策略［J］．中外企业家，2009（10）.